LITOUWS

WOORDENSCHAT

THEMATISCHE WOORDENLIJST

NEDERLANDS LITOUWS

De meest bruikbare woorden
Om uw woordenschat uit te breiden en
uw taalvaardigheid aan te scherpen

9000 woorden

Thematische woordenschat Nederlands-Litouws - 9000 woorden

Door Andrey Taranov

Woordenlijsten van T&P Books zijn bedoeld om u woorden van een vreemde taal te helpen leren, onthouden, en bestudering. Dit woordenboek is ingedeeld in thema's en behandelt alle belangrijk terreinen van het dagelijkse leven, bedrijven, wetenschap, cultuur, etc.

Het proces van het leren van woorden met behulp van de op thema's gebaseerde aanpak van T&P Books biedt u de volgende voordelen:

- Correct gegroepeerde informatie is bepalend voor succes bij opeenvolgende stadia van het leren van woorden
- De beschikbaarheid van woorden die van dezelfde stam zijn maakt het mogelijk om woordgroepen te onthouden (in plaats van losse woorden)
- Kleine groepen van woorden faciliteren het proces van het aanmaken van associatieve verbindingen, die nodig zijn bij het consolideren van de woordenschat
- Het niveau van talenkennis kan worden ingeschat door het aantal geleerde woorden

T&P Books Publishing
www.tpbooks.com

ISBN: 978-1-80001-783-2

Dit boek is ook beschikbaar in e-boek formaat.
Gelieve www.tpbooks.com te bezoeken of de belangrijkste online boekwinkels.

LITOUWSE WOORDENSCHAT
nieuwe woorden leren

T&P Books woordenlijsten zijn bedoeld om u te helpen vreemde woorden te leren, te onthouden, en te bestuderen. De woordenschat bevat meer dan 9000 veel gebruikte woorden die thematisch geordend zijn.

- De woordenlijst bevat de meest gebruikte woorden
- Aanbevolen als aanvulling bij welke taalcursus dan ook
- Voldoet aan de behoeften van de beginnende en gevorderde student in vreemde talen
- Geschikt voor dagelijks gebruik, bestudering en zelftestactiviteiten
- Maakt het mogelijk om uw woordenschat te evalueren

Bijzondere kenmerken van de woordenschat

- De woorden zijn gerangschikt naar hun betekenis, niet volgens alfabet
- De woorden worden weergegeven in drie kolommen om bestudering en zelftesten te vergemakkelijken
- Woorden in groepen worden verdeeld in kleine blokken om het leerproces te vergemakkelijken
- De woordenschat biedt een handige en eenvoudige beschrijving van elk buitenlands woord

De woordenschat bevat 256 onderwerpen zoals:

Basisconcepten, getallen, kleuren, maanden, seizoenen, meeteenheden, kleding en accessoires, eten & voeding, restaurant, familieleden, verwanten, karakter, gevoelens, emoties, ziekten, stad, dorp, bezienswaardigheden, winkelen, geld, huis, thuis, kantoor, werken op kantoor, import & export, marketing, werk zoeken, sport, onderwijs, computer, internet, gereedschap, natuur, landen, nationaliteiten en meer ...

INHOUDSOPGAVE

UITSPRAAKGIDS

Letter	Litouws voorbeeld	T&P fonetisch alfabet	Nederlands voorbeeld
Aa	adata	[a]	acht
Ąą	ąžuolas	[a:]	aan, maart
Bb	badas	[b]	hebben
Cc	cukrus	[ts]	niets, plaats
Čč	česnakas	[ʧ]	Tsjechië, cello
Dd	dumblas	[d]	Dank u, honderd
Ee	eglė	[æ]	Nederlands Nedersaksisch - dät, Engels - cat
Ęę	vedęs	[æ:]	Nederlands Nedersaksisch - dät, Engels - cat
Ėė	ėdalas	[e:]	twee, ongeveer
Ff	fleita	[f]	feestdag, informeren
Gg	gandras	[g]	goal, tango
Hh	husaras	[ɣ]	liegen, gaan
I i	ižas	[i]	bidden, tint
Į į	mįslė	[i:]	team, portier
Yy	vynas	[i:]	team, portier
J j	juokas	[j]	New York, januari
Kk	kilpa	[k]	kennen, kleur
L l	laisvė	[l]	delen, luchter
Mm	mama	[m]	morgen, etmaal
Nn	nauda	[n]	nemen, zonder
Oo	ola	[o], [o:]	aankomst, rood
Pp	pirtis	[p]	parallel, koper
Rr	ragana	[r]	roepen, breken
Ss	sostinė	[s]	spreken, kosten
Šš	šūvis	[ʃ]	shampoo, machine
Tt	tėvynė	[t]	tomaat, taart
Uu	upė	[u]	hoed, doe
Ųų	siųsti	[u:]	fuut, uur
Ūū	ūmėdė	[u:]	fuut, uur
Vv	vabalas	[ʋ]	als in Noord-Nederlands - water
Zz	zuikis	[z]	zeven, zesde
Žž	žiurkė	[ʒ]	journalist, rouge

Opmerkingen

Een macron (ū), en een ogonek (ą, ę, į, ų) kunnen allemaal gebruikt worden om de klinkerlengte in het Modern Standaard Litouws te markeren. De diakritische tekens Acute (Áá Ą́ą́), grave (Àà), en tilde (Ãã Ą̃ą̃) worden gebruikt om de toonhoogte accenten aan te geven. Echter, deze toonhoogte-accenten worden over het algemeen niet geschreven, behalve in woordenboeken, grammatica's, en waar nodig voor de duidelijkheid, zoals bij homoniemen en om dialectische gebruik te differentiëren.

AFKORTINGEN
gebruikt in de woordenschat

Nederlandse afkortingen

abn	-	als bijvoeglijk naamwoord
bijv.	-	bijvoorbeeld
bn	-	bijvoeglijk naamwoord
bw	-	bijwoord
enk.	-	enkelvoud
enz.	-	enzovoort
form.	-	formele taal
inform.	-	informele taal
mann.	-	mannelijk
mil.	-	militair
mv.	-	meervoud
on.ww.	-	onovergankelijk werkwoord
ontelb.	-	ontelbaar
ov.	-	over
ov.ww.	-	overgankelijk werkwoord
telb.	-	telbaar
vn	-	voornaamwoord
vrouw.	-	vrouwelijk
vw	-	voegwoord
vz	-	voorzetsel
wisk.	-	wiskunde
ww	-	werkwoord

Nederlandse artikelen

de	-	gemeenschappelijk geslacht
de/het	-	gemeenschappelijk geslacht, onzijdig
het	-	onzijdig

Litouwse afkortingen

dgs	-	meervoud
m	-	vrouwelijk zelfstandig naamwoord
m dgs	-	vrouwelijk meervoud
v	-	mannelijk zelfstandig naamwoord
v dgs	-	mannelijk meervoud

BASISBEGRIPPEN

Basisbegrippen Deel 1

1. Voornaamwoorden

ik	aš	['aʃ]
jij, je	tu	['tu]
hij	jìs	[jɪs]
zij, ze	jì	[jɪ]
wij, we	mẽs	['mˡæs]
jullie	jũs	['juːs]
zij, ze	jiẽ	['jiɛ]

2. Begroetingen. Begroetingen. Afscheid

Hallo! Dag!	Sveìkas!	['svˡɛɪkas!]
Hallo!	Sveikì!	[svˡɛɪ'kˡɪ!]
Goedemorgen!	Lãbas rýtas!	['lˡaːbas 'rˡiːtas!]
Goedemiddag!	Labà dienà!	[lˡa'ba dˡiɛ'na!]
Goedenavond!	Lãbas vãkaras!	['lˡaːbas 'vaːkaras!]

gedag zeggen (groeten)	sveĩkintis	['svˡɛɪkˡɪntˡɪs]
Hoi!	Lãbas!	['lˡaːbas!]
groeten (het)	linkéjimas (v)	[lˡɪŋ'kˡɛjɪmas]
verwelkomen (ww)	sveĩkinti	['svˡɛɪkˡɪntˡɪ]
Hoe gaat het?	Kaĩp sẽkasi?	['kʌɪp 'sˡækasˡɪ?]
Is er nog nieuws?	Kàs naũjo?	['kas 'nɑujɔ?]

Dag! Tot ziens!	Ikì pasimãtymo!	[ɪkˡɪ pasˡɪmatˡiːmo!]
Tot snel! Tot ziens!	Ikì greĩto susìtikimo!	[ɪ'kˡɪ 'grˡɛɪtɔ susˡɪtˡɪ'kˡɪmɔ!]
Vaarwel!	Lìkite sveikì!	['lˡɪkˡɪtˡɛ svˡɛɪ'kˡɪ!]
afscheid nemen (ww)	atsisveĩkinti	[atsˡɪ'svˡɛɪkˡɪntˡɪ]
Tot kijk!	Ikì!	[ɪ'kˡɪ!]

Dank u!	Ãčiũ!	['aːtʂˡuː!]
Dank u wel!	Labaĩ ãčiũ!	[lˡa'bʌɪ 'aːtʂˡuː!]
Graag gedaan	Prãšom.	['praːʃom]
Geen dank!	Nevertà padėkõs.	[nˡɛver'ta padˡeːˈkoːs]
Geen moeite.	Nėrà už kã.	[nˡeːˈra 'uʒ kaː]

Excuseer me, ... (inform.)	Atleĩsk!	[at'lˡɛɪsk!]
Excuseer me, ... (form.)	Atleĩskite!	[at'lˡɛɪskˡɪtˡɛ!]
excuseren (verontschuldigen)	atleĩsti	[at'lˡɛɪstˡɪ]
zich verontschuldigen	atsiprašýti	[atsˡɪpra'ʃɪːtˡɪ]

Mijn excuses.	Māno atsiprāšymas.	['ma:nɔ atsʲɪ'pra:ʃɪ:mas]
Het spijt me!	Atleiskite!	[at'lʲɛɪskʲɪtʲɛ!]
vergeven (ww)	atleisti	[at'lʲɛɪstʲɪ]
Maakt niet uit!	Nieko baisaūs.	['nʲɛkɔ bʌɪ'sɑʊs]
alsjeblieft	prāšom	['pra:ʃom]

Vergeet het niet!	Nepamĩrškite!	[nʲɛpa'mʲɪrʃkʲɪtʲɛ!]
Natuurlijk!	Žinoma!	['ʒʲɪnoma!]
Natuurlijk niet!	Žinoma ne!	['ʒʲɪnoma nʲɛ!]
Akkoord!	Sutinku!	[sʊtʲɪŋ'kʊ!]
Zo is het genoeg!	Užteks!	[ʊʒ'tʲɛks!]

3. Hoe aan te spreken

Excuseer me, ...	Atsiprašau, ...	[atsʲɪpra'ʃɑʊ, ...]
meneer	Pōnas	['po:nas]
mevrouw	Pōne	['po:nʲɛ]
juffrouw	Panēlė	[pa'nʲælʲe:]
jongeman	Ponáiti	[po'nʌɪtʲɪ]
jongen	Berniùk	[bʲɛr'nʲʊk]
meisje	Mergáitė	[mʲɛr'gʌɪtʲe:]

4. Kardinale getallen. Deel 1

nul	nùlis	['nʊlʲɪs]
een	víenas	['vʲiɛnas]
twee	dù	['dʊ]
drie	trìs	['trʲɪs]
vier	keturì	[kʲɛtʊ'rʲɪ]

vijf	penkì	[pʲɛŋ'kʲɪ]
zes	šešì	[ʃɛ'ʃʲɪ]
zeven	septynì	[sʲɛptʲiː'nʲɪ]
acht	aštuonì	[aʃtʊɑ'nʲɪ]
negen	devynì	[dʲɛvʲiː'nʲɪ]

tien	dēšimt	['dʲæʃɪmt]
elf	vienúolika	[vʲiɛ'nʊɑlʲɪka]
twaalf	dvýlika	['dvʲiː·lʲɪka]
dertien	trýlika	['trʲiː·lʲɪka]
veertien	keturiólika	[kʲɛtʊ'rʲolʲɪka]

vijftien	penkiólika	[pʲɛŋ'kʲolʲɪka]
zestien	šešiólika	[ʃɛ'ʃolʲɪka]
zeventien	septyniólika	[sʲɛptʲiː'nʲolʲɪka]
achttien	aštuoniólika	[aʃtʊɑ'nʲolʲɪka]
negentien	devyniólika	[dʲɛvʲiː'nʲolʲɪka]

twintig	dvìdešimt	['dvʲɪdʲɛʃɪmt]
eenentwintig	dvìdešimt víenas	['dvʲɪdʲɛʃɪmt 'vʲiɛnas]
tweeëntwintig	dvìdešimt dù	['dvʲɪdʲɛʃɪmt 'dʊ]
drieëntwintig	dvìdešimt trìs	['dvʲɪdʲɛʃɪmt 'trʲɪs]

dertig	trìsdešimt	['trⁱɪsdⁱɛʃɪmt]
eenendertig	trìsdešimt víenas	['trⁱɪsdⁱɛʃɪmt 'vⁱiɛnas]
tweeëndertig	trìsdešimt dù	['trⁱɪsdⁱɛʃɪmt 'dʊ]
drieëndertig	trìsdešimt trìs	['trⁱɪsdⁱɛʃɪmt 'trⁱɪs]

veertig	kēturiasdešimt	['kⁱætʊrⁱæsdⁱɛʃɪmt]
eenenveertig	kēturiasdešimt víenas	['kⁱætʊrⁱæsdⁱɛʃɪmt 'vⁱiɛnas]
tweeënveertig	kēturiasdešimt dù	['kⁱætʊrⁱæsdⁱɛʃɪmt 'dʊ]
drieënveertig	kēturiasdešimt trìs	['kⁱætʊrⁱæsdⁱɛʃɪmt 'trⁱɪs]

vijftig	peñkiasdešimt	['pⁱɛŋkⁱæsdⁱɛʃɪmt]
eenenvijftig	peñkiasdešimt víenas	['pⁱɛŋkⁱæsdⁱɛʃɪmt 'vⁱiɛnas]
tweeënvijftig	peñkiasdešimt dù	['pⁱɛŋkⁱæsdⁱɛʃɪmt 'dʊ]
drieënvijftig	peñkiasdešimt trìs	['pⁱɛŋkⁱæsdⁱɛʃɪmt 'trⁱɪs]

zestig	šēšiasdešimt	['ʃæʃæsdⁱɛʃɪmt]
eenenzestig	šēšiasdešimt víenas	['ʃæʃæsdⁱɛʃɪmt 'vⁱiɛnas]
tweeënzestig	šēšiasdešimt dù	['ʃæʃæsdⁱɛʃɪmt 'dʊ]
drieënzestig	šēšiasdešimt trìs	['ʃæʃæsdⁱɛʃɪmt 'trⁱɪs]

zeventig	septýniasdešimt	[sⁱɛp'tⁱi:nⁱæsdⁱɛʃɪmt]
eenenzeventig	septýniasdešimt víenas	[sⁱɛp'tⁱi:nⁱæsdⁱɛʃɪmt 'vⁱiɛnas]
tweeënzeventig	septýniasdešimt dù	[sⁱɛp'tⁱi:nⁱæsdⁱɛʃɪmt 'dʊ]
drieënzeventig	septýniasdešimt trìs	[sⁱɛptⁱi:nⁱæsdⁱɛʃɪmt 'trⁱɪs]

tachtig	aštúoniasdešimt	[aʃ'tʊɑnⁱæsdⁱɛʃɪmt]
eenentachtig	aštúoniasdešimt víenas	[aʃ'tʊɑnⁱæsdⁱɛʃɪmt 'vⁱiɛnas]
tweeëntachtig	aštúoniasdešimt dù	[aʃ'tʊɑnⁱæsdⁱɛʃɪmt 'dʊ]
drieëntachtig	aštúoniasdešimt trìs	[aʃ'tʊɑnⁱæsdⁱɛʃɪmt 'trⁱɪs]

negentig	devýniasdešimt	[dⁱɛ'vⁱi:nⁱæsdⁱɛʃɪmt]
eenennegentig	devýniasdešimt víenas	[dⁱɛ'vⁱi:nⁱæsdⁱɛʃɪmt 'vⁱiɛnas]
tweeënnegentig	devýniasdešimt dù	[dⁱɛ'vⁱi:nⁱæsdⁱɛʃɪmt 'dʊ]
drieënnegentig	devýniasdešimt trìs	[dⁱɛ'vⁱi:nⁱæsdⁱɛʃɪmt 'trⁱɪs]

5. Kardinale getallen. Deel 2

honderd	šim̃tas	['ʃɪmtas]
tweehonderd	dù šimtaì	['dʊ ʃɪm'tʌɪ]
driehonderd	trìs šimtaì	['trⁱɪs ʃɪm'tʌɪ]
vierhonderd	keturì šimtaì	[kⁱɛtʊ'rⁱɪ ʃɪm'tʌɪ]
vijfhonderd	penkì šimtaì	[pⁱɛŋ'kⁱɪ ʃɪm'tʌɪ]
zeshonderd	šešì šimtaì	[ʃɛ'ʃⁱɪ ʃɪm'tʌɪ]
zevenhonderd	septynì šimtaì	[sⁱɛptⁱi:nⁱɪ 'ʃɪmtʌɪ]
achthonderd	aštuonì šimtaì	[aʃtʊɑ'nⁱɪ ʃɪm'tʌɪ]
negenhonderd	devynì šimtaì	[dⁱɛvⁱi:'nⁱɪ ʃɪm'tʌɪ]

duizend	tűkstantis	['tu:kstantⁱɪs]
tweeduizend	dù tűkstančiai	['dʊ 'tu:kstantʂⁱɛɪ]
drieduizend	trỹs tűkstančiai	['trⁱi:s 'tu:kstantʂⁱɛɪ]
tienduizend	dēšimt tűkstančių	['dⁱæʃɪmt 'tu:kstantʂⁱu:]
honderdduizend	šim̃tas tűkstančių	['ʃɪmtas 'tu:kstantʂⁱu:]
miljoen (het)	milijõnas (v)	[mⁱɪlⁱɪ'jɔ:nas]
miljard (het)	milijárdas (v)	[mⁱɪlⁱɪ'jardas]

6. Ordinale getallen

eerste (bn)	pìrmas	['pʲɪrmas]
tweede (bn)	añtras	['antras]
derde (bn)	trẽčias	['trʲætʂʲæs]
vierde (bn)	ketvírtas	[kʲɛt'vʲɪrtas]
vijfde (bn)	peñktas	['pʲɛŋktas]
zesde (bn)	šẽštas	['ʃæʃtas]
zevende (bn)	septiñtas	[sʲɛp'tʲɪntas]
achtste (bn)	aštuñtas	[aʃtʊntas]
negende (bn)	deviñtas	[dʲɛ'vʲɪntas]
tiende (bn)	dešim̃tas	[dʲɛ'ʃɪmtas]

7. Getallen. Breuken

breukgetal (het)	trùpmena (m)	['trʊpmʲɛna]
half	víena antróji	['vʲiɛna an'tro:jɪ]
een derde	víena trečióji	['vʲiɛna trʲɛ'tʂʲo:jɪ]
kwart	víena ketvirtóji	['vʲiɛna kʲɛtvʲɪr'to:jɪ]
een achtste	víena aštuntóji	['vʲiɛna aʃtʊn'to:jɪ]
een tiende	víena dešimtóji	['vʲiɛna dʲɛʃɪm'to:jɪ]
twee derde	dvì trečioosios	[dvʲɪ 'trʲætʂʲoosʲos]
driekwart	trỹs ketvìrtosios	['trʲiːs kʲɛt'vʲɪrtosʲos]

8. Getallen. Eenvoudige berekeningen

aftrekking (de)	atimtìs (m)	[atʲɪm'tʲɪs]
aftrekken (ww)	atim̃ti	[a'tʲɪmtʲɪ]
deling (de)	dalýba (m)	[da'lʲiːba]
delen (ww)	dalìnti	[da'lʲɪntʲɪ]
optelling (de)	sudėjìmas (v)	[sʊdʲe:'jɪmas]
erbij optellen	sudéti	[sʊ'dʲe:tʲɪ]
(bij elkaar voegen)		
optellen (ww)	pridéti	[prʲɪ'dʲe:tʲɪ]
vermenigvuldiging (de)	daugýba (m)	[dɑʊ'gʲiːba]
vermenigvuldigen (ww)	dáuginti	['dɑʊgʲɪntʲɪ]

9. Getallen. Diversen

cijfer (het)	skaitmuõ (v)	[skʌɪt'mʊɑ]
nummer (het)	skaĩčius (v)	['skʌɪtʂʲʊs]
telwoord (het)	skaĩtvardis (v)	['skʌɪtvardʲɪs]
minteken (het)	mìnusas (v)	['mʲɪnʊsas]
plusteken (het)	pliùsas (v)	['plʲʊsas]
formule (de)	fòrmulė (m)	['formʊlʲe:]
berekening (de)	išskaičiãvimas (v)	[ɪʃskʌɪ'tʂʲævʲɪmas]

tellen (ww)	skaičiúoti	[skʌɪ'tʂʲuatʲɪ]
bijrekenen (ww)	apskaičiúoti	[apskʌɪ'tʂʲuatʲɪ]
vergelijken (ww)	sulýginti	[su'lʲiːgʲɪntʲɪ]

Hoeveel?	Kíek?	['kʲiɛk?]
som (de), totaal (het)	sumà (m)	[su'ma]
uitkomst (de)	rezultãtas (v)	[rʲɛzul'taːtas]
rest (de)	likùtis (v)	[lʲɪ'kutʲɪs]

enkele (bijv. ~ minuten)	kẽletas	['kʲælʲɛtas]
weinig (bw)	nedaūg ...	[nʲɛ'daug ...]
restant (het)	vìsa kìta	['vʲɪsa 'kʲɪta]
anderhalf	pusañtro	[pu'santrɔ]
dozijn (het)	tùzinas (v)	['tuzʲɪnas]

middendoor (bw)	peĩ pùsę	['pʲɛr 'pusʲɛː]
even (bw)	pó lýgiai	['pɔː lʲiːgʲɛɪ]
helft (de)	pùsė (m)	['pusʲeː]
keer (de)	kártas (v)	['kartas]

10. De belangrijkste werkwoorden. Deel 1

aanbevelen (ww)	rekomendúoti	[rʲɛkomʲɛn'duatʲɪ]
aandringen (ww)	reikaláuti	[rʲɛɪka'lʲʲautʲɪ]
aankomen (per auto, enz.)	atvažiúoti	[atva'ʒʲuatʲɪ]
aanraken (ww)	čiupinéti	[tʂʲupʲɪ'nʲɛ:tʲɪ]
adviseren (ww)	patarinéti	[patarʲɪ'nʲe:tʲɪ]

afdalen (on.ww.)	leĩstis	['lʲɛɪstʲɪs]
afslaan (naar rechts ~)	sùkti	['suktʲɪ]
antwoorden (ww)	atsakýti	[atsa'kʲiː:tʲɪ]
bang zijn (ww)	bijóti	[bʲɪ'jotʲɪ]
bedreigen	grasìnti	[gra'sʲɪntʲɪ]
(bijv. met een pistool)		

bedriegen (ww)	apgaudinéti	[apgaudʲɪ'nʲe:tʲɪ]
beëindigen (ww)	užbaĩgti	[uʒ'bʌɪktʲɪ]
beginnen (ww)	pradéti	[pra'dʲe:tʲɪ]
begrijpen (ww)	suprãsti	[sup'rastʲɪ]
beheren (managen)	vadováuti	[vado'vautʲɪ]

| beledigen | įžeidinéti | [iː:ʒʲɛɪdʲɪ'nʲe:tʲɪ] |
| (met scheldwoorden) | | |

beloven (ww)	žadéti	[ʒa'dʲe:tʲɪ]
bereiden (koken)	gamìnti	[ga'mʲɪntʲɪ]
bespreken (spreken over)	aptarinéti	[aptarʲɪ'nʲætʲɪ]

bestellen (eten ~)	užsakinéti	[uʒsakʲɪ'nʲe:tʲɪ]
bestraffen (een stout kind ~)	baũsti	['baustʲɪ]
betalen (ww)	mokéti	[mo'kʲe:tʲɪ]
betekenen (beduiden)	reĩkšti	['rʲɛɪkʃtʲɪ]
betreuren (ww)	gailétis	[gʌɪ'lʲe:tʲɪs]
bevallen (prettig vinden)	patìkti	[pa'tʲɪktʲɪ]
bevelen (mil.)	nurodinéti	[nurodʲɪ'nʲe:tʲɪ]

bevrijden (stad, enz.)	išlaisvinti	[ɪʃlʲʌɪsvʲɪntʲɪ]
bewaren (ww)	saugoti	['saʊgotʲɪ]
bezitten (ww)	mokéti	[mo'kʲe:tʲɪ]
bidden (praten met God)	melstis	['mʲɛʲstʲɪs]
binnengaan (een kamer ~)	jeiti	[i:'ɛɪtʲɪ]
breken (ww)	laužyti	['lʲaʊʒʲi:tʲɪ]
controleren (ww)	kontroliúoti	[kɔntro'lʲʊatʲɪ]
creëren (ww)	sukurti	[sʊ'kʊrtʲɪ]
deelnemen (ww)	dalyvauti	[dalʲi:'vaʊtʲɪ]
denken (ww)	galvoti	[galʲ'votʲɪ]
doden (ww)	žudyti	[ʒʊ'dʲi:tʲɪ]
doen (ww)	daryti	[da'rʲi:tʲɪ]
dorst hebben (ww)	noréti gerti	[no'rʲe:tʲɪ 'gʲærtʲɪ]

11. De belangrijkste werkwoorden. Deel 2

een hint geven	užsiminti	[ʊʒsʲɪ'mʲɪntʲɪ]
eisen (met klem vragen)	reikalauti	[rʲɛɪka'lʲaʊtʲɪ]
excuseren (vergeven)	atleisti	[at'lʲɛɪstʲɪ]
existeren (bestaan)	egzistuoti	[ɛgzʲɪs'tʊatʲɪ]
gaan (te voet)	eiti	['ɛɪtʲɪ]
gaan zitten (ww)	séstis	['sʲe:stʲɪs]
gaan zwemmen	maudytis	['maʊdʲi:tʲɪs]
geven (ww)	dúoti	['dʊatʲɪ]
glimlachen (ww)	šypsótis	[ʃi:p'sotʲɪs]
goed raden (ww)	atspéti	[at'spʲe:tʲɪ]
grappen maken (ww)	juokauti	[jʊa'kaʊtʲɪ]
graven (ww)	raũsti	['raʊstʲɪ]
hebben (ww)	turéti	[tʊ'rʲe:tʲɪ]
helpen (ww)	padéti	[pa'dʲe:tʲɪ]
herhalen (opnieuw zeggen)	kartóti	[kar'totʲɪ]
honger hebben (ww)	noréti válgyti	[no'rʲe:tʲɪ 'valʲgʲi:tʲɪ]
hopen (ww)	tikétis	[tʲɪ'kʲe:tʲɪs]
horen	girdéti	[gʲɪr'dʲe:tʲɪ]
(waarnemen met het oor)		
huilen (wenen)	verkti	['vʲɛrktʲɪ]
huren (huis, kamer)	núomotis	['nʊamotʲɪs]
informeren (informatie geven)	informúoti	[ɪnfor'mʊatʲɪ]
instemmen (akkoord gaan)	sutikti	[sʊ'tʲɪktʲɪ]
jagen (ww)	medžióti	[mʲɛ'dʒʲotʲɪ]
kennen (kennis hebben van iemand)	pažinóti	[paʒʲɪ'notʲɪ]
kiezen (ww)	išsirinkti	[ɪʃsʲɪ'rʲɪŋktʲɪ]
klagen (ww)	skústis	['sku:stʲɪs]
kosten (ww)	kainúoti	[kʌɪ'nʊatʲɪ]
kunnen (ww)	galéti	[ga'lʲe:tʲɪ]

lachen (ww)	juõktis	['jʊaktʲɪs]
laten vallen (ww)	numèsti	[nʊ'mʲɛstʲɪ]
lezen (ww)	skaitýti	[skʌɪ'tʲiːtʲɪ]

liefhebben (ww)	myléti	[mʲiːˈlʲeːtʲɪ]
lunchen (ww)	pietáuti	[pʲiɛ'taʊtʲɪ]
nemen (ww)	iṁti	['ɪmtʲɪ]
nodig zijn (ww)	būti reikalìngu	['buːtʲɪ rʲɛɪka'lʲɪngʊ]

12. De belangrijkste werkwoorden. Deel 3

onderschatten (ww)	nejvértinti	[nʲɛɪ:'vʲɛrtʲɪntʲɪ]
ondertekenen (ww)	pasirašinéti	[pasʲɪraʃɪ'nʲeːtʲɪ]
ontbijten (ww)	pùsryčiauti	['pʊsrʲiːtɕɛʊtʲɪ]
openen (ww)	atidarýti	[atʲɪda'rʲiːtʲɪ]
ophouden (ww)	nustóti	[nʊ'stotʲɪ]
opmerken (zien)	pastebéti	[paste'bʲeːtʲɪ]

opscheppen (ww)	gìrtis	['gʲɪrtʲɪs]
opschrijven (ww)	užrašinéti	[ʊʒraʃɪ'nʲeːtʲɪ]
plannen (ww)	planúoti	[plʲa'nʊatʲɪ]
prefereren (verkiezen)	teĩkti pirmenýbę	['tʲɛɪktʲɪ pʲɪrmʲɛ'nʲiːbʲɛ:]
proberen (trachten)	bandýti	[ban'dʲiːtʲɪ]
redden (ww)	gélbéti	['gʲælʲbʲeːtʲɪ]

rekenen op ...	tikétis ...	[tʲɪ'kʲeːtʲɪs ...]
rennen (ww)	bégti	['bʲeːktʲɪ]
reserveren (een hotelkamer ~)	rezervúoti	[rʲɛzʲɛr'vʊatʲɪ]
roepen (om hulp)	kviẽsti	['kvʲɛstʲɪ]
schieten (ww)	šáudyti	['ʃaʊdʲiːtʲɪ]
schreeuwen (ww)	šaũkti	['ʃaʊktʲɪ]

schrijven (ww)	rašýti	[ra'ʃɪːtʲɪ]
souperen (ww)	vakarieniáuti	[vakarʲiɛ'nʲæʊtʲɪ]
spelen (kinderen)	žaĩsti	['ʒʌɪstʲɪ]
spreken (ww)	sakýti	[sa'kʲiːtʲɪ]

| stelen (ww) | võgti | ['voːktʲɪ] |
| stoppen (pauzeren) | sustóti | [sʊs'totʲɪ] |

studeren (Nederlands ~)	studijúoti	[stʊdʲɪ'jʊatʲɪ]
sturen (zenden)	išsiũsti	[ɪʃsʲu:stʲɪ]
tellen (optellen)	skaičiúoti	[skʌɪ'tɕʊatʲɪ]
toebehoren aan ...	priklausýti	[prʲɪklʲaʊ'sʲiːtʲɪ]

| toestaan (ww) | léisti | ['lʲɛɪstʲɪ] |
| tonen (ww) | ródyti | ['rodʲiːtʲɪ] |

twijfelen (onzeker zijn)	abejóti	[abʲɛ'jotʲɪ]
uitgaan (ww)	išeĩti	[ɪ'ʃɛɪtʲɪ]
uitnodigen (ww)	kviẽsti	['kvʲɛstʲɪ]
uitspreken (ww)	ištarti	[ɪʃ'tartʲɪ]
uitvaren tegen (ww)	bárti	['bartʲɪ]

13. De belangrijkste werkwoorden. Deel 4

vallen (ww)	kristi	['krʲɪstʲɪ]
vangen (ww)	gáudyti	['gaudʲiːtʲɪ]
veranderen (anders maken)	pakeisti	[pa'kʲɛɪstʲɪ]
verbaasd zijn (ww)	stebétis	[ste'bʲeːtʲɪs]
verbergen (ww)	slėpti	['sʲʲeːptʲɪ]

verdedigen (je land ~)	gìnti	['gʲɪntʲɪ]
verenigen (ww)	apjùngti	[a'pjuŋktʲɪ]
vergelijken (ww)	lýginti	['lʲiːgʲɪntʲɪ]
vergeten (ww)	užmíršti	[ʊʒ'mʲɪrʃtʲɪ]
vergeven (ww)	atléisti	[at'lʲɛɪstʲɪ]

verklaren (uitleggen)	paaiškinti	[pa'ʌɪʃkʲɪntʲɪ]
verkopen (per stuk ~)	pardavinéti	[pardavʲɪ'nʲeːtʲɪ]
vermelden (praten over)	minéti	[mʲɪ'nʲeːtʲɪ]
versieren (decoreren)	puõšti	['puoʃtʲɪ]
vertalen (ww)	versti	['vʲɛrstʲɪ]

vertrouwen (ww)	pasitikéti	[pasʲɪtʲɪ'kʲeːtʲɪ]
vervolgen (ww)	tęsti	['tʲɛːstʲɪ]
verwarren (met elkaar ~)	suklýsti	[sʊk'lʲiːstʲɪ]
verzoeken (ww)	prašýti	[pra'ʃɪːtʲɪ]
verzuimen (school, enz.)	praleidinéti	[pralʲɛɪdʲɪ'nʲeːtʲɪ]

vinden (ww)	rasti	['rastʲɪ]
vliegen (ww)	skristi	['skrʲɪstʲɪ]
volgen (ww)	sèkti ...	['sʲɛktʲɪ ...]
voorstellen (ww)	siūlyti	['sʲuːlʲiːtʲɪ]
voorzien (verwachten)	numatýti	[nʊma'tʲiːtʲɪ]
vragen (ww)	kláusti	['klʲaustʲɪ]

waarnemen (ww)	stebéti	[ste'bʲeːtʲɪ]
waarschuwen (ww)	pérspéti	['pʲɛrspʲeːtʲɪ]
wachten (ww)	láukti	['lʲauktʲɪ]
weerspreken (ww)	prieštaráuti	[prʲiɛʃta'rautʲɪ]
weigeren (ww)	atsisakýti	[atsʲɪsa'kʲiːtʲɪ]

werken (ww)	dìrbti	['dʲɪrptʲɪ]
weten (ww)	žinóti	[ʒʲɪ'notʲɪ]
willen (verlangen)	noréti	[no'rʲeːtʲɪ]

zeggen (ww)	pasakýti	[pasa'kʲiːtʲɪ]
zich haasten (ww)	skubéti	[skʊ'bʲeːtʲɪ]

zich interesseren voor ...	dométis	[do'mʲeːtʲɪs]
zich vergissen (ww)	klýsti	['klʲiːstʲɪ]

zich verontschuldigen	atsiprašinéti	[atsʲɪpraʃɪ'nʲeːtʲɪ]
zien (ww)	matýti	[ma'tʲiːtʲɪ]

zoeken (ww)	ieškóti	[ɪɛʃ'kotʲɪ]
zwemmen (ww)	pláukti	['plʲauktʲɪ]
zwijgen (ww)	tyléti	[tʲiː'lʲeːtʲɪ]

14. Kleuren

kleur (de)	spalvà (m)	[spalʲ'va]
tint (de)	àtspalvis (v)	['a:tspalʲvʲɪs]
kleurnuance (de)	tònas (v)	['tonas]
regenboog (de)	vaivórykštė (m)	[vʌɪ'vorʲi:kʃtʲe:]

wit (bn)	baltà	[balʲ'ta]
zwart (bn)	juodà	[jʊa'da]
grijs (bn)	pilkà	[pʲɪlʲ'ka]

groen (bn)	žalià	[ʒa'lʲæ]
geel (bn)	geltóna	[gʲɛlʲ'tona]
rood (bn)	raudóna	[rɑʊ'dona]

blauw (bn)	mélyna	['mʲe:lʲi:na]
lichtblauw (bn)	žydrà	[ʒʲi:d'ra]
roze (bn)	rõžinė	['ro:ʒɪnʲe:]
oranje (bn)	oránžinė	[o'ranʒɪnʲe:]
violet (bn)	violètinė	[vʲɪjo'lʲɛtʲɪnʲe:]
bruin (bn)	rudà	[rʊ'da]

goud (bn)	auksìnis	[ɑʊk'sʲɪnʲɪs]
zilverkleurig (bn)	sidabrìnis	[sʲɪda'brʲɪnʲɪs]

beige (bn)	smėlio spalvõs	['smʲe:lʲɔ spalʲ'vo:s]
roomkleurig (bn)	krèminės spalvõs	['krʲɛmʲɪnʲe:s spalʲ'vo:s]
turkoois (bn)	tùrkio spalvõs	['tʊrkʲɔ spalʲ'vo:s]
kersrood (bn)	výšnių spalvõs	[vʲi:ʃnʲu: spalʲ'vo:s]
lila (bn)	alývų spalvõs	[a'lʲi:vu: spalʲ'vo:s]
karmijnrood (bn)	aviètinės spalvõs	[a'vʲɛtʲɪnʲe:s spalʲ'vʲɪs]

licht (bn)	šviesì	[ʃvʲiɛ'sʲɪ]
donker (bn)	tamsì	[tam'sʲɪ]
fel (bn)	ryškì	[rʲi:ʃ'kʲɪ]

kleur-, kleurig (bn)	spalvótas	[spalʲ'votas]
kleuren- (abn)	spalvótas	[spalʲ'votas]
zwart-wit (bn)	juodaì báltas	[jʊa'dʌɪ 'balʲtas]
eenkleurig (bn)	vienspálvis	[vʲiɛns'palʲvʲɪs]
veelkleurig (bn)	įvairiaspálvis	[i:vʌɪrʲæs'palʲvʲɪs]

15. Vragen

Wie?	Kàs?	['kas?]
Wat?	Ką̃?	['ka:?]
Waar?	Kur̃?	['kʊr?]
Waarheen?	Kur̃?	['kʊr?]
Waarvandaan?	Ìš kur̃?	[ɪʃ 'kʊr?]
Wanneer?	Kadà?	[ka'da?]
Waarom?	Kám?	['kam?]
Waarom?	Kodèl?	[kɔ'dʲe:lʲ?]
Waarvoor dan ook?	Kám?	['kam?]

Hoe?	Kaip?	['kʌɪp?]
Wat voor …?	Koks?	['koks?]
Welk?	Kuris?	[kʊ'rʲɪs?]

Aan wie?	Kám?	['kam?]
Over wie?	Apiẽ ką?	[a'pʲɛ 'ka:?]
Waarover?	Apiẽ ką?	[a'pʲɛ 'ka:?]
Met wie?	Su kuõ?	['sʊ 'kʊɑ?]

Hoeveel?	Kíek?	['kʲiɛk?]
Van wie?	Kienõ?	[kʲiɛ'no:?]

16. Voorzetsels

met (bijv. ~ beleg)	su …	['sʊ …]
zonder (~ accent)	be	['bʲɛ]
naar (in de richting van)	į	[iː]
over (praten ~)	apiẽ	[a'pʲɛ]
voor (in tijd)	ikì	[ɪ'kʲɪ]
voor (aan de voorkant)	priẽš	['prʲɛʃ]

onder (lager dan)	põ	['po:]
boven (hoger dan)	vìrš	['vʲɪrʃ]
op (bovenop)	añt	['ant]
van (uit, afkomstig van)	ìš	[ɪʃ]
van (gemaakt van)	ìš	[ɪʃ]

over (bijv. ~ een uur)	põ …, ùž …	['po: …], ['ʊʒ …]
over (over de bovenkant)	per̃	['pʲɛr]

17. Functiewoorden. Bijwoorden. Deel 1

Waar?	Kur̃?	['kʊr?]
hier (bw)	čià	['tʂʲæ]
daar (bw)	teñ	['tʲɛn]

ergens (bw)	kažkur̃	[kaʒ'kʊr]
nergens (bw)	niẽkur	['nʲɛkʊr]

bij … (in de buurt)	priẽ …	['prʲɛ …]
bij het raam	priẽ lángo	['prʲɛ 'lʲango]

Waarheen?	Kur̃?	['kʊr?]
hierheen (bw)	čià	['tʂʲæ]
daarheen (bw)	teñ	['tʲɛn]
hiervandaan (bw)	ìš čià	[ɪʃ tʂʲæ]
daarvandaan (bw)	ìš teñ	[ɪʃ tʲɛn]

dichtbij (bw)	šalià	[ʃa'lʲæ]
ver (bw)	tolì	[to'lʲɪ]
in de buurt (van …)	šalià	[ʃa'lʲæ]
dichtbij (bw)	artì	[ar'tʲɪ]

niet ver (bw)	netoli̇̀	[nʲɛ'tolʲɪ]
linker (bn)	kairy̅s	[kʌɪ'rʲiːs]
links (bw)	i̇̀š kairė̃s	[ɪʃ kʌɪ'rʲeːs]
linksaf, naar links (bw)	į̃ kaìrę	[iː 'kʌɪrʲɛ:]
rechter (bn)	deši̇̀ny̅s	[dʲɛʃɪ'nʲiːs]
rechts (bw)	i̇̀š deši̇̀nė̃s	[ɪʃ dɛʃɪ'nʲeːs]
rechtsaf, naar rechts (bw)	į̃ dẽši̇̀nę	[iː 'dʲæʃɪnʲɛ:]
vooraan (bw)	pri̇́ekyje	['prʲiɛkʲiːjɛ]
voorste (bn)	pri̇́ekinis	['prʲiɛkʲɪnʲɪs]
vooruit (bw)	pirmy̅n	[pʲɪr'mʲiːn]
achter (bw)	galè	[ga'lʲɛ]
van achteren (bw)	i̇̀š ga̅lo	[ɪʃ 'gaːlʲɔ]
achteruit (naar achteren)	atgal̃	[at'galʲ]
midden (het)	vidury̅s (v)	[vʲɪdʊ'rʲiːs]
in het midden (bw)	per̃ vi̇̀duri̧̇	['pʲɛr 'vʲɪːdʊrʲɪ:]
opzij (bw)	šõne	['ʃonʲɛ]
overal (bw)	visur̃	[vʲɪ'sʊr]
omheen (bw)	apliñkui	[ap'lʲɪŋkʊi]
binnenuit (bw)	i̇̀š vidaũs	[ɪʃ vʲɪ'daʊs]
naar ergens (bw)	kažkur̃	[kaʒ'kʊr]
rechtdoor (bw)	ti̇̀esiai	['tʲɛsʲɛɪ]
terug (bijv. ~ komen)	atgal̃	[at'galʲ]
ergens vandaan (bw)	i̇̀š kur̃ nór̃s	[ɪʃ 'kʊr 'nors]
ergens vandaan (en dit geld moet ~ komen)	i̇̀š kažkur̃	[ɪʃ kaʒ'kʊr]
ten eerste (bw)	pi̇̀rma	['pʲɪrma]
ten tweede (bw)	añtra	['antra]
ten derde (bw)	trẽčia	['trʲætʂʲæ]
plotseling (bw)	staigà	[stʌɪ'ga]
in het begin (bw)	pradži̇̀õj	[prad'ʒʲoːj]
voor de eerste keer (bw)	pi̇̀rmą ka̅rtą	['pʲɪrma: 'karta:]
lang voor … (bw)	daũg laȉko prieš …	['daʊg 'lʲʌɪkɔ 'prʲɛʃ …]
opnieuw (bw)	i̇̀š naũjo	[ɪʃ 'naʊjɔ]
voor eeuwig (bw)	visa̅m laȉkui	[vʲɪ'sam 'lʲʌɪkʊi]
nooit (bw)	niekada̅	[nʲiɛkad'a]
weer (bw)	vė̃l	['vʲeːlʲ]
nu (bw)	dabar̃	[da'bar]
vaak (bw)	dažna̅i̇̀	[daʒ'nʌɪ]
toen (bw)	tada̅	[ta'da]
urgent (bw)	skubiaȉ	[skʊ'bʲɛɪ]
meestal (bw)	i̧̇prasta̅i̇̀	[i:pras'tʌɪ]
trouwens, … (tussen haakjes)	bejè, …	[bɛ'jæ, …]
mogelijk (bw)	i̧̇ma̅noma	[i:'maːnoma]
waarschijnlijk (bw)	tikė́tina	[tʲɪ'kʲeːtʲɪna]

misschien (bw)	gáli búti	['ga:lʲɪ 'bu:tʲɪ]
trouwens (bw)	bè tõ, ...	['bʲɛ to:, ...]
daarom ...	todél ...	[to'dʲe:lʲ ...]
in weerwil van ...	nepáisant ...	[nʲɛ'pʌɪsant ...]
dankzij ...	... déka	[... dʲe:'ka]

wat (vn)	kàs	['kas]
dat (vw)	kàs	['kas]
iets (vn)	kažkàs	[kaʒ'kas]
iets	kažkàs	[kaʒ'kas]
niets (vn)	niẽko	['nʲɛkɔ]

wie (~ is daar?)	kàs	['kas]
iemand (een onbekende)	kažkàs	[kaʒ'kas]
iemand	kažkàs	[kaʒ'kas]
(een bepaald persoon)		

niemand (vn)	niẽkas	['nʲɛkas]
nergens (bw)	niẽkur	['nʲɛkʊr]
niemands (bn)	niẽkieno	['nʲɛ'kʲiɛnɔ]
iemands (bn)	kažkienõ	[kaʒkʲiɛ'no:]

zo (Ik ben ~ blij)	taĩp	['tʌɪp]
ook (evenals)	taĩp pàt	['tʌɪp 'pat]
alsook (eveneens)	ĩrgi	['ɪrgʲɪ]

18. Functiewoorden. Bijwoorden. Deel 2

Waarom?	Kodél?	[kɔ'dʲe:lʲ?]
om een bepaalde reden	kažkodél	[kaʒko'dʲe:lʲ]
omdat ...	..., todél, kàd	[..., to'dʲe:lʲ, 'kad]
voor een bepaald doel	kažkodél	[kaʒko'dʲe:lʲ]

en (vw)	ĩr	[ɪr]
of (vw)	arbà	[ar'ba]
maar (vw)	bèt	['bʲɛt]

te (~ veel mensen)	pernelýg	[pʲɛrnʲɛ'lʲiːg]
alleen (bw)	tiktaĩ	[tʲɪk'tʌɪ]
precies (bw)	tiksliaĩ	[tʲɪks'lʲʲɛɪ]
ongeveer (~ 10 kg)	maždaũg	[maʒ'dɑʊg]

omstreeks (bw)	apýtikriai	[a'pʲiːtʲɪkrʲɛɪ]
bij benadering (bn)	apýtikriai	[a'pʲiːtʲɪkrʲɛɪ]
bijna (bw)	beveĩk	[bʲɛ'vʲɛɪk]
rest (de)	vìsa kìta (m)	['vʲɪsa 'kʲɪta]

elk (bn)	kiekvíenas	[kʲiɛk'vʲiɛnas]
om het even welk	bèt kurìs	['bʲɛt kʊ'rʲɪs]
veel (grote hoeveelheid)	daũg	['dɑʊg]
veel mensen	daũgelis	['dɑʊgʲɛlʲɪs]
iedereen (alle personen)	visì	[vʲɪ's'ɪ]
in ruil voor ...	mainaĩs į ...	[mʌɪ'nʌɪs iː ..]
in ruil (bw)	mainaĩs	[mʌɪ'nʌɪs]

met de hand (bw)	rankiniu būdu	['raŋkʲɪnʲʊ buːˈdʊ]
onwaarschijnlijk (bw)	kažì	[kaˈʒʲɪ]
waarschijnlijk (bw)	tikriáusiai	[tʲɪkˈrʲæʊsʲɛɪ]
met opzet (bw)	týčia	[ˈtʲiːtʂʲæ]
toevallig (bw)	netýčia	[nʲɛˈtʲiːtʂʲæ]
zeer (bw)	labaì	[lʲaˈbʌɪ]
bijvoorbeeld (bw)	pãvyzdžiui	[ˈpaːvʲiːzdʒʲʊi]
tussen (~ twee steden)	tarp	[ˈtarp]
tussen (te midden van)	tarp	[ˈtarp]
zoveel (bw)	tiek	[ˈtʲɛk]
vooral (bw)	ýpač	[ˈɪːpatʂ]

Basisbegrippen Deel 2

19. Tegenovergestelden

rijk (bn)	turtìngas	[tʊr'tʲɪngas]
arm (bn)	skurdùs	[skʊr'dʊs]
ziek (bn)	sergantis	['sʲɛrgantʲɪs]
gezond (bn)	sveĩkas	['svʲɛɪkas]
groot (bn)	dìdelis	['dʲɪdʲɛlʲɪs]
klein (bn)	mãžas	['maːʒas]
snel (bw)	greĩtai	['grʲɛɪtʌɪ]
langzaam (bw)	lėtaĩ	[lʲeːˈtʌɪ]
snel (bn)	greĩtas	['grʲɛɪtas]
langzaam (bn)	lėtas	['lʲeːtas]
vrolijk (bn)	liñksmas	['lʲɪŋksmas]
treurig (bn)	liũdnas	['lʲuːdnas]
samen (bw)	kartu	['kartʊ]
apart (bw)	atskiraĩ	[atskʲɪ'rʌɪ]
hardop (~ lezen)	garsiai	['garsʲɛɪ]
stil (~ lezen)	tyliai	['tʲiːlʲɛɪ]
hoog (bn)	aũkštas	['ɑʊkʃtas]
laag (bn)	žẽmas	['ʒʲæmas]
diep (bn)	gilùs	[gʲɪ'lʲʊs]
ondiep (bn)	seklùs	[sʲɛk'lʲʊs]
ja	taĩp	['tʌɪp]
nee	nè	['nʲɛ]
ver (bn)	tolimas	['tolʲɪmas]
dicht (bn)	artimas	['artʲɪmas]
ver (bw)	tolì	[to'lʲɪ]
dichtbij (bw)	artì	[ar'tʲɪ]
lang (bn)	ìlgas	['ɪlʲgas]
kort (bn)	trumpas	['trʊmpas]
vriendelijk (goedhartig)	gẽras	['gʲæras]
kwaad (bn)	pìktas	['pʲɪktas]

27

gehuwd (mann.)	vēdęs	['vⁱædⁱɛːs]
ongehuwd (mann.)	nevēdęs	[nⁱɛ'vⁱædⁱɛːs]
verbieden (ww)	uždraūsti	[ʊʒ'draʊstⁱɪ]
toestaan (ww)	léisti	['lⁱɛɪstⁱɪ]
einde (het)	pabaigà (m)	[pabʌɪ'ga]
begin (het)	pradžià (m)	[prad'ʒⁱæ]
linker (bn)	kairỹs	[kʌɪ'rⁱiːs]
rechter (bn)	dešinỹs	[dⁱɛʃɪ'nⁱiːs]
eerste (bn)	pìrmas	['pⁱɪrmas]
laatste (bn)	paskutìnis	[paskʊ'tⁱɪnⁱɪs]
misdaad (de)	nusikaltìmas (v)	[nʊsⁱɪkalⁱ'tⁱɪmas]
bestraffing (de)	bausmē̃ (m)	[baʊs'mⁱeː]
bevelen (ww)	įsakýti	[iːsa'kⁱiːtⁱɪ]
gehoorzamen (ww)	paklùsti	[pak'lⁱʊstⁱɪ]
recht (bn)	tiesùs	[tⁱiɛ'sʊs]
krom (bn)	kreĩvas	['krⁱɛɪvas]
paradijs (het)	rõjus (v)	['roːjʊs]
hel (de)	prãgaras (v)	['praːgaras]
geboren worden (ww)	gìmti	['gⁱɪmtⁱɪ]
sterven (ww)	mìrti	['mⁱɪrtⁱɪ]
sterk (bn)	stiprùs	[stⁱɪp'rʊs]
zwak (bn)	sìlpnas	['sⁱɪlⁱpnas]
oud (bn)	sēnas	['sⁱænas]
jong (bn)	jáunas	['jɑʊnas]
oud (bn)	sēnas	['sⁱænas]
nieuw (bn)	naũjas	['nɑʊjas]
hard (bn)	kíetas	['kⁱiɛtas]
zacht (bn)	mìnkštas	['mⁱɪŋkʃtas]
warm (bn)	šìltas	['ʃⁱɪlⁱtas]
koud (bn)	šáltas	['ʃalⁱtas]
dik (bn)	stóras	['storas]
dun (bn)	plónas	['plⁱonas]
smal (bn)	siaũras	['sⁱɛʊras]
breed (bn)	platùs	[plⁱa'tʊs]
goed (bn)	gē̃ras	['gⁱæras]
slecht (bn)	blõgas	['blⁱoːgas]
moedig (bn)	drąsùs	[dra:'sʊs]
laf (bn)	bailùs	[bʌɪ'lⁱʊs]

20. Dagen van de week

maandag (de)	pirmādienis (v)	[pʲɪr'ma:dʲiɛnʲɪs]
dinsdag (de)	antrādienis (v)	[an'tra:dʲiɛnʲɪs]
woensdag (de)	trečiādienis (v)	[trʲɛ'tʂʲæːdʲiɛnʲɪs]
donderdag (de)	ketvirtādienis (v)	[kʲɛtvʲɪr'ta:dʲiɛnʲɪs]
vrijdag (de)	penktādienis (v)	[pʲɛŋk'ta:dʲiɛnʲɪs]
zaterdag (de)	šeštādienis (v)	[ʃʲɛʃ'ta:dʲiɛnʲɪs]
zondag (de)	sekmādienis (v)	[sʲɛk'ma:dʲiɛnʲɪs]

vandaag (bw)	šiandien	['ʃændʲiɛn]
morgen (bw)	rytój	[rʲiː'toj]
overmorgen (bw)	porýt	[po'rʲiːt]
gisteren (bw)	vākar	['va:kar]
eergisteren (bw)	ùžvakar	['ʊʒvakar]

dag (de)	dienà (m)	[dʲiɛ'na]
werkdag (de)	dárbo dienà (m)	['darbɔ dʲiɛ'na]
feestdag (de)	šveñtinė dienà (m)	['ʃventʲɪnʲe: dʲiɛ'na]
verlofdag (de)	išeiginė dienà (m)	[ɪʃɛɪ'gʲɪnʲe: dʲiɛ'na]
weekend (het)	savaitgalis (v)	[sa'vʌɪtgalʲɪs]

de hele dag (bw)	vìsą dieną	['vʲɪsa: 'dʲɛna:]
de volgende dag (bw)	sėkančią dieną	['sʲɛ̃kantʂʲæ: 'dʲɛna:]
twee dagen geleden	priёš dvì dienàs	['prʲɛʃ 'dvʲɪ dʲiɛ'nas]
aan de vooravond (bw)	išvakarėse	['ɪʃvakarʲe:se]
dag-, dagelijks (bn)	kasdiēnis	[kas'dʲɛnʲɪs]
elke dag (bw)	kasdiēn	[kas'dʲɛn]

week (de)	savaitė (m)	[sa'vʌɪtʲe:]
vorige week (bw)	praeitą savaitę	['praʲɛɪta: sa'vʌɪtʲɛː]
volgende week (bw)	ateinančią savaitę	[a'tʲɛɪnantʂʲæ: sa'vʌɪtʲɛː]
wekelijks (bn)	kassavaitinis	[kassa'vʌɪtʲɪnʲɪs]
elke week (bw)	kàs savaitę	['kas sa'vʌɪtʲɛː]
twee keer per week	dù kartùs peř savaitę	['dʊ kar'tʊs pʲɛr sa'vʌɪtʲɛː]
elke dinsdag	kiekvíeną antrādienį	[kʲiɛk'vʲɪːɛna: an'tra:dʲɪ:ɛnʲɪː]

21. Uren. Dag en nacht

morgen (de)	rýtas (v)	['rʲiːtas]
's morgens (bw)	ryte	[rʲiː'tʲɛ]
middag (de)	vidùrdienis (v)	[vʲɪ'dʊrdʲiɛnʲɪs]
's middags (bw)	popiēt	[po'pʲɛt]

avond (de)	vākaras (v)	['va:karas]
's avonds (bw)	vakarė	[vaka'rʲɛ]
nacht (de)	naktìs (m)	[nak'tʲɪs]
's nachts (bw)	nāktį	['na:kti:]
middernacht (de)	vidùrnaktis (v)	[vʲɪ'dʊrnaktʲɪs]

seconde (de)	sekùndė (m)	[sʲɛ'kʊndʲe:]
minuut (de)	minùtė (m)	[mʲɪ'nʊtʲe:]
uur (het)	valandà (m)	[valʲan'da]

halfuur (het)	pùsvalandis (v)	['pʊsvalˈandʲɪs]
kwartier (het)	ketvĩrtis valandõs	[kʲɛtˈvʲɪrtʲɪs valʲanˈdo:s]
vijftien minuten	penkiólika minùčių	[pʲɛŋˈkʲolʲɪka mʲɪˈnʊtʂʲu:]
etmaal (het)	parà (m)	[paˈra]

zonsopgang (de)	sáulės patekėjimas (v)	['saʊlʲe:s patʲɛˈkʲɛjɪmas]
dageraad (de)	aušrà (m)	[aʊʃˈra]
vroege morgen (de)	ankstývas rýtas (v)	[aŋkˈstʲi:vas 'rʲi:tas]
zonsondergang (de)	saulėlydis (v)	[saʊˈlʲe:lʲi:dʲɪs]

's morgens vroeg (bw)	ankstì rytè	[aŋkˈstʲɪ rʲi:ˈtʲɛ]
vanmorgen (bw)	šiañdien rytè	['ʃændʲiɛn rʲi:ˈtʲɛ]
morgenochtend (bw)	rytój rytè	[rʲi:ˈtoj rʲi:ˈtʲɛ]

vanmiddag (bw)	šiañdien diẽną	['ʃæn'dʲɛn 'dʲiɛna:]
's middags (bw)	popiẽt	[po'pʲɛt]
morgenmiddag (bw)	rytój popiẽt	[rʲi:ˈtoj po'pʲɛt]

vanavond (bw)	šiañdien vakarè	['ʃændʲiɛn vakaˈrʲɛ]
morgenavond (bw)	rytój vakarè	[rʲi:ˈtoj vakaˈrʲɛ]

klokslag drie uur	lýgiai trẽčią vãlandą	['lʲi:gʲɛɪ 'trʲætʂʲæ: 'va:landa:]
ongeveer vier uur	apiẽ ketvĩrtą vãlandą	[a'pʲɛ kʲɛtvʲɪrta: va:lʲanda:]
tegen twaalf uur	dvýliktai vãlandai	['dvʲi:lʲɪktʌɪ 'va:landʌɪ]

over twintig minuten	ùž dvidešimtiẽs minùčių	['ʊʒ dvʲɪdʲɛʃɪm'tʲɛs mʲɪˈnʊtʂʲu:]
over een uur	ùž valandõs	['ʊʒ valʲanˈdo:s]
op tijd (bw)	laikù	[lʲʌɪˈkʊ]

kwart voor …	bè ketvĩrčio	['bʲɛ 'kʲɛtvʲɪrtʂʲɔ]
binnen een uur	valandõs bėgyje	[valʲanˈdo:s 'bʲe:gʲi:je]
elk kwartier	kàs penkiólika minùčių	['kas pʲɛŋˈkʲolʲɪka mʲɪˈnʊtʂʲu:]
de klok rond	vìsą pãrą (m)	['vʲɪsa: 'pa:ra:]

22. Maanden. Seizoenen

januari (de)	saũsis (v)	['saʊsʲɪs]
februari (de)	vasãris (v)	[va'sa:rʲɪs]
maart (de)	kovàs (v)	[ko'vas]
april (de)	balañdis (v)	[ba'lʲandʲɪs]
mei (de)	gegužė̃ (m)	[gʲɛgʊˈʒʲe:]
juni (de)	biržẽlis (v)	[bʲɪrˈʒʲælʲɪs]

juli (de)	líepa (m)	['lʲiɛpa]
augustus (de)	rugpjū́tis (v)	[rʊg'pju:tʲɪs]
september (de)	rugsėjis (v)	[rʊg'sʲɛjɪs]
oktober (de)	spãlis (v)	['spa:lʲɪs]
november (de)	lãpkritis (v)	['lʲa:pkrʲɪtʲɪs]
december (de)	grúodis (v)	['grʊɑdʲɪs]

lente (de)	pavãsaris (v)	[pa'va:sarʲɪs]
in de lente (bw)	pavãsarį	[pa'va:sarʲɪ:]
lente- (abn)	pavasarìnis	[pavasaˈrʲɪnʲɪs]
zomer (de)	vãsara (m)	['va:sara]

| in de zomer (bw) | vãsarą | ['va:sara:] |
| zomer-, zomers (bn) | vasarìnis | [vasa'rʲɪnʲɪs] |

herfst (de)	ruduõ (v)	[rʊ'dʊɑ]
in de herfst (bw)	rùdenį	['rʊdʲɛnʲɪ:]
herfst- (abn)	rudenìnis	[rʊdʲɛ'nʲɪnʲɪs]

winter (de)	žiemà (m)	[ʒʲiɛ'ma]
in de winter (bw)	žiẽmą	['ʒʲɛma:]
winter- (abn)	žiemìnis	[ʒʲiɛ'mʲɪnʲɪs]

maand (de)	ménuo (v)	['mʲe:nʊɑ]
deze maand (bw)	šį ménesį	[ʃɪ: 'mʲe:nesʲɪ:]
volgende maand (bw)	kìtą ménesį	['kʲɪ:ta: 'mʲe:nesʲɪ:]
vorige maand (bw)	praeìtą ménesį	['praʲɛɪta: 'mʲe:nesʲɪ:]

een maand geleden (bw)	priẽš ménesį	['prʲɪ:ɛʃ 'mʲe:nesʲɪ:]
over een maand (bw)	ùž ménesio	['ʊʒ 'mʲe:nesʲɔ]
over twee maanden (bw)	ùž dvejų́ ménesių	['ʊʒ dve'ju: 'mʲe:nesʲu:]
de hele maand (bw)	vìsą ménesį	['vʲɪsa: 'mʲe:nesʲɪ:]
een volle maand (bw)	vìsą ménesį	['vʲɪsa: 'mʲe:nesʲɪ:]

| maand-, maandelijks (bn) | kasménesìnis | [kasmʲe:ne'sʲɪnʲɪs] |
| maandelijks (bw) | kàs ménesį | ['kas 'mʲe:nesʲɪ:] |

| elke maand (bw) | kiekvíeną ménesį | [kʲiɛk'vʲɪ:ɛna: 'mʲe:nesʲɪ:] |
| twee keer per maand | dù kartùs per ménesį | ['dʊ kar'tʊs per 'mʲe:nesʲɪ:] |

| jaar (het) | mẽtai (v dgs) | ['mʲætʌɪ] |
| dit jaar (bw) | šiaĩs mẽtais | ['ʃɛɪs 'mʲætʌɪs] |

| volgend jaar (bw) | kitaĩs mẽtais | [kʲɪ'tʌɪs 'mʲætʌɪs] |
| vorig jaar (bw) | praeitaĩs mẽtais | [praʲɛɪ'tʌɪs 'mʲætʌɪs] |

een jaar geleden (bw)	priẽš metùs	['prʲɛʃ mʲɛ'tʊs]
over een jaar	ùž mẽtų	['ʊʒ 'mʲætu:]
over twee jaar	ùž dvejų́ mẽtų	['ʊʒ dvʲɛ'ju: 'mʲætu:]

| het hele jaar | visùs metùs | [vʲɪ'sʊs mʲɛ'tʊs] |
| een vol jaar | visùs metùs | [vʲɪ'sʊs mʲɛ'tʊs] |

| elk jaar | kàs metùs | ['kas mʲɛ'tʊs] |
| jaar-, jaarlijks (bn) | kasmetìnis | [kasmʲɛ'tʲɪnʲɪs] |

| jaarlijks (bw) | kàs metùs | ['kas mʲɛ'tʊs] |
| 4 keer per jaar | kẽturis kartùs per metùs | ['kʲætʊrʲɪs kar'tʊs pʲɛr mʲɛ'tʊs] |

datum (de)	dienà (m)	[dʲiɛ'na]
datum (de)	datà (m)	[da'ta]
kalender (de)	kalendõrius (v)	[kalʲɛn'do:rʲʊs]

een half jaar	pùsė mẽtų	['pʊsʲe: 'mʲætu:]
zes maanden	pùsmetis (v)	['pʊsmʲɛtʲɪs]
seizoen (bijv. lente, zomer)	sezònas (v)	[sʲɛ'zonas]
eeuw (de)	ámžius (v)	['amʒʲʊs]

23. Tijd. Diversen

tijd (de)	laikas (v)	['lʲʌɪkas]
ogenblik (het)	akìmirka (m)	[a'kʲɪmʲɪrka]
moment (het)	momentas (v)	[mo'mʲɛntas]
ogenblikkelijk (bn)	staigùs	[stʌɪ'gʊs]
tijdsbestek (het)	laìko tárpas (v)	['lʲʌɪkɔ 'tarpas]
leven (het)	gyvẽnimas (v)	[gʲiː'vʲænʲɪmas]
eeuwigheid (de)	amžinýbė (m)	[amʒʲɪ'nʲiːbʲeː]

epoche (de), tijdperk (het)	epochà (m)	[ɛpo'xa]
era (de), tijdperk (het)	erà (m)	[ɛ'ra]
cyclus (de)	cìklas (v)	['tsʲɪklʲas]
periode (de)	periòdas (v)	[pʲɛrʲɪ'jɔdas]
termijn (vastgestelde periode)	laikótarpis (v)	[lʲʌɪ'kotarpʲɪs]

toekomst (de)	ateitìs (m)	[atʲɛɪ'tʲɪs]
toekomstig (bn)	bùsimas	['bʊsʲɪmas]
de volgende keer	kìtą kãrtą	['kʲɪta: 'karta:]
verleden (het)	praeitìs (m)	[praʲɛɪ'tʲɪs]
vorig (bn)	praėjęs	[pra'e:jɛ:s]
de vorige keer	praeìtą kãrtą	['praʲɛɪta: 'karta:]

later (bw)	vėliaũ	[vʲe:'lʲɛʊ]
na (~ het diner)	põ	['po:]
tegenwoordig (bw)	dabar̃	[da'bar]
nu (bw)	dabar̃	[da'bar]
onmiddellijk (bw)	tuõj pàt	['tʊɑj 'pat]
snel (bw)	greìtai	['grʲɛɪtʌɪ]
bij voorbaat (bw)	ìš añksto	[ɪʃ 'aŋkstɔ]

lang geleden (bw)	seniaĩ	[sʲɛ'nʲɛɪ]
kort geleden (bw)	neseniaĩ	[nʲɛsʲɛ'nʲɛɪ]
noodlot (het)	likìmas (v)	[lʲɪ'kʲɪmas]
herinneringen (mv.)	atminìmas (v)	[atmʲɪ'nʲɪmas]
archief (het)	archỹvas (v)	[ar'xʲiːvas]

tijdens ... (ten tijde van)	... metu	[... mʲɛ'tʊ]
lang (bw)	ilgaĩ ...	[ɪlʲ'gʌɪ ...]
niet lang (bw)	neilgaĩ	[nʲɛɪlʲ'gʌɪ]
vroeg (bijv. ~ in de ochtend)	ankstì	[aŋk'stʲɪ]
laat (bw)	vėlaĩ	[vʲe:'lʌɪ]

voor altijd (bw)	visám laĩkui	[vʲɪ'sam 'lʲʌɪkʊi]
beginnen (ww)	pradétì	[pra'dʲe:tʲɪ]
uitstellen (ww)	pérkelti	['pʲɛrkʲɛlʲtʲɪ]

tegelijkertijd (bw)	tuõ pàt metù	['tʊɑ 'pat mʲɛ'tʊ]
voortdurend (bw)	vìsą laĩką	['vʲɪsa: 'lʲʌɪka:]
voortdurend	nuolatìnis	[nʊɑlʲa'tʲɪnʲɪs]
tijdelijk (bn)	laĩkinas	['lʲʌɪkʲɪnas]

soms (bw)	kartaĩs	[kar'tʌɪs]
zelden (bw)	retaĩ	[rʲɛ'tʌɪ]
vaak (bw)	dažnaĩ	[daʒ'nʌɪ]

24. Lijnen en vormen

vierkant (het)	kvadrãtas (v)	[kvad'ra:tas]
vierkant (bn)	kvadrãtinis	[kvad'ra:tⁱɪnⁱɪs]
cirkel (de)	skritulỹs (v)	[skrⁱɪtʊ'lⁱi:s]
rond (bn)	apvalùs	[apva'lⁱʊs]
driehoek (de)	trìkampis (v)	['trⁱɪkampⁱɪs]
driehoekig (bn)	trikampìnis	[trⁱɪkam'pⁱɪnⁱɪs]

ovaal (het)	ovãlas (v)	[o'va:lⁱas]
ovaal (bn)	ovalùs	[ova'lⁱʊs]
rechthoek (de)	stačiãkampis (v)	[sta'tʂⁱækampⁱɪs]
rechthoekig (bn)	stačiãkampis	[sta'tʂⁱækampⁱɪs]

piramide (de)	piramìdė (m)	[pⁱɪra'mⁱɪdⁱe:]
ruit (de)	ròmbas (v)	['rombas]
trapezium (het)	trapècija (m)	[tra'pⁱɛtsⁱɪjɛ]
kubus (de)	kùbas (v)	['kʊbas]
prisma (het)	prìzmė (m)	['prⁱɪzmⁱe:]

omtrek (de)	apskritìmas (v)	[apskrⁱɪ'tⁱɪmas]
bol, sfeer (de)	sferà (m)	[sfⁱɛ'ra]
bal (de)	rutulỹs (v)	[rʊtʊ'lⁱi:s]
diameter (de)	diãmetras (v)	[dⁱɪ'jamⁱɛtras]
straal (de)	spindulỹs (v)	[spⁱɪndʊ'lⁱi:s]
omtrek (~ van een cirkel)	perìmetras (v)	[pⁱɛ'rⁱɪmⁱɛtras]
middelpunt (het)	ceñtras (v)	['tsⁱɛntras]

horizontaal (bn)	horizontalùs	[ɣorⁱɪzonta'lⁱʊs]
verticaal (bn)	vertikalùs	[vⁱɛrtⁱɪka'lⁱʊs]
parallel (de)	paralèlė (m)	[para'lⁱɛlⁱe:]
parallel (bn)	lygiagretùs	[lⁱi:gⁱægrⁱɛ'tʊs]

lijn (de)	lìnija (m)	['lⁱɪnⁱɪjɛ]
streep (de)	brūkšnỹs (v)	[bru:kʃⁱnⁱi:s]
rechte lijn (de)	tiesiòji (m)	[tⁱiɛ'sⁱo:jɪ]
kromme (de)	kreivě (m)	[krⁱɛɪ'vⁱe:]
dun (bn)	plònas	['plⁱonas]
omlijning (de)	kòntūras (v)	['kontu:ras]

snijpunt (het)	sánkirta (m)	['saŋkⁱɪrta]
rechte hoek (de)	statùsis kam̃pas (v)	[sta'tʊsⁱɪs 'kampas]
segment (het)	segmeñtas (v)	[sⁱɛg'mⁱɛntas]
sector (de)	sèktorius (v)	['sⁱɛktorⁱʊs]
zijde (de)	pùsė (m)	['pʊsⁱe:]
hoek (de)	kam̃pas (v)	['kampas]

25. Meeteenheden

gewicht (het)	svõris (v)	['svo:rⁱɪs]
lengte (de)	ìlgis (v)	[ilⁱgⁱɪs]
breedte (de)	plõtis (v)	['plⁱo:tⁱɪs]
hoogte (de)	aũkštis (v)	['ɑʊkʃtⁱɪs]

diepte (de)	gylis (v)	['gʲiːlʲɪs]
volume (het)	tūris (v)	['tuːrʲɪs]
oppervlakte (de)	plótas (v)	['plʲotas]

gram (het)	grāmas (v)	['graːmas]
milligram (het)	miligrāmas (v)	[mʲɪlʲɪ'graːmas]
kilogram (het)	kilogrāmas (v)	[kʲɪlʲo'graːmas]
ton (duizend kilo)	tona (m)	[to'na]
pond (het)	svāras (v)	['svaːras]
ons (het)	ùncija (m)	['ʊntsʲɪjɛ]

meter (de)	mètras (v)	['mʲɛtras]
millimeter (de)	milimètras (v)	[mʲɪlʲɪ'mʲɛtras]
centimeter (de)	centimètras (v)	[tsʲɛntʲɪ'mʲɛtras]
kilometer (de)	kilomètras (v)	[kʲɪlʲo'mʲɛtras]
mijl (de)	mylia (m)	[mʲiːlʲæ]

duim (de)	cólis (v)	['tsolʲɪs]
voet (de)	pėdà (m)	[pʲeː'da]
yard (de)	járdas (v)	[jardas]

| vierkante meter (de) | kvadrātinis mètras (v) | [kvad'raːtʲɪnʲɪs 'mʲɛtras] |
| hectare (de) | hektāras (v) | [ɣʲɛk'taːras] |

liter (de)	lìtras (v)	['lʲɪtras]
graad (de)	laipsnis (v)	['lʲʌɪpsnʲɪs]
volt (de)	vòltas (v)	['volʲtas]
ampère (de)	ampèras (v)	[am'pʲɛras]
paardenkracht (de)	árklio galià (m)	['arklʲɔ ga'lʲæ]

hoeveelheid (de)	kiēkis (v)	['kʲɛkʲɪs]
een beetje …	nedaũg …	[nʲɛ'dɑʊg …]
helft (de)	pùsė (m)	['pʊsʲeː]
dozijn (het)	tùzinas (v)	['tuzʲɪnas]
stuk (het)	vìenetas (v)	['vʲiɛnʲɛtas]

| afmeting (de) | dydis (v), išmatāvimai (v dgs) | ['dʲiːdʲɪs], [iʃma'taːvʲɪmʌɪ] |
| schaal (bijv. ~ van 1 op 50) | mastēlis (v) | [mas'tʲælʲɪs] |

minimaal (bn)	minimalùs	[mʲɪnʲɪma'lʲʊs]
minste (bn)	mažiáusias	[ma'ʒʲæʊsʲæs]
medium (bn)	vidutìnis	[vʲɪdʊ'tʲɪnʲɪs]
maximaal (bn)	maksimalùs	[maksʲɪma'lʲʊs]
grootste (bn)	didžiáusias	[dʲɪ'dʒʲæʊsʲæs]

26. Containers

glazen pot (de)	stiklaìnis (v)	[stʲɪk'lʲʌɪnʲɪs]
blik (conserven~)	skardìnė (m)	[skar'dʲɪnʲeː]
emmer (de)	kìbiras (v)	['kʲɪbʲɪras]
ton (bijv. regenton)	statìnė (m)	[sta'tʲɪnʲeː]

| ronde waterbak (de) | dubenēlis (v) | [dʊbe'nʲeːlʲɪs] |
| tank (bijv. watertank-70-ltr) | bākas (v) | ['baːkas] |

heupfles (de)	kolba (m)	['kolʲba]
jerrycan (de)	kanìstras (v)	[ka'nʲɪstras]
tank (bijv. ketelwagen)	bãkas (v)	['baːkas]

beker (de)	puodēlis (v)	[pʊɑ'dʲælʲɪs]
kopje (het)	puodēlis (v)	[pʊɑ'dʲælʲɪs]
schoteltje (het)	lėkštėlė (m)	[lʲeːkʃ't'ælʲeː]
glas (het)	stìklas (v)	['stʲɪklʲas]
wijnglas (het)	taurė̃ (m)	[tɑu'rʲeː]
pan (de)	púodas (v)	['pʊɑdas]

| fles (de) | bùtelis (v) | ['bʊtʲɛlʲɪs] |
| flessenhals (de) | kãklas (v) | ['kaːklʲas] |

karaf (de)	grafìnas (v)	[gra'fʲɪnas]
kruik (de)	ąsõtis (v)	[aː'soːtʲɪs]
vat (het)	iñdas (v)	['ɪndas]
pot (de)	púodas (v)	['pʊɑdas]
vaas (de)	vazà (m)	[va'za]

flacon (de)	bùtelis (v)	['bʊtʲɛlʲɪs]
flesje (het)	buteliùkas (v)	[bʊtʲɛ'lʲʊkas]
tube (bijv. ~ tandpasta)	tūbà (m)	[tuː'ba]

zak (bijv. ~ aardappelen)	maĩšas (v)	['mʌɪʃas]
tasje (het)	pakètas (v)	[pa'kʲɛtas]
pakje (~ sigaretten, enz.)	plúoštas (v)	['plʲʊɑʃtas]

doos (de)	dėžė̃ (m)	[dʲeː'ʒʲeː]
kist (de)	dėžė̃ (m)	[dʲeː'ʒʲeː]
mand (de)	krepšỹs (v)	[krʲɛp'ʃɪːs]

27. Materialen

materiaal (het)	mẽdžiaga (m)	['mʲædʒʲæga]
hout (het)	mẽdis (v)	['mʲædʲɪs]
houten (bn)	medìnis	[mʲɛ'dʲɪnʲɪs]

| glas (het) | stìklas (v) | ['stʲɪklʲas] |
| glazen (bn) | stiklìnis | [stʲɪk'lʲɪnʲɪs] |

| steen (de) | akmuõ (v) | [ak'mʊɑ] |
| stenen (bn) | akmenìnis | [akmʲɛ'nʲɪnʲɪs] |

| plastic (het) | plãstikas (v) | ['plʲaːstʲɪkas] |
| plastic (bn) | plastikìnis | [plʲastʲɪ'kʲɪnʲɪs] |

| rubber (het) | gumà (m) | [gʊ'ma] |
| rubber-, rubberen (bn) | gumìnis | [gʊ'mʲɪnʲɪs] |

stof (de)	audinỹs (v)	[ɑʊdʲɪ'nʲiːs]
van stof (bn)	iš áudinio	[ɪʃ 'ɑʊdʲɪnʲɔ]
papier (het)	põpierius (v)	['poːpʲɪɛrʲʊs]
papieren (bn)	popierìnis	[popʲɪɛ'rʲɪnʲɪs]

karton (het)	kartonas (v)	[kar'tonas]
kartonnen (bn)	kartoninis	[kar'tonʲɪnʲɪs]
polyethyleen (het)	polietilenas (v)	[polʲiɛtʲɪ'lʲɛnas]
cellofaan (het)	celofanas (v)	[tsʲɛlʲo'fa:nas]
multiplex (het)	fanera (m)	[fanʲɛ'ra]
porselein (het)	porcelianas (v)	[portsʲɛ'lʲænas]
porseleinen (bn)	porcelianinis	[portsʲɛ'lʲænʲɪnʲɪs]
klei (de)	molis (v)	['molʲɪs]
klei-, van klei (bn)	molinis	[mo'lʲɪnʲɪs]
keramiek (de)	keramika (m)	[kʲɛ'ra:mʲɪka]
keramieken (bn)	keramikinis	[kʲɛramʲɪ'kʲɪnʲɪs]

28. Metalen

metaal (het)	metalas (v)	[mʲɛ'ta:lʲas]
metalen (bn)	metalinis	[mʲɛta'lʲɪnʲɪs]
legering (de)	lydinys (v)	[lʲi:dʲɪ'nʲi:s]
goud (het)	auksas (v)	['ɑuksas]
gouden (bn)	auksinis	[ɑuk'sʲɪnʲɪs]
zilver (het)	sidabras (v)	[sʲɪ'da:bras]
zilveren (bn)	sidabrinis	[sʲɪda'brʲɪnʲɪs]
ijzer (het)	gelezis (v)	[gʲɛlʲɛ'ʒʲɪs]
ijzeren	gelezinis	[gʲɛlʲɛ'ʒʲɪnʲɪs]
staal (het)	plienas (v)	['plʲɛnas]
stalen (bn)	plieninis	[plʲiɛ'nʲɪnʲɪs]
koper (het)	varis (v)	['va:rʲɪs]
koperen (bn)	varinis	[va'rʲɪnʲɪs]
aluminium (het)	aliuminis (v)	[alʲu'mʲɪnʲɪs]
aluminium (bn)	aliumininis	[alʲu'mʲɪnʲɪnʲɪs]
brons (het)	bronza (m)	['bronza]
bronzen (bn)	bronzinis	['bronzʲɪnʲɪs]
messing (het)	zalvaris (v)	['ʒalʲvarʲɪs]
nikkel (het)	nikelis (v)	['nʲɪkʲɛlʲɪs]
platina (het)	platina (m)	[plʲa:tʲɪ'na]
kwik (het)	gyvsidabris (v)	['gʲi:vsʲɪdabrʲɪs]
tin (het)	alavas (v)	['a:lʲavas]
lood (het)	svinas (v)	['ʃvʲɪnas]
zink (het)	cinkas (v)	['tsʲɪŋkas]

MENS

Mens. Het lichaam

mens (de)	žmogùs (v)	[ʒmoˈgʊs]
man (de)	výras (v)	[ˈvʲiːras]
vrouw (de)	móteris (m)	[ˈmotʲɛrʲɪs]
kind (het)	vaĩkas (v)	[ˈvʌɪkas]

meisje (het)	mergáitė (m)	[mʲɛrˈgʌɪtʲeː]
jongen (de)	berniùkas (v)	[bʲɛrˈnʲʊkas]
tiener, adolescent (de)	paauglỹs (v)	[paʊˈglʲiːs]
oude man (de)	sẽnis (v)	[ˈsʲænʲɪs]
oude vrouw (de)	sẽnė (m)	[ˈsʲænʲeː]

organisme (het)	organìzmas (v)	[orgaˈnʲɪzmas]
hart (het)	širdìs (m)	[ʃʲɪrˈdʲɪs]
bloed (het)	kraũjas (v)	[ˈkraʊjas]
slagader (de)	artèrija (m)	[arˈtʲɛrʲɪjɛ]
ader (de)	venà (m)	[vʲɛˈna]

hersenen (mv.)	smẽgenys (v dgs)	[ˈsmʲægʲɛnʲiːs]
zenuw (de)	nèrvas (v)	[ˈnʲɛrvas]
zenuwen (mv.)	nèrvai (v dgs)	[ˈnʲɛrvʌɪ]
wervel (de)	slankstẽlis (v)	[slaŋkˈstʲælʲɪs]
ruggengraat (de)	stùburas (v)	[ˈstʊbʊras]

maag (de)	skrañdis (v)	[ˈskrandʲɪs]
darmen (mv.)	žarnýnas (v)	[ʒarˈnʲiːnas]
darm (de)	žarnà (m)	[ʒarˈna]
lever (de)	kẽpenys (v dgs)	[ˈkʲæpʲɛnʲiːs]
nier (de)	ìnkstas (v)	[ˈɪŋkstas]

been (deel van het skelet)	káulas (v)	[ˈkaʊlʲas]
skelet (het)	griáučiai (v)	[ˈgrʲæʊtʂʲɛɪ]
rib (de)	šónkaulis (v)	[ˈʃonkaʊlʲɪs]
schedel (de)	káukolė (m)	[ˈkaʊkolʲeː]

spier (de)	raumuõ (v)	[raʊˈmʊa]
biceps (de)	bìcepsas (v)	[ˈbʲɪtsʲɛpsas]
triceps (de)	trìcepsas (v)	[ˈtrʲɪtsʲɛpsas]
pees (de)	saũsgyslė (m)	[ˈsaʊsgʲiːslʲeː]
gewricht (het)	sąnaris (v)	[ˈsaːnarʲɪs]

longen (mv.)	plaũčiai (v)	['plʲɑutʂʲɛɪ]
geslachtsorganen (mv.)	lytìniai òrganai (v dgs)	[lʲiː'tʲɪnʲɛɪ 'organʌɪ]
huid (de)	óda (m)	['oda]

31. Hoofd

hoofd (het)	galvà (m)	[galʲ'va]
gezicht (het)	véidas (v)	['vʲɛɪdas]
neus (de)	nósis (m)	['nosʲɪs]
mond (de)	burnà (m)	[bʊr'na]

oog (het)	akìs (m)	[a'kʲɪs]
ogen (mv.)	ākys (m dgs)	['aːkʲiːs]
pupil (de)	vyzdỹs (v)	[vʲiːz'dʲiːs]
wenkbrauw (de)	añtakis (v)	['antakʲɪs]
wimper (de)	blakstíena (m)	[blʲak'stʲiɛna]
ooglid (het)	võkas (v)	['voːkas]

tong (de)	* liežùvis (v)	[lʲiɛ'ʒʊvʲɪs]
tand (de)	dantìs (v)	[dan'tʲɪs]
lippen (mv.)	lũpos (m dgs)	['lʲuːpos]
jukbeenderen (mv.)	skruostìkauliai (v dgs)	[skrʊɑ'stʲɪkɑʊlʲɛɪ]
tandvlees (het)	dantenõs (m dgs)	[dantʲɛ'noːs]
gehemelte (het)	gomurỹs (v)	[gomʊ'rʲiːs]

neusgaten (mv.)	šnérvės (m dgs)	['ʃnʲærvʲeːs]
kin (de)	smãkras (v)	['smaːkras]
kaak (de)	žandìkaulis (v)	[ʒan'dʲɪkɑʊlʲɪs]
wang (de)	skrúostas (v)	['skrʊɑstas]

voorhoofd (het)	kaktà (m)	[kak'ta]
slaap (de)	smilkinỹs (v)	[smʲɪlʲkʲɪ'nʲiːs]
oor (het)	ausìs (m)	[ɑʊ'sʲɪs]
achterhoofd (het)	pakáušis, sprándas (v)	[pa'kɑʊʃɪs], ['sprandas]
hals (de)	kãklas (v)	['ka:klʲas]
keel (de)	gerklė̃ (m)	[gʲɛrk'lʲeː]

haren (mv.)	plaukaĩ (v dgs)	[plʲɑʊ'kʌɪ]
kapsel (het)	šukúosena (m)	[ʃʊ'kʊɑsʲɛna]
haarsnit (de)	kirpìmas (v)	[kʲɪr'pʲɪmas]
pruik (de)	perùkas (v)	[pʲɛ'rʊkas]

snor (de)	ũsai (v dgs)	['uːsʌɪ]
baard (de)	barzdà (m)	[barz'da]
dragen (een baard, enz.)	nešióti	[nʲɛ'ʃʲotʲɪ]
vlecht (de)	kasà (m)	[ka'sa]
bakkebaarden (mv.)	žándenos (m dgs)	['ʒandʲɛnos]

ros (roodachtig, rossig)	rùdis	['rʊdʲɪs]
grijs (~ haar)	žìlas	['ʒʲɪlʲas]
kaal (bn)	plìkas	['plʲɪkas]
kale plek (de)	plìkė (m)	['plʲɪkʲeː]
paardenstaart (de)	uodegà (m)	[ʊɑdʲɛ'ga]
pony (de)	kírpčiai (v dgs)	['kʲɪrptʂʲɛɪ]

32. Menselijk lichaam

hand (de)	plāštaka (m)	['pl'a:ʃtaka]
arm (de)	rankà (m)	[raŋ'ka]
vinger (de)	pírštas (v)	['p'ɪrʃtas]
duim (de)	nykštỹs (v)	[n'i:kʃt'i:s]
pink (de)	mažàsis pírštas (v)	[ma'ʒas'ɪs 'p'ɪrʃtas]
nagel (de)	nāgas (v)	['na:gas]
vuist (de)	kùmštis (v)	['kʊmʃt'ɪs]
handpalm (de)	délnas (v)	['d'ɛl'nas]
pols (de)	ríešas (v)	['r'iɛʃas]
voorarm (de)	dìlbis (v)	['d'ɪl'b'ɪs]
elleboog (de)	alkū̃nė (m)	[al'ʰku:n'e:]
schouder (de)	petìs (v)	[p'ɛ't'ɪs]
been (rechter ~)	kója (m)	['koja]
voet (de)	pėdà (m)	[p'e:'da]
knie (de)	kēlias (v)	['k'æl'æs]
kuit (de)	blauzdà (m)	[bl'ɑʊz'da]
heup (de)	šlaunìs (m)	[ʃl'ɑʊ'n'ɪs]
hiel (de)	kuĺnas (v)	['kʊʰnas]
lichaam (het)	kū̃nas (v)	['ku:nas]
buik (de)	pìlvas (v)	['p'ɪl'vas]
borst (de)	krū̃tìnė (m)	[kru:'t'ɪn'e:]
borst (de)	krū̃tìs (m)	[kru:'t'ɪs]
zijde (de)	šónas (v)	['ʃonas]
rug (de)	nùgara (m)	['nʊgara]
lage rug (de)	juosmuõ (v)	[jʊɑs'mʊɑ]
taille (de)	liemuõ (v)	[l'iɛ'mʊɑ]
navel (de)	bámba (m)	['bamba]
billen (mv.)	sédmenys (v dgs)	['s'e:dmen'i:s]
achterwerk (het)	pastùrgalis, ùžpakalis (v)	[pas'tʊrgal'ɪs], ['ʊʒpakal'ɪs]
huidvlek (de)	ãpgamas (v)	['a:pgamas]
moedervlek (de)	ãpgamas (v)	['a:pgamas]
tatoeage (de)	tatuiruõtė (m)	[tatʊi'rʊɑt'e:]
litteken (het)	rándas (v)	['randas]

Kleding en accessoires

kleren (mv.)	apranga (m)	[apran'ga]
bovenkleding (de)	viršutiniai drabužiai (v dgs)	[vʲɪrʃʊ'tʲɪnʲɛɪ dra'buʒʲɛɪ]
winterkleding (de)	žieminiai drabužiai (v)	[ʒʲiɛ'mʲɪnʲɛɪ dra'buʒʲɛɪ]

jas (de)	paltas (v)	['palʲtas]
bontjas (de)	kailiniai (v dgs)	[kʌɪlʲɪ'nʲɛɪ]
bontjasje (het)	puskailiniai (v)	['puskʌɪlʲɪnʲɛɪ]
donzen jas (de)	pūkinė (m)	[puːˈkʲɪnʲeː]

jasje (bijv. een leren ~)	striukė (m)	['strʲukʲeː]
regenjas (de)	apsiaustas (v)	[ap'sʲɛustas]
waterdicht (bn)	nepėršlampamas	[nʲɛ'pʲɛrʃlʲampamas]

overhemd (het)	marškiniai (v dgs)	[marʃkʲɪ'rʲnʲɛɪ]
broek (de)	kelnės (m dgs)	['kʲɛlʲnʲeːs]
jeans (de)	džinsai (v dgs)	['dʒɪnsʌɪ]
colbert (de)	švarkas (v)	['ʃvarkas]
kostuum (het)	kostiumas (v)	[kɔs'tʲumas]

jurk (de)	suknelė (m)	[suk'nʲælʲeː]
rok (de)	sijonas (v)	[sʲɪ'jɔːnas]
blouse (de)	palaidinė (m)	[palʲʌɪ'dʲɪnʲeː]
wollen vest (de)	susegamas megztinis (v)	['susʲɛgamas mʲɛgz'tʲɪnʲɪs]
blazer (kort jasje)	žakėtas, švarkelis (v)	[ʒa'kʲɛtas], [ʃvar'kʲælʲɪs]

T-shirt (het)	futbolininko marškiniai (v)	['futbolʲɪnʲɪŋkɔ marʃkʲɪ'rʲnʲɛɪ]
shorts (mv.)	šortai (v dgs)	['ʃortʌɪ]
trainingspak (het)	sportinis kostiumas (v)	['sportʲɪnʲɪs kos'tʲumas]
badjas (de)	chalatas (v)	[xa'lʲaːtas]
pyjama (de)	pižama (m)	[pʲɪʒa'ma]

| sweater (de) | nertinis (v) | [nʲɛr'tʲɪnʲɪs] |
| pullover (de) | megztinis (v) | [mʲɛgz'tʲɪnʲɪs] |

gilet (het)	liemenė (m)	[lʲiɛ'mʲænʲeː]
rokkostuum (het)	frakas (v)	['fraːkas]
smoking (de)	smokingas (v)	['smokʲɪngas]

uniform (het)	uniforma (m)	[ʊnʲɪ'forma]
werkkleding (de)	darbo drabužiai (v)	['darbo dra'buʒʲɛɪ]
overall (de)	kombinezonas (v)	[kɔmbʲɪnʲɛ'zonas]
doktersjas (de)	chalatas (v)	[xa'lʲaːtas]

35. Kleding. Ondergoed

ondergoed (het)	baltiniaĩ (v dgs)	[balʲtʲɪ'nʲɛɪ]
onderhemd (het)	apatìniai marškinėliai (v dgs)	[apa'tʲɪnʲɛɪ marʃkʲɪ'nʲe:lʲɛɪ]
sokken (mv.)	kójinės (m dgs)	['ko:jɪnʲe:s]

nachthemd (het)	naktìniai marškiniaĩ (v dgs)	[nak'tʲɪnʲɛɪ marʃkʲɪ'nʲɛɪ]
beha (de)	liemenėlė (m)	[lʲiɛme'nʲe:lʲe:]
kniekousen (mv.)	golfai (v)	['golʲfʌɪ]
panty (de)	pėdkelnės (m dgs)	['pʲe:dkʲɛlʲnʲe:s]
nylonkousen (mv.)	kójinės (m dgs)	['ko:jɪnʲe:s]
badpak (het)	máudymosi kostiumėlis (v)	['mɑʊdʲi:mosʲɪ kostʲʊ'mʲe:lʲɪs]

36. Hoofddeksels

hoed (de)	kepùrė (m)	[kʲɛ'pʊrʲe:]
deukhoed (de)	skrybėlė (m)	[skrʲi:bʲe:'lʲe:]
honkbalpet (de)	beĩsbolo lazdà (m)	['bʲɛɪsbolʲɔ lʲaz'da]
kleppet (de)	kepùrė (m)	[kʲɛ'pʊrʲe:]

baret (de)	beretė (m)	[bʲɛ'rʲɛtʲe:]
kap (de)	gobtùvas (v)	[gop'tʊvas]
panamahoed (de)	panamà (m)	[pana'ma]
gebreide muts (de)	megztà kepuráitė (m)	[mʲɛgz'ta kepʊ'rʌɪtʲe:]

hoofddoek (de)	skarà (m), skarẽlė (m)	[ska'ra], [ska'rʲæelʲe:]
dameshoed (de)	skrybėláitė (m)	[skrʲi:bʲe:'lʲʌɪtʲe:]

veiligheidshelm (de)	šálmas (v)	['ʃalʲmas]
veldmuts (de)	pilotė (m)	[pʲɪ'lʲotʲe:]
helm, valhelm (de)	šálmas (v)	['ʃalʲmas]

bolhoed (de)	katiliùkas (v)	[katʲɪ'lʲʊkas]
hoge hoed (de)	cilìndras (v)	[tsʲɪ'lʲɪndras]

37. Schoeisel

schoeisel (het)	ãvalynė (m)	['a:valʲi:nʲe:]
schoenen (mv.)	bãtai (v)	['ba:tʌɪ]
vrouwenschoenen (mv.)	batẽliai (v)	[ba'tʲælʲɛɪ]
laarzen (mv.)	aulìniai bãtai (v)	[ɑʊ'lʲɪnʲɛɪ 'ba:tʌɪ]
pantoffels (mv.)	šlepẽtės (m dgs)	[ʃlʲɛ'pʲætʲe:s]

sportschoenen (mv.)	spòrtbačiai (v dgs)	['sportbatʂɛɪ]
sneakers (mv.)	spòrtbačiai (v dgs)	['sportbatʂɛɪ]
sandalen (mv.)	sandãlai (v dgs)	[san'da:lʌɪ]

schoenlapper (de)	batsiuvỹs (v)	[batsʲʊ'vʲi:s]
hiel (de)	kulnas (v)	['kʊlʲnas]
paar (een ~ schoenen)	porà (m)	[po'ra]
veter (de)	bãtraištis (v)	['ba:trʌɪʃtʲɪs]

rijgen (schoenen ~)	várstyti	['varstʲi:tʲɪ]
schoenlepel (de)	šáukštas (v)	['ʃɑukʃtas]
schoensmeer (de/het)	ãvalynės krèmas (v)	['a:valʲi:nʲe:s 'krʲɛmas]

38. Textiel. Weefsel

katoen (de/het)	mẽdvilnė (m)	['mʲædvʲɪlʲnʲe:]
katoenen (bn)	ìš mẽdvilnės	[ɪʃ 'mʲædvʲɪlʲnʲe:s]
vlas (het)	lìnas (v)	['lʲɪnas]
vlas-, van vlas (bn)	ìš lìno	[ɪʃ 'lʲɪnɔ]

zijde (de)	šílkas (v)	['ʃɪlʲkas]
zijden (bn)	šilkìnis	[ʃɪlʲ'kʲɪnʲɪs]
wol (de)	vìlna (m)	['vʲɪlʲna]
wollen (bn)	vilnõnis	[vʲɪlʲ'no:nʲɪs]

fluweel (het)	aksõmas (v)	[ak'somas]
suède (de)	zõmša (m)	['zomʃa]
ribfluweel (het)	velvètas (v)	[vʲɛlʲ'vʲɛtas]

nylon (de/het)	nailònas (v)	[nʌɪ'lʲonas]
nylon-, van nylon (bn)	ìš nailòno	[ɪʃ nʌɪ'lʲonɔ]
polyester (het)	poliestéris (v)	[polʲiɛ'stʲærʲɪs]
polyester- (abn)	ìš poliestéro	[ɪʃ polʲiɛ'stʲærɔ]

leer (het)	óda (m)	['oda]
leren (van leer gemaak)	ìš ódos	[ɪʃ 'odos]
bont (het)	káilis (v)	['kʌɪlʲɪs]
bont- (abn)	kailìnis	[kʌɪ'lʲɪnʲɪs]

39. Persoonlijke accessoires

handschoenen (mv.)	pìrštinės (m dgs)	['pʲɪrʃtʲɪnʲe:s]
wanten (mv.)	kùmštinės (m dgs)	['kumʃtʲɪnʲe:s]
sjaal (fleece ~)	šãlikas (v)	['ʃa:lʲɪkas]

bril (de)	akiniaì (dgs)	[akʲɪ'nʲɛɪ]
brilmontuur (het)	rémēliai (v dgs)	[rʲe:'mʲælʲɛɪ]
paraplu (de)	skẽtis (v)	['skʲe:tʲɪs]
wandelstok (de)	lazdẽlė (m)	[laz'dʲælʲe:]
haarborstel (de)	plaukų šepetỹs (v)	[plʲɑu'ku: ʃɛpʲɛ'tʲi:s]
waaier (de)	vėduõklė (m)	[vʲe:'duɑklʲe:]

das (de)	kaklãraištis (v)	[kak'lʲa:rʌɪʃtʲɪs]
strikje (het)	petelìškė (m)	[pʲɛtʲɛ'lʲɪʃkʲe:]
bretels (mv.)	pẽtnešos (m dgs)	['pʲætnʲɛʃos]
zakdoek (de)	nósinė (m)	['nosʲɪnʲe:]

kam (de)	šùkos (m dgs)	['ʃukos]
haarspeldje (het)	segtùkas (v)	[sʲɛk'tukas]
schuifspeldje (het)	plaukų segtùkas (v)	[plʲɑu'ku: sʲɛk'tukas]
gesp (de)	sagtìs (m)	[sak'tʲɪs]

| broekriem (de) | dìržas (v) | ['dʲɪrʒas] |
| draagriem (de) | dìržas (v) | ['dʲɪrʒas] |

handtas (de)	rankinùkas (v)	[raŋkʲɪ'nukas]
damestas (de)	rankinùkas (v)	[raŋkʲɪ'nukas]
rugzak (de)	kuprìnė (m)	[ku'prʲɪnʲe:]

40. Kleding. Diversen

mode (de)	madà (m)	[ma'da]
de mode (bn)	madìngas	[ma'dʲɪngas]
kledingstilist (de)	modeliúotojas (v)	[modʲɛ'lʲuɑto:jɛs]

kraag (de)	apýkaklė (m)	[a'pʲi:kaklʲe:]
zak (de)	kišénė (m)	[kʲɪ'ʃænʲe:]
zak- (abn)	kišenìnis	[kʲɪʃɛ'nʲɪnʲɪs]
mouw (de)	rankóvė (m)	[raŋ'kovʲe:]
lusje (het)	pakabà (m)	[paka'ba]
gulp (de)	klỹnas (v)	['klʲi:nas]

rits (de)	užtrauktùkas (v)	[uʒtrɑuk'tukas]
sluiting (de)	užsegìmas (v)	[uʒsʲɛ'gʲɪmas]
knoop (de)	sagà (m)	[sa'ga]
knoopsgat (het)	kìlpa (m)	['kʲɪlʲpa]
losraken (bijv. knopen)	atplýšti	[at'plʲi:ʃtʲɪ]

naaien (kleren, enz.)	siúti	['sʲu:tʲɪ]
borduren (ww)	siuvinéti	[sʲuvʲɪ'nʲe:tʲɪ]
borduursel (het)	siuvinéjimas (v)	[sʲuvʲɪ'nʲɛjɪmas]
naald (de)	ādata (m)	['a:data]
draad (de)	siúlas (v)	['sʲu:lʲas]
naad (de)	siúlė (m)	['sʲu:lʲe:]

vies worden (ww)	išsitèpti	[ɪʃsʲɪ'tʲɛptʲɪ]
vlek (de)	dèmė̃ (m)	[dʲe:'mʲe:]
gekreukt raken (ov. kleren)	susiglámžyti	[susʲɪ'glʲa mʒʲi:tʲɪ]
scheuren (ov.ww.)	suplėšyti	[sup'lʲe:ʃɪ:tʲɪ]
mot (de)	kañdis (v)	['kandʲɪs]

41. Persoonlijke verzorging. Schoonheidsmiddelen

tandpasta (de)	dantū̃ pastà (m)	[dan'tu: pas'ta]
tandenborstel (de)	dantū̃ šepetėlis (v)	[dan'tu: ʃepe'tʲe:lʲɪs]
tanden poetsen (ww)	valýti dantìs	[va'lʲi:tʲɪ dan'tʲɪs]

scheermes (het)	skustùvas (v)	[sku'stuvas]
scheerschuim (het)	skutìmosi krèmas (v)	[sku'tʲɪmosʲɪ 'krʲɛmas]
zich scheren (ww)	skùstis	['skustʲɪs]

zeep (de)	muĩlas (v)	['muɪlʲas]
shampoo (de)	šampūnas (v)	[ʃam'pu:nas]
schaar (de)	žìrklės (m dgs)	['ʒʲɪrklʲe:s]

43

nagelvijl (de)	dildė (m) nagáms	['dʲɪlʲdʲe: na'gams]
nagelknipper (de)	gnybtùkai (v)	[gnʲi:p'tʊkʌɪ]
pincet (het)	pincėtas (v)	[pʲɪn'tsʲɛtas]

cosmetica (mv.)	kosmètika (m)	[kɔs'mʲɛtʲɪka]
masker (het)	kaũkė (m)	['kaʊkʲe:]
manicure (de)	manikiũras (v)	[manʲɪ'kʲu:ras]
manicure doen	darýti manikiũrą	[da'rʲi:tʲɪ manʲɪ'kʲu:ra:]
pedicure (de)	pedikiũras (v)	[pʲɛdʲɪ'kʲu:ras]

cosmetica tasje (het)	kosmètinė (m)	[kɔs'mʲɛtʲɪnʲe:]
poeder (de/het)	pudrà (m)	[pʊd'ra]
poederdoos (de)	pùdrinė (m)	['pʊdrʲɪnʲe:]
rouge (de)	skaistalaĩ (v dgs)	[skʌɪsta'lʲaĩ]

parfum (de/het)	kvepalaĩ (v dgs)	[kvʲɛpa'lʲaĩ]
eau de toilet (de)	tualètinis vanduõ (v)	[tʊa'lʲɛtʲɪnʲɪs van'dʊɑ]
lotion (de)	losjònas (v)	[lʲo'sjɔ nas]
eau de cologne (de)	odekolònas (v)	[odʲɛko'lʲonas]

oogschaduw (de)	vokų̃ šešėliai (v)	[vo'ku: ʃeʃʲe:lʲɛɪ]
oogpotlood (het)	akių̃ pieštùkas (v)	[a'kʲu: pʲiɛʃ'tʊkas]
mascara (de)	tùšas (v)	['tʊʃas]

lippenstift (de)	lũpų dažaĩ (v)	['lʲu:pu: da'ʒʌɪ]
nagellak (de)	nagų̃ lãkas (v)	[na'gu: 'lʲa:kas]
haarlak (de)	plaukų̃ lãkas (v)	[plʲaʊ'ku: 'lʲa:kas]
deodorant (de)	dezodorántas (v)	[dʲɛzodo'rantas]

crème (de)	krèmas (v)	['krʲɛmas]
gezichtscrème (de)	vèido krèmas (v)	['vʲɛɪdɔ 'krʲɛmas]
handcrème (de)	rañkų krèmas (v)	['raŋku: 'krʲɛmas]
antirimpelcrème (de)	krèmas (v) nuõ raukšlių̃	['krʲɛmas nʊɑ raʊkʃʲlʲu:]
dagcrème (de)	dienìnis krèmas (v)	[dʲiɛ'nʲɪnʲɪs 'krʲɛmas]
nachtcrème (de)	naktìnis krèmas (v)	[nak'tʲɪnʲɪs 'krʲɛmas]
dag- (abn)	dienìnis	[dʲiɛ'nʲɪnʲɪs]
nacht- (abn)	naktìnis	[nak'tʲɪnʲɪs]

tampon (de)	tampònas (v)	[tam'ponas]
toiletpapier (het)	tualètinis pōpierius (v)	[tʊa'lʲɛtʲɪnʲɪs 'po:pʲiɛrʲʊs]
föhn (de)	fènas (v)	['fʲɛnas]

42. Juwelen

sieraden (mv.)	brangenýbės (m dgs)	[brange'nʲi:bʲe:s]
edel (bijv. ~ stenen)	brangùs	[bran'gʊs]
keurmerk (het)	prabà (m)	[pra'ba]

ring (de)	žíedas (v)	['ʒʲiɛdas]
trouwring (de)	vestùvinis žíedas (v)	[vʲɛs'tʊvʲɪnʲɪs 'ʒʲiɛdas]
armband (de)	apýrankė (m)	[a'pʲi:raŋkʲe:]

| oorringen (mv.) | auskaraĩ (v) | [aʊska'rʌɪ] |
| halssnoer (het) | vėrinỹs (v) | [vʲe:rʲɪ'nʲi:s] |

kroon (de)	karūnā (m)	[karu:'na]
kralen snoer (het)	karōliai (v dgs)	[ka'ro:lʲɛɪ]

diamant (de)	briliántas (v)	[brʲɪlʲɪ'jantas]
smaragd (de)	smarāgdas (v)	[sma'ra:gdas]
robijn (de)	rubìnas (v)	[rʊ'bʲɪnas]
saffier (de)	safỹras (v)	[sa'fʲi:ras]
parel (de)	pẽrlas (v)	['pʲɛrlʲas]
barnsteen (de)	giñtaras (v)	['gʲɪntaras]

43. Horloges. Klokken

polshorloge (het)	laĩkrodis (v)	['lʲʌɪkrodʲɪs]
wijzerplaat (de)	ciferblãtas (v)	[tsʲɪfɛr'blʲa:tas]
wijzer (de)	rodỹklė (m)	[ro'dʲi:klʲe:]
metalen horlogeband (de)	apýrankė (m)	[a'pʲi:raŋkʲe:]
horlogebandje (het)	diržẽlis (v)	[dʲɪr'ʒʲælʲɪs]

batterij (de)	elemeñtas (v)	[ɛlʲɛ'mʲɛntas]
leeg zijn (ww)	išsikráuti	[ɪʃsʲɪ'krɑʊtʲɪ]
batterij vervangen	pakeĩsti elemeñtą	[pa'kʲɛɪstʲɪ ɛlʲɛ'mʲɛnta:]
voorlopen (ww)	skubéti	[skʊ'bʲe:tʲɪ]
achterlopen (ww)	atsilìkti	[atsʲɪ'lʲɪktʲɪ]

wandklok (de)	síeninis laĩkrodis (v)	['sʲiɛnʲɪnʲɪs 'lʲʌɪkrodʲɪs]
zandloper (de)	smẽlio laĩkrodis (v)	['smʲe:lʲɔ 'lʲʌɪkrodʲɪs]
zonnewijzer (de)	sáulės laĩkrodis (v)	['sɑʊlʲe:s 'lʲʌɪkrodʲɪs]
wekker (de)	žadintùvas (v)	[ʒadʲɪn'tʊvas]
horlogemaker (de)	laĩkrodininkas (v)	['lʲʌɪkrodʲɪnʲɪŋkas]
repareren (ww)	taisýti	[tʌɪ'sʲi:tʲɪ]

Voedsel. Voeding

44. Voedsel

vlees (het)	mėsà (m)	[mʲeː'sa]
kip (de)	višta (m)	[vʲɪʃ'ta]
kuiken (het)	viščiùkas (v)	[vʲɪʃ'tʂʲʊkɐs]
eend (de)	ántis (m)	['antʲɪs]
gans (de)	žąsinas (v)	['ʒaːsʲɪnas]
wild (het)	žvėríena (m)	[ʒvʲeː'rʲiɛna]
kalkoen (de)	kalakutíena (m)	[kalʲakʊ'tʲiɛna]

varkensvlees (het)	kiaulíena (m)	[kʲɛʊ'lʲiɛna]
kalfsvlees (het)	veršíena (m)	[vʲɛr'ʃʲiɛna]
schapenvlees (het)	avíena (m)	[a'vʲiɛna]
rundvlees (het)	jáutiena (m)	['jɑʊtʲiɛna]
konijnenvlees (het)	triùšis (v)	['trʲʊʃʲɪs]

worst (de)	dešrà (m)	[dʲɛʃʲra]
saucijs (de)	dešrėlė (m)	[dʲɛʃʲrʲælʲeː]
spek (het)	bekònas (v)	[bʲɛ'konas]
ham (de)	kum̃pis (v)	['kʊmpʲɪs]
gerookte achterham (de)	kum̃pis (v)	['kʊmpʲɪs]

paté (de)	paštėtas (v)	[paʃ'tʲɛtas]
lever (de)	kėpenys (m dgs)	[kʲɛpe'nʲiːs]
gehakt (het)	fáršas (v)	['farʃas]
tong (de)	liežùvis (v)	[lʲiɛ'ʒʊvʲɪs]

ei (het)	kiaušìnis (v)	[kʲɛʊ'ʃʲɪnʲɪs]
eieren (mv.)	kiaušìniai (v dgs)	[kʲɛʊ'ʃʲɪnʲɛɪ]
eiwit (het)	báltymas (v)	['balʲtʲiːmas]
eigeel (het)	trynỹs (v)	[trʲiː'nʲiːs]

vis (de)	žuvìs (m)	[ʒʊ'vʲɪs]
zeevruchten (mv.)	jũros gėrýbės (m dgs)	['juːros gʲeː'rʲiːbʲeːs]
schaaldieren (mv.)	vėžiãgyviai (v dgs)	[vʲeː'ʒʲæɡʲiːvʲɛɪ]
kaviaar (de)	ìkrai (v dgs)	['ɪkrʌɪ]

krab (de)	krãbas (v)	['kraːbas]
garnaal (de)	krevėtė (m)	[krʲɛ'vʲɛtʲeː]
oester (de)	áustrė (m)	['ɑʊstrʲeː]
langoest (de)	langùstas (v)	[lʲan'ɡʊstas]
octopus (de)	aštuonkõjis (v)	[aʃtuɑŋ'koːjis]
inktvis (de)	kalmãras (v)	[kalʲma:ras]

steur (de)	eršketíena (m)	[ɛrʃkʲɛ'tʲiɛna]
zalm (de)	lašišà (m)	[lʲaʃɪ'ʃa]
heilbot (de)	õtas (v)	['oːtas]
kabeljauw (de)	menkė (m)	['mʲɛŋkʲeː]

makreel (de)	skumbrė (m)	['skʊmbrʲe:]
tonijn (de)	tunas (v)	['tʊnas]
paling (de)	ungurỹs (v)	[ʊngʊ'rʲi:s]

forel (de)	upėtakis (v)	[ʊ'pʲe:takʲɪs]
sardine (de)	sardinė (m)	[sar'dʲɪnʲe:]
snoek (de)	lydeka (m)	[lʲi:dʲɛ'ka]
haring (de)	silkė (m)	['sʲɪlʲkʲe:]

brood (het)	duona (m)	['dʊɑna]
kaas (de)	suris (v)	['su:rʲɪs]
suiker (de)	cukrus (v)	['tsʊkrʊs]
zout (het)	druska (m)	[drʊs'ka]

rijst (de)	rỹžiai (v)	['rʲi:ʒʲɛɪ]
pasta (de)	makarõnai (v dgs)	[maka'ro:nʌɪ]
noedels (mv.)	lãkštiniai (v dgs)	['lʲa:kʃtʲɪnʲɛɪ]

boter (de)	sviestas (v)	['svʲɛstas]
plantaardige olie (de)	augalinis aliėjus (v)	[aʊgalʲɪnʲɪs a'lʲɛjʊs]
zonnebloemolie (de)	saulégrąžų aliėjus (v)	[saʊ'lʲe:gra:ʒu: a'lʲɛjʊs]
margarine (de)	margarinas (v)	[marga'rʲɪnas]

| olijven (mv.) | alỹvuogės (m dgs) | [a'lʲi:vʊɑgʲe:s] |
| olijfolie (de) | alỹvuogių aliėjus (v) | [a'lʲi:vʊɑgʲu: a'lʲɛjʊs] |

melk (de)	pienas (v)	['pʲɛnas]
gecondenseerde melk (de)	sutirštintas pienas (v)	[sʊ'tʲɪrʃtʲɪntas 'pʲɛnas]
yoghurt (de)	jogurtas (v)	[jɔ'gurtas]
zure room (de)	grietinė (m)	[grʲiɛ'tʲɪnʲe:]
room (de)	grietinėlė (m)	[grʲiɛtʲɪ'nʲe:lʲe:]

| mayonaise (de) | majonėzas (v) | [majɔ'nʲɛzas] |
| crème (de) | krėmas (v) | ['krʲɛmas] |

graan (het)	kruõpos (m dgs)	['krʊɑpos]
meel (het), bloem (de)	miltai (v dgs)	['mʲɪlʲtʌɪ]
conserven (mv.)	konsėrvai (v dgs)	[kɔn'sʲɛrvʌɪ]

maïsvlokken (mv.)	kukurūzų dribsniai (v dgs)	[kʊkʊ'ru:zu: 'drʲɪbsnʲɛɪ]
honing (de)	medus (v)	[mʲɛ'dʊs]
jam (de)	džėmas (v)	['dʒʲɛmɑs]
kauwgom (de)	kramtomoji gumà (m)	[kramtɔ'mojɪ gʊ'ma]

45. Drankjes

water (het)	vanduõ (v)	[van'dʊɑ]
drinkwater (het)	gėriamas vanduõ (v)	['gʲærʲæmas van'dʊɑ]
mineraalwater (het)	minerãlinis vanduõ (v)	[mʲɪnʲɛ'ra:lʲɪnʲɪs van'dʊɑ]

zonder gas	bė gãzo	['bʲɛ 'ga:zɔ]
koolzuurhoudend (bn)	gazúotas	[ga'zʊɑtas]
bruisend (bn)	gazúotas	[ga'zʊɑtas]
ijs (het)	lẽdas (v)	['lʲædas]

met ijs	su ledais	['su lʲɛ'dʌɪs]
alcohol vrij (bn)	nealkoholonis	[nʲɛalʲko'ɣolonʲɪs]
alcohol vrije drank (de)	nealkoholonis gėrimas (v)	[nʲɛalʲko'ɣolonʲɪs 'gʲe:rʲɪmas]
frisdrank (de)	gaivusis gėrimas (v)	[gʌɪ'vus|ɪs 'gʲe:rʲɪmas]
limonade (de)	limonadas (v)	[lʲɪmo'na:das]
alcoholische dranken (mv.)	alkoholiniai gėrimai (v dgs)	[alʲko'ɣolʲɪnʲɛɪ 'gʲe:rʲɪmʌɪ]
wijn (de)	vỹnas (v)	['vʲi:nas]
witte wijn (de)	baltas vỹnas (v)	['balʲtas 'vʲi:nas]
rode wijn (de)	raudonas vỹnas (v)	[rɑu'donas 'vʲi:nas]
likeur (de)	likeris (v)	['lʲɪkʲɛrʲɪs]
champagne (de)	šampanas (v)	[ʃam'pa:nas]
vermout (de)	vermutas (v)	['vʲɛrmutas]
whisky (de)	viskis (v)	['vʲɪskʲɪs]
wodka (de)	degtinė (m)	[dʲɛk'tʲɪnʲe:]
gin (de)	džinas (v)	['dʒʲɪnas]
cognac (de)	konjakas (v)	[kɔn'ja:kas]
rum (de)	romas (v)	['romas]
koffie (de)	kava (m)	[ka'va]
zwarte koffie (de)	juoda kava (m)	[jʊɑ'da ka'va]
koffie (de) met melk	kava su pienu (m)	[ka'va 'su 'pʲiɛnʊ]
cappuccino (de)	kapučino kava (m)	[kapu'tʂɪnɔ ka'va]
oploskoffie (de)	tirpi kava (m)	[tʲɪr'pʲɪ ka'va]
melk (de)	pienas (v)	['pʲiɛnas]
cocktail (de)	kokteilis (v)	[kɔk'tʲɛɪlʲɪs]
milkshake (de)	pieniškas kokteilis (v)	['pʲiɛnʲɪʃkas kok'tʲɛɪlʲɪs]
sap (het)	sultys (m dgs)	['sulʲtʲi:s]
tomatensap (het)	pomidorų sultys (m dgs)	[pomʲɪ'doru: 'sulʲtʲi:s]
sinaasappelsap (het)	apelsinų sultys (m dgs)	[apʲɛlʲ'sʲɪnu: 'sulʲtʲi:s]
vers geperst sap (het)	šviežiai spaustos sultys (m dgs)	[ʃvʲiɛ'ʒʲɛɪ 'spɑustos 'sulʲtʲi:s]
bier (het)	alus (v)	[a'lʲus]
licht bier (het)	šviesus alus (v)	[ʃvʲiɛ'sus a'lʲus]
donker bier (het)	tamsus alus (v)	[tam'sus a'lʲus]
thee (de)	arbata (m)	[arba'ta]
zwarte thee (de)	juoda arbata (m)	[jʊɑ'da arba'ta]
groene thee (de)	žalia arbata (m)	[ʒa'lʲæ arba'ta]

46. Groenten

groenten (mv.)	daržovės (m dgs)	[dar'ʒovʲe:s]
verse kruiden (mv.)	žalumỹnai (v)	[ʒalʲu'mʲi:nʌɪ]
tomaat (de)	pomidoras (v)	[pomʲɪ'doras]
augurk (de)	agurkas (v)	[a'gurkas]
wortel (de)	morka (m)	[mor'ka]
aardappel (de)	bulvė (m)	['bulʲvʲe:]

| ui (de) | svogūnas (v) | [svo'gu:nas] |
| knoflook (de) | česnākas (v) | [tʃʲɛs'na:kas] |

kool (de)	kopūstas (v)	[kɔ'pu:stas]
bloemkool (de)	kalafiòras (v)	[kalʲa'fʲoras]
spruitkool (de)	briùselio kopūstas (v)	['brʲusʲɛlʲɔ ko'pu:stas]
broccoli (de)	bròkolių kopūstas (v)	['brokolʲu: ko'pu:stas]

rode biet (de)	ruñkelis, burōkas (v)	['ruŋkʲɛlʲɪs], [bu'ro:kas]
aubergine (de)	baklažānas (v)	[bakʲlʲa'ʒa:nas]
courgette (de)	agurōtis (v)	[agu'ro:tʲɪs]
pompoen (de)	rōpė (m)	['ropʲe:]
raap (de)	moliūgas (v)	[mo'lʲu:gas]

peterselie (de)	petrāžolė (m)	[pʲɛ'tra:ʒolʲe:]
dille (de)	krāpas (v)	['kra:pas]
sla (de)	salōta (m)	[sa'lʲo:ta]
selderij (de)	saliēras (v)	[sa'lʲɛras]
asperge (de)	smìdras (v)	['smʲɪdras]
spinazie (de)	špinātas (v)	[ʃpʲɪ'na:tas]

erwt (de)	žìrniai (v dgs)	['ʒʲɪrnʲɛɪ]
bonen (mv.)	pùpos (m dgs)	['pupos]
maïs (de)	kukurūzas (v)	[kuku'ru:zas]
nierboon (de)	pupēlės (m dgs)	[pu'pʲælʲe:s]

peper (de)	pipìras (v)	[pʲɪ'pʲɪras]
radijs (de)	ridìkas (v)	[rʲɪ'dʲɪkas]
artisjok (de)	artišòkas (v)	[artʲɪ'ʃokas]

47. Vruchten. Noten

vrucht (de)	vaĩsius (v)	['vʌɪsʲus]
appel (de)	obuolỹs (v)	[obuɑ'lʲi:s]
peer (de)	kriáušė (m)	['krʲæuʃʲe:]
citroen (de)	citrinà (m)	[tsʲɪtrʲɪ'na]
sinaasappel (de)	apelsìnas (v)	[apʲɛlʲ'sʲɪnas]
aardbei (de)	brāškė (m)	['bra:ʃkʲe:]

mandarijn (de)	mandarìnas (v)	[manda'rʲɪnas]
pruim (de)	slyvà (m)	[slʲi:'va]
perzik (de)	pèrsikas (v)	['pʲɛrsʲɪkas]
abrikoos (de)	abrikòsas (v)	[abrʲɪ'kosas]
framboos (de)	aviẽtė (m)	[a'vʲɛtʲe:]
ananas (de)	ananāsas (v)	[ana'na:sas]

banaan (de)	banānas (v)	[ba'na:nas]
watermeloen (de)	arbūzas (v)	[ar'bu:zas]
druif (de)	vỹnuogės (m dgs)	['vʲi:nuɑgʲe:s]
zure kers (de)	vyšnia (m)	[vʲi:ʃnʲæ]
zoete kers (de)	trẽšnė (m)	['trʲæʃnʲe:]
meloen (de)	meliònas (v)	[mʲɛ'lʲonas]
grapefruit (de)	greĩpfrutas (v)	['grʲɛɪpfrutas]
avocado (de)	avokàdas (v)	[avo'kadas]

papaja (de)	papája (m)	[pa'pa ja]
mango (de)	mángo (v)	['mangɔ]
granaatappel (de)	granátas (v)	[gra'na:tas]

rode bes (de)	raudoníeji serbeñtai (v dgs)	[raʊdo'nʲɛji sʲɛr'bʲɛntʌi]
zwarte bes (de)	juodíeji serbeñtai (v dgs)	[jʊɑ'dʲiɛjɪ sʲɛr'bʲɛntʌi]
kruisbes (de)	agrãstas (v)	[ag'ra:stas]
blauwe bosbes (de)	mélynės (m dgs)	[mʲe:'lʲiːnʲe:s]
braambes (de)	gérvuogės (m dgs)	['gʲɛrvʊagʲe:s]

rozijn (de)	razìnos (m dgs)	[ra'zʲɪnos]
vijg (de)	figà (m)	[fʲɪ'ga]
dadel (de)	datùlė (m)	[da'tʊlʲe:]

pinda (de)	žẽmės riešutaĩ (v)	['ʒʲæmʲe:s rʲiɛʃu'tʌi]
amandel (de)	migdõlas (v)	[mʲɪg'do:lʲas]
walnoot (de)	graĩkinis ríešutas (v)	['grʌɪkʲɪnʲɪs 'rʲiɛʃutas]
hazelnoot (de)	ríešutas (v)	['rʲiɛʃutas]
kokosnoot (de)	kòkoso ríešutas (v)	['kokosɔ 'rʲiɛʃutas]
pistaches (mv.)	pistãcijos (m dgs)	[pʲɪs'ta:tsʲɪjɔs]

48. Brood. Snoep

suikerbakkerij (de)	konditèrijos gaminiaĩ (v)	[kɔndʲɪ'tʲɛrʲɪjɔs gamʲɪ'nʲɛɪ]
brood (het)	dúona (m)	['dʊana]
koekje (het)	sausaĩniai (v)	[saʊ'sʌɪnʲɛɪ]

chocolade (de)	šokolãdas (v)	[ʃoko'lʲa:das]
chocolade- (abn)	šokolãdinis	[ʃoko'lʲa:dʲɪnʲɪs]
snoepje (het)	saldaĩnis (v)	[salʲ'dʌɪnʲɪs]
cakeje (het)	pyragáitis (v)	[pʲi:ra'gʌɪtʲɪs]
taart (bijv. verjaardags~)	tòrtas (v)	['tortas]

| pastei (de) | pyrãgas (v) | [pʲi:'ra:gas] |
| vulling (de) | įdaras (v) | ['i:daras] |

confituur (de)	uogiẽnė (m)	[ʊa'gʲɛnʲe:]
marmelade (de)	marmelãdas (v)	[marmʲɛ'lʲa:das]
wafel (de)	vãfliai (v dgs)	['va:flʲɛɪ]
ijsje (het)	ledaĩ (v dgs)	[lʲɛ'dʌɪ]
pudding (de)	pùdingas (v)	['pʊdʲɪngas]

49. Bereide gerechten

gerecht (het)	pãtiekalas (v)	['pa:tʲiɛkalʲas]
keuken (bijv. Franse ~)	virtùvė (m)	[vʲɪr'tʊvʲe:]
recept (het)	recèptas (v)	[rʲɛ'tsʲɛptas]
portie (de)	pòrcija (m)	['portsʲɪjɛ]

salade (de)	salõtos (m)	[sa'lʲo:tos]
soep (de)	sriubà (m)	[srʲʊ'ba]
bouillon (de)	sultinỹs (v)	[sʊlʲtʲɪ'nʲiːs]

| boterham (de) | sumuštinis (v) | [sʊmuʃtʲɪnʲɪs] |
| spiegelei (het) | kiaušinienė (m) | [kʲɛʊʃɪˈnʲɛnʲeː] |

| hamburger (de) | mėsainis (v) | [mʲeːˈsʌɪnʲɪs] |
| biefstuk (de) | bifšteksas (v) | [bʲɪfʲʃtʲɛksas] |

garnering (de)	garnyras (v)	[garˈnʲiːras]
spaghetti (de)	spagečiai (v dgs)	[spaˈɡʲɛtʂʲɛɪ]
aardappelpuree (de)	bulvių košė (m)	[ˈbʊlʲvʲuː ˈkoːʃeː]
pizza (de)	pica (m)	[pʲɪˈtsa]
pap (de)	košė (m)	[ˈkoːʃeː]
omelet (de)	omletas (v)	[omˈlʲɛtas]

gekookt (in water)	virtas	[ˈvʲɪrtas]
gerookt (bn)	rūkytas	[ruːˈkʲiːtas]
gebakken (bn)	keptas	[ˈkʲæptas]
gedroogd (bn)	džiovintas	[dʒʲoˈvʲɪntas]
diepvries (bn)	šáldytas	[ˈʃalʲdʲiːtas]
gemarineerd (bn)	marinúotas	[marʲɪˈnʊatas]

zoet (bn)	saldùs	[salʲˈdʊs]
gezouten (bn)	sūrùs	[suːˈrʊs]
koud (bn)	šáltas	[ˈʃalʲtas]
heet (bn)	kárštas	[ˈkarʃtas]
bitter (bn)	kartùs	[karˈtʊs]
lekker (bn)	skanùs	[skaˈnʊs]

koken (in kokend water)	virti	[ˈvʲɪrtʲɪ]
bereiden (avondmaaltijd ~)	gaminti	[ɡaˈmʲɪntʲɪ]
bakken (ww)	kepti	[ˈkʲɛptʲɪ]
opwarmen (ww)	pašildyti	[paˈʃɪlʲdʲiːtʲɪ]

zouten (ww)	sūdyti	[ˈsuːdʲiːtʲɪ]
peperen (ww)	įberti pipirų	[iːˈbʲɛrtʲɪ pʲɪˈpʲɪːruː]
raspen (ww)	tarkúoti	[tarˈkʊatʲɪ]
schil (de)	lúoba (m)	[ˈlʲʊaba]
schillen (ww)	lùpti bùlves	[ˈlʊptʲɪ ˈbʊlʲvʲɛs]

50. Kruiden

zout (het)	druska (m)	[drʊsˈka]
gezouten (bn)	sūrùs	[suːˈrʊs]
zouten (ww)	sūdyti	[ˈsuːdʲiːtʲɪ]

zwarte peper (de)	juodieji pipirai (v)	[jʊaˈdʲiɛjɪ pʲɪˈpʲɪrʌɪ]
rode peper (de)	raudonieji pipirai (v)	[rɑʊdoˈnʲiɛjɪ pʲɪˈpʲɪrʌɪ]
mosterd (de)	garstyčios (v)	[ɡarˈstʲiːtʂos]
mierikswortel (de)	krienai (v dgs)	[krʲiɛˈnʌɪ]

condiment (het)	prieskonis (v)	[ˈprʲiɛskonʲɪs]
specerij, kruiderij (de)	prieskonis (v)	[ˈprʲiɛskonʲɪs]
saus (de)	padažas (v)	[ˈpaːdaʒas]
azijn (de)	ãctas (v)	[ˈaːtstas]
anijs (de)	anyžius (v)	[aˈnʲiːʒʊs]

basilicum (de)	bazìlikas (v)	[ba'zʲɪlʲɪkas]
kruidnagel (de)	gvazdìkas (v)	[gvaz'dʲɪkas]
gember (de)	imbieras (v)	['ɪmbʲiɛras]
koriander (de)	kaléndra (m)	[ka'lʲɛndra]
kaneel (de/het)	cinamónas (v)	[tsʲɪna'monas]

sesamzaad (het)	sezãmas (v)	[sʲɛ'za:mas]
laurierblad (het)	láuro lãpas (v)	['lʲɑurɔ 'lʲa:pas]
paprika (de)	pãprika (m)	['pa:prʲɪka]
komijn (de)	kmýnai (v)	['kmʲi:nʌɪ]
saffraan (de)	šafrãnas (v)	[ʃaf'ra:nas]

51. Maaltijden

| eten (het) | valgis (v) | ['valʲgʲɪs] |
| eten (ww) | válgyti | ['valʲgʲi:tʲɪ] |

ontbijt (het)	pùsryčiai (v dgs)	['pʊsrʲɪ:tʃʲɛɪ]
ontbijten (ww)	pùsryčiauti	['pʊsrʲɪ:tʃʲɛʊtʲɪ]
lunch (de)	piẽtūs (v)	['pʲɛ'tu:s]
lunchen (ww)	pietáuti	[pʲiɛ'tɑʊtʲɪ]
avondeten (het)	vakariẽnė (m)	[vaka'rʲɛnʲe:]
souperen (ww)	vakarieniáuti	[vakarʲiɛ'nʲæʊtʲɪ]

| eetlust (de) | apetìtas (v) | [apʲɛ'tʲɪtas] |
| Eet smakelijk! | Gẽro apetìto! | ['gʲærɔ apʲɛ'tʲɪtɔ!] |

openen (een fles ~)	atidarýti	[atʲɪda'rʲi:tʲɪ]
morsen (koffie, enz.)	išpìlti	[ɪʃpʲɪlʲtʲɪ]
zijn gemorst	išsipìlti	[ɪʃsʲɪ'pʲɪlʲtʲɪ]

koken (water kookt bij 100°C)	vìrti	['vʲɪrtʲɪ]
koken (Hoe om water te ~)	vìrinti	['vʲɪrʲɪntʲɪ]
gekookt (~ water)	vìrintas	['vʲɪrʲɪntas]
afkoelen (koeler maken)	atvėsìnti	[atvʲe:'sʲɪntʲɪ]
afkoelen (koeler worden)	vėsìnti	[vʲe:'sʲɪntʲɪ]

| smaak (de) | skõnis (v) | ['sko:nʲɪs] |
| nasmaak (de) | príeskonis (v) | ['prʲiɛskonʲɪs] |

volgen een dieet	laikýti diẽtos	[lʲʌɪ'kʲi:tʲɪ 'dʲɛtos]
dieet (het)	dietà (m)	[dʲiɛ'ta]
vitamine (de)	vitamìnas (v)	[vʲɪta'mʲɪnas]
calorie (de)	kalòrija (m)	[ka'lʲorʲɪjɛ]

| vegetariër (de) | vegetãras (v) | [vʲɛgʲɛ'ta:ras] |
| vegetarisch (bn) | vegetãriškas | [vʲɛgʲɛ'ta:rʲɪʃkas] |

vetten (mv.)	riebalaĩ (v dgs)	[rʲiɛba'lʲʌɪ]
eiwitten (mv.)	baltymaĩ (v dgs)	[balʲtʲi:'mʌɪ]
koolhydraten (mv.)	angliãvandeniai (v dgs)	[an'glʲævandʲɛnʲɛɪ]
snede (de)	griežinỹs (v)	[grʲiɛʒʲɪ'nʲi:s]
stuk (bijv. een ~ taart)	gãbalas (v)	['ga:balʲas]
kruimel (de)	trupinỹs (v)	[trʊpʲɪ'nʲi:s]

52. Tafelschikking

lepel (de)	šáukštas (v)	['ʃɑʊkʃtas]
mes (het)	peĩlis (v)	['pʲɛɪlʲɪs]
vork (de)	šakùtė (m)	[ʃa'kʊtʲe:]

kopje (het)	puodùkas (v)	[pʊɑ'dʊkas]
bord (het)	lėkštė̃ (m)	[lʲe:kʃtʲe:]
schoteltje (het)	lėkštėlė (m)	[lʲe:kʃtʲælʲe:]
servet (het)	servetėlė (m)	[sʲɛrve'tʲe:lʲe:]
tandenstoker (de)	dantų̃ krapštùkas (v)	[dan'tu: krapʃ'tʊkas]

53. Restaurant

restaurant (het)	restorãnas (v)	[rʲɛsto'ra:nas]
koffiehuis (het)	kavìnė (m)	[ka'vʲɪnʲe:]
bar (de)	bãras (v)	['ba:ras]
tearoom (de)	arbãtos salònas (v)	[ar'ba:tos sa'lʲonas]

kelner, ober (de)	padavėjas (v)	[pada'vʲe:jas]
serveerster (de)	padavėja (m)	[pada'vʲe:ja]
barman (de)	bármenas (v)	['barmʲɛnas]

menu (het)	meniù (v)	[mʲɛ'nʲʊ]
wijnkaart (de)	vỹnų žemėlapis (v)	['vʲi:nu: ʒe'mʲe:lʲapʲɪs]
een tafel reserveren	rezervúoti staliùką	[rʲɛzʲɛr'vʊɑtʲɪ sta'lʲʊka:]

gerecht (het)	pãtiekalas (v)	['pa:tʲiɛkalʲas]
bestellen (eten ~)	užsisakýti	[ʊʒsʲɪsakʲi:tʲɪ]
een bestelling maken	padarýti užsãkymą	[pada'rʲi:tʲɪ ʊʒ'sa:kʲi:ma:]

aperitief (de/het)	aperitỹvas (v)	[apʲɛrʲɪ'tʲi:vas]
voorgerecht (het)	ùžkandis (v)	['ʊʒkandʲɪs]
dessert (het)	desèrtas (v)	[dʲɛ'sʲɛrtas]

rekening (de)	sąskaita (m)	['sa:skʌɪta]
de rekening betalen	apmokėti sąskaitą	[apmo'kʲe:tʲɪ 'sa:skʌɪta:]
wisselgeld teruggeven	dúoti grąžõs	['dʊɑtʲɪ gra:'ʒo:s]
fooi (de)	arbãtpinigiai (v dgs)	[ar'ba:tpʲɪnʲɪgʲɛɪ]

Familie, verwanten en vrienden

naam (de)	vardas (v)	['vardas]
achternaam (de)	pavardė (m)	[pavar'dʲe:]
geboortedatum (de)	gimìmo data (m)	[gʲɪ'mʲɪmɔ da'ta]
geboorteplaats (de)	gimìmo vietà (m)	[gʲɪ'mʲɪmɔ vʲiɛ'ta]

nationaliteit (de)	tautýbė (m)	[tɑʊ'tʲi:bʲe:]
woonplaats (de)	gyvènamoji vietà (m)	[gʲi:vʲæna'mojɪ vʲiɛ'ta]
land (het)	šalìs (m)	[ʃa'lʲɪs]
beroep (het)	profèsija (m)	[profʲɛsʲɪjɛ]

geslacht (ov. het vrouwelijk ~)	lýtis (m)	['lʲi:tʲɪs]
lengte (de)	ūgis (v)	['u:gʲɪs]
gewicht (het)	svõris (v)	['svo:rʲɪs]

moeder (de)	mótina (m)	['motʲɪna]
vader (de)	tėvas (v)	['tʲe:vas]
zoon (de)	sūnùs (v)	[su:'nʊs]
dochter (de)	dukrà, duktė̃ (m)	[dʊk'ra], [dʊk'tʲe:]

jongste dochter (de)	jaunesnióji duktė̃ (m)	[jɛʊnes'nʲo:jɪ dʊk'tʲe:]
jongste zoon (de)	jaunesnýsis sūnùs (v)	[jɛʊnʲɛs'nʲi:sʲɪs su:'nʊs]
oudste dochter (de)	vyresnióji duktė̃ (m)	[vʲi:res'nʲo:jɪ dʊk'tʲe:]
oudste zoon (de)	vyresnýsis sūnùs (v)	[vʲi:rʲɛs'nʲi:sʲɪs su:'nʊs]

broer (de)	brólis (v)	['brolʲɪs]
oudere broer (de)	vyresnýsis brólis (v)	[vʲi:rʲɛs'nʲi:sʲɪs 'brolʲɪs]
jongere broer (de)	jaunesnýsis brólis (v)	[jɛʊnʲɛs'nʲi:sʲɪs 'brolʲɪs]
zuster (de)	sesuõ (m)	[sʲɛ'sʊa]
oudere zuster (de)	vyresnióji sesuõ (m)	[vʲi:rʲɛs'nʲo:jɪ sʲɛ'sʊa]
jongere zuster (de)	jaunesnióji sesuõ (m)	[jɛʊnʲɛs'nʲo:jɪ sʲɛ'sʊa]

neef (zoon van oom, tante)	pùsbrolis (v)	['pʊsbrolʲɪs]
nicht (dochter van oom, tante)	pùsseserė (m)	['pʊsseserʲe:]
mama (de)	mamà (m)	[ma'ma]
papa (de)	tėtis (v)	['tʲe:tʲɪs]
ouders (mv.)	tėvaĩ (v)	[tʲe:'vʌɪ]
kind (het)	vaĩkas (v)	['vʌɪkas]
kinderen (mv.)	vaikaĩ (v)	[vʌɪ'kʌɪ]
oma (de)	senẽlė (m)	[sʲɛ'nʲælʲe:]
opa (de)	senẽlis (v)	[sʲɛ'nʲælʲɪs]

kleinzoon (de)	anūkas (v)	[aˈnuːkas]
kleindochter (de)	anūkė (m)	[aˈnuːkʲeː]
kleinkinderen (mv.)	anūkai (v)	[aˈnuːkʌɪ]

oom (de)	dėdė (v)	[ˈdʲeːdʲeː]
tante (de)	teta (m)	[tʲɛˈta]
neef (zoon van broer, zus)	sūnénas (v)	[suːˈnʲeːnas]
nicht (dochter van broer, zus)	dukterė́čia (m)	[dʊkteˈrʲeːtʂʲæ]

schoonmoeder (de)	úošvė (m)	[ˈʊaʃvʲeː]
schoonvader (de)	úošvis (v)	[ˈʊaʃvʲɪs]
schoonzoon (de)	žéntas (v)	[ˈʒʲɛntas]
stiefmoeder (de)	pāmotė (m)	[ˈpaːmotʲeː]
stiefvader (de)	patévis (v)	[paˈtʲeːvʲɪs]

zuigeling (de)	kūdikis (v)	[ˈkuːdʲɪkʲɪs]
wiegenkind (het)	naujāgimis (v)	[naʊˈjaːgʲɪmʲɪs]
kleuter (de)	vaìkas (v)	[ˈvʌɪkas]

vrouw (de)	žmonà (m)	[ʒmoˈna]
man (de)	výras (v)	[ˈvʲiːras]
echtgenoot (de)	sutuoktìnis (v)	[sʊtʊakˈtʲɪnʲɪs]
echtgenote (de)	sutuoktìnė (m)	[sʊtʊakˈtʲɪnʲeː]

gehuwd (mann.)	vėdęs	[ˈvʲædʲɛːs]
gehuwd (vrouw.)	ištekė́jusi	[ɪʃtʲɛˈkʲeːjʊsʲɪ]
ongehuwd (mann.)	viengun̄gis	[vʲɪɛŋˈgʊŋgʲɪs]
vrijgezel (de)	viengun̄gis (v)	[vʲɪɛŋˈgʊŋgʲɪs]
gescheiden (bn)	išsiskyręs	[ɪʃsʲɪˈskʲiːrʲɛːs]
weduwe (de)	našlė̃ (m)	[naʃˈlʲeː]
weduwnaar (de)	našlỹs (v)	[naʃˈlʲiːs]

familielid (het)	gimináitis (v)	[gʲɪmʲɪˈnʌɪtʲɪs]
dichte familielid (het)	artimas gimináitis (v)	[ˈartʲɪmas gʲɪmʲɪˈnʌɪtʲɪs]
verre familielid (het)	tólimas gimináitis (v)	[ˈtolʲɪmas gʲɪmʲɪˈnʌɪtʲɪs]
familieleden (mv.)	gìminės (m dgs)	[ˈgʲɪmʲɪnʲeːs]

wees (de), weeskind (het)	našláitis (v)	[naʃˈlʲʌɪtʲɪs]
voogd (de)	globė́jas (v)	[glʲoˈbʲeːjas]
adopteren (een jongen te ~)	įsū́nyti	[iːˈsuːnʲɪːtʲɪ]
adopteren (een meisje te ~)	įdùkrinti	[iːˈdʊkrʲɪntʲɪ]

56. Vrienden. Collega's

vriend (de)	draūgas (v)	[ˈdraʊgas]
vriendin (de)	draugė̃ (m)	[draʊˈgʲeː]
vriendschap (de)	draugỹstė (m)	[draʊˈgʲiːstʲeː]
bevriend zijn (ww)	draugáuti	[draʊˈgaʊtʲɪ]

makker (de)	pažį́stamas (v)	[paˈʒʲiːstamas]
vriendin (de)	pažį́stamà (m)	[paʒʲiːstaˈma]
partner (de)	pártneris (v)	[ˈpartnʲɛrʲɪs]
chef (de)	šèfas (v)	[ˈʃɛfas]
baas (de)	vìršininkas (v)	[ˈvʲɪrʃɪnʲɪŋkas]

eigenaar (de)	savininkas (v)	[savʲɪ'nʲɪŋkas]
ondergeschikte (de)	pavaldinỹs (v)	[pavalʲdʲɪ'nʲiːs]
collega (de)	kolegà (v)	[kɔlʲɛ'ga]
kennis (de)	pažįstamas (v)	[pa'ʒʲɪːstamas]
medereiziger (de)	pakeleĩvis (v)	[pakʲɛ'lʲɛɪvʲɪs]
klasgenoot (de)	klasiõkas (v)	[klʲa'sʲoːkas]
buurman (de)	kaimýnas (v)	[kʌɪ'mʲiːnas]
buurvrouw (de)	kaimýnė (m)	[kʌɪ'mʲiːnʲeː]
buren (mv.)	kaimýnai (v)	[kʌɪ'mʲiːnʌɪ]

57. Man. Vrouw

vrouw (de)	móteris (m)	['motʲɛrʲɪs]
meisje (het)	panẽlė (m)	[pa'nʲælʲeː]
bruid (de)	núotaka (m)	['nʊataka]
mooi(e) (vrouw, meisje)	gražì	[gra'ʒʲɪ]
groot, grote (vrouw, meisje)	aukštà	[aʊkʃʲta]
slank(e) (vrouw, meisje)	lieknà	[lʲiɛk'na]
korte, kleine (vrouw, meisje)	neáukšto ū̃gio	[nʲɛ'aʊkʃtɔ 'uːgʲɔ]
blondine (de)	blondìnė (m)	[blʲon'dʲɪnʲeː]
brunette (de)	brunètė (m)	[brʲʊ'nʲɛtʲeː]
dames- (abn)	dãmų	['daːmu]
maagd (de)	skaistuõlė (m)	[skʌɪs'tʊalʲeː]
zwanger (bn)	nėščià	[nʲeː'ʃtʂʲæ]
man (de)	výras (v)	['vʲiːras]
blonde man (de)	blondìnas (v)	[blʲon'dʲɪnas]
bruinharige man (de)	brunètas (v)	[brʲʊ'nʲɛtas]
groot (bn)	áukštas	['aʊkʃtas]
klein (bn)	neáukšto ū̃gio	[nʲɛ'aʊkʃtɔ 'uːgʲɔ]
onbeleefd (bn)	grubùs	[grʊ'bʊs]
gedrongen (bn)	petìngas	[pʲɛ'tʲɪngas]
robuust (bn)	tvìrtas	['tvʲɪrtas]
sterk (bn)	stiprùs	[stʲɪp'rʊs]
sterkte (de)	jėgà (m)	[jeː'ga]
mollig (bn)	stambùs	[stam'bʊs]
getaand (bn)	tamsaũs gýmio	[tam'saʊs 'gʲiːmʲɔ]
slank (bn)	liẽknas	['lʲiɛknas]
elegant (bn)	elegántiškas	[ɛlʲɛ'gantʲɪʃkas]

58. Leeftijd

leeftijd (de)	ámžius (v)	['amʒʲʊs]
jeugd (de)	jaunỹstė (m)	[jɛʊ'nʲiːstʲeː]
jong (bn)	jáunas	['jaʊnas]

| jonger (bn) | jaunèsnis (-ė) | [jɛʊ'nʲɛsnʲɪs] |
| ouder (bn) | vyrèsnis | [vʲiː'rʲɛsnʲɪs] |

jongen (de)	jaunuõlis (v)	[jɛʊ'nʊɑlʲɪs]
tiener, adolescent (de)	paauglỹs (v)	[pɑɑʊ'glʲiːs]
kerel (de)	vaikìnas (v)	[vʌɪ'kʲɪnas]

| oude man (de) | sẽnis (v) | ['sʲænʲɪs] |
| oude vrouw (de) | sẽnė (m) | ['sʲænʲeː] |

volwassen (bn)	suáugęs	[sʊ'ɑʊgʲɛːs]
van middelbare leeftijd (bn)	vidutìnio ámžiaus	[vʲɪdʊ'tʲɪnʲɔ 'amʒʲɛʊs]
bejaard (bn)	pagyvẽnęs	[pagʲiː'vʲænʲɛːs]
oud (bn)	sẽnas	['sʲænas]

pensioen (het)	peñsija (m)	['pʲɛnsʲɪjɛ]
met pensioen gaan	išeĩti į̃ peñsiją	[ɪ'ʃɛɪtʲɪ iː 'pʲɛnsʲɪjaː]
gepensioneerde (de)	peñsininkas (v)	['pʲɛnsʲɪnʲɪŋkas]

59. Kinderen

kind (het)	vaĩkas (v)	['vʌɪkas]
kinderen (mv.)	vaikaĩ (v)	[vʌɪ'kʌɪ]
tweeling (de)	dvyniaĩ (v dgs)	[dvʲiː'nʲɛɪ]

wieg (de)	lopšỹs (v)	[lʲop'ʃɪːs]
rammelaar (de)	barškalas (v)	['barʃkalʲas]
luier (de)	výstyklas (v)	['vʲiːstʲiːklʲas]

speen (de)	čiulptùkas (v)	[tʂʲʊlʲp'tʊkas]
kinderwagen (de)	vežimẽlis (v)	[vʲɛʒɪ'mʲeːlʲɪs]
kleuterschool (de)	vaikų̃ daržẽlis (v)	[vʌɪ'ku: dar'ʒʲælʲɪs]
babysitter (de)	áuklė (m)	['ɑʊklʲeː]

kindertijd (de)	vaikȳstė (m)	[vʌɪ'kʲiːstʲeː]
pop (de)	lėlẽ (m)	[lʲeː'lʲeː]
speelgoed (het)	žaĩslas (v)	['ʒʌɪslʲas]
bouwspeelgoed (het)	konstrùktorius (v)	[kɔns'trʊktorʲʊs]

welopgevoed (bn)	išáuklėtas	[ɪʃɑʊklʲeːtas]
onopgevoed (bn)	neišáuklėtas	[nʲɛɪ'ʃɑʊklʲeːtas]
verwend (bn)	išlẽpintas	[ɪʃ'lʲæpʲɪntas]

stout zijn (ww)	dũkti	['duːktʲɪ]
stout (bn)	padũkęs	[pa'duːkʲɛːs]
stoutheid (de)	išdáiga (m)	[ɪʃ'dʌɪga]
stouterd (de)	padykẽlis (v)	[padʲiː'kʲeːlʲɪs]

| gehoorzaam (bn) | paklusnùs | [paklʲʊs'nʊs] |
| ongehoorzaam (bn) | nepaklusnùs | [nʲɛpaklʲʊs'nʊs] |

braaf (bn)	išmintìngas	[ɪʃmʲɪn'tʲɪngas]
slim (verstandig)	protìngas	[pro'tʲɪngas]
wonderkind (het)	vùnderkindas (v)	['vʊndʲɛrkʲɪndas]

60. Gehuwde paren. Gezinsleven

kussen (een kus geven)	bučiúoti	[bʊ'tʂʲʊatʲɪ]
elkaar kussen (ww)	bučiúotis	[bʊ'tʂʲʊatʲɪs]
gezin (het)	šeimà (m)	[ʃɛɪ'ma]
gezins- (abn)	šeimýninis	[ʃɛɪ'mʲiːnʲɪnʲɪs]
paar (het)	porà (m)	[po'ra]
huwelijk (het)	sántuoka (m)	['santʊaka]
thuis (het)	namų̃ židinỹs (v)	[na'muː ʒʲɪdʲɪ'nʲiːs]
dynastie (de)	dinãstija (m)	[dʲɪ'naːstʲɪjɛ]

| date (de) | pasimãtymas (v) | [pasʲɪ'maːtʲiːmas] |
| zoen (de) | bučinỹs (v) | [bʊtʂʲɪ'nʲiːs] |

liefde (de)	méilė (m)	['mʲɛilʲeː]
liefhebben (ww)	mylė́ti	[mʲiː'lʲeːtʲɪ]
geliefde (bn)	mýlimas	['mʲiːlʲɪmas]

tederheid (de)	švelnùmas (v)	[ʃvʲɛlʲ'nʊmas]
teder (bn)	švelnùs	[ʃvʲɛlʲ'nʊs]
trouw (de)	ištikimýbė (m)	[ɪʃtʲɪkʲɪ'mʲiːbʲeː]
trouw (bn)	ištikimas	['ɪʃtʲɪkʲɪmas]
zorg (bijv. bejaarden~)	rūpestis (v)	['ruːpʲɛstʲɪs]
zorgzaam (bn)	rūpestìngas	[ruːpʲɛs'tʲɪngas]

jonggehuwden (mv.)	jaunavedžiaì (v dgs)	[jɛʊnavʲɛ'dʒʲɛɪ]
wittebroodsweken (mv.)	medaùs ménuo (v)	[mʲɛ'daʊs 'mʲeːnʊa]
trouwen (vrouw)	ištekė́ti	[ɪʃtʲɛ'kʲeːtʲɪ]
trouwen (man)	vèsti	['vʲɛstʲɪ]

bruiloft (de)	vestùvės (m dgs)	[vʲɛs'tʊvʲeːs]
gouden bruiloft (de)	auksìnės vestùvės (m dgs)	[aʊk'sʲɪnʲeːs vɛ'stʊvʲeːs]
verjaardag (de)	mẽtinės (m dgs)	['mʲætʲɪnʲeːs]

| minnaar (de) | meilùžis (v) | [mʲɛɪ'lʲʊʒʲɪs] |
| minnares (de) | meilùžė (m) | [mʲɛɪ'lʲʊʒʲeː] |

overspel (het)	neištikimýbė (m)	[nʲɛɪʃtʲɪkʲɪ'mʲiːbʲeː]
overspel plegen (ww)	išdúoti	[ɪʃ'dʊatʲɪ]
jaloers (bn)	pavydùs	[pavʲiː'dʊs]
jaloers zijn (echtgenoot, enz.)	pavyduliáuti	[pavʲiːdʊ'lʲæʊtʲɪ]
echtscheiding (de)	skyrýbos (m)	[skʲiː'rʲiːbos]
scheiden (ww)	išsiskìrti	[ɪʃsʲɪ'skʲɪrtʲɪ]

ruzie hebben (ww)	bártis	['bartʲɪs]
vrede sluiten (ww)	susitáikyti	[sʊsʲɪ'tʌɪkʲiːtʲɪ]
samen (bw)	kartù	[kar'tʊ]
seks (de)	sèksas (v)	['sʲɛksas]

geluk (het)	láimė (m)	['lʲʌɪmʲeː]
gelukkig (bn)	laimìngas	[lʲʌɪ'mʲɪngas]
ongeluk (het)	neláimė (m)	[nʲɛ'lʲʌɪmʲeː]
ongelukkig (bn)	nelaimìngas	[nʲɛlʲʌɪ'mʲɪngas]

Karakter. Gevoelens. Emoties

gevoel (het)	jaũsmas (v)	['jɛʊsmas]
gevoelens (mv.)	jausmaĩ (v)	[jɛʊs'mʌɪ]
voelen (ww)	jaũsti	['jaʊstʲɪ]

honger (de)	bãdas (v)	['ba:das]
honger hebben (ww)	noréti válgyti	[no'rʲe:tʲɪ 'valʲgʲi:tʲɪ]
dorst (de)	troškulỹs (v)	[troʃkʊ'lʲi:s]
dorst hebben	noréti gérti	[no'rʲe:tʲɪ 'gʲærtʲɪ]
slaperigheid (de)	mieguistùmas (v)	[mʲiɛgʊis'tʊmas]
willen slapen	noréti miegóti	[no'rʲe:tʲɪ mʲiɛ'gotʲɪ]

moeheid (de)	núovargis (v)	['nʊɑvargʲɪs]
moe (bn)	pavar̃gęs	[pa'vargʲɛ:s]
vermoeid raken (ww)	pavar̃gti	[pa'varktʲɪ]

stemming (de)	núotaika (m)	['nʊɑtʌɪka]
verveling (de)	nuobodulỹs (v)	[nʊɑbodʊ'lʲi:s]
zich vervelen (ww)	ilgétis	[ɪlʲ'gʲe:tʲɪs]
afzondering (de)	atsiskyrìmas (v)	[atsʲɪskʲi:'rʲɪmas]
zich afzonderen (ww)	atsiskìrti	[atsʲɪ'skʲɪrtʲɪ]

bezorgd maken	jáudinti	['jaʊdʲɪntʲɪ]
bezorgd zijn (ww)	jáudintis	['jaʊdʲɪntʲɪs]
zorg (bijv. geld~en)	jaudulỹs (v)	[jɛʊdʊ'lʲi:s]
ongerustheid (de)	neramùmas (v)	[nʲɛra'mʊmas]
ongerust (bn)	susirũpinęs	[sʊsʲɪ'ru:pʲɪnʲɛ:s]
zenuwachtig zijn (ww)	nèrvintis	['nʲɛrvʲɪntʲɪs]
in paniek raken	panikúoti	[panʲɪ'kʊɑtʲɪ]

| hoop (de) | viltìs (m) | [vʲɪlʲ'tʲɪs] |
| hopen (ww) | tikétis | [tʲɪ'kʲe:tʲɪs] |

zekerheid (de)	pasitikéjimas (v)	[pasʲɪtʲɪ'kʲɛjɪmas]
zeker (bn)	įsitìkinęs	[i:sʲɪ'tʲɪ:kʲɪnʲɛ:s]
onzekerheid (de)	neaiškumas (v)	[nʲɛʌɪʃkumas]
onzeker (bn)	neįsitìkinęs	[nʲɛɪ:sʲɪ'tʲɪ:kʲɪnʲɛ:s]

dronken (bn)	gìrtas	['gʲɪrtas]
nuchter (bn)	blaĩvas	['blʲʌɪvas]
zwak (bn)	sìlpnas	['sʲɪlʲpnas]
gelukkig (bn)	sékmìngas	[sʲe:k'mʲɪngas]
doen schrikken (ww)	išgąsdinti	[ɪʃ'ga:sdʲɪntʲɪ]
toorn (de)	pasiutìmas (v)	[pasʲʊ'tʲɪmas]
woede (de)	įneršis (v)	[i:nʲɛrʃʲɪs]
depressie (de)	deprèsija (m)	[dʲɛp'rʲɛsʲɪjɛ]
ongemak (het)	diskomfòrtas (v)	[dʲɪskom'fortas]

gemak, comfort (het)	komfortas (v)	[kɔmˈfɔrtas]
spijt hebben (ww)	gailétis	[gʌɪˈlʲeːtʲɪs]
spijt (de)	gailestis (v)	[ˈgʌɪlʲɛstʲɪs]
pech (de)	nesėkmė (m)	[nʲɛsʲeːkˈmʲeː]
bedroefdheid (de)	nusivylimas (v)	[nʊsʲɪvʲiːˈlʲɪmas]

schaamte (de)	gėda (m)	[ˈgʲeːda]
pret (de), plezier (het)	linksmýbė (m)	[lʲɪŋksˈmʲiːbʲeː]
enthousiasme (het)	entuziãzmas (v)	[ɛntʊzʲɪˈjazmas]
enthousiasteling (de)	entuziãstas (v)	[ɛntʊzʲɪˈjastas]
enthousiasme vertonen	paródyti entuziãzmą	[paˈrodʲiːtʲɪ ɛntʊzʲɪˈjazmaː]

62. Karakter. Persoonlijkheid

karakter (het)	charãkteris (v)	[xaˈraːktʲɛrʲɪs]
karakterfout (de)	trūkumas (v)	[ˈtruːkʊmas]
verstand (het)	prõtas (v)	[ˈproːtas]
rede (de)	išmintìs (m)	[ɪʃmʲɪnˈtʲɪs]

geweten (het)	sąžinė (m)	[ˈsaːʒʲɪnʲeː]
gewoonte (de)	įprotis (v)	[ˈiːprotʲɪs]
bekwaamheid (de)	gebėjimas (v)	[gʲɛˈbʲɛjɪmas]
kunnen (bijv., ~ zwemmen)	mokéti	[moˈkʲeːtʲɪ]

geduldig (bn)	kantrùs	[kantˈrʊs]
ongeduldig (bn)	nekantrùs	[nʲɛkantˈrʊs]
nieuwsgierig (bn)	smalsùs	[smalʲˈsʊs]
nieuwsgierigheid (de)	smalsùmas (v)	[smalʲˈsʊmas]

bescheidenheid (de)	kuklùmas (v)	[kʊkˈlʲʊmas]
bescheiden (bn)	kuklùs	[kʊkˈlʲʊs]
onbescheiden (bn)	nekuklùs	[nʲɛkʊkˈlʲʊs]

| lui (bn) | tingùs | [tʲɪnˈgʊs] |
| luiwammes (de) | tinginỹs (v) | [tʲɪngʲɪˈnʲiːs] |

sluwheid (de)	gudrùmas (v)	[gʊdˈrʊmas]
sluw (bn)	gudrùs	[gʊdˈrʊs]
wantrouwen (het)	nepasitikéjimas (v)	[nʲɛpasʲɪtʲɪˈkʲɛjɪmas]
wantrouwig (bn)	nepatiklùs	[nʲɛpatʲɪkˈlʲʊs]

gulheid (de)	dosnùmas (v)	[dosˈnʊmas]
gul (bn)	dosnùs	[dosˈnʊs]
talentrijk (bn)	talentìngas	[talʲɛnˈtʲɪngas]
talent (het)	tãlentas (v)	[ˈtaːlʲɛntas]

moedig (bn)	drąsùs	[draːˈsʊs]
moed (de)	drąsà (m)	[draːˈsa]
eerlijk (bn)	sąžiningas	[saːʒʲɪˈnʲɪngas]
eerlijkheid (de)	sąžinė (m)	[ˈsaːʒʲɪnʲeː]

voorzichtig (bn)	atsargùs	[atsarˈgʊs]
manhaftig (bn)	narsus	[narˈsʊs]
ernstig (bn)	rìmtas	[ˈrʲɪmtas]

streng (bn)	gríežtas	['grʲiɛʒtas]
resoluut (bn)	ryžtìngas	[rʲiːʒ'tʲɪngas]
onzeker, irresoluut (bn)	neryžtìngas	[nʲɛrʲiːʒ'tʲɪngas]
schuchter (bn)	drovùs	[dro'vʊs]
schuchterheid (de)	drovùmas (v)	[dro'vʊmas]

vertrouwen (het)	pasitikéjimas (v)	[pasʲɪtʲɪ'kʲɛjɪmas]
vertrouwen (ww)	tikéti	[tʲɪ'kʲeːtʲɪ]
goedgelovig (bn)	patiklùs	[patʲɪk'lʲʊs]

oprecht (bw)	nuoširdžiaĩ	[nʊaʃʲɪr'dʒʲɛɪ]
oprecht (bn)	nuoširdùs	[nʊaʃʲɪr'dʊs]
oprechtheid (de)	nuoširdùmas (v)	[nʊaʃʲɪr'dʊmas]
open (bn)	ãtviras	['aːtvʲɪras]

rustig (bn)	ramùs	[ra'mʊs]
openhartig (bn)	ãtviras	['aːtvʲɪras]
naïef (bn)	naivùs	[nʌɪ'vʊs]
verstrooid (bn)	išsiblãškęs	[ɪʃsʲɪ'blʲaːʃkʲɛːs]
leuk, grappig (bn)	juokìngas	[jʊa'kʲɪngas]

gierigheid (de)	gobšùmas (v)	[gop'ʃʊmas]
gierig (bn)	gobšùs	[gop'ʃʊs]
inhalig (bn)	šykštùs	[ʃʲɪːkʃ'tʊs]
kwaad (bn)	pìktas	['pʲɪktas]
koppig (bn)	užsispýręs	[ʊʒsʲɪs'pʲiːrʲɛːs]
onaangenaam (bn)	nemalonùs	[nʲɛmalʲo'nʊs]

egoïst (de)	egoìstas (v)	[ɛgo'ʲɪstas]
egoïstisch (bn)	egoìstiškas	[ɛgo'ʲɪstʲɪʃkas]
lafaard (de)	bailỹs (v)	[bʌɪ'lʲiːs]
laf (bn)	bailùs	[bʌɪ'lʲʊs]

63. Slaap. Dromen

slapen (ww)	miegóti	[mʲiɛ'gotʲɪ]
slaap (in ~ vallen)	miẽgas (v)	['mʲɛgas]
droom (de)	sãpnas (v)	['saːpnas]
dromen (in de slaap)	sapnúoti	[sap'nʊatʲɪ]
slaperig (bn)	mieguìstas	[mʲiɛ'gʊistas]

bed (het)	lóva (m)	['lʲova]
matras (de)	čiužinỹs (v)	[tʂʊʒʲɪ'nʲiːs]
deken (de)	užklótas (v)	[ʊʒ'klʲotas]
kussen (het)	pagálvė (m)	[pa'galʲvʲeː]
laken (het)	paklõdė (m)	[pak'lʲoːdʲeː]

slapeloosheid (de)	nẽmiga (m)	['nʲæmʲɪga]
slapeloos (bn)	bemiẽgis (m)	[bʲɛ'mʲɛgʲɪs]
slaapmiddel (het)	mìgdomieji (v)	['mʲɪgdomʲiɛjɪ]
slaapmiddel innemen	išgérti mìgdomuosius	[ɪʃ'gʲɛrtʲɪ 'mʲɪgdomʊasʲʊs]

willen slapen	noréti miegóti	[no'rʲeːtʲɪ mʲiɛ'gotʲɪ]
geeuwen (ww)	žióvauti	['ʒʲovaʊtʲɪ]

gaan slapen	eìti miegóti	[ˈɛɪtʲɪ mʲiɛˈgotʲɪ]
het bed opmaken	klóti lóvą	[ˈklʲotʲɪ ˈlʲova:]
inslapen (ww)	užmìgti	[ʊʒˈmʲɪktʲɪ]

nachtmerrie (de)	košmãras (v)	[koʃmaːras]
gesnurk (het)	knarkìmas (v)	[knarˈkʲɪmas]
snurken (ww)	knarkti	[ˈknarktʲɪ]

wekker (de)	žadintùvas (v)	[ʒadʲɪnˈtuvas]
wekken (ww)	pažãdinti	[paˈʒaːdʲɪntʲɪ]
wakker worden (ww)	atsibùsti	[atsʲɪˈbʊstʲɪ]
opstaan (ww)	keltis	[ˈkʲɛlʲtʲɪs]
zich wassen (ww)	praùstis	[ˈproʊstʲɪs]

64. Humor. Gelach. Blijdschap

humor (de)	hùmoras (v)	[ˈɣumoras]
gevoel (het) voor humor	jaũsmas (v)	[ˈjɛʊsmas]
plezier hebben (ww)	lìnksmintis	[ˈlʲɪŋksmʲɪntʲɪs]
vrolijk (bn)	liñksmas	[ˈlʲɪŋksmas]
pret (de), plezier (het)	linksmýbė (m)	[lʲɪŋksˈmʲiːbʲeː]

glimlach (de)	šypsena (m)	[ˈʃɪːpsʲɛna]
glimlachen (ww)	šypsótis	[ʃɪːpˈsotʲɪs]
beginnen te lachen (ww)	nusijuõkti	[nʊsʲɪˈjuɑktʲɪ]
lachen (ww)	juõktis	[ˈjuɑktʲɪs]
lach (de)	juõkas (v)	[ˈjuɑkas]

mop (de)	anekdòtas (v)	[anʲɛkˈdotas]
grappig (een ~ verhaal)	juokìngas	[juɑˈkʲɪngas]
grappig (~e clown)	juokìngas	[juɑˈkʲɪngas]

grappen maken (ww)	juokáuti	[juɑˈkoʊtʲɪ]
grap (de)	juõkas (v)	[ˈjuɑkas]
blijheid (de)	džiaũgsmas (v)	[ˈdʒʲɛʊgsmas]
blij zijn (ww)	džiaũgtis	[ˈdʒʲɛʊktʲɪs]
blij (bn)	džiaugsmìngas	[dʒʲɛʊgsˈmʲɪngas]

65. Discussie, conversatie. Deel 1

communicatie (de)	bendrãvimas (v)	[bʲɛnˈdraːvʲɪmas]
communiceren (ww)	bendráuti	[bʲɛnˈdroʊtʲɪ]

conversatie (de)	pókalbis (v)	[ˈpokalʲbʲɪs]
dialoog (de)	dialògas (v)	[dʲɪjaˈlʲogas]
discussie (de)	diskùsija (m)	[dʲɪsˈkʊsʲɪjɛ]
debat (het)	giñčas (v)	[ˈgʲɪntʃas]
debatteren, twisten (ww)	giñčytis	[ˈgʲɪntʃiːtʲɪs]

gesprekspartner (de)	pašnekõvas (v)	[paʃnʲɛˈkoːvas]
thema (het)	temà (m)	[tʲɛˈma]
standpunt (het)	póžiūris (v)	[ˈpoʒʲuːrʲɪs]

mening (de)	núomonė (m)	['nuɑmonʲe:]
toespraak (de)	kalbà (m)	[kalʲˈba]

bespreking (de)	aptarìmas (v)	[apta'rʲɪmas]
bespreken (spreken over)	aptãrti	[ap'tartʲɪ]
gesprek (het)	pókalbis (v)	['pokalʲbʲɪs]
spreken (converseren)	kalbė́tis	[kalʲˈbʲe:tʲɪs]
ontmoeting (de)	susìtikimas (v)	[su's'ɪtʲɪkʲɪmas]
ontmoeten (ww)	susitikinėti	[susʲɪtʲɪkʲɪ'nʲe:tʲɪ]

spreekwoord (het)	patarlė̃ (m)	[patar'lʲe:]
gezegde (het)	príežodis (v)	['prʲiɛʒodʲɪs]
raadsel (het)	mįslė̃ (m)	[mʲɪːsʲlʲe:]
een raadsel opgeven	įmiñti mįslę	[i:'mʲɪntʲɪ 'mʲɪːsʲlʲɛ:]
wachtwoord (het)	slaptãžodis (v)	[slʲap'ta:ʒodʲɪs]
geheim (het)	paslaptìs (m)	[paslʲap'tʲɪs]

eed (de)	príesaika (m)	['prʲiɛsʌɪka]
zweren (een eed doen)	prisiekinė́ti	[prʲɪsʲiɛkʲɪ'nʲe:tʲɪ]
belofte (de)	pãžadas (v)	['pa:ʒadas]
beloven (ww)	žadė́ti	[ʒa'dʲe:tʲɪ]

advies (het)	patarìmas (v)	[pata'rʲɪmas]
adviseren (ww)	patãrti	[pa'tartʲɪ]
luisteren (gehoorzamen)	paklausýti	[paklʲɑu'sʲi:tʲɪ]

nieuws (het)	naujíena (m)	[nɑu'jiɛna]
sensatie (de)	sensãcija (m)	[sʲɛn'sa:tsʲɪjɛ]
informatie (de)	dúomenys (v dgs)	['duɑmʲɛnʲi:s]
conclusie (de)	ìšvada (m)	['ɪʃvada]
stem (de)	balsas (v)	['balʲsas]
compliment (het)	komplimeñtas (v)	[komplʲɪ'mʲɛntas]
vriendelijk (bn)	mandagùs	[manda'gus]

woord (het)	žõdis (v)	['ʒo:dʲɪs]
zin (de), zinsdeel (het)	reãkcija (m)	[rʲɛ'a:ktsʲɪjɛ]
antwoord (het)	atsãkymas (v)	[a'tsa:kʲi:mas]

waarheid (de)	tiesà (m)	[tʲiɛ'sa]
leugen (de)	mẽlas (v)	['mʲælʲas]

gedachte (de)	mintìs (m)	[mʲɪn'tʲɪs]
idee (de/het)	idė́ja (m)	[ɪ'dʲe:ja]
fantasie (de)	fantãzija (m)	[fan'ta:zʲɪjɛ]

66. Discussie, conversatie. Deel 2

gerespecteerd (bn)	gerbiamas	['gʲɛrbʲæmas]
respecteren (ww)	gerbti	['gʲɛrptʲɪ]
respect (het)	pagarbà (m)	[pagar'ba]
Geachte ... (brief)	Gerbiamàsis ...	[gʲɛrbʲæ'masʲɪs ...]

voorstellen (Mag ik jullie ~)	supažìndinti	[supa'ʒʲɪndʲɪntʲɪ]
kennismaken (met ...)	susipažìnti	[susʲɪpa'ʒʲɪntʲɪ]

intentie (de)	ketìnimas (v)	[kʲɛ'tʲɪnʲɪmas]
intentie hebben (ww)	ketìnti	[kʲɛ'tʲɪntʲɪ]
wens (de)	palinkéjimas (v)	[palʲɪŋ'kʲɛjɪmas]
wensen (ww)	palinkéti	[palʲɪŋ'kʲe:tʲɪ]

verbazing (de)	nuostaba (m)	['nuɑstaba]
verbazen (verwonderen)	stébinti	['stʲæbʲɪntʲɪ]
verbaasd zijn (ww)	stebétis	[ste'bʲe:tʲɪs]

geven (ww)	dúoti	['duɑtʲɪ]
nemen (ww)	imti	['ɪmtʲɪ]
teruggeven (ww)	grąžinti	[gra:'ʒʲɪntʲɪ]
retourneren (ww)	atidúoti	[atʲɪ'duɑtʲɪ]

zich verontschuldigen	atsiprašinéti	[atsʲɪpraʃɪ'nʲe:tʲɪ]
verontschuldiging (de)	atsiprāšymas (v)	[atsʲɪ'pra:ʃɪ:mas]
vergeven (ww)	atléisti	[at'lʲɛɪstʲɪ]

spreken (ww)	kalbéti	[kalʲ'bʲe:tʲɪ]
luisteren (ww)	klausýti	[klʲɑʊ'sʲi:tʲɪ]
aanhoren (ww)	išklausýti	[ɪʃklʲɑʊ'sʲi:tʲɪ]
begrijpen (ww)	suprasti	[sʊp'rastʲɪ]

tonen (ww)	paródyti	[pa'rodʲi:tʲɪ]
kijken naar ...	žiūréti į ...	[ʒʲu:'rʲe:tʲɪ i: ..]
roepen (vragen te komen)	pakviesti	[pak'vʲɛstʲɪ]
afleiden (storen)	trukdýti	[trʊk'dʲi:tʲɪ]
storen (lastigvallen)	trukdýti	[trʊk'dʲi:tʲɪ]
doorgeven (ww)	pérduoti	['pʲɛrduɑtʲɪ]

verzoek (het)	prāšymas (v)	['pra:ʃɪ:mas]
verzoeken (ww)	prašýti	[pra'ʃɪ:tʲɪ]
eis (de)	reikalāvimas (v)	[rʲɛɪka'lʲa:vʲɪmas]
eisen (met klem vragen)	reikaláuti	[rʲɛɪka'lʲɑʊtʲɪ]

beledigen (beledigende namen geven)	érzinti	['ɛrzʲɪntʲɪ]
uitlachen (ww)	šaipýtis	[ʃʌɪ'pʲi:tʲɪs]
spot (de)	pajuoka (m)	[pajuɑ'ka]
bijnaam (de)	pravardė (m)	[pravar'dʲe:]

zinspeling (de)	užúomina (m)	[ʊ'ʒuɑmʲɪna]
zinspelen (ww)	užsimiñti	[ʊʒsʲɪ'mʲɪntʲɪ]
impliceren (duiden op)	numanýti	[nʊma'nʲi:tʲɪ]

beschrijving (de)	aprāšymas (v)	[ap'ra:ʃɪ:mas]
beschrijven (ww)	aprašýti	[apra'ʃɪ:tʲɪ]
lof (de)	pagyrìmas (v)	[pagʲi:'rɪmas]
loven (ww)	pagìrti	[pa'gʲɪrtʲɪ]

teleurstelling (de)	nusivylìmas (v)	[nʊsʲɪvʲi:'lʲɪmas]
teleurstellen (ww)	nuvìlti	[nʊ'vʲɪlʲtʲɪ]
teleurgesteld zijn (ww)	nusivìlti	[nʊsʲɪ'vʲɪlʲtʲɪ]

| veronderstelling (de) | príelaida (m) | ['prʲɛlʲʌɪda] |
| veronderstellen (ww) | numanýti | [nʊma'nʲi:tʲɪ] |

| waarschuwing (de) | įspėjìmas (v) | [i:spʲe:'jɪmas] |
| waarschuwen (ww) | įspéti | [i:s'pʲe:tʲɪ] |

67. Discussie, conversatie. Deel 3

| aanpraten (ww) | įkalbéti | [i:kalʲʲbʲe:tʲɪ] |
| kalmeren (kalm maken) | ramìnti, gúosti | [ra'mʲɪntʲɪ], ['guɑstʲɪ] |

stilte (de)	tyléjimas (v)	[tʲi:'lʲɛjɪmas]
zwijgen (ww)	tyléti	[tʲi:'lʲe:tʲɪ]
fluisteren (ww)	sušnabždéti	[suʃnabʒ'dʲe:tʲɪ]
gefluister (het)	šnabždesỹs (v)	[ʃnabʒdʲɛ'sʲi:s]

| open, eerlijk (bw) | atviraĩ | [atvʲɪ'rʌɪ] |
| volgens mij ... | màno núomone ... | ['manɔ 'nuɑmonʲɛ ...] |

detail (het)	išsamùmas (v)	[ɪʃsa'mumas]
gedetailleerd (bn)	išsamùs	[ɪʃsa'mus]
gedetailleerd (bw)	išsamiaĩ	[ɪʃsa'mʲɛɪ]

| hint (de) | užúomina (m) | [u'ʒuɑmʲɪna] |
| een hint geven | pasakinéti | [pasakʲɪ'nʲe:tʲɪ] |

blik (de)	žvìlgsnis (v)	['ʒvʲɪlʲgsnʲɪs]
een kijkje nemen	žvìlgteléti	['ʒvʲɪlʲktelʲe:tʲɪ]
strak (een ~ke blik)	nėjudantis	['nʲɛjudantʲɪs]
knipperen (ww)	mirkséti	[mʲɪrk'sʲe:tʲɪ]
knipogen (ww)	mìrkteléti	['mʲɪrktelʲe:tʲɪ]
knikken (ww)	lìnkteléti	['lʲɪŋktelʲe:tʲɪ]

zucht (de)	ìškvėpis (v)	['ɪʃkvʲe:pʲɪs]
zuchten (ww)	įkvėpti	[i:k'vʲe:ptʲɪ]
huiveren (ww)	krūpčioti	['kru:ptʃʲotʲɪ]
gebaar (het)	gèstas (v)	['gʲɛstas]
aanraken (ww)	prisiliesti	[prʲɪs'ɪ'lʲɛstʲɪ]
grijpen (ww)	griēbti	['grʲɛptʲɪ]
een schouderklopje geven	plekšnóti	[plʲɛkʃ'notʲɪ]

Kijk uit!	Atsargiaĩ!	[atsar'gʲɛɪ!]
Echt?	Nejaũgi?	[nʲɛ'jɛugʲɪ?]
Bent je er zeker van?	Tù įsitikinęs?	['tu i:sʲɪ'tʲɪ:kʲɪnʲɛ:s?]
Succes!	Sėkmės!	[sʲe:k'mʲe:s!]
Juist, ja!	Áišku!	['ʌɪʃku!]
Wat jammer!	Gaĩla!	['gʌɪlʲa!]

68. Overeenstemming. Weigering

instemming (het)	sutikìmas (v)	[sutʲɪ'kʲɪmas]
instemmen (akkoord gaan)	sutìkti	[su'tʲɪktʲɪ]
goedkeuring (de)	pritarìmas (v)	[prʲɪta'rʲɪmas]
goedkeuren (ww)	pritárti	[prʲɪ'tartʲɪ]
weigering (de)	atsisãkymas (v)	[atsʲɪ'sa:kʲi:mas]

65

weigeren (ww)	atsisakýti	[atsʲɪsaˈkʲiːtʲɪ]
Geweldig!	Puikù!	[puɪˈkʊ!]
Goed!	Geraî!	[gʲɛˈrʌɪ!]
Akkoord!	Geraî!	[gʲɛˈrʌɪ!]

verboden (bn)	ùždraustas	[ˈʊʒdraʊstas]
het is verboden	negalimà	[nʲɛgalʲɪˈma]
het is onmogelijk	neįmãnoma	[nʲɛɪːˈmaːnoma]
onjuist (bn)	neteisìngas	[nʲɛtʲɛɪˈsʲɪngas]

afwijzen (ww)	atmèsti	[atˈmʲɛstʲɪ]
steunen	palaikýti	[palʲʌɪˈkʲiːtʲɪ]
(een goed doel, enz.)		
aanvaarden (excuses ~)	priim̃ti	[prʲɪˈimtʲɪ]

bevestigen (ww)	patvìrtinti	[patˈvʲɪrtʲɪntʲɪ]
bevestiging (de)	patvìrtinimas (v)	[patˈvʲɪrtʲɪnʲɪmas]
toestemming (de)	leidìmas (v)	[lʲɛɪˈdʲɪmas]
toestaan (ww)	leîsti	[ˈlʲɛɪstʲɪ]
beslissing (de)	sprendìmas (v)	[sprʲɛnˈdʲɪmas]
z'n mond houden (ww)	nutyléti	[nʊtʲiːˈlʲeːtʲɪ]

voorwaarde (de)	sąlyga (m)	[ˈsaːlʲiːga]
smoes (de)	atsikalbinéjimas (v)	[atsʲɪkalʲbʲɪˈnʲɛjɪmas]
lof (de)	pagyrìmas (v)	[pagʲɪˈrʲɪmas]
loven (ww)	gìrti	[ˈgʲɪrtʲɪ]

69. Succes. Veel geluk. Mislukking

succes (het)	sėkmė̃ (m)	[sʲeːkˈmʲeː]
succesvol (bw)	sėkmìngai	[sʲeːkˈmʲɪngʌɪ]
succesvol (bn)	sėkmìngas	[sʲeːkˈmʲɪngas]

geluk (het)	sėkmė̃ (m)	[sʲeːkˈmʲeː]
Succes!	Sėkmė̃s!	[sʲeːkˈmʲeːs!]
geluks- (bn)	sėkmìngas	[sʲeːkˈmʲɪngas]
gelukkig (fortuinlijk)	sėkmìngas	[sʲeːkˈmʲɪngas]

mislukking (de)	nesėkmė̃ (m)	[nʲɛsʲeːkˈmʲeː]
tegenslag (de)	nesėkmė̃ (m)	[nʲɛsʲeːkˈmʲeː]
pech (de)	nesėkmė̃ (m)	[nʲɛsʲeːkˈmʲeː]
zonder succes (bn)	nesėkmìngas	[nʲɛsʲeːkˈmʲɪngas]
catastrofe (de)	katastrofà (m)	[katastroˈfa]

fierheid (de)	išdidùmas (v)	[ɪʃdʲɪˈdumas]
fier (bn)	išdidùs	[ɪʃdʲɪˈdus]
fier zijn (ww)	didžiúotis	[dʲɪˈdʒʲuatʲɪs]

winnaar (de)	nugalétojas (v)	[nʊgaˈlʲeːtojɛs]
winnen (ww)	nugaléti	[nʊgaˈlʲeːtʲɪ]
verliezen (ww)	pralaiméti	[pralʲʌɪˈmʲeːtʲɪ]
poging (de)	bañdymas (v)	[ˈbandʲɪmas]
pogen, proberen (ww)	bandýti	[banˈdʲiːtʲɪ]
kans (de)	šánsas (v)	[ˈʃansas]

70. Ruzies. Negatieve emoties

schreeuw (de)	riksmas (v)	['rˈɪksmas]
schreeuwen (ww)	rėkti	['rˈeːktʲɪ]
beginnen te schreeuwen	užrikti	[uʒ'rˈɪktʲɪ]
ruzie (de)	barnis (v)	['barnʲɪs]
ruzie hebben (ww)	bartis	['bartʲɪs]
schandaal (het)	skandãlas (v)	[skan'daːlʲas]
schandaal maken (ww)	kélti skandãlą	['kʲɛlʲtʲɪ skanda:la:]
conflict (het)	konfliktas (v)	[kɔn'flʲɪktas]
misverstand (het)	nesusipratimas (v)	[nʲɛsusʲɪpra'tʲɪmas]
belediging (de)	įžeidimas (v)	[iːʒʲɛɪ'dʲɪːmas]
beledigen	įžeidinéti	[iːʒʲɛɪdʲɪ'nʲeːtʲɪ]
(met scheldwoorden)		
beledigd (bn)	įžeistas	['iːʒʲɛɪstas]
krenking (de)	núoskauda (m)	['nuɑskɑudɑ]
krenken (beledigen)	nuskriaũsti	[nu'skrʲɛust̩ɪ]
gekwetst worden (ww)	įsižeisti	[iːsʲɪ'ʒʲɛɪstʲɪ]
verontwaardiging (de)	pasipiktinimas (v)	[pasʲɪ'pʲɪktʲɪnʲɪmas]
verontwaardigd zijn (ww)	pasipiktinti	[pasʲɪ'pʲɪktʲɪntʲɪ]
klacht (de)	skundas (v)	['skundas]
klagen (ww)	skųstis	['sku:stʲɪs]
verontschuldiging (de)	atsiprašymas (v)	[atsʲɪ'praːʃɪːmas]
zich verontschuldigen	atsiprašynéti	[atsʲɪ'praʃɪːnʲeːtʲɪ]
excuus vragen	prašýti atleidimo	[pra'ʃɪːtʲɪ atlʲɛɪ'dʲɪmɔ]
kritiek (de)	kritika (m)	['krʲɪtʲɪka]
bekritiseren (ww)	kritikúoti	[krʲɪtʲɪ'kuɑtʲɪ]
beschuldiging (de)	kãltinimas (v)	['kalʲtʲɪnʲɪmas]
beschuldigen (ww)	kãltinti	['kalʲtʲɪntʲɪ]
wraak (de)	kerštas (v)	['kʲɛrʃtas]
wreken (ww)	keršyti	['kʲɛrʃɪːtʲɪ]
wraak nemen (ww)	atkeršyti	[at'kʲɛrʃɪːtʲɪ]
minachting (de)	pasmerkimas (v)	[pasmʲɛr'kʲɪmas]
minachten (ww)	smerkti	['smʲɛrktʲɪ]
haat (de)	neapýkanta (m)	[nʲɛa'pʲiːkanta]
haten (ww)	nekęsti	[nʲɛ'kʲɛːstʲɪ]
zenuwachtig (bn)	nervúotas	[nʲɛr'vuɑtas]
zenuwachtig zijn (ww)	nervintis	['nʲɛrvʲɪntʲɪs]
boos (bn)	piktas	['pʲɪktas]
boos maken (ww)	supýkdyti	[su'pʲiːkdʲiːtʲɪ]
vernedering (de)	žẽminimas (v)	['ʒʲæmʲɪnʲɪmas]
vernederen (ww)	žẽminti	['ʒʲæmʲɪntʲɪ]
zich vernederen (ww)	žẽmintis	['ʒʲæmʲɪntʲɪs]
schok (de)	šokas (v)	['ʃokas]
schokken (ww)	šokirúoti	[ʃokʲɪ'ruɑtʲɪ]

onaangenaamheid (de)	nemalonùmas (v)	[nʲɛmalʲoˈnʊmas]
onaangenaam (bn)	nemalonùs	[nʲɛmalʲoˈnʊs]

vrees (de)	baìmė (m)	[ˈbʌɪmʲeː]
vreselijk (bijv. ~ onweer)	baisùs	[bʌɪˈsʊs]
eng (bn)	baisùs	[bʌɪˈsʊs]
gruwel (de)	siaũbas (v)	[ˈsʲɛʊbas]
vreselijk (~ nieuws)	siaubìngas	[sʲɛʊˈbʲɪngas]

beginnen te beven	suvirpéti	[sʊvʲɪrˈpʲeːtʲɪ]
huilen (wenen)	veȓkti	[ˈvʲɛrktʲɪ]
beginnen te huilen (wenen)	pradéti veȓkti	[praˈdʲeːtʲɪ ˈverktʲɪ]
traan (de)	ãšara (m)	[ˈaːʃara]

schuld (~ geven aan)	kaltě (m)	[kalʲˈtʲeː]
schuldgevoel (het)	kaltě (m)	[kalʲˈtʲeː]
schande (de)	géda (m)	[ˈgʲeːda]
protest (het)	protèstas (v)	[proˈtʲɛstas]
stress (de)	strèsas (v)	[ˈstrʲɛsas]

storen (lastigvallen)	trukdýti	[trʊkˈdʲiːtʲɪ]
kwaad zijn (ww)	pȳkti	[ˈpʲiːktʲɪ]
kwaad (bn)	pìktas	[ˈpʲɪktas]
beëindigen (een relatie ~)	nutráukti	[nʊˈtrɑʊktʲɪ]
vloeken (ww)	bártis	[ˈbartʲɪs]

schrikken (schrik krijgen)	baugìntis	[bɑʊˈgʲɪntʲɪs]
slaan (iemand ~)	treñkti	[ˈtrʲɛŋktʲɪ]
vechten (ww)	mùštis	[ˈmʊʃtʲɪs]

regelen (conflict)	sureguliúoti	[sʊrʲɛgʊˈlʲʊɑtʲɪ]
ontevreden (bn)	nepaténkintas	[nʲɛpaˈtʲɛŋkʲɪntas]
woedend (bn)	įníršęs	[iːˈnʲɪrʃɛːs]

Dat is niet goed!	Negeraĩ!	[nʲɛgʲɛˈrʌɪ!]
Dat is slecht!	Negeraĩ!	[nʲɛgʲɛˈrʌɪ!]

Geneeskunde

ziekte (de)	ligà (m)	[lʲɪ'ga]
ziek zijn (ww)	sìrgti	['sʲɪrktʲɪ]
gezondheid (de)	sveikatà (m)	[svʲɛɪka'ta]
snotneus (de)	slogà (m)	[slʲo'ga]
angina (de)	anginà (m)	[angʲɪ'na]
verkoudheid (de)	péršalimas (v)	['pʲɛrʃalʲɪmas]
verkouden raken (ww)	péršalti	['pʲɛrʃalʲtʲɪ]
bronchitis (de)	bronchìtas (v)	[bron'xʲɪtas]
longontsteking (de)	plaũčių uždegìmas (v)	['plʲɑʊtʂʲu: ʊʒdʲɛ'gʲɪmas]
griep (de)	grìpas (v)	['grʲɪpas]
bijziend (bn)	trumparēgis	[trʊmpa'rʲæɡʲɪs]
verziend (bn)	toliarēgis	[tolʲæ'rʲæɡʲɪs]
scheelheid (de)	žvairùmas (v)	[ʒvʌɪ'rʊmas]
scheel (bn)	žvaĩras	['ʒvʌɪras]
grauwe staar (de)	kataraktà (m)	[katarak'ta]
glaucoom (het)	glaukomà (m)	[glʲɑʊko'ma]
beroerte (de)	insùltas (v)	[ɪn'sʊlʲtas]
hartinfarct (het)	infárktas (v)	[ɪnʲ'farktas]
myocardiaal infarct (het)	miokárda infárktas (v)	[mʲɪjɔ'karda inʲ'farktas]
verlamming (de)	paralỹžius (v)	[para'lʲi:ʒʲʊs]
verlammen (ww)	paraližúoti	[paralʲɪ'ʒʊɑtʲɪ]
allergie (de)	alèrgija (m)	[a'lʲɛrgʲɪjɛ]
astma (de/het)	astmà (m)	[ast'ma]
diabetes (de)	diabètas (v)	[dʲɪja'bʲɛtas]
tandpijn (de)	dantų̃ skaũsmas (v)	[dan'tu: 'skɑʊsmas]
tandbederf (het)	kàriesas (v)	['ka:rʲiɛsas]
diarree (de)	diaréja (m)	[dʲɪjarʲe:ja]
constipatie (de)	vidurių̃ užkietéjimas (v)	[vʲɪdʊ'rʲu: ʊʒkʲiɛ'tʲɛjɪmas]
maagstoornis (de)	skraňdžio sutrikìmas (v)	['skrandʒʲɔ sʊtrʲɪ'kʲɪmas]
voedselvergiftiging (de)	apsinuõdijimas (v)	[apsʲɪ'nʊɑdʲɪjimas]
voedselvergiftiging oplopen	apsinuõdyti	[apsʲɪ'nʊɑdʲi:tʲɪ]
artritis (de)	artrìtas (v)	[art'rʲɪtas]
rachitis (de)	rachìtas (v)	[ra'xʲɪtas]
reuma (het)	reumatìzmas (v)	[rʲɛʊma'tʲɪzmas]
arteriosclerose (de)	aterosklerõzė (m)	[aterosklʲɛ'rozʲe:]
gastritis (de)	gastrìtas (v)	[gas'trʲɪtas]
blindedarmontsteking (de)	apendicìtas (v)	[apʲɛndʲɪ'tsʲɪtas]

galblaasontsteking (de)	cholecistitas (v)	[xolʲɛtsʲɪsʲtʲɪtas]
zweer (de)	opa (m)	[o'pa]

mazelen (mv.)	tymai (v)	[tʲiː'mʌɪ]
rodehond (de)	raudoniukė (m)	[rɑʊdo'nʲʊkʲeː]
geelzucht (de)	gelta (m)	[gʲɛlʲ'ta]
leverontsteking (de)	hepatitas (v)	[ɣʲɛpa'tʲɪtas]

schizofrenie (de)	šizofrenija (m)	[ʃɪzo'frʲɛnʲɪjɛ]
dolheid (de)	pasiutligė (m)	[pa'sʲʊtlʲɪɡʲeː]
neurose (de)	neurozė (m)	[nʲɛʊ'rozʲeː]
hersenschudding (de)	smegenų sutrenkimas (v)	[smʲɛɡʲɛ'nu: sʊtrʲɛŋ'kʲɪmas]

kanker (de)	vėžys (v)	[vʲeː'ʒʲiːs]
sclerose (de)	sklerozė (m)	[sklʲɛ'rozʲeː]
multiple sclerose (de)	išsėtinė sklerozė (m)	[ɪʃsʲeː'tʲɪnʲe: sklʲɛ'rozʲeː]

alcoholisme (het)	alkoholizmas (v)	[alʲkoɣo'lʲɪzmas]
alcoholicus (de)	alokoholikas (v)	[aloko'ɣolʲɪkas]
syfilis (de)	sifilis (v)	['sʲɪfʲɪlʲɪs]
AIDS (de)	ŽIV (v)	['ʒʲɪv]

tumor (de)	auglys (v)	[ɑʊg'lʲiːs]
koorts (de)	karštligė (m)	['karʃtlʲɪɡʲeː]
malaria (de)	maliarija (m)	[ma'lʲærʲɪjɛ]
gangreen (het)	gangrena (m)	[gangrʲɛ'na]
zeeziekte (de)	jūros liga (m)	['juːros lʲɪ'ga]
epilepsie (de)	epilepsija (m)	[ɛpʲɪ'lʲɛpsʲɪjɛ]

epidemie (de)	epidemija (m)	[ɛpʲɪ'dʲɛmʲɪjɛ]
tyfus (de)	šiltinė (m)	['ʃɪlʲtʲɪnʲeː]
tuberculose (de)	tuberkuliozė (m)	[tʊberkʊ'lʲozʲeː]
cholera (de)	cholera (m)	['xolʲɛra]
pest (de)	maras (v)	['ma:ras]

72. Symptomen. Behandelingen. Deel 1

symptoom (het)	simptomas (v)	[sʲɪmp'tomas]
temperatuur (de)	temperatūra (m)	[tʲɛmpʲɛratu:'ra]
verhoogde temperatuur (de)	aukšta temperatūra (m)	[ɑʊkʃ'ta tʲɛmpʲɛratu:'ra]
polsslag (de)	pulsas (v)	['pʊlʲsas]

duizeling (de)	galvos svaigimas (v)	[galʲ'vo:s svʌɪ'ɡʲɪmas]
heet (erg warm)	karštas	['karʃtas]
koude rillingen (mv.)	drebulys (v)	[drʲɛbʊ'lʲiːs]
bleek (bn)	išbalęs	[ɪʃ'ba:lʲɛ:s]

hoest (de)	kosulys (v)	[kɔsʊ'lʲiːs]
hoesten (ww)	kosėti	['kosʲe:tʲɪ]
niezen (ww)	čiaudėti	['tʃʲæʊdʲe:tʲɪ]
flauwte (de)	nualpimas (v)	[nʊ'alʲpʲɪmas]
flauwvallen (ww)	nualpti	[nʊ'alʲptʲɪ]
blauwe plek (de)	mėlynė (m)	[mʲe:'lʲiːnʲeː]
buil (de)	guzas (v)	['gʊzas]

zich stoten (ww)	atsitreñkti	[ats'ɪ'tr'ɛŋkt'ɪ]
kneuzing (de)	sumušìmas (v)	[sʊmʊ'ʃɪmas]
kneuzen (gekneusd zijn)	susimùšti	[sʊs'ɪ'mʊʃt'ɪ]

hinken (ww)	šlubúoti	[ʃl'ʊ'bʊat'ɪ]
verstuiking (de)	išnirìmas (v)	[ɪʃn'ɪ'r'ɪmas]
verstuiken (enkel, enz.)	išnarìnti	[ɪʃna'r'ɪnt'ɪ]
breuk (de)	lū̃žis (v)	['l'ʊ:ʒɪs]
een breuk oplopen	susiláužyti	[sʊs'ɪ'l'aʊʒ'i:t'ɪ]

snijwond (de)	įpjovìmas (v)	[i:pjo'v'ɪ:mas]
zich snijden (ww)	įsipjáuti	[i:s'ɪ'pjaʊt'ɪ]
bloeding (de)	kraujãvimas (v)	[kraʊ'ja:v'ɪmas]

brandwond (de)	nudegìmas (v)	[nʊd'ɛ'g'ɪmas]
zich branden (ww)	nusidèginti	[nʊs'ɪ'd'æg'ɪnt'ɪ]

prikken (ww)	įdùrti	[i:'dʊrt'ɪ]
zich prikken (ww)	įsidùrti	[i:s'ɪ'dʊrt'ɪ]
blesseren (ww)	susižalóti	[sʊs'ɪʒa'l'ot'ɪ]
blessure (letsel)	sužalójimas (v)	[sʊʒa'l'o:jɪmas]
wond (de)	žaizdà (m)	[ʒʌɪz'da]
trauma (het)	tráuma (m)	['traʊma]

ijlen (ww)	sapalióti	[sapa'l'ot'ɪ]
stotteren (ww)	mikčióti	[m'ɪk'tʃ'ot'ɪ]
zonnesteek (de)	sáulės smū̃gis (v)	['saʊl'e:s 'smu:g'ɪs]

73. Symptomen. Behandelingen. Deel 2

pijn (de)	skaũsmas (v)	['skaʊsmas]
splinter (de)	rakštìs (m)	[rakʃt'ɪs]

zweet (het)	prãkaitas (v)	['pra:kʌɪtas]
zweten (ww)	prakaitúoti	[prakʌɪ'tʊat'ɪ]
braking (de)	pỹkinimas (v)	['p'i:k'ɪn'ɪmas]
stuiptrekkingen (mv.)	traukùliai (v)	[traʊ'kʊl'ɛɪ]

zwanger (bn)	nėščià	[n'e:ʃtʃ'æ]
geboren worden (ww)	gìmti	['g'ɪmt'ɪ]
geboorte (de)	gìmdymas (v)	['g'ɪmd'i:mas]
baren (ww)	gimdýti	[g'ɪm'd'i:t'ɪ]
abortus (de)	abòrtas (v)	[a'bortas]

ademhaling (de)	kvėpãvimas (v)	[kv'e:'pa:v'ɪmas]
inademing (de)	įkvėpis (v)	['i:kv'e:p'ɪs]
uitademing (de)	iškvėpìmas (v)	[ɪʃkv'e:'p'ɪmas]
uitademen (ww)	iškvėpti	[ɪʃ'kv'e:pt'ɪ]
inademen (ww)	įkvėpti	[i:k'v'e:pt'ɪ]

invalide (de)	invalìdas (v)	[ɪnva'l'ɪdas]
gehandicapte (de)	luošỹs (v)	[l'ʊa'ʃ'ɪ:s]
drugsverslaafde (de)	narkomãnas (v)	[narko'ma:nas]
doof (bn)	kuřčias	['kʊrtʃ'æs]

stom (bn)	nebylỹs	[nʲɛbʲiːˈlʲiːs]
doofstom (bn)	kurčnebylis	[ˈkʊrtʂnʲɛbʲiːˈlʲɪs]

krankzinnig (bn)	pamìšęs	[paˈmʲɪʃɛːs]
krankzinnige (man)	pamìšęs (v)	[paˈmʲɪʃɛːs]
krankzinnige (vrouw)	pamìšusi (m)	[paˈmʲɪʃʊsʲɪ]
krankzinnig worden	išprotéti	[ɪʃproˈtʲeːtʲɪ]

gen (het)	gènas (v)	[ˈgʲɛnas]
immuniteit (de)	imunitètas (v)	[ɪmʊnʲɪˈtʲɛtas]
erfelijk (bn)	pavéldimas	[paˈvʲɛlʲdʲɪmas]
aangeboren (bn)	įgimtas	[ˈiːgʲɪmtas]

virus (het)	vìrusas (v)	[ˈvʲɪrʊsas]
microbe (de)	mikròbas (v)	[mʲɪkˈrobas]
bacterie (de)	baktèrija (m)	[bakˈtʲɛrʲɪjɛ]
infectie (de)	infèkcija (m)	[ɪnˈfʲɛktsʲɪjɛ]

74. Symptomen. Behandelingen. Deel 3

ziekenhuis (het)	ligóninė (m)	[lʲɪˈgonʲɪnʲeː]
patiënt (de)	paciеntas (v)	[paˈtsʲiɛntas]

diagnose (de)	diagnòzė (m)	[dʲɪjagˈnozʲeː]
genezing (de)	gýdymas (v)	[ˈgʲiːdʲiːmas]
medische behandeling (de)	gýdymas (v)	[ˈgʲiːdʲiːmas]
onder behandeling zijn	gýdytis	[ˈgʲiːdʲiːtʲɪs]
behandelen (ww)	gýdyti	[ˈgʲiːdʲiːtʲɪ]
zorgen (zieken ~)	slaugýti	[slʲɑuˈgʲiːtʲɪ]
ziekenzorg (de)	slaugà (m)	[slʲɑuˈga]

operatie (de)	operācija (m)	[opʲɛˈraːtsʲɪjɛ]
verbinden (een arm ~)	pérrišti	[ˈpʲɛrrʲɪʃtʲɪ]
verband (het)	pérrišimas (v)	[ˈpʲɛrrʲɪʃɪmas]

vaccin (het)	skìepas (v)	[ˈskʲɛpas]
inenten (vaccineren)	skìepyti	[ˈskʲɛpʲiːtʲɪ]
injectie (de)	įdūrìmas (v)	[iːduːˈrʲɪːmas]
een injectie geven	suléisti vàistus	[sʊˈlʲɛɪstʲɪ ˈvʌɪstʊs]

aanval (de)	príepuolis (v)	[ˈprʲiɛpʊɑlʲɪs]
amputatie (de)	amputācija (m)	[ampʊˈtaːtsʲɪjɛ]
amputeren (ww)	amputúoti	[ampʊˈtʊɑtʲɪ]
coma (het)	komà (m)	[kɔˈma]
in coma liggen	būti kòmoje	[ˈbuːtʲɪ ˈkõmojɛ]
intensieve zorg, ICU (de)	reanimācija (m)	[rʲɛanʲɪˈmaːtsʲɪjɛ]

zich herstellen (ww)	sveìkti ...	[ˈsvʲɛɪktʲɪ ...]
toestand (de)	būklė (m)	[ˈbuːklʲeː]
bewustzijn (het)	sąmonė (m)	[ˈsamonʲeː]
geheugen (het)	atmintìs (m)	[atmʲɪnˈtʲɪs]

trekken (een kies ~)	šãlinti	[ˈʃaːlʲɪntʲɪ]
vulling (de)	plòmba (m)	[ˈplʲomba]

vullen (ww)	plombúoti	[pˡom'bʊɑtʲɪ]
hypnose (de)	hipnózė (m)	[ɣʲɪp'nozʲe:]
hypnotiseren (ww)	hipnotizúoti	[ɣʲɪpnotʲɪ'zʊɑtʲɪ]

75. Artsen

dokter, arts (de)	gýdytojas (v)	['gʲi:dʲi:to:jɛs]
ziekenzuster (de)	medicìnos sesẽlė (m)	[mʲɛdʲɪ'tsʲɪnos se'sʲælʲe:]
lijfarts (de)	asmenìnis gýdytojas (v)	[asmʲɛ'nʲɪnʲɪs 'gʲi:dʲi:to:jɛs]

tandarts (de)	dantìstas (v)	[dan'tʲɪstas]
oogarts (de)	okulìstas (v)	[okʊ'lʲɪstas]
therapeut (de)	terapèutas (v)	[tʲɛra'pʲɛʊtas]
chirurg (de)	chirùrgas (v)	[xʲɪ'rʊrgas]

psychiater (de)	psichiãtras (v)	[psʲɪxʲɪ'jatras]
pediater (de)	pediãtras (v)	[pʲɛ'dʲɪjatras]
psycholoog (de)	psichológas (v)	[psʲɪxo'lʲogas]
gynaecoloog (de)	ginekológas (v)	[gʲɪnʲɛko'lʲogas]
cardioloog (de)	kardiológas (v)	[kardʲɪjɔ'lʲogas]

76. Geneeskunde. Medicijnen. Accessoires

geneesmiddel (het)	váistas (v)	['vʌɪstas]
middel (het)	príemonė (m)	['prʲiɛmonʲe:]
voorschrijven (ww)	išrašýti	[ɪʃra'ʃɪ:tʲɪ]
recept (het)	recèptas (v)	[rʲɛ'tsʲɛptas]

tablet (de/het)	tablètė (m)	[tab'lʲɛtʲe:]
zalf (de)	tẽpalas (v)	['tʲæpalʲas]
ampul (de)	ámpulė (m)	['ampʊlʲe:]
drank (de)	mikstūrà (m)	[mʲɪkstu:'ra]
siroop (de)	sìrupas (v)	['sʲɪrupas]
pil (de)	piliùlė (m)	[pʲɪ'lʲʊlʲe:]
poeder (de/het)	miltẽliai (v dgs)	[mʲɪlʲ'tʲælʲɛɪ]

verband (het)	bìntas (v)	['bʲɪntas]
watten (mv.)	vatà (m)	[va'ta]
jodium (het)	jòdas (v)	[jɔ das]

pleister (de)	pléistras (v)	['plʲɛɪstras]
pipet (de)	pipetė (m)	[pʲɪ'pʲɛtʲe:]
thermometer (de)	termomètras (v)	[tʲɛrmo'mʲɛtras]
spuit (de)	švìrkštas (v)	['ʃvʲɪrkʃtas]

| rolstoel (de) | neĩgaliójo vežimẽlis (v) | [nʲɛɪ:ga'lʲojo vʲɛ'ʒʲɪmʲe:lʲɪs] |
| krukken (mv.) | rameñtai (v dgs) | [ra'mʲɛntʌɪ] |

| pijnstiller (de) | skạusmạ malšìnantys váistai (v dgs) | ['skɑusma: malʲ'ʃɪnantʲi:s ˈvʌɪstʌɪ] |

| laxeermiddel (het) | láisvinantys váistai (v dgs) | ['lʲʌɪsvʲɪnantʲi:s 'vʌɪstʌɪ] |
| spiritus (de) | spìritas (v) | ['spʲɪrʲɪtas] |

73

| medicinale kruiden (mv.) | žolė (m) | [ʒo'lʲe:] |
| kruiden- (abn) | žolìnis | [ʒo'lʲinʲɪs] |

77. Roken. Tabaksproducten

tabak (de)	tabõkas (v)	[ta'bo:kas]
sigaret (de)	cigarètė (m)	[tsʲɪga'rʲɛtʲe:]
sigaar (de)	cigãras (v)	[tsʲɪ'ga:ras]
pijp (de)	pýpkė (m)	['pʲi:pkʲe:]
pakje (~ sigaretten)	pakelìs (v)	[pakʲɛ'lʲɪs]

lucifers (mv.)	degtùkai (v)	[dʲɛg'tʊkʌɪ]
luciferdoosje (het)	degtùkų dėžùtė (m)	[dʲɛg'tʊku: dʲe:'ʒʊtʲe:]
aansteker (de)	žiebtuvẽlis (v)	[ʒʲiɛptʊ'vʲe:lʲɪs]
asbak (de)	pelenìnė (m)	[pʲɛlʲɛ'nʲɪnʲe:]
sigarettendoosje (het)	portsigãras (v)	[portsʲɪ'ga:ras]

| sigarettenpijpje (het) | kandìklis (v) | [kan'dʲɪklʲɪs] |
| filter (de/het) | fìltras (v) | ['fʲɪlʲtras] |

roken (ww)	rūkýti	[ru:'kʲi:tʲɪ]
een sigaret opsteken	užrūkýti	[ʊʒru:'kʲi:tʲɪ]
roken (het)	rūkymas (v)	['ru:kʲi:mas]
roker (de)	rūkõrius (v)	[ru:'ko:rʲʊs]

peuk (de)	núorūka (m)	['nʊɑru:ka]
rook (de)	dūmas (v)	['du:mas]
as (de)	pelenaĩ (v dgs)	[pʲɛlʲɛ'nʌɪ]

HET MENSELIJKE LEEFGEBIED

Stad

78. Stad. Het leven in de stad

stad (de)	miẽstas (v)	['mʲɛstas]
hoofdstad (de)	sóstinė (m)	['sostʲɪnʲeː]
dorp (het)	káimas (v)	['kʌɪmas]
plattegrond (de)	miẽsto plãnas (v)	['mʲɛstɔ 'plʲaːnas]
centrum (ov. een stad)	miẽsto ceñtras (v)	['mʲɛstɔ 'tsʲɛntras]
voorstad (de)	príemiestis (v)	['prʲiɛmʲɛstʲɪs]
voorstads- (abn)	príemiesčio	['prʲiɛmʲiɛstsʲɔ]
randgemeente (de)	pakraštỹs (v)	[pakraʃ'tʲiːs]
omgeving (de)	apýlinkės (m dgs)	[a'pʲiːlʲɪŋkʲeːs]
blok (huizenblok)	kvartãlas (v)	[kvar'taːlʲas]
woonwijk (de)	gyvẽnamas kvartãlas (v)	[gʲiː'vʲænamas kvar'taːlʲas]
verkeer (het)	judéjimas (v)	[jʊ'dʲɛjɪmas]
verkeerslicht (het)	šviesofóras (v)	[ʃvʲiɛso'foras]
openbaar vervoer (het)	miẽsto transpórtas (v)	['mʲɛstɔ trans'portas]
kruispunt (het)	sánkryža (m)	['saŋkrʲiːʒa]
zebrapad (oversteekplaats)	pérėja (m)	['pʲɛrʲeːja]
onderdoorgang (de)	požeminė pérėja (m)	[poʒe'mʲɪnʲeː 'pʲærʲeːja]
oversteken (de straat ~)	péreiti	['pʲɛrʲɛɪtʲɪ]
voetganger (de)	péstysis (v)	['pʲeːstʲiːsʲɪs]
trottoir (het)	šalìgatvis (v)	[ʃa'lʲɪgatvʲɪs]
brug (de)	tìltas (v)	['tʲɪlʲtas]
dijk (de)	krantìnė (m)	[kran'tʲɪnʲeː]
allee (de)	aléja (m)	[a'lʲeːja]
park (het)	párkas (v)	['parkas]
boulevard (de)	bulvãras (v)	[bʊlʲ'vaːras]
plein (het)	aikštẽ (m)	[ʌɪkʃ'tʲeː]
laan (de)	prospèktas (v)	[pros'pʲɛktas]
straat (de)	gãtvė (m)	['gaːtvʲeː]
zijstraat (de)	skeṝsgatvis (v)	['skʲɛrsgatvʲɪs]
doodlopende straat (de)	tupìkas (v)	[tʊ'pʲɪkas]
huis (het)	nãmas (v)	['naːmas]
gebouw (het)	pãstatas (v)	['paːstatas]
wolkenkrabber (de)	dangóraižis (v)	[dan'gorʌɪʒʲɪs]
gevel (de)	fasãdas (v)	[fa'saːdas]
dak (het)	stógas (v)	['stogas]

venster (het)	lángas (v)	['l'angas]
boog (de)	árka (m)	['arka]
pilaar (de)	koloná (m)	[kol'o'na]
hoek (ov. een gebouw)	kampas (v)	['kampas]

vitrine (de)	vitriná (m)	[v'ɪtr'ɪ'na]
gevelreclame (de)	iškaba (m)	['ɪʃkaba]
affiche (de/het)	afišá (m)	[af'ɪ'ʃa]
reclameposter (de)	reklãminis plakãtas (v)	[r'ɛk'l'a:m'ɪn'ɪs pl'a'ka:tas]
aanplakbord (het)	reklãminis skýdas (v)	[r'ɛk'l'a:m'ɪn'ɪs 'sk'i:das]

vuilnis (de/het)	šiùkšlės (m dgs)	['ʃukʃl'e:s]
vuilnisbak (de)	urna (m)	['ʊrna]
afval weggooien (ww)	šiùkšlinti	['ʃukʃl'ɪnt'ɪ]
stortplaats (de)	sąvartýnas (v)	[sa:var't'i:nas]

telefooncel (de)	telefóno budelė (m)	[t'ɛl'ɛ'fonɔ 'budel'e:]
straatlicht (het)	žibinto stulpas (v)	[ʒɪ'b'ɪntɔ 'stuʃpas]
bank (de)	súolas (v)	['sual'as]

politieagent (de)	policininkas (v)	[po'l'ɪts'ɪn'ɪŋkas]
politie (de)	policija (m)	[po'l'ɪts'ɪjɛ]
zwerver (de)	skurdžius (v)	['skurdʒ'ʊs]
dakloze (de)	benãmis (v)	[b'ɛ'na:m'ɪs]

79. Stedelijke instellingen

winkel (de)	parduotùvė (m)	[pardʊa'tʊv'e:]
apotheek (de)	váistinė (m)	['vʌɪst'ɪn'e:]
optiek (de)	òptika (m)	['opt'ɪka]
winkelcentrum (het)	prekýbos ceñtras (v)	[pr'ɛ'k'i:bos 'ts'ɛntras]
supermarkt (de)	supermárketas (v)	[sup'ɛr'mark'ɛtas]

bakkerij (de)	bandẽlių kráutuvė (m)	[ban'd'æl'u: 'krautʊv'e:]
bakker (de)	kepéjas (v)	[k'ɛ'p'e:jas]
banketbakkerij (de)	konditèrija (m)	[kond'ɪ't'ɛr'ɪjɛ]
kruidenier (de)	bakaléja (m)	[baka'l'e:ja]
slagerij (de)	mėsõs kráutuvė (m)	[m'e:'so:s 'krautʊv'e:]

| groentewinkel (de) | daržõvių kráutuvė (m) | [dar'ʒov'u: 'krautʊv'e:] |
| markt (de) | prekývietė (m) | [pr'ɛ'k'i:v'ɪɛt'e:] |

koffiehuis (het)	kavìnė (m)	[ka'v'ɪn'e:]
restaurant (het)	restoránas (v)	[r'ɛsto'ra:nas]
bar (de)	aludė (m)	[a'l'ud'e:]
pizzeria (de)	picèrija (m)	[p'ɪ'ts'ɛr'ɪjɛ]

kapperssalon (de/het)	kirpyklà (m)	[k'ɪrp'i:k'l'a]
postkantoor (het)	pãštas (v)	['pa:ʃtas]
stomerij (de)	valyklà (m)	[val'i:k'la]
fotostudio (de)	fotoateljė̃ (v)	[fotoate'l'je:]

| schoenwinkel (de) | ãvalynės parduotùvė (m) | ['a:val'i:n'e:s pardʊa'tʊv'e:] |
| boekhandel (de) | knygýnas (v) | [kn'i:'g'i:nas] |

sportwinkel (de)	sportinių prēkių parduotuvė (m)	['sportⁱɪnʲu: 'prⁱækʲu: parduɑ'tuvʲe:]
kledingreparatie (de)	drabužių taisyklà (m)	[dra'buʒʲu: tʌɪsʲi:k'lʲa]
kledingverhuur (de)	drabužių núoma (m)	[dra'buʒʲu: 'nuɑma]
videotheek (de)	fìlmų núoma (m)	['fɪlʲmu: 'nuɑma]

circus (de/het)	cìrkas (v)	['tsʲɪrkas]
dierentuin (de)	zoològijos sõdas (v)	[zoo'lʲogʲɪjɔs 'so:das]
bioscoop (de)	kìno teãtras (v)	['kʲɪnɔ tʲɛ'a:tras]
museum (het)	muziėjus (v)	[mu'zʲɛjus]
bibliotheek (de)	bibliotekà (m)	[bʲɪblʲɪjotʲɛ'ka]

theater (het)	teãtras (v)	[tʲɛ'a:tras]
opera (de)	òpera (m)	['opʲɛra]
nachtclub (de)	naktìnis klùbas (v)	[nak'tʲɪnʲɪs 'klʲubas]
casino (het)	kazino (v)	[kazʲɪ'no]

moskee (de)	mečetė (m)	[mʲɛ'tsʲɛtʲe:]
synagoge (de)	sinagogà (m)	[sʲɪnago'ga]
kathedraal (de)	katedra (m)	['ka:tʲɛdra]
tempel (de)	šventyklà (m)	[ʃvʲɛntʲi:k'lʲa]
kerk (de)	bažnyčia (m)	[baʒ'nʲi:tʂʲæ]

instituut (het)	institùtas (v)	[ɪnstʲɪ'tutas]
universiteit (de)	universitėtas (v)	[unʲɪvʲɛrsʲɪ'tʲɛtas]
school (de)	mokyklà (m)	[mokʲi:k'lʲa]

gemeentehuis (het)	prefektūrà (m)	[prʲɛfʲɛk'tu:'ra]
stadhuis (het)	savivaldýbė (m)	[savʲɪvalʲ'dʲi:bʲe:]
hotel (het)	viẽšbutis (v)	['vʲɛʃbutʲɪs]
bank (de)	bánkas (v)	['baŋkas]

ambassade (de)	ambasadà (m)	[ambasa'da]
reisbureau (het)	turìzmo agentūrà (m)	[tu'rʲɪzmɔ agʲɛntu:'ra]
informatieloket (het)	informācijos biùras (v)	[ɪnfor'ma:tsʲɪjɔs 'bʲuras]
wisselkantoor (het)	keityklà (m)	[kʲɛɪtʲi:k'lʲa]

| metro (de) | metrò | [mʲɛ'tro] |
| ziekenhuis (het) | ligónínė (m) | [lʲɪ'gonʲɪnʲe:] |

| benzinestation (het) | degalìnė (m) | [dʲɛga'lʲɪnʲe:] |
| parking (de) | stovėjimo aikštėlė (m) | [sto'vʲɛjɪmɔ ʌɪkʃʲtʲælʲe:] |

80. Borden

gevelreclame (de)	ìškaba (m)	['ɪʃkaba]
opschrift (het)	užrašas (v)	['uʒraʃas]
poster (de)	plakãtas (v)	[plʲa'ka:tas]
wegwijzer (de)	núoroda (m)	['nuɑroda]
pijl (de)	rodýklė (m)	[ro'dʲi:klʲe:]

waarschuwing (verwittiging)	pérspėjimas (v)	['pʲɛrspʲe:jimas]
waarschuwingsbord (het)	įspėjìmas (v)	[i:spʲe:'jɪmas]
waarschuwen (ww)	įspėti (v)	[i:s'pʲe:tʲɪ]

vrije dag (de)	išeiginė dienà (m)	[ɪʃɛr'gʲɪnʲe: dʲiɛ'na]
dienstregeling (de)	tvarkaraštis (v)	[tvar'ka:raʃtʲɪs]
openingsuren (mv.)	dárbo valandõs (m dgs)	['darbɔ valʲan'do:s]

WELKOM!	SVEIKÌ ATVŸKĘ!	[svʲɛɪ'kʲɪ at'vʲi:kʲɛ:!]
INGANG	ĮĖJÌMAS	[i:'ɛ:'jɪmas]
UITGANG	IŠĖJÌMAS	[ɪʃʲe:'jɪmas]

DUWEN	STÙMTI	['stʊmtʲɪ]
TREKKEN	TRÁUKTI	['traʊktʲɪ]
OPEN	ATIDARŸTA	[atʲɪda'rʲi:ta]
GESLOTEN	UŽDARŸTA	[ʊʒda'rʲi:ta]

| DAMES | MÓTERIMS | ['motʲɛrʲɪms] |
| HEREN | VŸRAMS | ['vʲi:rams] |

KORTING	NÚOLAIDOS	['nʊalʲʌɪdos]
UITVERKOOP	IŠPARDAVÌMAS	[ɪʃparda'vʲɪmas]
NIEUW!	NAUJÍENA!	[naʊ'jiɛna!]
GRATIS	NEMÓKAMAI	[nʲɛ'mokamʌɪ]

PAS OP!	DĖMESIO!	['dʲe:mesʲɔ!]
VOLGEBOEKT	VIĔTŲ NĖRA	['vʲɛtu: 'nʲe:ra]
GERESERVEERD	REZERVÚOTA	[rʲɛzʲɛr'vʊata]

| ADMINISTRATIE | ADMINISTRÃCIJA | [admʲɪnʲɪs'tratsʲɪja] |
| ALLEEN VOOR PERSONEEL | TÌK PERSONÁLUI | ['tʲɪk pʲɛrso'nalʲʊi] |

GEVAARLIJKE HOND	PIKTAS ŠUO	['pʲɪktas 'ʃʊa]
VERBODEN TE ROKEN!	RŪKŸTI DRAÚDŽIAMA	[ru:'kʲi:tʲɪ 'draʊdʒʲæma]
NIET AANRAKEN!	NELIÊSTI!	[nʲɛ'lʲɛstʲɪ!]

GEVAARLIJK	PAVOJÌNGA	[pavo'jɪnga]
GEVAAR	PAVÕJUS	[pa'vo:jʊs]
HOOGSPANNING	AUKŠTÀ ĮTAMPA	[aʊkʃ'ta 'i:tampa]
VERBODEN TE ZWEMMEN	MÁUDYTIS DRAÚDŽIAMA	['maʊdʲi:tʲɪs 'draʊdʒʲæma]
BUITEN GEBRUIK	NEVĖÌKIA	[nʲɛ'vʲɛɪkʲɛ]

ONTVLAMBAAR	DEGÙ	[dʲɛ'gʊ]
VERBODEN	DRAÚDŽIAMA	['draʊdʒʲæma]
DOORGANG VERBODEN	PRAÉJÌMAS DRAÚDŽIAMAS	[prae:'jɪmas 'draʊdʒʲæmas]
OPGELET PAS GEVERFD	NUDAŽŸTA	[nʊda'ʒʲi:ta]

81. Stedelijk vervoer

bus, autobus (de)	autobùsas (v)	[aʊto'bʊsas]
tram (de)	tramvãjus (v)	[tram'va:jʊs]
trolleybus (de)	troleibùsas (v)	[trolʲɛɪ'bʊsas]
route (de)	maršrùtas (v)	[marʃrʊtas]
nummer (busnummer, enz.)	nùmeris (v)	['nʊmʲɛrʲɪs]
rijden met ...	važiúoti ...	[va'ʒʲʊatʲɪ ...]
stappen (in de bus ~)	įlìpti ...	[i:'lʲɪ:ptʲɪ i: ...]

afstappen (ww)	išlìpti ìš ...	[ɪʃˈlʲɪptʲɪ ɪʃ ...]
halte (de)	stotėlė (m)	[stoˈtʲælʲe:]
volgende halte (de)	kità stotėlė (m)	[kʲɪˈta stoˈtʲælʲe:]
eindpunt (het)	galutìnė stotėlė (m)	[galuˈtʲɪnʲe: stoˈtʲælʲe:]
dienstregeling (de)	tvarkãraštis (v)	[tvarˈka:raʃtʲɪs]
wachten (ww)	láukti	[ˈlʲaʊktʲɪ]

kaartje (het)	bìlietas (v)	[ˈbʲɪlʲiɛtas]
reiskosten (de)	bìlieto káina (m)	[ˈbʲɪlʲiɛtɔ ˈkʌɪna]

kassier (de)	kãsininkas (v)	[ˈka:sʲɪnʲɪŋkas]
kaartcontrole (de)	kontrolė (m)	[konˈtrolʲe:]
controleur (de)	kontroliẽrius (v)	[kontroˈlʲiɛrʲʊs]

te laat zijn (ww)	vėlúoti	[vʲeːˈlʲʊɑtʲɪ]
missen (de bus ~)	pavėlúoti	[pavʲeːˈlʲʊɑtʲɪ]
zich haasten (ww)	skubėti	[skʊˈbʲeːtʲɪ]

taxi (de)	taksì (v)	[takˈsʲɪ]
taxichauffeur (de)	taksìstas (v)	[takˈsʲɪstas]
met de taxi (bw)	sù taksì	[ˈsʊ takˈsʲɪ]
taxistandplaats (de)	taksì stovéjimo aikštėlė (m)	[takˈsʲɪ stoˈvʲɛjɪmɔ ʌɪkʃˈtʲælʲe:]
een taxi bestellen	iškviẽsti taksì	[ɪʃkˈvʲɛstʲɪ takˈsʲɪ]
een taxi nemen	įsėstì į̃ taksì	[iːsʲesˈtʲɪ iː takˈsʲɪ:]

verkeer (het)	gãtvės judéjimas (v)	[ˈga:tvʲe:s jʊˈdʲɛjɪmas]
file (de)	kamštis (v)	[ˈkamʃtʲɪs]
spitsuur (het)	pìko vãlandos (m dgs)	[ˈpʲɪkɔ ˈva:lʲandos]
parkeren (on.ww.)	parkúotis	[parˈkʊɑtʲɪs]
parkeren (ov.ww.)	parkúoti	[parˈkʊɑtʲɪ]
parking (de)	stovéjimo aikštėlė (m)	[stoˈvʲɛjɪmɔ ʌɪkʃˈtʲælʲe:]

metro (de)	metrò	[mʲɛˈtro]
halte (bijv. kleine treinhalte)	stotìs (m)	[stoˈtʲɪs]
de metro nemen	važiúoti metrò	[vaˈʒʲʊɑtʲɪ mʲɛˈtro]
trein (de)	traukinỹs (v)	[traʊkʲɪˈnʲiːs]
station (treinstation)	stotìs (m)	[stoˈtʲɪs]

82. Bezienswaardigheden

monument (het)	paminklas (v)	[paˈmʲɪŋklʲas]
vesting (de)	tvirtóvė (m)	[tvʲɪrˈtovʲe:]
paleis (het)	rūmai (v)	[ˈru:mʌɪ]
kasteel (het)	pilìs (m)	[pʲɪˈlʲɪs]
toren (de)	bókštas (v)	[ˈbokʃtas]
mausoleum (het)	mauzoliẽjus (v)	[maʊzoˈlʲɛjʊs]

architectuur (de)	architektūrà (m)	[arxʲɪtʲɛktu:ˈra]
middeleeuws (bn)	vidùramžių	[vʲɪˈdʊramʒʲu:]
oud (bn)	senóvinis	[sʲɛˈnovʲɪnʲɪs]
nationaal (bn)	nacionãlinis	[natsʲɪjoˈna:lʲɪnʲɪs]
bekend (bn)	žymùs	[ʒʲiː.mʊs]
toerist (de)	turìstas (v)	[tʊˈrʲɪstas]
gids (de)	gìdas (v)	[ˈgʲɪdɔs]

rondleiding (de)	ekskùrsija (m)	[ɛks'kʊrsʲɪjɛ]
tonen (ww)	ródyti	['rodʲiːtʲɪ]
vertellen (ww)	pàsakoti	['paːsakotʲɪ]

vinden (ww)	ràsti	['rastʲɪ]
verdwalen (de weg kwijt zijn)	pasiklýsti	[pasʲɪ'klʲiːstʲɪ]
plattegrond (~ van de metro)	schemà (m)	[sxʲɛ'ma]
plattegrond (~ van de stad)	plānas (v)	['plʲaːnas]

souvenir (het)	suvenỹras (v)	[sʊvʲɛ'nʲiːras]
souvenirwinkel (de)	suvenỹrų parduotùvė (m)	[sʊve'nʲiːru: pardʊɑ'tʊvʲeː]
foto's maken	fotografúoti	[fotogra'fʊatʲɪ]
zich laten fotograferen	fotografúotis	[fotogra'fʊatʲɪs]

83. Winkelen

kopen (ww)	pìrkti	['pʲɪrktʲɪ]
aankoop (de)	pirkinỹs (v)	[pʲɪrkʲɪ'nʲiːs]
winkelen (ww)	apsipìrkti	[apsʲɪ'pʲɪrktʲɪ]
winkelen (het)	apsipirkìmas (v)	[apsʲɪpʲɪr'kʲɪmas]

| open zijn (ov. een winkel, enz.) | veĩkti | ['vʲɛɪktʲɪ] |
| gesloten zijn (ww) | užsidarýti | [ʊʒsʲɪda'rʲiːtʲɪ] |

schoeisel (het)	āvalynė (m)	['aːvalʲiːnʲeː]
kleren (mv.)	drabùžiai (v)	[dra'bʊʒʲɛɪ]
cosmetica (mv.)	kosmètika (m)	[kɔs'mʲɛtʲɪka]
voedingswaren (mv.)	prodùktai (v)	[pro'dʊktʌɪ]
geschenk (het)	dovanà (m)	[dova'na]

| verkoper (de) | pardavéjas (v) | [parda'vʲeːjas] |
| verkoopster (de) | pardavéja (m) | [parda'vʲeːja] |

kassa (de)	kasà (m)	[ka'sa]
spiegel (de)	véidrodis (v)	['vʲɛɪdrodʲɪs]
toonbank (de)	prekýstalis (v)	[prʲɛ'kʲiːstalʲɪs]
paskamer (de)	matàvimosi kabinà (m)	[ma'taːvʲɪmosʲɪ kabʲɪ'na]

aanpassen (ww)	matúoti	[ma'tʊatʲɪ]
passen (ov. kleren)	tìkti	['tʲɪktʲɪ]
bevallen (prettig vinden)	patìkti	[pa'tʲɪktʲɪ]

prijs (de)	káina (m)	['kʌɪna]
prijskaartje (het)	kainýnas (v)	[kʌɪ'nʲiːnas]
kosten (ww)	kainúoti	[kʌɪ'nʊatʲɪ]
Hoeveel?	Kíek?	['kʲiɛk?]
korting (de)	núolaida (m)	['nʊalʲʌɪda]

niet duur (bn)	nebrangùs	[nʲɛbran'gʊs]
goedkoop (bn)	pigùs	[pʲɪ'gʊs]
duur (bn)	brangùs	[bran'gʊs]
Dat is duur.	Taĩ brangù.	['tʌɪ bran'gʊ]
verhuur (de)	núoma (m)	['nʊama]

huren (smoking, enz.)	išsinúomoti	[ɪʃsʲɪ'nʋɑmotʲɪ]
krediet (het)	kredìtas (v)	[krʲɛ'dʲɪtas]
op krediet (bw)	kreditù	[krʲɛdʲɪ'tʋ]

84. Geld

geld (het)	pinigaĩ (v)	[pʲɪnʲɪ'gʌɪ]
ruil (de)	keitìmas (v)	[kʲɛɪ'tʲɪmas]
koers (de)	kùrsas (v)	['kʋrsas]
geldautomaat (de)	bankomãtas (v)	[baŋko'ma:tas]
muntstuk (de)	monetà (m)	[monʲɛ'ta]

| dollar (de) | dóleris (v) | ['dolʲɛrʲɪs] |
| euro (de) | eũras (v) | ['ɛʊras] |

lire (de)	lirà (m)	[lʲɪ'ra]
Duitse mark (de)	márkė (m)	['markʲe:]
frank (de)	fránkas (v)	['fraŋkas]
pond sterling (het)	svãras (v)	['sva:ras]
yen (de)	jenà (m)	[jɛ'na]

schuld (geldbedrag)	skolà (m)	[sko'lʲa]
schuldenaar (de)	skõlininkas (v)	['sko:lʲɪnʲɪŋkas]
uitlenen (ww)	dúoti į̃ skõlą	['dʋɑtʲɪ i: 'sko:lʲa:]
lenen (geld ~)	im̃ti į̃ skõlą	['ɪmtʲɪ i: 'sko:lʲa:]

bank (de)	bánkas (v)	['baŋkas]
bankrekening (de)	są̃skaita (m)	['sa:skʌɪta]
op rekening storten	dėti į̃ są̃skaitą	['dʲe:tʲɪ i: 'sa:skʌɪta:]
opnemen (ww)	im̃ti iš są̃skaitos	['ɪmtʲɪ ɪʃ 'sa:skʌɪtos]

kredietkaart (de)	kreditinė kortelė (m)	[krʲɛ'dʲɪtʲɪnʲe: kor'tʲælʲe:]
baar geld (het)	grynìeji pinigaĩ (v)	[grʲi:'nʲiɛjɪ pʲɪnʲɪ'gʌɪ]
cheque (de)	čèkis (v)	['tʂʲɛkʲɪs]
een cheque uitschrijven	išrašýti čèkį	[ɪʃra'ʃʲi:tʲɪ 'tʂʲɛkʲɪ:]
chequeboekje (het)	čèkių knygelė (m)	['tʂʲɛkʲu: knʲi:'gʲælʲe:]

portefeuille (de)	piniginė (m)	[pʲɪnʲɪ'gʲɪnʲe:]
geldbeugel (de)	piniginė (m)	[pʲɪnʲɪ'gʲɪnʲe:]
safe (de)	seĩfas (v)	['sʲɛɪfas]

erfgenaam (de)	paveldėtojas (v)	[pavelʲ'dʲe:to:jɛs]
erfenis (de)	palikìmas (v)	[palʲɪ'kʲɪmas]
fortuin (het)	tur̃tas (v)	['tʋrtas]

huur (de)	núoma (m)	['nʋɑma]
huurprijs (de)	bùto mókestis (v)	['bʋto 'mokʲɛstʲɪs]
huren (huis, kamer)	núomotis	['nʋɑmotʲɪs]

prijs (de)	káina (m)	['kʌɪna]
kostprijs (de)	káina (m)	['kʌɪna]
som (de)	sumà (m)	[sʋ'ma]
uitgeven (geld besteden)	léisti	['lʲɛɪstʲɪ]
kosten (mv.)	są́naudos (m dgs)	['sa:nɑʊdos]

bezuinigen (ww)	taupýti	[tɑʊ'pʲiːtʲɪ]
zuinig (bn)	taupùs	[tɑʊ'pʊs]

betalen (ww)	mokéti	[mo'kʲeːtʲɪ]
betaling (de)	apmokéjimas (v)	[apmo'kʲɛjɪmas]
wisselgeld (het)	grąžà (m)	[gra:'ʒa]

belasting (de)	mókestis (v)	['mokʲɛstʲɪs]
boete (de)	baudà (m)	[bɑʊ'da]
beboeten (bekeuren)	baũsti	['bɑʊstʲɪ]

85. Post. Postkantoor

postkantoor (het)	pãštas (v)	['pa:ʃtas]
post (de)	pãštas (v)	['pa:ʃtas]
postbode (de)	pãštininkas (v)	['pa:ʃtʲɪnʲɪŋkas]
openingsuren (mv.)	dárbo valandõs (m dgs)	['darbɔ valʲan'do:s]

brief (de)	laĩškas (v)	['lʲʌɪʃkas]
aangetekende brief (de)	užsakýtas laĩškas (v)	[ʊʒsa'kʲiːtas 'lʲʌɪʃkas]
briefkaart (de)	atvirùtė (m)	[atvʲɪ'rʊtʲeː]
telegram (het)	telegramà (m)	[tʲɛlʲɛgra'ma]
postpakket (het)	siuntinỹs (v)	[sʲʊntʲɪ'nʲiːs]
overschrijving (de)	piniginis pavedìmas (v)	[pʲɪnʲɪ'gʲɪnʲɪs pavʲɛ'dʲɪmas]

ontvangen (ww)	gáuti	['gɑʊtʲɪ]
sturen (zenden)	išsiũsti	[ɪʃ'sʲʊːstʲɪ]
verzending (de)	išsiuntìmas (v)	[ɪʃsʲʊn'tʲɪmas]

adres (het)	ãdresas (v)	['a:drʲɛsas]
postcode (de)	iñdeksas (v)	['ɪndʲɛksas]
verzender (de)	siuntéjas (v)	[sʲʊn'tʲeːjas]
ontvanger (de)	gavéjas (v)	[ga'vʲeːjas]

naam (de)	var̃das (v)	['vardas]
achternaam (de)	pavar̃dė (m)	[pavar'dʲeː]

tarief (het)	tarìfas (v)	[ta'rʲɪfas]
standaard (bn)	įprastas	['iːprastas]
zuinig (bn)	taupùs	[tɑʊ'pʊs]

gewicht (het)	svõris (v)	['svo:rʲɪs]
afwegen (op de weegschaal)	sver̃ti	['svʲɛrtʲɪ]
envelop (de)	võkas (v)	['vo:kas]
postzegel (de)	markùtė (m)	[mar'kʊtʲeː]

Woning. Huis. Thuis

86. Huis. Woning

huis (het)	nãmas (v)	['na:mas]
thuis (bw)	namuosè	[namʋɑ'sʲɛ]
cour (de)	kiẽmas (v)	['kʲɛmas]
omheining (de)	tvorà (m)	[tvo'ra]
baksteen (de)	plytà (m)	[plʲi:'ta]
van bakstenen	plỹtinis	['plʲi:tʲɪnʲɪs]
steen (de)	akmuõ (v)	[ak'mʋɑ]
stenen (bn)	akmenìnis	[akmʲɛ'nʲɪnʲɪs]
beton (het)	betònas (v)	[bʲɛ'tonas]
van beton	betòninis	[bʲɛ'tonʲɪnʲɪs]
nieuw (bn)	naũjas	['nɑʋjas]
oud (bn)	sẽnas	['sʲænas]
vervallen (bn)	senàsis	[sʲɛ'nasʲɪs]
modern (bn)	šiuolaikìnis	[ʃʲʋolʲʌɪ'kʲɪnʲɪs]
met veel verdiepingen	daugiaaũkštis	[dɑʋgʲæ'ɑʋkʃtʲɪs]
hoog (bn)	áukštas	['ɑʋkʃtas]
verdieping (de)	aũkštas (v)	['ɑʋkʃtas]
met een verdieping	vienaaũkštis	[vʲiɛna'ɑʋkʃtʲɪs]
laagste verdieping (de)	apatìnis aũkštas (v)	[apa'tʲɪnʲɪs 'ɑʋkʃtas]
bovenverdieping (de)	viršutìnis aũkštas (v)	[vʲɪrʃʋ'tʲɪnʲɪs 'ɑʋkʃtas]
dak (het)	stógas (v)	['stogas]
schoorsteen (de)	vamzdis (v)	['vamzdʲɪs]
dakpan (de)	čérpė (m)	['tʂʲærpʲe:]
pannen- (abn)	čérpinis	['tʂʲɛrpʲɪnʲɪs]
zolder (de)	palépė (m)	[pa'lʲe:pʲe:]
venster (het)	lángas (v)	['lʲangas]
glas (het)	stìklas (v)	['stʲɪklʲas]
vensterbank (de)	palángė (m)	[pa'lʲangʲe:]
luiken (mv.)	langìnės (m dgs)	[lʲan'gʲɪnʲe:s]
muur (de)	síena (m)	['sʲiɛna]
balkon (het)	balkònas (v)	[balʲ'konas]
regenpijp (de)	stógvamzdis (v)	['stogvamzdʲɪs]
boven (bw)	viršujė	[vʲɪrʃʋ'jæ]
naar boven gaan (ww)	kìlti	['kʲɪlʲtʲɪ]
afdalen (on.ww.)	léistis	['lʲɛɪstʲɪs]
verhuizen (wv)	pérvažiuoti	['pʲɛrvaʒʲʋotʲɪ]

87. Huis. Ingang. Lift

ingang (de)	laiptinė (m)	['lʲʌɪptʲɪnʲeː]
trap (de)	laiptai (v dgs)	['lʲʌɪptʌɪ]
treden (mv.)	laiptai (v)	['lʲʌɪptʌɪ]
trapleuning (de)	turėklai (v dgs)	[tʊ'rʲeːklʲʌɪ]
hal (de)	holas (v)	['ɣolʲas]

postbus (de)	pašto dėžutė (m)	['paːʃtɔ dʲeː'ʒʊtʲeː]
vuilnisbak (de)	šiukšlių bakas (v)	['ʃʊkʃlʲuː 'baːkas]
vuilniskoker (de)	šiukšliavamzdis (v)	[ʃʊkʃ'lʲævamzdʲɪs]

lift (de)	liftas (v)	['lʲɪftas]
goederenlift (de)	krovininis liftas (v)	[krov'ɪ'nʲɪnʲɪs lʲɪftas]
liftcabine (de)	kabina (m)	[kabʲɪ'na]
de lift nemen	važiuoti liftu	[va'ʒʲʊatʲɪ lʲɪf'tʊ]

appartement (het)	butas (v)	['bʊtas]
bewoners (mv.)	gyventojai (v dgs)	[gʲi:'vʲɛntoːjɛi]
buurman (de)	kaimynas (v)	[kʌɪ'mʲiːnas]
buurvrouw (de)	kaimynė (m)	[kʌɪ'mʲiːnʲeː]
buren (mv.)	kaimynai (v dgs)	[kʌɪ'mʲiːnʌɪ]

88. Huis. Elektriciteit

elektriciteit (de)	elektra (m)	[ɛlʲɛkt'ra]
lamp (de)	lemputė (m)	[lʲɛm'pʊtʲeː]
schakelaar (de)	jungiklis (v)	[jʊn'gʲɪklʲɪs]
zekering (de)	kamštis (v)	['kamʃtʲɪs]

draad (de)	laidas (v)	['lʲʌɪdas]
bedrading (de)	instaliacija (m)	[ɪnsta'lʲætsʲɪjɛ]
elektriciteitsmeter (de)	skaitliukas (v)	[skʌɪt'lʲʊkas]
gegevens (mv.)	parodymas (v)	[pa'rodʲiː:mas]

89. Huis. Deuren. Sloten

deur (de)	durys (m dgs)	['dʊrʲiː:s]
toegangspoort (de)	vartai (v)	['vartʌɪ]
deurkruk (de)	rankena (m)	['raŋkʲena]
ontsluiten (ontgrendelen)	atrakinti	[atra'kʲɪntʲɪ]
openen (ww)	atidaryti	[atʲɪda'rʲiː:tʲɪ]
sluiten (ww)	uždaryti	[ʊʒda'rʲiː:tʲɪ]

sleutel (de)	raktas (v)	['raːktas]
sleutelbos (de)	ryšulys (v)	[rʲiːʃʊ'lʲiː:s]
knarsen (bijv. scharnier)	girgždėti	[gʲɪrgʒ'dʲeːtʲɪ]
knarsgeluid (het)	girgždesys (v)	[gʲɪrgʒdʲɛ'sʲiː:s]
scharnier (het)	vyris (v)	['vʲiːrʲɪs]
deurmat (de)	kilimas (v)	['kʲɪlʲɪmas]
slot (het)	spyna (m)	[spʲiː'na]

sleutelgat (het)	spynos skylùtė (m)	[sp'iː'noːs sk'iː'l'ut'e:]
grendel (de)	sklástis (v)	['skl'a:st'ɪs]
schuif (de)	sklendě (m)	[skl'ɛn'd'e:]
hangslot (het)	pakabinama spynà (m)	[paka'b'ɪnama sp'iː'na]

aanbellen (ww)	skambinti	['skamb'ɪnt'ɪ]
bel (geluid)	skambùtis (v)	[skam'but'ɪs]
deurbel (de)	skambùtis (v)	[skam'but'ɪs]
belknop (de)	mygtùkas (v)	[m'iː'k'tukas]
geklop (het)	beldimas (v)	[b'ɛl'd'ɪmas]
kloppen (ww)	baladóti	[bal'a'dot'ɪ]

code (de)	kòdas (v)	['kodas]
cijferslot (het)	kodúota spynà (m)	[ko'duota sp'iː'na]
parlofoon (de)	domofònas (v)	[domo'fonas]
nummer (het)	nùmeris (v)	['num'ɛr'ɪs]
naambordje (het)	lentėlė (m)	[l'ɛn't'æl'e:]
deurspion (de)	akùtė (m)	[a'kut'e:]

90. Huis op het platteland

dorp (het)	kaimas (v)	['kʌɪmas]
moestuin (de)	daržas (v)	['darʒas]
hek (het)	tvorà (m)	[tvo'ra]
houten hekwerk (het)	aptvarà (m)	[aptva'ra]
tuinpoortje (het)	vartėliai (v dgs)	[var't'æl'ɛɪ]

graanschuur (de)	klétis (v)	['kl'e:t'ɪs]
wortelkelder (de)	pógrindis (v)	['pogr'ɪnd'ɪs]
schuur (de)	daržinė (m)	[darʒ'ɪ'n'e:]
waterput (de)	šulinỹs (v)	[ʃul'ɪ'n'iː:s]

kachel (de)	pečiùs (v)	[p'ɛ'tʂ'us]
de kachel stoken	kūrénti	[ku:'r'ɛnt'ɪ]
brandhout (het)	málkos (m dgs)	['mal'kos]
houtblok (het)	málka (m)	['mal'ka]

veranda (de)	veránda (m)	[v'ɛ'randa]
terras (het)	terasà (m)	[t'ɛra'sa]
bordes (het)	príeangis (v)	['pr'iɛang'ɪs]
schommel (de)	supynẽs (m dgs)	[sup'iː'n'e:s]

91. Villa. Herenhuis

landhuisje (het)	ùžmiesčio nãmas (v)	['uʒm'iɛstʂ'ɔ 'na:mas]
villa (de)	vilà (m)	[v'ɪ'l'a]
vleugel (de)	sparnas (v)	['sparnas]

tuin (de)	sõdas (v)	['soːdas]
park (het)	párkas (v)	['parkas]
oranjerie (de)	oranžèrija (m)	[oran'ʒ'ɛr'ɪjɛ]
onderhouden (tuin, enz.)	prižiūrėti	[pr'ɪʒ'u:'r'e:t'ɪ]

zwembad (het)	baseînas (v)	[ba'sʲɛɪnas]
gym (het)	spòrto sãlė (m)	['sportɔ sa:'lʲe:]
tennisveld (het)	tėniso kòrtas (v)	['tʲɛnʲɪsɔ 'kortas]
bioscoopkamer (de)	kìno teãtras (v)	['kʲɪnɔ tʲɛ'a:tras]
garage (de)	garãžas (v)	[ga'ra:ʒas]

privé-eigendom (het)	asmenìnė nuosavýbė (m)	[asme'nʲɪnʲe: nuɑsa'vʲi:bʲe:]
eigen terrein (het)	asmenìnės valdõs (m)	[asme'nʲɪnʲe:s 'valʲdo:s]

waarschuwing (de)	pérspėjimas (v)	['pʲɛrspʲe:jimas]
waarschuwingsbord (het)	įspėjantis ùžrašas (v)	[i:s'pʲe:jantʲɪs 'uʒraʃas]

bewaking (de)	apsaugà (m)	[apsɑu'ga]
bewaker (de)	apsaugìnis (v)	[apsɑu'gʲɪnʲɪs]
inbraakalarm (het)	signalizãcija (m)	[sʲɪgnalʲɪ'za:tsʲɪjɛ]

92. Kasteel. Paleis

kasteel (het)	pìlis (m)	[pʲɪ'lʲɪs]
paleis (het)	rū́mai (v)	['ru:mʌɪ]
vesting (de)	tvirtóvė (m)	[tvʲɪr'tovʲe:]
ringmuur (de)	síena (m)	['sʲiɛna]
toren (de)	bókštas (v)	['bokʃtas]
donjon (de)	pagrindìnė síena (m)	[pagrʲɪn'dʲɪnʲe: 'sʲiɛna]

valhek (het)	pakeliamì vartai (v)	[pakʲɛlʲæ'mʲɪ 'vartʌɪ]
onderaardse gang (de)	požėminis praėjìmas (v)	[poʒʲe:mʲɪnʲɪs praʲe:'jɪmas]
slotgracht (de)	griovỹs (v)	[grʲo'vʲi:s]
ketting (de)	grandìs (m)	[gran'dʲɪs]
schietgat (het)	šáudymo angà (m)	['ʃɑudʲi:mɔ an'ga]

prachtig (bn)	nuostabùs	[nuɑsta'bus]
majestueus (bn)	didìngas	[dʲɪ'dʲɪngas]
onneembaar (bn)	neprieĩnamas	[nʲɛprʲiʲɛɪnamas]
middeleeuws (bn)	viduràmžių	[vʲɪ'duramʒʲu:]

93. Appartement

appartement (het)	bùtas (v)	['butas]
kamer (de)	kambarỹs (v)	[kamba'rʲi:s]
slaapkamer (de)	miegamàsis (v)	[mʲiɛga'masʲɪs]
eetkamer (de)	valgomàsis (v)	[valʲgo'masʲɪs]
salon (de)	svečių̃ kambarỹs (v)	[svʲɛ'tʃʲu: kamba'rʲi:s]
studeerkamer (de)	kabinètas (v)	[kabʲɪ'nʲɛtas]

gang (de)	príeškambaris (v)	['prʲiɛʃkambarʲɪs]
badkamer (de)	voniõs kambarỹs (v)	[vo'nʲo:s kamba'rʲi:s]
toilet (het)	tualètas (v)	[tua'lʲɛtas]

plafond (het)	lùbos (m dgs)	['lʲubos]
vloer (de)	grìndys (m dgs)	['grʲɪndʲi:s]
hoek (de)	kam̃pas (v)	['kampas]

94. Appartement. Schoonmaken

schoonmaken (ww)	tvarkyti	[tvar'kʲiːtʲɪ]
opbergen (in de kast, enz.)	tvarkyti (išnešti)	[tvar'kʲiːtʲɪ]
stof (het)	dulkės (m dgs)	['dʊlʲkʲeːs]
stoffig (bn)	dulkétas	[dʊlʲ'kʲeːtas]
stoffen (ww)	valyti dulkes	[va'lʲiːtʲɪ 'dʊlʲkʲɛs]
stofzuiger (de)	dulkių siurblys (v)	['dʊlʲkʲu: sʲʊr'blʲiːs]
stofzuigen (ww)	siurbti	['sʲʊrptʲɪ]
vegen (de vloer ~)	šluoti	['ʃlʲʊatʲɪ]
veegsel (het)	šiukšlės (m dgs)	['ʃʊkʃlʲeːs]
orde (de)	tvarka (m)	[tvar'ka]
wanorde (de)	netvarka (m)	[nʲɛtvar'ka]
zwabber (de)	plaušinė šluota (m)	[plʲɑʊ'ʃɪnʲe: 'ʃlʲʊata]
poetsdoek (de)	skuduras (v)	['skʊdʊras]
veger (de)	šluota (m)	['ʃlʲʊata]
stofblik (het)	semtuvėlis (v)	[sʲɛmtʊvʲeːlʲɪs]

95. Meubels. Interieur

meubels (mv.)	baldai (v)	['balʲdʌɪ]
tafel (de)	stalas (v)	['sta:lʲas]
stoel (de)	kėdė (m)	[kʲe:'dʲe:]
bed (het)	lova (m)	['lʲova]
bankstel (het)	sofa (m)	[so'fa]
fauteuil (de)	fotelis (v)	['fotʲɛlʲɪs]
boekenkast (de)	spinta (m)	['spʲɪnta]
boekenrek (het)	lentyna (m)	[lʲɛn'tʲiːna]
kledingkast (de)	drabužių spinta (m)	[dra'bʊʒʲu: 'spʲɪnta]
kapstok (de)	pakaba (m)	[paka'ba]
staande kapstok (de)	kabykla (m)	[kabʲiːk'lʲa]
commode (de)	komoda (m)	[kɔmo'da]
salontafeltje (het)	žurnalinis staliukas (v)	[ʒʊr'na:lʲɪnʲɪs sta'lʲʊkas]
spiegel (de)	veidrodis (v)	['vʲɛɪdrodʲɪs]
tapijt (het)	kilimas (v)	['kʲɪlʲɪmas]
tapijtje (het)	kilimėlis (v)	[kʲɪlʲɪ'mʲe:lʲɪs]
haard (de)	židinỹs (v)	[ʒʲɪdʲɪ'nʲiːs]
kaars (de)	žvakė (m)	['ʒva:kʲe:]
kandelaar (de)	žvakidė (m)	[ʒva'kʲɪdʲe:]
gordijnen (mv.)	užuolaidos (m dgs)	[ʊ'ʒʊalʲʌɪdos]
behang (het)	tapetai (v)	[ta'pʲɛtʌɪ]
jaloezie (de)	žaliuzės (m dgs)	['ʒa:lʲʊzʲe:s]
bureaulamp (de)	stalinė lémpa (m)	[sta'lʲɪnʲe: 'lʲɛmpa]
wandlamp (de)	šviestuvas (v)	[ʃvʲɛ'stʊvas]

staande lamp (de)	toršeras (v)	[tor'ʃɛras]
luchter (de)	sietýnas (v)	[sⁱiɛ'tⁱi:nas]

poot (ov. een tafel, enz.)	kojýtė (m)	[kɔ'ji:tⁱe:]
armleuning (de)	raṅktūris (v)	['raŋktu:rⁱɪs]
rugleuning (de)	ãtlošas (v)	['a:tlⁱoʃas]
la (de)	stálčius (v)	['stalⁱtʂⁱʊs]

96. Beddengoed

beddengoed (het)	pãtalynė (m)	['pa:talⁱi:nⁱe:]
kussen (het)	pagálvė (m)	[pa'galⁱvⁱe:]
kussenovertrek (de)	užvalkalas (v)	['ʊʒvalⁱkalas]
deken (de)	užklótas (v)	[ʊʒ'klⁱotas]
laken (het)	paklõdė (m)	[pak'lⁱo:dⁱe:]
sprei (de)	lovãtiesė (m)	[lⁱo'va:tⁱiɛsⁱe:]

97. Keuken

keuken (de)	virtùvė (m)	[vⁱɪr'tʊvⁱe:]
gas (het)	dùjos (m dgs)	['dʊjos]
gasfornuis (het)	dùjinė (m)	['dʊjinⁱe:]
elektrisch fornuis (het)	elektrìnė (m)	[ɛlⁱɛk'trⁱɪnⁱe:]
oven (de)	órkaitė (m)	['orkʌitⁱe:]
magnetronoven (de)	mikrobangų̃ krosnẽlė (m)	[mⁱɪkroban'gu: kros'nⁱælⁱe:]

koelkast (de)	šaldytùvas (v)	[ʃalⁱdⁱi:'tʊvas]
diepvriezer (de)	šáldymo kãmera (m)	['ʃalⁱdⁱi:mɔ 'ka:mⁱɛra]
vaatwasmachine (de)	iñdų plovìmo mašinà (m)	['ɪndu: plⁱo'vⁱɪmɔ maʃɪ'na]

vleesmolen (de)	mėsmalė (m)	['mⁱe:smalⁱe:]
vruchtenpers (de)	sulčiãspaudė (m)	[sulⁱ'tʂⁱæspɑʊdⁱe:]
toaster (de)	tòsteris (v)	['tostⁱɛrⁱɪs]
mixer (de)	mìkseris (v)	['mⁱɪksⁱɛrⁱɪs]

koffiemachine (de)	kavõs aparãtas (v)	[ka'vo:s apa'ra:tas]
koffiepot (de)	kavinùkas (v)	[kavⁱɪ'nʊkas]
koffiemolen (de)	kavãmalė (m)	[ka'va:malⁱe:]

fluitketel (de)	arbatinùkas (v)	[arbatⁱɪ'nʊkas]
theepot (de)	arbãtinis (v)	[arba:'tⁱɪnⁱɪs]
deksel (de/het)	dangtẽlis (v)	[daŋk'tⁱælⁱɪs]
theezeefje (het)	sietẽlis (v)	[sⁱiɛ'tⁱælⁱɪs]

lepel (de)	šáukštas (v)	['ʃɑʊkʃtas]
theelepeltje (het)	arbãtinis šaukštẽlis (v)	[ar'ba:tⁱɪnⁱɪs ʃɑʊkʃ'tⁱælⁱɪs]
eetlepel (de)	válgomasis šáukštas (v)	['valⁱgomasⁱɪs 'ʃɑʊkʃtas]
vork (de)	šakùtė (m)	[ʃa'kʊtⁱe:]
mes (het)	peĩlis (v)	['pⁱɛɪlⁱɪs]

vaatwerk (het)	iñdai (v)	['ɪndʌɪ]
bord (het)	lėkštė̃ (m)	[lⁱe:kʃ'tⁱe:]

schoteltje (het)	lėkštelė (m)	[lʲe:kʃˈtʲælʲe:]
likeurglas (het)	taurelė (m)	[tɑuˈrʲælʲe:]
glas (het)	stiklinė (m)	[stʲɪkˈlʲɪnʲe:]
kopje (het)	puodukas (v)	[puɑˈdukas]

suikerpot (de)	cukrinė (m)	[ˈtsukrʲɪnʲe:]
zoutvat (het)	druskinė (m)	[ˈdruskʲɪnʲe:]
pepervat (het)	pipirinė (m)	[pʲɪˈpʲɪrʲɪnʲe:]
boterschaaltje (het)	svíestinė (m)	[ˈsvʲiɛstʲɪnʲe:]

pan (de)	puodas (v)	[ˈpuɑdas]
bakpan (de)	keptuvė (m)	[kʲɛpˈtuvʲe:]
pollepel (de)	samtis (v)	[ˈsamtʲɪs]
vergiet (de/het)	kiaurasamtis (v)	[kʲɛuˈra:samtʲɪs]
dienblad (het)	padėklas (v)	[paˈdʲe:klʲas]

fles (de)	butelis (v)	[ˈbutʲɛlʲɪs]
glazen pot (de)	stiklainis (v)	[stʲɪkˈlʲʌɪnʲɪs]
blik (conserven~)	skardinė (m)	[skarˈdʲɪnʲe:]

flesopener (de)	atidarytuvas (v)	[atʲɪdarʲiːˈtuvas]
blikopener (de)	konservų atidarytuvas (v)	[kɔnˈsʲɛrvu: atʲɪdarʲiːˈtuvas]
kurkentrekker (de)	kamščiatraukis (v)	[kamʃˈtsʲætrɑukʲɪs]
filter (de/het)	filtras (v)	[ˈfʲɪlʲtras]
filteren (ww)	filtruoti	[fʲɪlʲˈtruɑtʲɪ]

| huisvuil (het) | šiukšlės (m dgs) | [ˈʃʊkʃlʲe:s] |
| vuilnisemmer (de) | šiukšlių kibiras (v) | [ˈʃʊkʃlʲu: ˈkʲɪbʲɪras] |

98. Badkamer

badkamer (de)	vonios kambarỹs (v)	[voˈnʲo:s kambaˈrʲiː:s]
water (het)	vanduõ (v)	[vanˈdʊɑ]
kraan (de)	čiaupas (v)	[ˈtsʲæupas]
warm water (het)	kárštas vanduõ (v)	[ˈkarʃtas vanˈdʊɑ]
koud water (het)	šáltas vanduõ (v)	[ˈʃalʲtas vanˈdʊɑ]

tandpasta (de)	dantų pasta (m)	[danˈtu: pasˈta]
tanden poetsen (ww)	valýti dantìs	[vaˈlʲiː:tʲɪ danˈtʲɪs]
tandenborstel (de)	dantų šepetėlis (v)	[danˈtu: ʃepeˈtʲe:lʲɪs]

zich scheren (ww)	skustis	[ˈskustʲɪs]
scheercrème (de)	skutìmosi pùtos (m dgs)	[skuˈtʲɪmosʲɪ ˈputos]
scheermes (het)	skutìmosi peiliùkas (v)	[skuˈtʲɪmosʲɪ pʲɛrˈlʲukas]

wassen (ww)	pláuti	[ˈplʲɑutʲɪ]
een bad nemen	máudytis, praũstis	[ˈmɑudʲiːtʲɪs], [ˈprɑustʲɪs]
douche (de)	dušas (v)	[ˈduʃas]
een douche nemen	praustis dušė	[ˈprɑustʲɪs duˈʃɛ]

bad (het)	vonià (m)	[voˈnʲæ]
toiletpot (de)	unitãzas (v)	[unʲɪˈta:zas]
wastafel (de)	kriauklẽ (m)	[krʲɛukˈlʲe:]
zeep (de)	muilas (v)	[ˈmʊɪlʲas]

zeepbakje (het)	muilinė (m)	['muɪl'ɪn'e:]
spons (de)	kempinė (m)	[k'ɛm'p'ɪn'e:]
shampoo (de)	šampūnas (v)	[ʃam'pu:nas]
handdoek (de)	rankšluostis (v)	['raŋkʃl'uɑst'ɪs]
badjas (de)	chalātas (v)	[xa'l'a:tas]

was (bijv. handwas)	skalbimas (v)	[skal'ˈb'ɪmas]
wasmachine (de)	skalbimo mašina (m)	[skal'ˈb'ɪmɔ maʃ'ɪ'na]
de was doen	skalbti baltinius	['skʌl'pt'ɪ 'ba l'ˈt'ɪn'us]
waspoeder (de)	skalbimo miltēliai (v dgs)	[skal'ˈb'ɪmɔ m'ɪl'ˈt'æl'ɛɪ]

99. Huishoudelijke apparaten

televisie (de)	televizorius (v)	[t'ɛl'ɛ'v'ɪzor'us]
cassettespeler (de)	magnetofonas (v)	[magn'ɛto'fonas]
videorecorder (de)	video magnetofonas (v)	[v'ɪd'ɛɔ magn'ɛto'fonas]
radio (de)	imtuvas (v)	[ɪm'tuvas]
speler (de)	grotuvas (v)	[gro'tuvas]

videoprojector (de)	video projektorius (v)	['v'ɪd'ɛɔ pro'jæktor'us]
home theater systeem (het)	namų kino teātras (v)	[na'mu: 'k'ɪnɔ t'ɛ'a:tras]
DVD-speler (de)	DVD grotuvas (v)	[d'ɪv'ɪ'd'ɪ gro'tuvas]
versterker (de)	stiprintuvas (v)	[st'ɪpr'ɪn'tuvas]
spelconsole (de)	žaidimų priedēlis (v)	[ʒʌɪ'd'ɪmu: 'pr'ɪɛd'e:l'ɪs]

videocamera (de)	videokāmera (m)	[v'ɪd'ɛɔ'ka:m'ɛra]
fotocamera (de)	fotoaparātas (v)	[fotoapa'ra:tas]
digitale camera (de)	skaitmeninis fotoaparātas (v)	[skʌɪtm'ɛ'n'ɪn'ɪs fotoapa'ra:tas]

stofzuiger (de)	dulkių siurblỹs (v)	['dul'k'u: s'ur'bl'i:s]
strijkijzer (het)	lygintuvas (v)	[l'i:g'ɪn'tuvas]
strijkplank (de)	lyginimo lenta (m)	['l'i:g'ɪn'ɪmɔ l'ɛn'ta]

telefoon (de)	telefonas (v)	[t'ɛl'ɛ'fonas]
mobieltje (het)	mobilusis telefonas (v)	[mob'ɪ'lus'ɪs t'ɛl'ɛ'fonas]
schrijfmachine (de)	rāšymo mašinėlė (m)	['ra:ʃɪ:mɔ maʃ'ɪn'e:l'e:]
naaimachine (de)	siuvimo mašina (m)	[s'u'v'ɪmɔ maʃ'ɪ'na]

microfoon (de)	mikrofonas (v)	[m'ɪkro'fonas]
koptelefoon (de)	ausinės (m dgs)	[ɑu's'ɪn'e:s]
afstandsbediening (de)	pultas (v)	['pul'tas]

CD (de)	kompāktinis diskas (v)	[kɔm'pa:kt'ɪn'ɪs 'd'ɪskas]
cassette (de)	kasetė (m)	[ka's'ɛt'e:]
vinylplaat (de)	plokštēlė (m)	[plokʃ't'æl'e:]

100. Reparaties. Renovatie

renovatie (de)	remontas (v)	[r'ɛ'montas]
renoveren (ww)	darýti remontą	[da'r'i:t'ɪ r'ɛ'monta:]
repareren (ww)	remontúoti	[r'ɛmon'tuɑt'ɪ]

| op orde brengen | tvarkýti | [tvar'kʲiːtʲɪ] |
| overdoen (ww) | pérdaryti | ['pʲɛrdarʲiːtʲɪ] |

verf (de)	dažai̇̃ (v dgs)	[da'ʒʌi]
verven (muur ~)	dažýti	[da'ʒʲiːtʲɪ]
schilder (de)	dažýtojas (v)	[da'ʒʲiːtoːjɛs]
kwast (de)	teptùkas (v)	[tʲɛp'tʊkas]

| kalk (de) | báltinimas (v) | ['balʲtʲɪnʲɪmas] |
| kalken (ww) | bálinti | ['baːlʲɪntʲɪ] |

behang (het)	tapétai (v)	[ta'pʲɛtʌɪ]
behangen (ww)	tapetúoti	[tapʲɛ'tʊatʲɪ]
lak (de/het)	lãkas (v)	['lʲaːkas]
lakken (ww)	lakúoti	[lʲa'kʊatʲɪ]

101. Loodgieterswerk

water (het)	vanduõ (v)	[van'dʊa]
warm water (het)	kárštas vanduõ (v)	['karʃtas van'dʊa]
koud water (het)	šáltas vanduõ (v)	['ʃalʲtas van'dʊa]
kraan (de)	čiáupas (v)	['tʂʲæʊpas]

druppel (de)	lãšas (v)	['lʲaːʃas]
druppelen (ww)	lašnóti	[lʲaʃ'notʲɪ]
lekken (een lek hebben)	varvéti	[var'vʲeːtʲɪ]
lekkage (de)	tekéti	[tʲɛ'kʲeːtʲɪ]
plasje (het)	balà (m)	[ba'lʲa]

buis, leiding (de)	vam̃zdis (v)	['vamzdʲɪs]
stopkraan (de)	ventìlis (v)	[vʲɛn'tʲɪlʲɪs]
verstopt raken (ww)	užsiteřšti	[ʊʒsʲɪ'tʲɛrʃtʲɪ]

gereedschap (het)	įrankiai (v dgs)	['iːraŋkʲɛɪ]
Engelse sleutel (de)	skečiamàsis rãktas (v)	[skʲɛtʂʲæ'masʲɪs 'raːktas]
losschroeven (ww)	atsùkti	[at'sʊktʲɪ]
aanschroeven (ww)	užsùkti	[ʊʒ'sʊktʲɪ]

ontstoppen (riool, enz.)	valýti	[va'lʲiːtʲɪ]
loodgieter (de)	santèchnikas (v)	[san'tʲɛxnʲɪkas]
kelder (de)	rūsỹs (v)	[ru:'sʲiːs]
riolering (de)	kanalizãcija (m)	[kanalʲɪ'zaːtsʲɪjɛ]

102. Brand. Vuurzee

brand (de)	ugnìs (v)	[ʊg'nʲɪs]
vlam (de)	liepsnà (m)	[lʲiɛps'na]
vonk (de)	žiẽžirba (m)	['ʒʲiɛʒʲɪrba]
rook (de)	dū́mas (v)	['duːmas]
fakkel (de)	fãkelas (v)	['faːkʲɛlʲas]
kampvuur (het)	láužas (v)	['lʲɑʊʒas]
benzine (de)	benzìnas (v)	[bʲɛn'zʲɪnas]

kerosine (de)	žìbalas (v)	['ʒɩbalʲas]
brandbaar (bn)	degùs	[dʲɛ'gʊs]
ontplofbaar (bn)	sprógus	['sprogʊs]
VERBODEN TE ROKEN!	NERŪKÝTI!	[nʲɛru:'kʲi:tʲɩ]

veiligheid (de)	saugùmas (v)	[saʊ'gumas]
gevaar (het)	pavõjus (v)	[pa'vo:jʊs]
gevaarlijk (bn)	pavojìngas	[pavo'jɩŋgas]

in brand vliegen (ww)	užsidègti	[ʊʒsʲɩ'dʲɛktʲɩ]
explosie (de)	sprogìmas (v)	[spro'gʲɩmas]
in brand steken (ww)	padègti	[pa'dʲɛktʲɩ]
brandstichter (de)	padegéjas (v)	[padʲɛ'gʲe:jas]
brandstichting (de)	padegìmas (v)	[padʲɛ'gʲɩmas]

vlammen (ww)	liepsnóti	[lʲiɛps'notʲɩ]
branden (ww)	dègti	['dʲe:ktʲɩ]
afbranden (ww)	sudègti	[sʊ'dʲɛktʲɩ]

de brandweer bellen	iškviẽsti gaĩsrininkus	[ɩʃk'vʲɛstʲɩ 'gʌɪsrʲɩnʲɩŋkʊs]
brandweerman (de)	gaisrìnis	['gʌɪsrʲɩnʲɩs]
brandweerwagen (de)	gaĩsrinė mašinà (m)	[gʌɪsrʲɩnʲe: maʃɩ'na]
brandweer (de)	gaĩsrinė kománda (m)	['gʌɪsrʲɩnʲe: ko'manda]
uitschuifbare ladder (de)	gaisrìnės kópėčios (m dgs)	['gʌɪsrʲɩnʲe:s 'kopʲe:tʃʲos]

brandslang (de)	žarnà (m)	[ʒar'na]
brandblusser (de)	gesintùvas (v)	[gʲɛsʲɩn'tʊvas]
helm (de)	šálmas (v)	['ʃalʲmas]
sirene (de)	sirenà (m)	[sʲɩrʲɛ'na]

roepen (ww)	šaũkti	['ʃaʊktʲɩ]
hulp roepen	kviẽsti pagálbą	['kvʲɛstʲɩ pa'galʲba:]
redder (de)	gélbėtojas (v)	['gʲælʲbʲe:to:jɛs]
redden (ww)	gélbėti	['gʲælʲbʲe:tʲɩ]

aankomen (per auto, enz.)	atvažiúoti	[atva'ʒʲʊatʲɩ]
blussen (ww)	gesìnti	[gʲɛ'sʲɩntʲɩ]
water (het)	vanduõ (v)	[van'dʊa]
zand (het)	smėlis (v)	['smʲe:lʲɩs]

ruïnes (mv.)	griuvėsiai (v dgs)	[grʲʊ'vʲe:sʲɛɪ]
instorten (gebouw, enz.)	nugriúti	[nʊ'grʲu:tʲɩ]
ineenstorten (ww)	nuvìrsti	[nʊ'vʲɩrstʲɩ]
inzakken (ww)	apgriúti	[ap'grʲu:tʲɩ]

brokstuk (het)	núolauža (m)	['nʊalʲaʊʒa]
as (de)	pelenaĩ (v dgs)	[pʲɛlʲɛ'nʌɪ]

verstikken (ww)	uždùsti	[ʊʒ'dʊstʲɩ]
omkomen (ww)	žū́ti	['ʒu:tʲɩ]

MENSELIJKE ACTIVITEITEN

Baan. Business. Deel 1

103. Kantoor. Op kantoor werken

kantoor (het)	ofisas (v)	['ofˈɪsas]
kamer (de)	kabinetas (v)	[kabˈɪ'nˈɛtas]
receptie (de)	registratūra (m)	[rˈɛgˈɪstratu:'ra]
secretaris (de)	sekretòrius (v)	[sˈɛkrˈɛ'to:rˈʊs]
directeur (de)	direktorius (v)	[dʲɪ'rˈɛktorˈʊs]
manager (de)	vadýbininkas (v)	[va'dʲi:bˈɪn'ɪŋkas]
boekhouder (de)	buhalteris (v)	[bʊ'yalˈtʲɛrˈɪs]
werknemer (de)	bendradarbis (v)	[bʲɛndra'darbˈɪs]
meubilair (het)	baldai (v)	['balˈdʌɪ]
tafel (de)	stalas (v)	['sta:lˈas]
bureaustoel (de)	fotelis (v)	['fotˈɛlˈɪs]
ladeblok (het)	spintėlė (m)	[spʲɪn'tˈælʲe:]
kapstok (de)	kabykla (m)	[kabʲi:k'lʲa]
computer (de)	kompiuteris (v)	[kɔm'pʲʊtˈɛrˈɪs]
printer (de)	spausdintuvas (v)	[spɑʊsdˈɪn'tʊvas]
fax (de)	faksas (v)	['fa:ksas]
kopieerapparaat (het)	kopijavimo aparatas (v)	[kɔpʲɪ'ja:vˈɪmɔ apa'ra:tas]
papier (het)	popierius (v)	['po:pʲiɛrˈʊs]
kantoorartikelen (mv.)	kanceliariniai reikmenys (v dgs)	[kantsʲɛ'lʲærˈɪnʲɛɪ 'rˈɛɪkmʲɛnʲi:s]
muismat (de)	kilimėlis (v)	[kʲɪlʲɪ'mʲe:lʲɪs]
blad (het)	lapas (v)	['lʲa:pas]
ordner (de)	papkė (m)	['pa:pkʲe:]
catalogus (de)	katalogas (v)	[kata'lʲogas]
telefoongids (de)	žinynas (v)	[ʒˈɪ'nʲi:nas]
documentatie (de)	dokumentacija (m)	[dokʊmʲɛn'ta:tsʲɪjɛ]
brochure (de)	brošiūra (m)	[broʃu:'ra]
flyer (de)	skrajutė (m)	[skra'jʊtʲe:]
monster (het), staal (de)	pavyzdys (v)	[pavʲi:z'dʲi:s]
training (de)	treningas (v)	['trˈɛnʲɪngas]
vergadering (de)	pasitarimas (v)	[pasʲɪta'rˈɪmas]
lunchpauze (de)	pietų pertrauka (m)	[pʲɪɛ'tu: 'pʲɛrtrɑʊka]
een kopie maken	darýti kopiją	[da'rˈi:tʲɪ 'kopʲɪja:]
de kopieën maken	dauginti	['dɑʊgˈɪntʲɪ]
een fax ontvangen	gauti faksą	['gɑʊtʲɪ 'fa:ksa:]
een fax versturen	siųsti faksą	['sʲʊ:stʲɪ 'fa:ksa:]

opbellen (ww)	**skam̃binti**	['skambʲɪntʲɪ]
antwoorden (ww)	**atsiliẽpti**	[atsʲɪ'lʲɛptʲɪ]
doorverbinden (ww)	**sujùngti**	[sʊ'jʊŋktʲɪ]
afspreken (ww)	**skir̀ti**	['skʲɪrtʲɪ]
demonstreren (ww)	**demonstrúoti**	[dʲɛmons'trʊɑtʲɪ]
absent zijn (ww)	**nebū́ti**	[nʲɛ'bu:tʲɪ]
afwezigheid (de)	**praleidìmas** (v)	[pralʲɛɪ'dʲɪmas]

104. Bedrijfsprocessen. Deel 1

bedrijf (business)	**ver̃slas** (v)	['vʲɛrslʲas]
zaak (de), beroep (het)	**veiklà** (m)	[vʲɛɪk'lʲa]
firma (de)	**fìrma** (m)	['fʲɪrma]
bedrijf (maatschap)	**kompãnija** (m)	[kɔm'pa:nʲɪjɛ]
corporatie (de)	**korporãcija** (m)	[kɔrpo'ra:tsʲɪjɛ]
onderneming (de)	**į́monė** (m)	['i:monʲe:]
agentschap (het)	**agentūrà** (m)	[agʲɛntu:'ra]
overeenkomst (de)	**sutartìs** (m)	[sʊtar'tʲɪs]
contract (het)	**kontrãktas** (v)	[kɔn'tra:ktas]
transactie (de)	**sándėris** (v)	['sandʲe:rʲɪs]
bestelling (de)	**užsãkymas** (v)	[ʊʒ'sa:kʲi:mas]
voorwaarde (de)	**są́lyga** (m)	['sa:lʲi:ga]
in het groot (bw)	**didmenomìs**	[dʲɪdmʲɛno'mʲɪs]
groothandels- (abn)	**didmenìnis**	[dʲɪdmʲɛ'nʲɪnʲɪs]
groothandel (de)	**didmenìnė prekýba** (m)	[dʲɪdme'nʲɪnʲe: pre'kʲi:ba]
kleinhandels- (abn)	**mažmenìnis**	[maʒmʲɛ'nʲɪnʲɪs]
kleinhandel (de)	**mažmenìnė prekýba** (m)	[maʒme'nʲɪnʲe: pre'kʲi:ba]
concurrent (de)	**konkureñtas** (v)	[kɔŋkʊ'rʲɛntas]
concurrentie (de)	**konkureñcija** (m)	[kɔŋkʊ'rʲɛntsʲɪjɛ]
concurreren (ww)	**konkurúoti**	[kɔŋkʊ'rʊɑtʲɪ]
partner (de)	**pártneris** (v)	['partnʲɛrʲɪs]
partnerschap (het)	**partnerỹstė** (m)	[partnʲɛ'rʲi:stʲe:]
crisis (de)	**krìzė** (m)	['krʲɪzʲe:]
bankroet (het)	**bankròtas** (v)	[baŋk'rotas]
bankroet gaan (ww)	**bankrutúoti**	[baŋkrʊ'tʊɑtʲɪ]
moeilijkheid (de)	**sunkùmas** (v)	[sʊŋ'kʊmas]
probleem (het)	**problemà** (m)	[problʲɛ'ma]
catastrofe (de)	**katastrofà** (m)	[katastro'fa]
economie (de)	**ekonòmika** (m)	[ɛko'nomʲɪka]
economisch (bn)	**ekonòminis**	[ɛko'nomʲɪnʲɪs]
economische recessie (de)	**ekonòminis núosmukis** (v)	[ɛko'nomʲɪnʲɪs 'nʊɑsmʊkʲɪs]
doel (het)	**tìkslas** (v)	['tʲɪkslʲas]
taak (de)	**užduotìs** (m)	[ʊʒdʊɑ'tʲɪs]
handelen (handel drijven)	**prekiáuti**	[prʲɛ'kʲæʊtʲɪ]
netwerk (het)	**tiñklas** (v)	['tʲɪŋklʲas]

voorraad (de)	**sándėlis** (v)	['sandʲe:lʲɪs]
assortiment (het)	**asortimeñtas** (v)	[asortʲɪ'mʲɛntas]
leider (de)	**lýderis** (v)	['lʲi:dʲɛrʲɪs]
groot (bn)	**dìdelė**	['dʲɪdʲɛlʲe:]
monopolie (het)	**monopòlija** (m)	[mono'polʲɪjɛ]
theorie (de)	**teòrija** (m)	[tʲɛ'orʲɪjɛ]
praktijk (de)	**prãktika** (m)	['pra:ktʲɪka]
ervaring (de)	**patirtìs** (m)	[patʲɪr'tʲɪs]
tendentie (de)	**tendeñcija** (m)	[tʲɛn'dʲɛnt͡sʲɪjɛ]
ontwikkeling (de)	**výstymasis** (v)	['vʲi:stʲi:masʲɪs]

105. Bedrijfsprocessen. Deel 2

voordeel (het)	**naudà** (m)	[nɑʊ'da]
voordelig (bn)	**naudìngas**	[nɑʊ'dʲɪngas]
delegatie (de)	**delegãcija** (m)	[dʲɛlʲɛ'ga:tsʲɪjɛ]
salaris (het)	**dárbo ùžmokestis** (v)	['darbɔ 'ʊʒmokʲɛstʲɪs]
corrigeren (fouten ~)	**taisýti**	[tʌɪ'sʲi:tʲɪ]
zakenreis (de)	**komandiruõtė** (m)	[kɔmandʲɪ'rʊɑtʲe:]
commissie (de)	**komìsija** (m)	[kɔ'mʲɪsʲɪjɛ]
controleren (ww)	**kontroliúoti**	[kɔntro'lʲʊɑtʲɪ]
conferentie (de)	**konfereñcija** (m)	[kɔnfʲɛ'rʲɛntsʲɪjɛ]
licentie (de)	**liceñzija** (m)	[lʲɪ'tsʲɛnzʲɪjɛ]
betrouwbaar (partner, enz.)	**pàtikimas**	['patʲɪkʲɪmas]
aanzet (de)	**pradžià** (m)	[prad'ʒʲæ]
norm (bijv. ~ stellen)	**nòrma** (m)	['norma]
omstandigheid (de)	**aplinkýbė** (m)	[aplʲɪŋ'kʲi:bʲe:]
taak, plicht (de)	**pareigà** (m)	[parʲɛɪ'ga]
organisatie (bedrijf, zaak)	**organizãcija** (m)	[organʲɪ'za:tsʲɪjɛ]
organisatie (proces)	**organizãvimas** (v)	[organʲɪ'za:vʲɪmas]
georganiseerd (bn)	**organizúotas**	[organʲɪ'zʊɑtas]
afzegging (de)	**atšaukìmas** (v)	[atʃɑʊ'kʲɪmas]
afzeggen (ww)	**atšaũkti**	[at'ʃɑʊktʲɪ]
verslag (het)	**atãskaita** (m)	[a'ta:skʌɪta]
patent (het)	**pãtentas** (v)	['pa:tʲɛntas]
patenteren (ww)	**patentúoti**	[patʲɛn'tʊɑtʲɪ]
plannen (ww)	**planúoti**	[plʲa'nʊɑtʲɪ]
premie (de)	**prèmija** (m)	['prʲɛmʲɪjɛ]
professioneel (bn)	**profesionalùs**	[profʲɛsʲɪjɔna'lʲʊs]
procedure (de)	**procedūrà** (m)	[protsʲɛdu:'ra]
onderzoeken (contract, enz.)	**išnagrinéti**	[ɪʃnagrʲɪ'nʲe:tʲɪ]
berekening (de)	**apskaità** (m)	[apskʌɪ'ta]
reputatie (de)	**reputãcija** (m)	[rʲɛpʊ'ta:tsʲɪjɛ]
risico (het)	**rìzika** (m)	['rʲɪzʲɪka]
beheren (managen)	**vadováuti**	[vado'vɑʊtʲɪ]

informatie (de)	dúomenys (v dgs)	['dʊamˈɛnˈiːs]
eigendom (bezit)	nuosavýbė (m)	[nʊasa'vˈiːbˈeː]
unie (de)	sąjunga (m)	['saːjʊnga]

levensverzekering (de)	gyvýbės draudìmas (v)	[gˈiːˈvˈiːbˈeːs drɑʊ'dˈɪmas]
verzekeren (ww)	draũsti	['drɑʊstˈɪ]
verzekering (de)	draudìmas (v)	[drɑʊ'dˈɪmas]

veiling (de)	varžýtinės (m dgs)	[var'ʒˈiːtˈɪnˈeːs]
verwittigen (ww)	pranešti	[pra'nˈɛʃtˈɪ]
beheer (het)	valdymas (v)	['valˈdˈiːmas]
dienst (de)	paslaugà (m)	[pasˈlɑʊ'ga]

forum (het)	forumas (v)	['forʊmas]
functioneren (ww)	funkcionúoti	[fʊŋktsˈɪjɔ'nʊatˈɪ]
stap, etappe (de)	etãpas (v)	[ɛ'taːpas]
juridisch (bn)	juridinis	[jʊ'rˈɪdˈɪnˈɪs]
jurist (de)	teìsininkas (v)	['tˈɛɪsˈɪnˈɪŋkas]

106. Productie. Werken

industriële installatie (fabriek)	gamyklà (m)	[gamˈiːkˈlˈa]
fabriek (de)	fãbrikas (v)	['faːbrˈɪkas]
werkplaatsruimte (de)	cèchas (v)	['tsˈɛxas]
productielocatie (de)	gamýba (m)	[ga'mˈiːba]

industrie (de)	prãmonė (m)	['pra:monˈeː]
industrieel (bn)	pramonìnis	[pramo'nˈɪnˈɪs]
zware industrie (de)	sunkioji prãmonė (m)	[sʊn'kˈɔːjɪ 'pra:monˈeː]
lichte industrie (de)	lengvoji prãmonė (m)	[lˈɛng'vo:jɪ 'pra:monˈeː]

productie (de)	produkcija (m)	[pro'dʊktsˈɪjɛ]
produceren (ww)	gaminti	[ga'mˈɪntˈɪ]
grondstof (de)	žãliava (m)	['ʒaːlˈæva]

voorman, ploegbaas (de)	brigãdininkas (v)	[brˈɪ'ga:dˈɪnˈɪŋkas]
ploeg (de)	brigadà (m)	[brˈɪga'da]
arbeider (de)	darbiniñkas (v)	[darbˈɪ'nˈɪŋkas]

werkdag (de)	dárbo dienà (m)	['darbɔ dˈiɛ'na]
pauze (de)	pértrauka (m)	['pˈɛrtrɑʊka]
samenkomst (de)	susirinkìmas (v)	[sʊsˈɪr'ɪŋ'kˈɪmas]
bespreken (spreken over)	svarstýti	[svar'stˈiːtˈɪ]

plan (het)	plãnas (v)	['plˈa:nas]
het plan uitvoeren	įvýkdyti plãną	[iː'vˈɪːkdˈɪːtˈɪ 'plˈa:naː]
productienorm (de)	nòrma (m)	['norma]
kwaliteit (de)	kokýbė (m)	[kɔ'kˈiːbˈeː]
controle (de)	kontrolė (m)	[kɔn'trolˈeː]
kwaliteitscontrole (de)	kokýbės kontrolė (m)	[kɔ'kˈiːbˈeːs kon'trolˈeː]

arbeidsveiligheid (de)	dárbo saugà (m)	['darbɔ sɑʊ'ga]
discipline (de)	drausmė (m)	['drɑʊsmˈeː]
overtreding (de)	pažeidìmas (v)	[paʒˈɛɪ'dˈɪmas]

overtreden (ww)	pažeĩsti	[pa'ʒ⁼ɛɪst⁼ɪ]
staking (de)	streĩkas (v)	['str⁼ɛɪkas]
staker (de)	streĩkininkas (v)	['str⁼ɛ⁼ɪk⁼ɪn⁼ɪŋkas]
staken (ww)	streikúoti	[str⁼ɛɪ'kʊat⁼ɪ]
vakbond (de)	profsájunga (m)	[prof'sa:jʊŋa]

uitvinden (machine, enz.)	išradinéti	[ɪʃrad⁼ɪ'n⁼e:t⁼ɪ]
uitvinding (de)	išradìmas (v)	[ɪʃra'd⁼ɪmas]
onderzoek (het)	tyrinéjimas (v)	[t⁼i:r⁼ɪ'n⁼ɛjɪmas]
verbeteren (beter maken)	gērinti	['g⁼ær⁼ɪnt⁼ɪ]
technologie (de)	technologija (m)	[t⁼ɛxno'l⁼og⁼ɪjɛ]
technische tekening (de)	bréžinỹs (v)	[br⁼e:ʒ⁼ɪ'n⁼i:s]

vracht (de)	krovinỹs (v)	[krov⁼ɪ'n⁼i:s]
lader (de)	krovéjas (v)	[kro'v⁼e:jas]
laden (vrachtwagen)	kráuti	['krɑʊt⁼ɪ]
laden (het)	krovìmas (v)	[kro'v⁼ɪmas]
lossen (ww)	iškráuti	[ɪʃ'krɑʊt⁼ɪ]
lossen (het)	iškrovìmas (v)	[ɪʃkro'v⁼ɪmas]

transport (het)	transpòrtas (v)	[trans'portas]
transportbedrijf (de)	transpòrto kompānija (m)	[trans'porto kom'pa:n⁼ɪjɛ]
transporteren (ww)	transportúoti	[transpor'tʊat⁼ɪ]

goederenwagon (de)	vagònas (v)	[va'gonas]
tank (bijv. ketelwagen)	cistèrna (m)	[tsⁱɪs't⁼ɛrna]
vrachtwagen (de)	suñkvežimis (v)	['sʊŋkv⁼ɛʒ⁼ɪm⁼ɪs]
machine (de)	stãklės (m dgs)	['sta:kl⁼e:s]
mechanisme (het)	mechanìzmas (v)	[m⁼ɛxa'n⁼ɪzmas]

industrieel afval (het)	atliekõs (m dgs)	[at'l⁼iɛko:s]
verpakking (de)	pakāvimas (v)	[pa'ka:v⁼ɪmas]
verpakken (ww)	supakúoti	[sʊpa'kʊat⁼ɪ]

107. Contract. Overeenstemming

contract (het)	kontrãktas (v)	[kon'tra:ktas]
overeenkomst (de)	susitarìmas (v)	[sʊs⁼ɪta'r⁼ɪmas]
bijlage (de)	priédas (v)	['pr⁼ɪɛdas]

een contract sluiten	sudarýti sùtartį	[sʊda'r⁼ɪ:t⁼ɪ 'sʊtart⁼ɪ:]
handtekening (de)	pãrašas (v)	['pa:raʃas]
ondertekenen (ww)	pasirašýti	[pas⁼ɪra'ʃ⁼ɪ:t⁼ɪ]
stempel (de)	añtspaudas (v)	['antspɑʊdas]

voorwerp (het) van de overeenkomst	sutartiẽs dalỹkas (v)	[sʊtar't⁼ɪɛs da'l⁼i:kas]
clausule (de)	pùnktas (v)	['pʊŋktas]
partijen (mv.)	šãlys (m dgs)	['ʃa:l⁼i:s]
vestigingsadres (het)	jurìdinis ãdresas (v)	[jʊ'r⁼ɪd⁼ɪn⁼ɪs 'a:dr⁼ɛsas]

| het contract verbreken (overtreden) | pažeĩsti sùtartį | [pa'ʒ⁼ɛɪst⁼ɪ 'sʊtart⁼ɪ:] |
| verplichting (de) | įsipareigójimas (v) | [i:s⁼ɪpar⁼ɛɪ'go:jɪmas] |

verantwoordelijkheid (de)	atsakomýbė (m)	[atsako'mʲi:bʲe:]
overmacht (de)	nenugalimóji jėga (m)	[nʲɛnʊgalʲɪ'mo:jɪ je:'ga]
geschil (het)	giñčas (v)	['gʲɪntʂas]
sancties (mv.)	baudìnės sánkcijos (m dgs)	[baʊ'dʲɪnʲe:s 'saŋktsʲɪjos]

108. Import & Export

import (de)	impòrtas (v)	[ɪm'portas]
importeur (de)	importúotojas (v)	[ɪmpor'tʊɑto:jɛs]
importeren (ww)	importúoti	[ɪmpor'tʊɑtʲɪ]
import- (abn)	impòrtinis	[ɪm'portʲɪnʲɪs]

| exporteur (de) | eksportúotojas (v) | [ɛkspor'tʊɑto:jɛs] |
| exporteren (ww) | eksportúoti | [ɛkspor'tʊɑtʲɪ] |

| goederen (mv.) | prēkė (m) | ['prʲækʲe:] |
| partij (de) | pártija (m) | ['partʲɪjɛ] |

gewicht (het)	svõris (v)	['svo:rʲɪs]
volume (het)	tūris (v)	['tu:rʲɪs]
kubieke meter (de)	kùbinis mètras (v)	['kʊbʲɪnʲɪs 'mʲɛtras]

producent (de)	gamìntojas (v)	[ga'mʲɪnto:jɛs]
transportbedrijf (de)	transpòrto kompãnija (m)	[trans'portɔ kom'pa:nʲɪjɛ]
container (de)	konteìneris (v)	[kɔn'tʲɛɪnʲɛrʲɪs]

grens (de)	síena (m)	['sʲiɛna]
douane (de)	muìtinė (m)	['mʊɪtʲɪnʲe:]
douanerecht (het)	muìtinės riñkliava (m)	['mʊɪtʲɪnʲe:s 'rʲɪŋklʲæva]
douanier (de)	muìtininkas (v)	['mʊɪtʲɪnʲɪŋkas]

| smokkelen (het) | kontrabánda (m) | [kɔntra'banda] |
| smokkelwaar (de) | kontrabánda (m) | [kɔntra'banda] |

109. Financiën

aandeel (het)	ãkcija (m)	['a:ktsʲɪjɛ]
obligatie (de)	obligãcija (m)	[oblʲɪ'ga:tsʲɪjɛ]
wissel (de)	vèkselis (v)	['vʲɛksʲɛlʲɪs]

| beurs (de) | bìrža (m) | ['bʲɪrʒa] |
| aandelenkoers (de) | ãkcijų kùrsas (v) | ['a:ktsʲɪju: 'kʊrsas] |

| dalen (ww) | atpìgti | [at'pʲɪktʲɪ] |
| stijgen (ww) | pabrángti | [pa'braŋktʲɪ] |

deel (het)	ãkcija (m)	['a:ktsʲɪjɛ]
meerderheidsbelang (het)	kontròlinis pakètas (v)	[kɔn'trolʲɪnʲɪs pa'kʲɛtas]
investeringen (mv.)	investìcijos (m dgs)	[ɪnvʲɛs'tʲɪtsʲɪjos]
investeren (ww)	investúoti	[ɪnvʲɛs'tʊɑtʲɪ]
procent (het)	pròcentas (v)	['protsʲɛntas]
rente (de)	pròcentai (v dgs)	['protsʲɛntʌɪ]

winst (de)	pelnas (v)	['pʲɛlʲnas]
winstgevend (bn)	pelningas	[pʲɛlʲnʲɪngas]
belasting (de)	mokestis (v)	['mokʲɛstʲɪs]

valuta (vreemde ~)	valiuta (m)	[valʲʊ'ta]
nationaal (bn)	nacionalinis	[natsʲɪjɔ'na:lʲɪnʲɪs]
ruil (de)	keitimas (v)	[kʲɛɪ'tʲɪmas]

| boekhouder (de) | buhalteris (v) | [bʊ'yalʲtʲɛrʲɪs] |
| boekhouding (de) | buhalterija (m) | [bʊyalʲ'tʲɛrʲɪjɛ] |

bankroet (het)	bankrotas (v)	[baŋk'rotas]
ondergang (de)	subankrutavimas (v)	[sʊbaŋkrʊ'ta:vʲɪmas]
faillissement (het)	nuskurdimas (v)	[nʊskʊr'dʲɪmas]
geruïneerd zijn (ww)	nuskursti	[nʊ'skʊrstʲɪ]
inflatie (de)	infliacija (m)	[ɪn'flʲætsʲɪjɛ]
devaluatie (de)	devalvacija (m)	[dʲɛvalʲ'va:tsʲɪjɛ]

kapitaal (het)	kapitalas (v)	[kapʲɪ'ta:lʲas]
inkomen (het)	pajamos (m dgs)	['pa:jamos]
omzet (de)	apyvarta (m)	[a'pʲi:varta]
middelen (mv.)	ištekliai (v dgs)	[ɪʃtʲɛ'klʲɛɪ]
financiële middelen (mv.)	piniginės lėšos (m dgs)	[pʲɪnʲɪ'gʲɪnʲe:s 'lʲe:ʃos]

| operationele kosten (mv.) | pridėtinės išlaidos (m dgs) | [prʲɪdʲe:'tʲɪnʲe:s 'ɪʃlʲʌɪdos] |
| reduceren (kosten ~) | sumažinti | [sʊ'ma:ʒʲɪntʲɪ] |

110. Marketing

marketing (de)	rinkodara (m)	[rʲɪŋ'kodara]
markt (de)	rinka (m)	[rʲɪŋ'ka]
marktsegment (het)	rinkos segmentas (v)	['rʲɪŋkos sʲɛg'mʲɛntas]
product (het)	produktas (v)	[pro'dʊktas]
goederen (mv.)	prekė (m)	['prʲækʲe:]

merk (het)	brendas (v)	[brʲɛndas]
handelsmerk (het)	prekės ženklas (v)	[prʲækʲe:s 'ʒʲæŋklʲas]
beeldmerk (het)	firmos ženklas (v)	['fʲɪrmos 'ʒʲɛŋklʲas]
logo (het)	logotipas (v)	[lʲogo'tʲɪpas]

vraag (de)	paklausa (m)	[paklʲʊʊ'sa]
aanbod (het)	pasiūla (m)	[pasʲʊ:'lʲa]
behoefte (de)	poreikis (v)	['porʲɛɪkʲɪs]
consument (de)	vartotojas (v)	[var'toto:jɛs]

| analyse (de) | analizė (m) | [a'na:lʲɪzʲe:] |
| analyseren (ww) | analizuoti | [analʲɪ'zʊɑtʲɪ] |

| positionering (de) | pozicionavimas (v) | [pozʲɪtsʲɪjo'na:vʲɪmas] |
| positioneren (ww) | pozicionuoti | [pozʲɪtsʲɪjo'nʊɑtʲɪ] |

prijs (de)	kaina (m)	['kʌɪna]
prijspolitiek (de)	kainų politika (m)	['kʌɪnu: po'lʲɪtʲɪka]
prijsvorming (de)	kainų formavimas (v)	['kʌɪnu: for'ma:vʲɪmas]

111. Reclame

reclame (de)	reklama (m)	[rʲɛklʲaˈma]
adverteren (ww)	reklamúoti	[rʲɛklʲaˈmʊatʲɪ]
budget (het)	biudžėtas (v)	[bʲuˈdʒʲɛtas]

advertentie, reclame (de)	reklama (m)	[rʲɛklʲaˈma]
TV-reclame (de)	telereklama (m)	[tʲɛlʲɛrʲɛklaˈma]
radioreclame (de)	rādijo reklama (m)	[ˈraːdʲɪjo rʲɛklʲaˈma]
buitenreclame (de)	išorìnė reklama (m)	[ɪʃoˈrʲɪnʲe: rɛklʲaˈma]

massamedia (de)	žiniãsklaida (m)	[ʒʲɪˈnʲæsklʲʌɪda]
periodiek (de)	periòdinis leidinỹs (v)	[pʲɛrʲɪˈjodʲɪnʲɪs lʲɛɪdʲɪˈnʲiːs]
imago (het)	įvaizdis (v)	[ˈiːvʌɪzdʲɪs]

| slagzin (de) | šū̃kis (v) | [ˈʃuːkʲɪs] |
| motto (het) | devìzas (v) | [dʲɛˈvʲɪzas] |

campagne (de)	kampãnija (m)	[kamˈpaːnʲɪjɛ]
reclamecampagne (de)	reklãmos kampãnija (m)	[rʲɛklʲaːmos kamˈpaːnʲɪjɛ]
doelpubliek (het)	tiksl̃inė auditòrija (m)	[tʲɪksˈlʲɪnʲe: ɑʊdʲɪˈtorʲɪjɛ]

visitekaartje (het)	vizìtinė kortẽlė (m)	[vʲɪˈzʲɪtʲɪnʲe: korˈtʲælʲe:]
flyer (de)	lapẽlis (v)	[laˈpʲælʲɪs]
brochure (de)	brošiūrà (m)	[broʃuːˈra]
folder (de)	lankstìnukas (v)	[lʲaŋkstʲɪˈnʊkas]
nieuwsbrief (de)	biuletènis (v)	[bʲʊlʲɛˈtʲɛnʲɪs]

gevelreclame (de)	iškaba (m)	[ˈɪʃkaba]
poster (de)	plakãtas (v)	[plʲaˈkaːtas]
aanplakbord (het)	skỹdas (v)	[ˈskʲiːdas]

112. Bankieren

| bank (de) | bánkas (v) | [ˈbaŋkas] |
| bankfiliaal (het) | skỹrius (v) | [ˈskʲiːrʲʊs] |

| bankbediende (de) | konsultántas (v) | [konsʊlʲˈtantas] |
| manager (de) | valdýtojas (v) | [valʲˈdʲiːtoːjɛs] |

bankrekening (de)	sąskaita (m)	[ˈsaːskʌɪta]
rekeningnummer (het)	sąskaitos nùmeris (v)	[ˈsaːskʌɪtos ˈnʊmʲɛrʲɪs]
lopende rekening (de)	einamóji sąskaita (m)	[ɛɪnaˈmoːjɪ ˈsaːskʌɪta]
spaarrekening (de)	kaupiamóji sąskaita (m)	[kɑʊpʲæˈmoːjɪ ˈsaːskʌɪta]

een rekening openen	atidarýti sąskaitą	[atʲɪdaˈrʲiːtʲɪ ˈsaːskʌɪtaː]
de rekening sluiten	uždarýti sąskaitą	[ʊʒdaˈrʲiːtʲɪ ˈsaːskʌɪtaː]
op rekening storten	padéti į̃ sąskaitą	[paˈdʲe:tʲɪ iː ˈsaːskʌɪtaː]
opnemen (ww)	paim̃ti ìš sąskaitos	[ˈpʌɪmtʲɪ ɪʃ ˈsaːskʌɪtos]

storting (de)	iñdėlis (v)	[ˈɪndʲe:lʲɪs]
een storting maken	įnèšti iñdėlį	[iːˈnʲɛʃtʲɪ ˈindʲe:lʲɪː]
overschrijving (de)	pavedìmas (v)	[pavʲɛˈdʲɪmas]

een overschrijving maken	atlìkti pavedìmą	[at'lʲɪktʲɪ pavʲɛ'dʲɪma:]
som (de)	sumà (m)	[su'ma]
Hoeveel?	Kíek?	['kʲiɛk?]

| handtekening (de) | párašas (v) | ['pa:raʃas] |
| ondertekenen (ww) | pasirašýti | [pasʲɪra'ʃɪ:tʲɪ] |

kredietkaart (de)	kredìtinė kortêlê (m)	[krʲɛ'dʲɪtʲɪnʲe: kor'tʲælʲe:]
code (de)	kòdas (v)	['kodas]
kredietkaartnummer (het)	kredìtinês kortêlês nùmeris (v)	[krʲɛ'dʲɪtʲɪnʲe:s kor'tʲælʲe:s 'numerʲɪs]
geldautomaat (de)	bankomãtas (v)	[baŋko'ma:tas]

cheque (de)	kvìtas (v)	['kvʲɪtas]
een cheque uitschrijven	išrašýti kvìtą	[ɪʃra'ʃɪ:tʲɪ 'kvʲɪta:]
chequeboekje (het)	čèkių knygêlė (m)	['tʃʲɛkʲu: knʲi:'gʲælʲe:]

lening, krediet (de)	kredìtas (v)	[krʲɛ'dʲɪtas]
een lening aanvragen	kreìptis dêl kredìto	['krʲɛɪptʲɪs dʲe:lʲ krʲɛ'dʲɪtɔ]
een lening nemen	iṁti kredìtą	['ɪmtʲɪ krʲɛ'dʲɪta:]
een lening verlenen	suteìkti kredìtą	[su'tʲɛɪktʲɪ krʲɛ'dʲɪta:]
garantie (de)	garántija (m)	[ga'rantʲɪjɛ]

113. Telefoon. Telefoongesprek

telefoon (de)	telefònas (v)	[tʲɛlʲɛ'fonas]
mobieltje (het)	mobilùsis telefònas (v)	[mobʲɪ'lusʲɪs tʲɛlʲɛ'fonas]
antwoordapparaat (het)	autoatsakìklis (v)	[autoatsa'kʲɪklʲɪs]

| bellen (ww) | skaṁbinti | ['skambʲɪntʲɪ] |
| belletje (telefoontje) | skambùtis (v) | [skam'butʲɪs] |

een nummer draaien	suriṅkti nùmerį	[su'rʲɪŋktʲɪ 'numʲɛrʲɪ:]
Hallo!	Alió!	[a'lʲo!]
vragen (ww)	pakláusti	[pak'lʲaustʲɪ]
antwoorden (ww)	atsakýti	[atsa'kʲi:tʲɪ]

| horen (ww) | girdéti | [gʲɪr'dʲe:tʲɪ] |
| goed (bw) | geraì | [gʲɛ'rʌɪ] |

| slecht (bw) | prastaì | [pras'tʌɪ] |
| storingen (mv.) | trukdžiaì (v dgs) | [truk'dʒʲɛɪ] |

hoorn (de)	ragêlis (v)	[ra'gʲælʲɪs]
opnemen (ww)	pakélti ragêlį	[pa'kʲɛlʲtʲɪ ra'gʲælʲɪ:]
ophangen (ww)	padéti ragêlį	[pa'dʲe:tʲɪ ra'gʲælʲɪ:]

bezet (bn)	ùžimtas	['uʒʲɪmtas]
overgaan (ww)	skambéti	[skam'bʲe:tʲɪ]
telefoonboek (het)	telefònų knygà (m)	[tʲɛlʲɛ'fonu: knʲi:'ga]

lokaal (bn)	vìetinis (v)	['vʲiɛtʲɪnʲɪs]
interlokaal (bn)	tarpmiestìnis	[tarpmʲiɛs'tʲɪnʲɪs]
buitenlands (bn)	tarptautìnis	[tarptau'tʲɪnʲɪs]

114. Mobiele telefoon

mobieltje (het)	mobilūsis telefonas (v)	[mobʲɪ'lʊsʲɪs tʲɛlʲɛ'fonas]
scherm (het)	ekrānas (v)	[ɛk'ra:nas]
toets, knop (de)	mygtùkas (v)	[mʲi:k'tʊkas]
simkaart (de)	SIM-kortēlė (m)	[sʲɪm-kor'tʲælʲe:]

batterij (de)	akumuliātorius (v)	[akʊmʊ'lʲætorʲʊs]
leeg zijn (ww)	išsikráuti	[ɪʃsʲɪ'krɑʊtʲɪ]
acculader (de)	įkrovìklis (v)	[i:kro'vʲɪ:klʲɪs]

menu (het)	valgiāraštis (v)	[valʲʲgʲæraʃtʲɪs]
instellingen (mv.)	nustātymai (v dgs)	[nʊ'sta:tʲi:mʌɪ]
melodie (beltoon)	melòdija (m)	[mʲɛ'lʲodʲɪjɛ]
selecteren (ww)	pasiriñkti	[pasʲɪ'rʲɪŋktʲɪ]

rekenmachine (de)	skaičiuotùvas (v)	[skʌɪtʂʊo'tʊvas]
voicemail (de)	balso pāštas (v)	['balʲsɔ 'pa:ʃtas]
wekker (de)	žadintùvas (v)	[ʒadʲɪn'tʊvas]
contacten (mv.)	telefonų knyga (m)	[tʲɛlʲɛ'fonu: knʲi:'ga]

SMS-bericht (het)	SMS žinùtė (m)	[ɛsɛ'mɛs ʒʲɪnʊtʲe:]
abonnee (de)	aboneñtas (v)	[abo'nʲɛntas]

115. Schrijfbehoeften

balpen (de)	automātinis šratinùkas (v)	[ɑʊto'ma:tʲɪnʲɪs ʃratʲɪ'nʊkas]
vulpen (de)	plunksnākotis (v)	[plʲʊŋk'sna:kotʲɪs]

potlood (het)	pieštùkas (v)	[pʲiɛʃ'tʊkas]
marker (de)	žymēklis (v)	[ʒʲi:'mʲæklʲɪs]
viltstift (de)	flomāsteris (v)	[flʲo'ma:stʲɛrʲɪs]

notitieboekje (het)	bloknòtas (v)	[blʲok'notas]
agenda (boekje)	dienòraštis (v)	[dʲiɛ'noraʃtʲɪs]

liniaal (de/het)	liniuõtė (m)	[lʲɪ'nʲʊo:tʲe:]
rekenmachine (de)	skaičiuotùvas (v)	[skʌɪtʂʊo'tʊvas]
gom (de)	trintùkas (v)	[trʲɪn'tʊkas]
punaise (de)	smeigtùkas (v)	[smʲɛɪk'tʊkas]
paperclip (de)	sąvaržėlė (m)	[sa:var'ʒʲe:lʲe:]

lijm (de)	klijaĩ (v dgs)	[klʲɪ'jʌɪ]
nietmachine (de)	segìklis (v)	[sʲɛ'gʲɪklʲɪs]
perforator (de)	skylāmušis (v)	[skʲi:'lʲa:muʃʲɪs]
potloodslijper (de)	drožtùkas (v)	[droʒ'tʊkas]

116. Verschillende soorten documenten

verslag (het)	atāskaita (m)	[a'ta:skʌɪta]
overeenkomst (de)	susitarìmas (v)	[sʊsʲɪta'rʲɪmas]

aanvraagformulier (het)	paraiška (m)	[parʌɪʃ'ka]
origineel, authentiek (bn)	tìkras	['tʲɪkras]
badge, kaart (de)	kortẽlė (m)	[kɔr'tʲælʲe:]
visitekaartje (het)	vizìtinė kortẽlė (m)	[vʲɪ'zʲɪtʲɪnʲe: kɔr'tʲælʲe:]

certificaat (het)	sertifikãtas (v)	[sʲɛrtʲɪfʲɪ'ka:tas]
cheque (de)	kvìtas (v)	['kvʲɪtas]
rekening (in restaurant)	sàskaita (m)	['sa:skʌɪta]
grondwet (de)	konstitùcija (m)	[kɔnstʲɪ'tʊtsʲɪjɛ]

contract (het)	sutartìs (m)	[sʊtar'tʲɪs]
kopie (de)	kòpija (m)	['kopʲɪjɛ]
exemplaar (het)	egzempliõrius (v)	[ɛgzʲɛm'plʲɪjɔ:rʲʊs]

douaneaangifte (de)	deklarãcija (m)	[dʲɛklʲa'ra:tsʲɪjɛ]
document (het)	dokumeñtas (v)	[dokʊ'mʲɛntas]
rijbewijs (het)	vairúotojo pažymė́jimas (v)	[vʌɪ'rʊɑtojɔ paʒʲiː'mʲɛjɪmas]
bijlage (de)	priẽdas (v)	['prʲɛdas]
formulier (het)	anketà (m)	[aŋkʲɛ'ta]

identiteitskaart (de)	pažymė́jimas (v)	[paʒʲiː'mʲɛjɪmas]
aanvraag (de)	paklausìmas (v)	[paklʲɑʊ'sʲɪmas]
uitnodigingskaart (de)	kvietìmas (v)	[kvʲiɛ'tʲɪmas]
factuur (de)	sàskaita (m)	['sa:skʌɪta]

wet (de)	įstãtymas (v)	[iː'sta:ti:mas]
brief (de)	laĩškas (v)	['lʲʌɪʃkas]
briefhoofd (het)	blánkas (v)	['blʲaŋkas]
lijst (de)	sàrašas (v)	['sa:raʃas]
manuscript (het)	rañkraštis (v)	['raŋkraʃtʲɪs]
nieuwsbrief (de)	biuletènis (v)	[bʲʊlʲɛ'tʲɛnʲɪs]
briefje (het)	rãštas (v)	['ra:ʃtas]

pasje (voor personeel, enz.)	leidìmas (v)	[lʲɛɪ'dʲɪmas]
paspoort (het)	pãsas (v)	['pa:sas]
vergunning (de)	leidìmas (v)	[lʲɛɪ'dʲɪmas]
CV, curriculum vitae (het)	gyvẽnimo aprãšymas (v)	[gʲiː'vʲænʲɪmɔ ap'ra:ʃɪ:mas]
schuldbekentenis (de)	pakvitãvimas (v)	[pakvʲɪ'ta:vʲɪmas]
kwitantie (de)	kvìtas (v)	['kvʲɪtas]

bon (kassabon)	kvìtas (v)	['kvʲɪtas]
rapport (het)	rãportas (v)	['ra:portas]

tonen (paspoort, enz.)	pateĩkti	[pa'tʲɛɪktʲɪ]
ondertekenen (ww)	pasirašýti	[pasʲɪra'ʃɪ:tʲɪ]
handtekening (de)	pãrašas (v)	['pa:raʃas]
stempel (de)	antspaũdas (v)	['antspɑʊdas]

tekst (de)	tèkstas (v)	['tʲɛkstas]
biljet (het)	bìlietas (v)	['bʲɪlʲiɛtas]

doorhalen (doorstrepen)	nubraũkti	[nʊ'brɑʊktʲɪ]
invullen (een formulier ~)	užpìldyti	[ʊʒ'pʲɪlʲdʲiːtʲɪ]

vrachtbrief (de)	važtãraštis (v)	[vaʒ'ta:raʃtʲɪs]
testament (het)	testameñtas (v)	[tʲɛsta'mʲɛntas]

117. Soorten bedrijven

uitzendbureau (het)	darbúotojų paieškõs agentūra (m)	[dar'buɑtoːju: paˡiɛʃ'koːs agˡɛntuː'ra]
bewakingsfirma (de)	saugõs tarnýba (m)	[sɑu'goːs tar'nˡiːba]
persbureau (het)	informācijos agentūra (m)	[ɪnfor'maːtsˡɪjos agˡɛntuː'ra]
reclamebureau (het)	reklāmos agentūra (m)	[rˡɛk'lˡaːmos agˡɛntuː'ra]

antiek (het)	antikvariātas (v)	[antˡɪkvarˡɪ'jatas]
verzekering (de)	draudìmas (v)	[drɑu'dˡɪmas]
naaiatelier (het)	ateljê (m)	[ate'lˡje:]

banken (mv.)	bánkinis verslas (v)	['baŋkˡɪnˡɪs 'vˡɛrslˡas]
bar (de)	bāras (v)	['baːras]
bouwbedrijven (mv.)	statýba (m)	[sta'tˡiːba]
juwelen (mv.)	juvelýriniai dirbinia̧i (v dgs)	[juvˡɛ'lˡiːrˡɪnˡɛɪ dˡɪrbˡɪ'nˡɛɪ]
juwelier (de)	juvelýras (v)	[juvˡɛ'lˡiːras]

wasserette (de)	skalbyklà (m)	[skalˡbˡiːk'la]
alcoholische dranken (mv.)	alkohòliniai gérimai (v dgs)	[alˡko'ɣolˡɪnˡɛɪ 'gˡeːrˡɪmʌɪ]
nachtclub (de)	naktìnis klùbas (v)	[nak'tˡɪnˡɪs 'klˡubas]
handelsbeurs (de)	bìrža (m)	['bˡɪrʒa]
bierbrouwerij (de)	alaũs daryklà (m)	[a'lˡɑus darˡi:k'lˡa]
uitvaartcentrum (het)	láidojimo biùras (v)	['lˡʌɪdojɪmɔ 'bˡuras]

casino (het)	kazinò (v)	[kazˡɪ'no]
zakencentrum (het)	verslo centras (v)	['vˡɛrslˡɔ 'tsˡɛntras]
bioscoop (de)	kìno teātras (v)	['kˡɪnɔ tˡɛ'aːtras]
airconditioning (de)	kondicionieriai (v dgs)	[kondˡɪtsˡɪjo'nˡɛrˡɛɪ]

handel (de)	prekýba (m)	[prˡɛ'kˡiːba]
luchtvaartmaatschappij (de)	aviakompānija (m)	[avˡækom'paːnˡɪjɛ]
adviesbureau (het)	konsultāvimas (v)	[konsulˡ'taːvˡɪmas]
koerierdienst (de)	kùrjerių tarnýba (m)	['kurjɛrˡu: tar'nˡiːba]

tandheelkunde (de)	stomatològija (m)	[stomato'lˡogˡɪjɛ]
design (het)	dizáinas (v)	[dˡɪ'zʌɪnas]
business school (de)	verslo mokyklà (m)	['vˡɛrslˡɔ mokˡi:k'lˡa]
magazijn (het)	sándėlis (v)	['sandˡe:lˡɪs]
kunstgalerie (de)	galèrija (m)	[ga'lˡɛrˡɪjɛ]
ijsje (het)	leda̧i (v dgs)	[lˡɛ'dʌɪ]
hotel (het)	viẽšbutis (v)	['vˡɛʃbutˡɪs]

vastgoed (het)	nekilnójamasis turtas (v)	[nˡɛkˡɪlˡˡ'nojamasˡɪs 'turtas]
drukkerij (de)	poligrāfija (m)	[polˡɪ'graːfˡɪjɛ]
industrie (de)	prāmonė (m)	['pra:monˡe:]
Internet (het)	internètas (v)	[ɪntˡɛr'nˡɛtas]
investeringen (mv.)	investìcijos (m dgs)	[ɪnvˡɛs'tˡɪtsˡɪjos]

krant (de)	la̧ikraštis (v)	['lˡʌɪkraʃtˡɪs]
boekhandel (de)	knygýnas (v)	[knˡiˡ:gˡiːnas]
lichte industrie (de)	lengvóji prāmonė (m)	[lˡɛng'vo:jɪ 'pra:monˡe:]

winkel (de)	parduotùvė (m)	[parduɑ'tuvˡe:]
uitgeverij (de)	leidyklà (m)	[lˡɛɪdˡi:k'la]

medicijnen (mv.)	medicina (m)	[mʲɛdʲɪtsʲɪ'na]
meubilair (het)	baldai (v)	['balʲdʌɪ]
museum (het)	muziejus (v)	[muˈzʲɛjʊs]
olie (aardolie)	nafta (m)	[naf'ta]
apotheek (de)	vaistinė (m)	['vʌɪstʲɪnʲeː]
farmacie (de)	farmacija (m)	[far'ma:tsʲɪjɛ]
zwembad (het)	baseinas (v)	[ba'sʲɛɪnas]
stomerij (de)	chėminė valykla (m)	['xʲɛmʲɪnʲeː valʲiːk'la]
voedingswaren (mv.)	maisto produktai (v dgs)	['mʌɪstɔ pro'dʊktʌɪ]
reclame (de)	reklama (m)	[rʲɛklʲa'ma]
radio (de)	radijas (v)	['ra:dʲɪjas]
afvalinzameling (de)	šiukšlių išvežimas (v)	['ʃʊkʃlʲu: iʃvʲɛ'ʒʲɪmas]
restaurant (het)	restoranas (v)	[rʲɛsto'ra:nas]
tijdschrift (het)	žurnalas (v)	[ʒʊr'na:lʲas]
schoonheidssalon (de/het)	grožio salonas (v)	['gro:ʒʲɔ sa'lʲonas]
financiële diensten (mv.)	finansinės paslaugos (m dgs)	[fʲɪ'nansʲɪnʲe:s 'pa:slʲaʊgos]
juridische diensten (mv.)	juridinės paslaugos (m dgs)	[jʊ'rʲɪdʲɪnʲe:s paslʲaʊ'go:s]
boekhouddiensten (mv.)	buhalterinės paslaugos (m dgs)	[bʊɣalʲ'tʲɛrʲɪnʲe:s 'pa:slʲaʊgos]
audit diensten (mv.)	auditorių paslaugos (m dgs)	[aʊ'dʲɪtorʲu: 'pa:slʲaʊgos]
sport (de)	sportas (v)	['sportas]
supermarkt (de)	prekybos centras (v)	[prʲɛ'kʲi:bos 'tsʲɛntras]
televisie (de)	televizija (m)	[tʲɛlʲɛ'vʲɪzʲɪjɛ]
theater (het)	teatras (v)	[tʲɛ'a:tras]
toerisme (het)	turizmas (v)	[tʊ'rʲɪzmas]
transport (het)	pervežimai (v dgs)	['pʲɛrvʲɛʒʲɪmʌɪ]
postorderbedrijven (mv.)	prekyba pagal katalogą (m)	[prʲɛ'kʲi:ba pa'galʲ kata'lʲoga:]
kleding (de)	drabužiai (v dgs), rūbai (v dgs)	[dra'bʊʒʲɛɪ], ['ru:bʌɪ]
dierenarts (de)	veterinaras (v)	[vʲɛtʲɛrʲɪ'na:ras]

Baan. Business. Deel 2

beurs (de)	parodà (m)	[paro'da]
vakbeurs, handelsbeurs (de)	prekýbos parodà (m)	[prʲɛ'kʲiːbos paro'da]
deelneming (de)	dalyvãvimas (v)	[dalʲiːˈvaːvʲɪmas]
deelnemen (ww)	dalyváuti	[dalʲiːˈvɑʊtʲɪ]
deelnemer (de)	dalývis (v)	[daˈlʲiːvʲɪs]
directeur (de)	dirèktorius (v)	[dʲɪˈrʲɛktorʲʊs]
organisator (de)	organizãtorius (v)	[organʲɪˈzaːtorʲʊs]
organiseren (ww)	organizúoti	[organʲɪˈzʊɑtʲɪ]
deelnemingsaanvraag (de)	paraiškà dalyvãvimui (m)	[parʌɪʃka dalʲiːˈvaːvʲɪmʊi]
invullen (een formulier ~)	užpìldyti	[ʊʒˈpʲɪlʲdʲiːtʲɪ]
details (mv.)	smùlkmenos (m dgs)	[ˈsmʊlʲkmʲɛnos]
informatie (de)	informãcija (m)	[ɪnforˈmaːtsʲɪjɛ]
prijs (de)	káina (m)	[ˈkʌɪna]
inclusief (bijv. ~ BTW)	įskaĩtant	[iːsˈkʌɪtant]
inbegrepen (alles ~)	įskaičiúoti	[iːskʌɪˈtʃʲʊɑtʲɪ]
betalen (ww)	mokéti	[moˈkʲeːtʲɪ]
registratietarief (het)	registrãcijos mókestis (v)	[rʲɛgʲɪsˈtraːtsʲɪjos ˈmokʲɛstʲɪs]
ingang (de)	įėjìmas (v)	[iːˈɛːˈjɪmas]
paviljoen (het), hal (de)	paviljònas (v)	[pavʲɪˈlʲʲjo nas]
registreren (ww)	registrúoti	[rʲɛgʲɪsˈtrʊɑtʲɪ]
badge, kaart (de)	kortēlė (m)	[korˈtʲælʲeː]
beursstand (de)	steñdas (v)	[ˈstʲɛndas]
reserveren (een stand ~)	rezervúoti	[rʲɛzʲɛrˈvʊɑtʲɪ]
vitrine (de)	vitrinà (m)	[vʲɪtrʲɪˈna]
licht (het)	šviestùvas (v)	[ʃvʲiɛsˈtʊvas]
design (het)	dizáinas (v)	[dʲɪˈzʌɪnas]
plaatsen (ww)	apgyvéndinti, išdéstyti	[apgʲiːˈvʲɛndʲɪntʲɪ], [iʃˈdʲeːstʲiːtʲɪ]
geplaatst zijn (ww)	įsikùrti	[iːsʲɪˈkʊrtʲɪ]
distributeur (de)	plãtintojas (v)	[ˈplʲaːtʲɪnto:jɛs]
leverancier (de)	tiekéjas (v)	[tʲiɛˈkʲeːjas]
leveren (ww)	tiẽkti	[ˈtʲɛktʲɪ]
land (het)	šalìs (m)	[ʃaˈlʲɪs]
buitenlands (bn)	užsienio	[ˈʊʒsʲiɛnʲɔ]
product (het)	prodùktas (v)	[proˈdʊktas]
associatie (de)	asociãcija (m)	[asotsʲɪˈjatsʲɪjɛ]
conferentiezaal (de)	konfereñcijų sãlė (m)	[konfeˈrentsʲɪju: ˈsaːlʲeː]
congres (het)	kongrèsas (v)	[konˈgrʲɛsas]

wedstrijd (de)	konkùrsas (v)	[kɔŋ'kʊrsas]
bezoeker (de)	lankýtojas (v)	[lʲaŋ'kʲi:to:jɛs]
bezoeken (ww)	lankýti	[lʲaŋ'kʲi:tʲɪ]
afnemer (de)	užsakõvas (v)	[ʊʒsa'ko:vas]

119. Massamedia

krant (de)	laĩkraštis (v)	['lʲʌɪkraʃtʲɪs]
tijdschrift (het)	žurnãlas (v)	[ʒʊr'na:lʲas]
pers (gedrukte media)	spaudà (m)	[spɑʊ'da]
radio (de)	rãdijas (v)	['ra:dʲɪjas]
radiostation (het)	rãdijo stotìs (m)	['ra:dʲɪjɔ sto'tʲɪs]
televisie (de)	televìzija (m)	[tʲɛlʲɛ'vʲɪzʲɪjɛ]

presentator (de)	vedéjas (v)	[vʲɛ'dʲe:jas]
nieuwslezer (de)	dìktorius (v)	['dʲɪktorʲʊs]
commentator (de)	komentãtorius (v)	[kɔmʲɛn'ta:torʲʊs]

journalist (de)	žurnalìstas (v)	[ʒʊrna'lʲɪstas]
correspondent (de)	korespondeñtas (v)	[kɔrʲɛspon'dʲɛntas]
fotocorrespondent (de)	fotokorespondeñtas (v)	[fotokorʲɛspon'dʲɛntas]
reporter (de)	repòrteris (v)	[rʲɛ'portʲɛrʲɪs]

redacteur (de)	redãktorius (v)	[rʲɛ'da:ktorʲʊs]
chef-redacteur (de)	vyriáusiasis redãktorius (v)	[vʲi:'rʲæʊsʲæsʲɪs rʲɛ'da:ktorʲʊs]
zich abonneren op	užsiprenumerúoti	[ʊʒsʲɪprʲɛnʊmʲɛ'rʊɑtʲɪ]
abonnement (het)	prenumeratà (m)	[prʲɛnʊmʲɛra'ta]
abonnee (de)	prenumerãtorius (v)	[prʲɛnʊmʲɛ'ra:torʲʊs]
lezen (ww)	skaitýti	[skʌɪ'tʲi:tʲɪ]
lezer (de)	skaitýtojas (v)	[skʌɪ'tʲi:to:jɛs]

oplage (de)	tirãžas (v)	[tʲɪ'ra:ʒas]
maand-, maandelijks (bn)	ménesìnis	[mʲe:nesʲɪnʲɪs]
wekelijks (bn)	savaĩtinis	[sa'vʌɪtʲɪnʲɪs]
nummer (het)	nùmeris (v)	['nʊmʲɛrʲɪs]
vers (~ van de pers)	naũjas	['nɑʊjas]

kop (de)	añtraštė (m)	['antraʃtʲe:]
korte artikel (het)	straipsnẽlis (v)	[strʌɪp'snʲælʲɪs]
rubriek (de)	rùbrika (m)	['rʊbrʲɪka]
artikel (het)	straĩpsnis (v)	['strʌɪpsnʲɪs]
pagina (de)	pùslapis (v)	['pʊslʲapʲɪs]

reportage (de)	reportãžas (v)	[rʲɛpor'ta:ʒas]
gebeurtenis (de)	ĩvykis (v)	['i:vʲɪːkʲɪs]
sensatie (de)	sensãcija (m)	[sʲɛn'sa:tsʲɪjɛ]
schandaal (het)	skandãlas (v)	[skan'da:lʲas]
schandalig (bn)	skandalìngas	[skanda'lʲɪngas]
groot (~ schandaal, enz.)	garsùs	[gar'sʊs]

programma (het)	laidà (m)	[lʲʌɪ'da]
interview (het)	interviù (v)	[ɪntʲɛrv'jʊ]
live uitzending (de)	tiesióginė transliãcija (m)	[tʲiɛ'sʲogʲɪnʲe: trans'lʲætsʲɪjɛ]
kanaal (het)	kanãlas (v)	[ka'na:lʲas]

120. Landbouw

landbouw (de)	žemės ūkis (v)	['ʒ⁼æm⁼e:s 'u:k⁼ɪs]
boer (de)	valstietis (v)	[val⁼s't⁼ɛt⁼ɪs]
boerin (de)	valstietė (m)	[val⁼s't⁼ɛt⁼e:]
landbouwer (de)	fermeris (v)	['f⁼ɛrm⁼ɛr⁼ɪs]
tractor (de)	traktorius (v)	['tra:ktor⁼ʊs]
maaidorser (de)	kombainas (v)	[kɔm'bʌɪnas]
ploeg (de)	plūgas (v)	['pl⁼u:gas]
ploegen (ww)	arti	['a:rt⁼ɪ]
akkerland (het)	dirva (m)	[d⁼ɪr'va]
voor (de)	vaga (m)	[va'ga]
zaaien (ww)	sėti	['s⁼e:t⁼ɪ]
zaaimachine (de)	sėjamoji mašina (m)	[s⁼e:ja'mo:jɪ maʃɪ'na]
zaaien (het)	sėjimas (v)	[s⁼e:'jɪmas]
zeis (de)	dalgis (v)	['dal⁼g⁼ɪs]
maaien (ww)	pjauti	['pjɑʊt⁼ɪ]
schop (de)	kastuvas (v)	[kas'tʊvas]
spitten (ww)	kasti	['kast⁼ɪ]
schoffel (de)	kapoklė (m)	[ka'po:kl⁼e:]
wieden (ww)	raveti	[ra'v⁼e:t⁼ɪ]
onkruid (het)	piktžolė (m)	['p⁼ɪktʒol⁼e:]
gieter (de)	laistytuvas (v)	[l⁼ʌɪst⁼i:'tʊvas]
begieten (water geven)	laistyti	['l⁼ʌɪst⁼i:t⁼ɪ]
bewatering (de)	laistymas (v)	['l⁼ʌɪst⁼i:mas]
riek, hooivork (de)	šakės (m dgs)	['ʃa:k⁼e:s]
hark (de)	greblys (v)	[gr⁼e:b'l⁼i:s]
kunstmest (de)	trąša (m)	[tra:'ʃa]
bemesten (ww)	trešti	['tr⁼ɛ:ʃt⁼ɪ]
mest (de)	mėslas (v)	['m⁼e:ʃlas]
veld (het)	laukas (v)	['l⁼ɑʊkas]
wei (de)	pieva (m)	['p⁼ɪɛva]
moestuin (de)	daržas (v)	['darʒas]
boomgaard (de)	sodas (v)	['so:das]
weiden (ww)	ganyti	[ga'n⁼i:t⁼ɪ]
herder (de)	piemuo (v)	[p⁼ɪɛ'mʊɑ]
weiland (de)	ganykla (m)	[gan⁼i:k'l⁼a]
veehouderij (de)	gyvulininkystė (m)	[g⁼i:vʊl⁼ɪn⁼ɪŋ'k⁼i:st⁼e:]
schapenteelt (de)	avininkystė (m)	[av⁼ɪn⁼ɪŋ'k⁼i:st⁼e:]
plantage (de)	plantacija (m)	[pl⁼an'ta:ts⁼ɪjɛ]
rijtje (het)	lysvė (m)	['l⁼i:sv⁼e:]
broeikas (de)	šiltadaržis (v)	[ʃɪl⁼'ta:darʒ⁼ɪs]

| droogte (de) | sausrà (m) | [saʊs'ra] |
| droog (bn) | sausrìngas | [saʊs'rʲɪngas] |

graan (het)	grū́das (v)	['gru:das]
graangewassen (mv.)	javaĩ (v dgs)	[ja'vʌɪ]
oogsten (ww)	nuim̃ti	['nʊimtʲɪ]

molenaar (de)	malū́nininkas (v)	[ma'lʲu:nʲɪnʲɪŋkas]
molen (de)	malū́nas (v)	[ma'lʲu:nas]
malen (graan ~)	málti grū́dus	['malʲtʲɪ 'gru:dʊs]
bloem (bijv. tarwebloem)	mìltai (v dgs)	['mʲɪlʲtʌɪ]
stro (het)	šiaudaĩ (v dgs)	[ʃʲɛʊ'dʌɪ]

121. Gebouw. Bouwproces

bouwplaats (de)	statýbvietė (m)	[sta'tʲi:bvʲiɛtʲe:]
bouwen (ww)	statýti	[sta'tʲi:tʲɪ]
bouwvakker (de)	statýbininkas (v)	[sta'tʲi:bʲɪnʲɪŋkas]

project (het)	projèktas (v)	[pro'jæktas]
architect (de)	architèktas (v)	[arxʲɪ'tʲɛktas]
arbeider (de)	darbiniñkas (v)	[darbʲɪ'nʲɪŋkas]

fundering (de)	fundameñtas (v)	[fʊnda'mʲɛntas]
dak (het)	stógas (v)	['stogas]
heipaal (de)	pólis (v)	['po:lʲɪs]
muur (de)	síena (m)	['sʲiɛna]

| betonstaal (het) | armatūrà (m) | [armatu:'ra] |
| steigers (mv.) | statýbiniai pastōliai (v dgs) | [sta'tʲi:bʲɪnʲɛɪ pas'to:lʲɛɪ] |

beton (het)	betònas (v)	[bʲɛ'tonas]
graniet (het)	granìtas (v)	[gra'nʲɪtas]
steen (de)	akmuõ (v)	[ak'mʊɑ]
baksteen (de)	plytà (m)	[plʲi:'ta]

zand (het)	smė̃lis (v)	['smʲe:lʲɪs]
cement (de/het)	cemeñtas (v)	[tsʲɛ'mʲɛntas]
pleister (het)	tìnkas (v)	['tʲɪŋkas]
pleisteren (ww)	tinkúoti	[tʲɪŋ'kʊatʲɪ]

verf (de)	dažaĩ (v dgs)	[da'ʒʌɪ]
verven (muur ~)	dažýti	[da'ʒʲi:tʲɪ]
ton (de)	statìnė (m)	[sta'tʲɪnʲe:]

kraan (de)	krãnas (v)	['kra:nas]
heffen, hijsen (ww)	kélti	['kʲɛlʲtʲɪ]
neerlaten (ww)	nuléisti	[nʊ'lʲɛɪstʲɪ]

bulldozer (de)	buldòzeris (v)	[bʊlʲ'dozʲɛrʲɪs]
graafmachine (de)	ekskavãtorius (v)	[ɛkska'va:torʲʊs]
graafbak (de)	káušas (v)	['kaʊʃas]
graven (tunnel, enz.)	kàsti	['kastʲɪ]
helm (de)	šálmas (v)	['ʃalʲmas]

122. Wetenschap. Onderzoek. Wetenschappers

wetenschap (de)	mókslas (v)	['moksl'as]
wetenschappelijk (bn)	mókslinis	['moksl'ɪn'ɪs]
wetenschapper (de)	mókslininkas (v)	['moksl'ɪn'ɪŋkas]
theorie (de)	teòrija (m)	[t'ɛ'or'ɪjɛ]
axioma (het)	aksiomà (m)	[aks'ɪjo'ma]
analyse (de)	anälizè (m)	[a'na:l'ɪz'e:]
analyseren (ww)	analizúoti	[anal'ɪ'zuɑt'ɪ]
argument (het)	argumeñtas (v)	[argu'm'ɛntas]
substantie (de)	mèdžiaga (m)	['m'æ dʒ'æga]
hypothese (de)	hipotèzè (m)	[y'ɪpo't'ɛz'e:]
dilemma (het)	dilemà (m)	[d'ɪl'ɛ'ma]
dissertatie (de)	disertäcija (m)	[d'ɪs'ɛr'ta:ts'ɪjɛ]
dogma (het)	dogmà (m)	[dog'ma]
doctrine (de)	doktrinà (m)	[doktr'ɪ'na]
onderzoek (het)	tyrinèjimas (v)	[t'i:r'ɪ'n'ɛjɪmas]
onderzoeken (ww)	tyrinèti	[t'i:r'ɪ'n'e:t'ɪ]
toetsing (de)	kontrolè (m)	[kɔn'trol'e:]
laboratorium (het)	laboratòrija (m)	[l'abora'tor'ɪjɛ]
methode (de)	metòdas (v)	[m'ɛ'todas]
molecule (de/het)	molèkulè (m)	[mo'l'ɛkul'e:]
monitoring (de)	monitòringas (v)	[mon'ɪ'tor'ɪngas]
ontdekking (de)	atradìmas (v)	[atra'd'ɪmas]
postulaat (het)	postulätas (v)	[postu'l'a:tas]
principe (het)	prìncipas (v)	['pr'ɪnts'ɪpas]
voorspelling (de)	prognòzè (m)	[prog'noz'e:]
een prognose maken	prognozúoti	[progno'zuɑt'ɪ]
synthese (de)	siñtezè (m)	['s'ɪntez'e:]
tendentie (de)	tendeñcija (m)	[t'ɛn'd'ɛnts'ɪjɛ]
theorema (het)	teoremà (m)	[t'ɛor'ɛ'ma]
leerstellingen (mv.)	mókslas (v)	['moksl'as]
feit (het)	fäktas (v)	['fa:ktas]
expeditie (de)	ekspedìcija (m)	[ɛksp'ɛ'd'ɪts'ɪjɛ]
experiment (het)	eksperimeñtas (v)	[ɛksp'ɛr'ɪ'm'ɛntas]
academicus (de)	akadèmikas (v)	[aka'd'ɛm'ɪkas]
bachelor (bijv. BA, LLB)	bakaláuras (v)	[baka'l'ɑuras]
doctor (de)	däktaras (v)	['da:ktaras]
universitair docent (de)	doceñtas (v)	[do'ts'ɛntas]
master, magister (de)	magìstras (v)	[ma'g'ɪstras]
professor (de)	profèsorius (v)	[pro'f'ɛsor'us]

Beroepen en ambachten

baan (de)	dárbas (v)	['darbas]
werknemers (mv.)	etãtai (dgs)	[ɛ'ta:tʌɪ]
personeel (het)	personãlas (v)	[pʲɛrso'na:las]

carrière (de)	karjerà (m)	[karjɛ'ra]
vooruitzichten (mv.)	perspektyvà (m)	[pʲɛrspʲɛktʲi:'va]
meesterschap (het)	meistriškumas (v)	[mʲɛɪstrʲɪʃˈkʊmas]

keuze (de)	atrankà (m)	[atraŋ'ka]
uitzendbureau (het)	darbúotojų paieškõs agentūra (m)	[dar'bʊɑto:ju: paʲiɛʃ'ko:s agʲɛntu:'ra]
CV, curriculum vitae (het)	gyvēnimo aprãšymas (v)	[gʲi:'vʲænʲɪmɔ ap'ra:ʃɪ:mas]
sollicitatiegesprek (het)	pókalbis (v)	['pokalʲbʲɪs]
vacature (de)	laisvà dárbo vietà (m)	[lʲʌɪs'va 'darbɔ vʲiɛ'ta]

salaris (het)	dárbo užmokestis (v)	['darbɔ 'ʊʒmokʲɛstʲɪs]
vaste salaris (het)	algà (m)	[alʲʲga]
loon (het)	atlýginimas (v)	[at'lʲʲi:gʲɪnʲɪmas]

betrekking (de)	páreigos (m dgs)	['parʲɛɪgos]
taak, plicht (de)	pareigà (m)	[parʲɛɪ'ga]
takenpakket (het)	sritìs (m)	[srʲɪ'tʲɪs]
bezig (~ zijn)	užimtas	['ʊʒɪmtas]

| ontslagen (ww) | atléisti | [at'lʲɛɪstʲɪ] |
| ontslag (het) | atleidìmas (v) | [atlʲɛɪ'dʲɪmas] |

werkloosheid (de)	bedarbýstė (m)	[bʲɛdar'bʲi:stʲe:]
werkloze (de)	bedarbis (v)	[bʲɛ'darbʲɪs]
pensioen (het)	peñsija (m)	['pʲɛnsʲɪjɛ]
met pensioen gaan	išeîti į peñsiją	[ɪ'ʃɛɪtʲɪ i: 'pʲɛnsʲɪja:]

directeur (de)	direktorius (v)	[dʲɪ'rʲɛktorʲʊs]
beheerder (de)	valdýtojas (v)	[valʲʲdʲi:to:jɛs]
hoofd (het)	vadõvas (v)	[va'do:vas]

baas (de)	vîršininkas (v)	['vʲɪrʃɪnʲɪŋkas]
superieuren (mv.)	vadovýbė (m)	[vado'vʲi:bʲe:]
president (de)	prezideñtas (v)	[prʲɛzʲɪ'dʲɛntas]
voorzitter (de)	pìrmininkas (v)	['pʲɪrmʲɪnʲɪŋkas]
adjunct (de)	pavaduótojas (v)	[pava'dʊɑto:jɛs]
assistent (de)	padėjéjas (v)	[padʲe:'jeːjas]

111

| secretaris (de) | sekretõrius (v) | [sᵉɛkrᵉɛ'to:rᵘʊs] |
| persoonlijke assistent (de) | asmenìnis sekretõrius (v) | [asmᵉɛ'nʲɪnʲɪs sᵉɛkrᵉɛ'to:rᵘʊs] |

zakenman (de)	komersántas (v)	[kɔmᵉɛr'santas]
ondernemer (de)	vérslininkas (v)	['vᵉɛrslʲɪnʲɪŋkas]
oprichter (de)	steigéjas (v)	[stᵉɛɪ'gᵉe:jas]
oprichten	įsteìgti	[iː'stᵉɛɪktʲɪ]
(een nieuw bedrijf ~)		

stichter (de)	steigéjas (v)	[stᵉɛɪ'gᵉe:jas]
partner (de)	pártneris (v)	['partnᵉɛrʲɪs]
aandeelhouder (de)	ákcininkas (v)	['a:ktsʲɪnʲɪŋkas]

miljonair (de)	milijoniẽrius (v)	[mʲɪlʲɪjɔ'nʲɛrᵘʊs]
miljardair (de)	milijardiẽrius (v)	[mʲɪlʲɪjar'dʲɛrᵘʊs]
eigenaar (de)	valdýtojas (v)	[valʲ'dʲiːto:jɛs]
landeigenaar (de)	žẽmės savinin̄kas (v)	['ʒᵉæmᵉe:s savʲɪ'nʲɪŋkas]

klant (de)	kliẽntas (v)	['klʲiɛntas]
vaste klant (de)	pastovùs kliẽntas (v)	[pasto'vʊs klʲi'ɛntas]
koper (de)	pirkéjas (v)	[pʲɪr'kʲe:jas]
bezoeker (de)	lankýtojas (v)	[lʲaŋ'kʲiːto:jɛs]

professioneel (de)	profesionãlas (v)	[profᵉɛsʲɪjɔ'na:lʲas]
expert (de)	ekspértas (v)	[ɛks'pʲɛrtas]
specialist (de)	specialìstas (v)	[spʲɛtsʲɪja'lʲɪstas]
bankier (de)	bánkininkas (v)	['baŋkʲɪnʲɪŋkas]
makelaar (de)	bròkeris (v)	['brokʲɛrʲɪs]

kassier (de)	kāsininkas (v)	['ka:sʲɪnʲɪŋkas]
boekhouder (de)	buhálteris (v)	[bʊ'yalʲtᵉɛrʲɪs]
bewaker (de)	apsauginin̄kas (v)	[apsɑʊgʲɪ'nʲɪŋkas]

investeerder (de)	investúotojas (v)	[ɪnvᵉɛs'tʊɑto:jɛs]
schuldenaar (de)	skõlininkas (v)	['sko:lʲɪnʲɪŋkas]
crediteur (de)	kreditorius (v)	[krᵉɛ'dʲɪtorᵘʊs]
lener (de)	paskolõs gavéjas (v)	[pasko'lʲo:s ga'vᵉe:jas]

| importeur (de) | importúotojas (v) | [ɪmpor'tʊɑto:jɛs] |
| exporteur (de) | eksportúotojas (v) | [ɛkspor'tʊɑto:jɛs] |

producent (de)	gamìntojas (v)	[ga'mʲɪnto:jɛs]
distributeur (de)	plãtintojas (v)	['plʲa:tʲɪnto:jɛs]
bemiddelaar (de)	tárpininkas (v)	['tarpʲɪnʲɪŋkas]

adviseur, consulent (de)	konsultántas (v)	[kɔnsʊlʲ'tantas]
vertegenwoordiger (de)	atstõvas (v)	[at'sto:vas]
agent (de)	agen̄tas (v)	[a'gᵉɛntas]
verzekeringsagent (de)	draudìmo agentas (v)	[drɑʊ'dʲɪmɔ a'gᵉɛntas]

125. Dienstverlenende beroepen

| kok (de) | viréjas (v) | [vʲɪ'rʲe:jas] |
| chef-kok (de) | vyriáusiasis viréjas (v) | [vʲiː'rʲæʊsʲæsʲɪs vʲɪ'rʲe:jas] |

bakker (de)	kepėjas (v)	[kʲɛ'pʲe:jas]
barman (de)	bármenas (v)	['barmʲɛnas]
kelner, ober (de)	padavėjas (v)	[pada'vʲe:jas]
serveerster (de)	padavėja (m)	[pada'vʲe:ja]

advocaat (de)	advokãtas (v)	[advo'ka:tas]
jurist (de)	juristas (v)	[jʊ'rʲɪstas]
notaris (de)	notãras (v)	[no'ta:ras]

elektricien (de)	mònteris (v)	['montʲɛrʲɪs]
loodgieter (de)	santèchnikas (v)	[san'tʲɛxnʲɪkas]
timmerman (de)	dailìdė (v)	[dʌɪ'lʲɪdʲe:]

masseur (de)	masažìstas (v)	[masa'ʒʲɪstas]
masseuse (de)	masažìstė (m)	[masa'ʒʲɪstʲe:]
dokter, arts (de)	gýdytojas (v)	['gʲi:dʲi:to:jɛs]

taxichauffeur (de)	taksìstas (v)	[tak'sʲɪstas]
chauffeur (de)	vairúotojas (v)	[vʌɪ'rʊɑto:jɛs]
koerier (de)	kùrjeris (v)	['kʊrjɛrʲɪs]

kamermeisje (het)	kambarìnė (m)	[kamba'rʲɪnʲe:]
bewaker (de)	apsauginìnkas (v)	[apsɑʊgʲɪ'nʲɪŋkas]
stewardess (de)	stiuardèsė (m)	[stʲʊar'dʲɛsʲe:]

meester (de)	mókytojas (v)	['mokʲi:to:jɛs]
bibliothecaris (de)	bibliotèkininkas (v)	[bʲɪblʲɪjo'tʲɛkʲɪnʲɪŋkas]
vertaler (de)	vertėjas (v)	[vʲɛr'tʲe:jas]
tolk (de)	vertėjas (v)	[vʲɛr'tʲe:jas]
gids (de)	gìdas (v)	['gʲɪdas]

kapper (de)	kirpėjas (v)	[kʲɪr'pʲe:jas]
postbode (de)	pãštininkas (v)	['pa:ʃtʲɪnʲɪŋkas]
verkoper (de)	pardavėjas (v)	[parda'vʲe:jas]

tuinman (de)	sõdininkas (v)	['so:dʲɪnʲɪŋkas]
huisbediende (de)	tarnas (v)	['tarnas]
dienstmeisje (het)	tarnáitė (m)	[tar'nʌɪtʲe:]
schoonmaakster (de)	valýtoja (m)	[va'lʲi:to:jɛ]

126. Militaire beroepen en rangen

soldaat (rang)	eilìnis (v)	[ɛɪ'lʲɪnʲɪs]
sergeant (de)	seržántas (v)	[sʲɛr'ʒantas]
luitenant (de)	leitenántas (v)	[lʲɛɪtʲɛ'nantas]
kapitein (de)	kapitõnas (v)	[kapʲɪ'to:nas]

majoor (de)	majõras (v)	[ma'jɔ:ras]
kolonel (de)	pulkininkas (v)	['pʊlʲkʲɪnʲɪŋkas]
generaal (de)	generõlas (v)	[gʲɛnʲɛ'ro:lʲas]
maarschalk (de)	máršalas (v)	['marʃalʲas]
admiraal (de)	admirõlas (v)	[admʲɪ'ro:lʲas]
militair (de)	karìškis (v)	[ka'rʲɪʃkʲɪs]
soldaat (de)	kareìvis (v)	[ka'rʲɛɪvʲɪs]

| officier (de) | karininkas (v) | [karᶦɪˈnᶦɪŋkas] |
| commandant (de) | vadas (v) | [ˈvaːdas] |

grenswachter (de)	pasienietis (v)	[pasᶦiɛˈnᶦɛtᶦɪs]
marconist (de)	radistas (v)	[raˈdᶦɪstas]
verkenner (de)	žvalgas (v)	[ˈʒvalᶦgas]
sappeur (de)	pionierius (v)	[pᶦɪjoˈnᶦɛrᶦʊs]
schutter (de)	šaulys (v)	[ʃɑʊˈlᶦiːs]
stuurman (de)	šturmanas (v)	[ˈʃtʊrmanas]

127. Ambtenaren. Priesters

| koning (de) | karalius (v) | [kaˈraːlᶦʊs] |
| koningin (de) | karalienė (m) | [karaˈlᶦiɛnᶦeː] |

| prins (de) | princas (v) | [ˈprᶦɪntsas] |
| prinses (de) | princesė (m) | [prᶦɪnˈtsᶦɛsᶦeː] |

| tsaar (de) | caras (v) | [ˈtsaːras] |
| tsarina (de) | carienė (m) | [tsaˈrᶦɛnᶦeː] |

president (de)	prezidentas (v)	[prᶦɛzᶦɪˈdᶦɛntas]
minister (de)	ministras (v)	[mᶦɪˈnᶦɪstras]
eerste minister (de)	ministras pirmininkas (v)	[mᶦɪˈnᶦɪstras ˈpᶦɪrmᶦɪnᶦɪŋkas]
senator (de)	senatorius (v)	[sᶦɛˈnaːtorᶦʊs]

diplomaat (de)	diplomatas (v)	[dᶦɪplᶦoˈmaːtas]
consul (de)	konsulas (v)	[ˈkonsʊlᶦas]
ambassadeur (de)	ambasadorius (v)	[ambaˈsaːdorᶦʊs]
adviseur (de)	patarėjas (v)	[pataˈrᶦeːjas]

ambtenaar (de)	valdininkas (v)	[valᶦdᶦɪˈnᶦɪŋkas]
prefect (de)	prefektas (v)	[prᶦɛˈfᶦɛktas]
burgemeester (de)	meras (v)	[ˈmᶦɛras]

| rechter (de) | teisėjas (v) | [tᶦɛɪˈsᶦeːjas] |
| aanklager (de) | prokuroras (v) | [prokʊˈroras] |

missionaris (de)	misionierius (v)	[mᶦɪsᶦɪjoˈnᶦɛrᶦʊs]
monnik (de)	vienuolis (v)	[vᶦiɛˈnʊɑlᶦɪs]
abt (de)	abatas (v)	[aˈbaːtas]
rabbi, rabbijn (de)	rabinas (v)	[ˈraːbᶦɪnas]

vizier (de)	viziris (v)	[vᶦɪˈzᶦɪrᶦɪs]
sjah (de)	šachas (v)	[ˈʃaːxas]
sjeik (de)	šeichas (v)	[ˈʃɛɪxas]

128. Agrarische beroepen

imker (de)	bitininkas (v)	[ˈbᶦɪtᶦɪnᶦɪŋkas]
herder (de)	piemuo (v)	[pᶦiɛˈmʊɑ]
landbouwkundige (de)	agronomas (v)	[agroˈnomas]

veehouder (de)	gývulininkas (v)	['gʲiːvʊlʲɪnʲɪŋkas]
dierenarts (de)	veterinãras (v)	[vʲɛtʲɛrʲɪ'naːras]

landbouwer (de)	fèrmeris (v)	['fɛrmʲɛrʲɪs]
wijnmaker (de)	vyndarỹs (v)	[vʲiːnda'rʲiːs]
zoöloog (de)	zoologas (v)	[zooˈlʲogas]
cowboy (de)	kaubojus (v)	[kɑʊ'bojʊs]

129. Kunst beroepen

acteur (de)	ãktorius (v)	['aːktorʲʊs]
actrice (de)	ãktorė (m)	['aːktorʲeː]

zanger (de)	daininiñkas (v)	[dʌɪnʲɪ'nʲnʲɪŋkas]
zangeres (de)	daininiñkė (m)	[dʌɪnʲɪ'nʲnʲɪŋkʲeː]

danser (de)	šokéjas (v)	[ʃoˈkʲeːjas]
danseres (de)	šokéja (m)	[ʃoˈkʲeːja]

artiest (mann.)	artìstas (v)	[arˈtʲɪstas]
artiest (vrouw.)	artìstė (m)	[arˈtʲɪstʲeː]

muzikant (de)	muzikántas (v)	[mʊzʲɪ'kantas]
pianist (de)	pianìstas (v)	[pʲɪja'nʲɪstas]
gitarist (de)	gitarìstas (v)	[gʲɪta'rʲɪstas]

orkestdirigent (de)	dirigeñtas (v)	[dʲɪrʲɪ'gʲɛntas]
componist (de)	kompozìtorius (v)	[kɔmpo'zʲɪtorʲʊs]
impresario (de)	impresãrijas (v)	[ɪmprʲɛ'saːrʲɪjas]

filmregisseur (de)	režisiẽrius (v)	[rʲɛʒʲɪ'sʲɛrʲʊs]
filmproducent (de)	prodiùseris (v)	[pro'dʲʊsʲɛrʲɪs]
scenarioschrijver (de)	scenarìstas (v)	[stsʲɛna'rʲɪstas]
criticus (de)	krìtikas (v)	['krʲɪtʲɪkas]

schrijver (de)	rašýtojas (v)	[raˈʃiːtoːjɛs]
dichter (de)	poètas (v)	[po'ɛtas]
beeldhouwer (de)	skùlptorius (v)	['skʊlʲptorʲʊs]
kunstenaar (de)	mẽnininkas (v)	['mʲænʲɪnʲɪŋkas]

jongleur (de)	žongliẽrius (v)	[ʒon'glʲɛrʲʊs]
clown (de)	klõunas (v)	['klʲounas]
acrobaat (de)	akrobãtas (v)	[akro'baːtas]
goochelaar (de)	fòkusininkas (v)	['fokʊsʲɪnʲɪŋkas]

130. Verschillende beroepen

dokter, arts (de)	gýdytojas (v)	['gʲiːdʲiːtoːjɛs]
ziekenzuster (de)	medicìnos sesẽlė (m)	[mʲɛdʲɪ'tsʲɪnos se'sʲælʲeː]
psychiater (de)	psichiãtras (v)	[psʲɪxʲɪ'jatras]
tandarts (de)	stomatologas (v)	[stomatoˈlʲogas]
chirurg (de)	chirùrgas (v)	[xʲɪ'rʊrgas]

115

astronaut (de)	astronáutas (v)	[astro'nɑutas]
astronoom (de)	astronòmas (v)	[astro'nomas]
piloot (de)	pilòtas (v)	[pʲɪ'lʲotas]

chauffeur (de)	vairúotojas (v)	[vʌɪ'ruɑto:jɛs]
machinist (de)	mašinìstas (v)	[maʃɪ'nʲɪstas]
mecanicien (de)	mechānikas (v)	[mʲɛ'xa:nʲɪkas]

mijnwerker (de)	šáchtininkas (v)	['ʃaːxtʲɪnʲɪŋkas]
arbeider (de)	darbinìñkas (v)	[darbʲɪ'nʲɪŋkas]
bankwerker (de)	šáltkalvis (v)	['ʃalʲtkalʲvʲɪs]
houtbewerker (de)	stālius (v)	['sta:lʲʊs]
draaier (de)	tékintojas (v)	['tʲækʲɪnto:jɛs]
bouwvakker (de)	statýbininkas (v)	[sta'tʲiːbʲɪnʲɪŋkas]
lasser (de)	suvìrintojas (v)	[sʊ'vʲɪrʲɪnto:jɛs]

professor (de)	profèsorius (v)	[pro'fʲɛsorʲʊs]
architect (de)	architèktas (v)	[arxʲɪ'tʲɛktas]
historicus (de)	istòrikas (v)	[ɪs'torʲɪkas]
wetenschapper (de)	mókslininkas (v)	['mokslʲɪnʲɪŋkas]
fysicus (de)	fìzikas (v)	['fʲɪzʲɪkas]
scheikundige (de)	chèmikas (v)	['xʲɛmʲɪkas]

archeoloog (de)	archeològas (v)	[arxʲɛo'lʲogas]
geoloog (de)	geològas (v)	[gʲɛo'lʲogas]
onderzoeker (de)	tyrinétojas (v)	[tʲiːrʲɪ'nʲe:to:jɛs]

| babysitter (de) | áuklė (m) | ['ɑuklʲe:] |
| leraar, pedagoog (de) | pedagògas (v) | [pʲɛda'gogas] |

redacteur (de)	redāktorius (v)	[rʲɛ'da:ktorʲʊs]
chef-redacteur (de)	vyriáusiasis redāktorius (v)	[vʲiː'rʲæʊsʲæsʲɪs rʲɛ'da:ktorʲʊs]
correspondent (de)	korespondeñtas (v)	[korʲɛspon'dʲɛntas]
typiste (de)	mašìnininkė (m)	[ma'ʃʲɪnʲɪnʲɪŋkʲe:]

designer (de)	dizáineris (v)	[dʲɪ'zʌɪnʲɛrʲɪs]
computerexpert (de)	kompiùterių specialìstas (v)	[kom'pʲʊtʲɛrʲu: spʲɛtsʲɪja'lʲɪstas]
programmeur (de)	programúotojas (v)	[progra'muɑto:jɛs]
ingenieur (de)	inžiniērius (v)	[ɪnʒʲɪ'nʲɛrʲʊs]

matroos (de)	jūrininkas (v)	['ju:rʲɪnʲɪŋkas]
zeeman (de)	jūreìvis (v)	[ju:'rʲɛɪvʲɪs]
redder (de)	gélbėtojas (v)	['gʲælʲbʲe:to:jɛs]

brandweerman (de)	gaìsrininkas (v)	['gʌɪsrʲɪnʲɪŋkas]
politieagent (de)	polìcininkas (v)	[po'lʲɪtsʲɪnʲɪŋkas]
nachtwaker (de)	sárgas (v)	['sargas]
detective (de)	seklỹs (v)	[sʲɛk'lʲiːs]

douanier (de)	muìtininkas (v)	['muɪtʲɪnʲɪŋkas]
lijfwacht (de)	asmeñs sargýbinis (v)	[as'mʲɛns sar'gʲiːbʲɪnʲɪs]
gevangenisbewaker (de)	prižiūrétojas (v)	[prʲɪʒʲu:'rʲe:to:jɛs]
inspecteur (de)	inspèktorius (v)	[ɪn'spʲɛktorʲʊs]

| sportman (de) | spòrtininkas (v) | ['sportʲɪnʲɪŋkas] |
| trainer (de) | trèneris (v) | ['trʲɛnʲɛrʲɪs] |

slager, beenhouwer (de)	mėsininkas (v)	['mᶦe:sᶦɪnᶦɪŋkas]
schoenlapper (de)	batsiuvỹs (v)	[batsᶦʊ'vᶦi:s]
handelaar (de)	komersántas (v)	[komᶦɛr'santas]
lader (de)	krovéjas (v)	[kro'vᶦe:jas]

kledingstilist (de)	modeliúotojas (v)	[modᶦɛ'lᶦʊɑto:jɛs]
model (het)	modelis (v)	['modᶦɛlᶦɪs]

131. Beroepen. Sociale status

scholier (de)	moksleĩvis (v)	[moks'lᶦɛɪvᶦɪs]
student (de)	studeñtas (v)	[stʊ'dᶦɛntas]

filosoof (de)	filosófas (v)	[fᶦɪlᶦo'sofas]
econoom (de)	ekonomìstas (v)	[ɛkono'mᶦɪstas]
uitvinder (de)	išradéjas (v)	[ɪʃra'dᶦe:jas]

werkloze (de)	bedárbis (v)	[bᶦɛ'darbᶦɪs]
gepensioneerde (de)	peñsininkas (v)	['pᶦɛnsᶦɪnᶦɪŋkas]
spion (de)	šnìpas (v)	['ʃnᶦɪpas]

gedetineerde (de)	kalinỹs (v)	[kalᶦɪ'nᶦi:s]
staker (de)	streĩkininkas (v)	['strᶦɛᶦɪkᶦɪnᶦɪŋkas]
bureaucraat (de)	biurokrãtas (v)	[bᶦʊro'kra:tas]
reiziger (de)	keliáutojas (v)	[kᶦɛ'lᶦæʊto:jɛs]

homoseksueel (de)	homoseklualìstas (v)	[ɣomosᶦɛklʊa'lᶦɪstas]
hacker (computerkraker)	programìšius (v)	[progra'mᶦɪʃʊs]
hippie (de)	hìpis (v)	['ɣᶦɪpᶦɪs]

bandiet (de)	bandìtas (v)	[ban'dᶦɪtas]
huurmoordenaar (de)	samdomas žudìkas (v)	['samdomas ʒʊ'dᶦɪkas]
drugsverslaafde (de)	narkománas (v)	[narko'ma:nas]
drugshandelaar (de)	narkotikų prekeĩvis (v)	[nar'kotᶦɪku: prᶦɛ'kᶦɛɪvᶦɪs]
prostituee (de)	prostitutė (m)	[prostᶦɪ'tutᶦe:]
pooier (de)	suteneris (v)	[sʊ'tᶦɛnᶦɛrᶦɪs]

tovenaar (de)	burtininkas (v)	['bʊrtᶦɪnᶦɪŋkas]
tovenares (de)	burtininkė (m)	['bʊrtᶦɪnᶦɪŋkᶦe:]
piraat (de)	pirãtas (v)	[pᶦɪ'ra:tas]
slaaf (de)	vérgas (v)	['vᶦɛrgas]
samoerai (de)	samurãjus (v)	[samʊ'ra:jʊs]
wilde (de)	laukìnis žmogùs (v)	[lᶦɑʊ'kᶦɪnᶦɪs ʒmɔ'gʊs]

Sport

sportman (de)	sportininkas (v)	['sport'ɪn'ɪŋkas]
soort sport (de/het)	spòrto šakà (m)	['sportɔ ʃa'ka]
basketbal (het)	krepšìnis (v)	[krʲɛp'ʃɪnʲɪs]
basketbalspeler (de)	krẽpšininkas (v)	['krʲæpʃʲɪnʲɪŋkas]
baseball (het)	beìsbolas (v)	['bʲɛɪsbolʲas]
baseballspeler (de)	beìsbolininkas (v)	['bʲɛɪsbolʲɪnʲɪŋkas]
voetbal (het)	fùtbolas (v)	['futbolʲas]
voetballer (de)	fùtbolininkas (v)	['futbolʲɪnʲɪŋkas]
doelman (de)	vartininkas (v)	['vart'ɪnʲɪŋkas]
hockey (het)	lẽdo ritulỹs (v)	['lʲædɔ rʲɪtʊ'lʲiːs]
hockeyspeler (de)	lẽdo rìtulininkas (v)	['lʲædɔ 'rʲɪtʊlʲɪnʲɪŋkas]
volleybal (het)	tinklìnis (v)	[tʲɪŋk'lʲɪnʲɪs]
volleybalspeler (de)	tiñklininkas (v)	['tʲɪŋklʲɪnʲɪŋkas]
boksen (het)	bòksas (v)	['boksas]
bokser (de)	bòksininkas (v)	['boks'ɪnʲɪŋkas]
worstelen (het)	imtỹnės (m dgs)	[ɪm'tʲiːnʲeːs]
worstelaar (de)	imtỹnininkas (v)	[ɪm'tʲiːnʲɪnʲɪŋkas]
karate (de)	karatè (m)	[kara'tʲeː]
karateka (de)	karatìstas (v)	[kara'tʲɪstas]
judo (de)	dziudò (v)	[dzʲʊ'do]
judoka (de)	dziudò imtỹnininkas (v)	[dzʲʊ'dɔ im'tʲiːnʲɪnʲɪŋkas]
tennis (het)	tènisas (v)	['tʲɛnʲɪsas]
tennisspeler (de)	tènisininkas (v)	['tʲɛnʲɪsʲɪnʲɪŋkas]
zwemmen (het)	plaukìmas (v)	[plʲɑʊ'kʲɪmas]
zwemmer (de)	plaukìkas (v)	[plʲɑʊ'kʲɪkas]
schermen (het)	fechtãvimas (v)	[fʲɛx'taːvʲɪmas]
schermer (de)	fechtùotojas (v)	[fʲɛx'tʊɑtoːjɛs]
schaak (het)	šachmãtai (v dgs)	[ʃax'maːtʌɪ]
schaker (de)	šachmãtininkas (v)	[ʃax'maːtʲɪnʲɪŋkas]
alpinisme (het)	alpinìzmas (v)	[alʲpʲɪr'nʲɪzmas]
alpinist (de)	alpinìstas (v)	[alʲpʲɪr'nʲɪstas]
hardlopen (het)	bėgìmas (v)	[bʲeː'gʲɪmas]

renner (de)	bėgìkas (v)	[bʲeːˈgʲɪkas]
atletiek (de)	lengvóji atlètika (m)	[lʲɛngˈvoːjɪ atˈlʲɛtʲɪka]
atleet (de)	atlètas (v)	[atˈlʲɛtas]
paardensport (de)	jojìmo spòrtas (v)	[jɔˈjɪmɔ ˈsportas]
ruiter (de)	jojìkas (v)	[jɔˈjɪkas]
kunstschaatsen (het)	dailùsis čiuožìmas (v)	[dʌɪˈlʲusʲɪs tʂʲuoˈʒʲɪmas]
kunstschaatser (de)	figūrininkas (v)	[fʲɪˈguːrʲɪnʲɪŋkas]
kunstschaatsster (de)	figūrininkė (m)	[fʲɪˈguːrʲɪnʲɪŋkʲeː]
gewichtheffen (het)	sunkiòji atlètika (m)	[suŋˈkʲoːjɪ atˈlʲɛtʲɪka]
autoraces (mv.)	automobìlių lenktỹnės (m dgs)	[automoˈbʲɪlʲu lʲɛŋˈktʲiːnʲeːs]
coureur (de)	lenktỹnininkas (v)	[lʲɛŋkˈtʲiːnʲɪnʲɪŋkas]
wielersport (de)	dvìračių spòrtas (v)	[ˈdvʲɪratʂʲu ˈsportas]
wielrenner (de)	dvìratininkas (v)	[ˈdvʲɪratʲɪnʲɪŋkas]
verspringen (het)	šúoliai (v) į tõlį	[ˈʃuɑlʲɛɪ iː ˈtoːlʲɪ]
polsstokspringen (het)	šúoliai (v dgs) sù kártimi	[ˈʃuɑlʲɛɪ ˈsu ˈkartʲɪmʲɪ]
verspringer (de)	šúolininkas (v)	[ˈʃuɑlʲɪnʲɪŋkas]

133. Soorten sporten. Diversen

Amerikaans voetbal (het)	amerikiėtiškas fùtbolas (v)	[amʲɛrʲɪˈkʲɛtʲɪʃkas ˈfutbolʲas]
badminton (het)	bãdmintonas (v)	[ˈbaːdmʲɪntonas]
biatlon (de)	biatlònas (v)	[bʲɪjatˈlʲonas]
biljart (het)	biliárdas (v)	[bʲɪlʲɪˈjardas]
bobsleeën (het)	bòbslėjus (v)	[ˈbobslʲeːjus]
bodybuilding (de)	kultūrìzmas (v)	[kulʲtuːˈrʲɪzmas]
waterpolo (het)	vandénsvydis (v)	[vanˈdʲɛnsvʲiːdʲɪs]
handbal (de)	rañkinis (v)	[ˈraŋkʲɪnʲɪs]
golf (het)	gòlfas (v)	[ˈgolʲfas]
roeisport (de)	irklãvimas (v)	[ɪrˈklʲaːvʲɪmas]
duiken (het)	nárdymas (v)	[ˈnardʲiːmas]
langlaufen (het)	slìdininkų lenktỹnės (m dgs)	[ˈslʲɪdʲɪnʲɪŋku lʲɛŋkˈtʲiːnʲeːs]
tafeltennis (het)	stãlo tènisas (v)	[ˈstaːlʲɔ ˈtʲɛnʲɪsas]
zeilen (het)	buriãvimas (v)	[buˈrʲæːvʲɪmas]
rally (de)	rãlis (v)	[ˈraːlʲɪs]
rugby (het)	rėgbis (v)	[ˈrʲɛgbʲɪs]
snowboarden (het)	sniėglenčių spòrtas (v)	[ˈsnʲɪɛglʲɛntʂʲu ˈsportas]
boogschieten (het)	šáudymas ìš lañko (v)	[ˈʃaudʲiːmas ɪʃ ˈlʲaŋkɔ]

134. Fitnessruimte

lange halter (de)	štánga (m)	[ˈʃtanga]
halters (mv.)	svar͂menys (v dgs)	[ˈsvaːrmʲɛnʲiːs]
training machine (de)	treniruõklis (v)	[trʲɛnʲɪˈruɑklʲɪs]
hometrainer (de)	dviratinis treniruõklis (v)	[dvʲɪraˈtʲɪnʲɪs trʲɛnʲɪˈruɑklʲɪs]

loopband (de)	bėgimo takėlis (v)	[bʲeːgʲɪmɔ taˈkʲælʲɪs]
rekstok (de)	skersìnis (v)	[skʲɛrˈsʲɪnʲɪs]
brug (de) gelijke leggers	lygiãgretės (m dgs)	[lʲiːˈgʲæɡrʲɛtʲeːs]
paardsprong (de)	arklỹs (v)	[arkˈlʲiːs]
mat (de)	paklõtas (v)	[pakˈlʲoːtas]

springtouw (het)	šokỹklė (m)	[ʃoˈkʲiːklʲeː]
aerobics (de)	aeróbika (m)	[aɛˈrobʲɪka]
yoga (de)	jogà (m)	[jɔˈga]

135. Hockey

hockey (het)	lẽdo ritulỹs (v)	[ˈlʲædɔ rʲɪtʊˈlʲiːs]
hockeyspeler (de)	lẽdo rìtulininkas (v)	[ˈlʲædɔ ˈrʲɪtʊlʲɪnʲɪŋkas]
hockey spelen	žaĩsti lẽdo ritùlį	[ˈʒʌɪstʲɪ ˈlʲædɔ rʲɪˈtʊlʲɪː]
ijs (het)	lẽdas (v)	[ˈlʲædas]

puck (de)	ritulỹs (v)	[rʲɪtʊˈlʲiːs]
hockeystick (de)	rìtmuša (m)	[ˈrʲɪtmʊʃa]
schaatsen (mv.)	pačiũžos (m dgs)	[paˈtɕʲuːʒos]

| boarding (de) | bõrtas (v) | [ˈbortas] |
| schot (het) | metìmas (v) | [mʲɛˈtʲɪmas] |

doelman (de)	vartininkas (v)	[ˈvartʲɪnʲɪŋkas]
goal (de)	įvartis (v)	[ˈiːvartʲɪs]
een goal scoren	įmùšti įvartį	[iːˈmʊʃtʲɪ ˈiːvartʲɪː]

periode (de)	kėlinỹs (v)	[kʲeːlʲɪˈnʲiːs]
tweede periode (de)	2-as kėlinỹs (v)	[ˈantras kʲeːlʲɪˈnʲiːs]
reservebank (de)	atsarginių suolas (v)	[atsarˈgʲɪnʲuː ˈsʊɑlʲas]

136. Voetbal

voetbal (het)	fùtbolas (v)	[ˈfʊtbolʲas]
voetballer (de)	fùtbolininkas (v)	[ˈfʊtbolʲɪnʲɪŋkas]
voetbal spelen	žaĩsti fùtbolą	[ˈʒʌɪstʲɪ ˈfʊtbolʲaː]

eredivisie (de)	aukščiáusia lýga (m)	[ɑʊkʃˈtɕʲæʊsʲɛ ˈlʲiːga]
voetbalclub (de)	fùtbolo klùbas (v)	[ˈfʊtbolʲɔ ˈklʲʊbas]
trainer (de)	trèneris (v)	[ˈtrʲɛnʲɛrʲɪs]
eigenaar (de)	savininkas (v)	[savʲɪˈnʲɪŋkas]

team (het)	kománda (m)	[kɔˈmanda]
aanvoerder (de)	komándos kapitõnas (v)	[kɔˈmandos kapʲɪˈtoːnas]
speler (de)	žaidėjas (v)	[ʒʌɪˈdʲeːjas]
reservespeler (de)	atsarginis žaidėjas (v)	[atsarˈgʲɪnʲɪs ʒʌɪˈdʲeːjas]

aanvaller (de)	puolėjas (v)	[pʊɑˈlʲeːjas]
centrale aanvaller (de)	vidurio puolėjas (v)	[vʲɪˈdʊrʲɔ pʊɑˈlʲeːjas]
doelpuntmaker (de)	puolėjas (v)	[pʊɑˈlʲeːjas]
verdediger (de)	gynėjas (v)	[gʲiːˈnʲeːjas]

middenvelder (de)	saũgas (v)	['sɑʊgas]
match, wedstrijd (de)	rungtỹnės (m dgs)	[rʊŋk'tʲiːnʲeːs]
elkaar ontmoeten (ww)	susitìkti	[sʊsʲɪ'tʲɪktʲɪ]
finale (de)	finãlas (v)	[fɪ'naːlʲas]
halve finale (de)	pùsfinalis (v)	['pʊsfɪnalʲɪs]
kampioenschap (het)	čempionãtas (v)	[tʃʲɛmpʲɪjɔ'naːtas]
helft (de)	kėlinỹs (v)	[kʲeːlʲɪ'nʲiːs]
eerste helft (de)	1-as kėlinỹs (v)	['pʲɪrmas kʲeːlʲɪnʲiːs]
pauze (de)	pértrauka (m)	['pʲɛrtrɑʊka]
doel (het)	vartai (v)	['vartʌɪ]
doelman (de)	vartininkas (v)	['vartʲɪnʲɪŋkas]
doelpaal (de)	štánga (m)	['ʃtanga]
lat (de)	sijà (m)	[sʲɪ'ja]
doelnet (het)	tinklas (v)	['tʲɪŋklʲas]
een goal incasseren	praléisti įvartį	[pra'lʲɛɪstʲɪ 'iːvartʲɪː]
bal (de)	kamuolỹs (v)	[kamʊɑ'lʲiːs]
pass (de)	pasuõtė (m)	[pa'sʊɑtʲeː]
schot (het), schop (de)	smũgis (v)	['smuːgʲɪs]
schieten (de bal ~)	smũgiúoti	[smuː'gʲʊɑtʲɪ]
vrije schop (directe ~)	baudõs smũgis (v)	[bɑʊ'doːs 'smuːgʲɪs]
hoekschop, corner (de)	kampìnis smũgis (v)	[kam'pʲɪnʲɪs 'smuːgʲɪs]
aanval (de)	atakà (m)	[ata'ka]
tegenaanval (de)	kontratakà (m)	[kɔntrata'ka]
combinatie (de)	kombinãcija (m)	[kɔmbʲɪ'naːtsʲɪjɛ]
scheidsrechter (de)	arbìtras (v)	[ar'bʲɪtras]
fluiten (ww)	švìlpti	['ʃvʲɪlʲptʲɪ]
fluitsignaal (het)	švilpùkas (v)	[ʃvʲɪlʲ'pʊkas]
overtreding (de)	pažeidìmas (v)	[paʒʲɛɪ'dʲɪmas]
een overtreding maken	pažeĩsti	[pa'ʒʲɛɪstʲɪ]
uit het veld te sturen	pašãlinti iš aikštės	[pa'ʃaːlʲɪntʲɪ ɪʃ ʌɪk'ʃtʲeːs]
gele kaart (de)	geltóna kortẽlė (m)	[gʲɛl'tona kor'tʲælʲeː]
rode kaart (de)	raudóna kortẽlė (m)	[rɑʊ'dona kor'tʲælʲeː]
diskwalificatie (de)	diskvalifikãvimas (v)	[dʲɪskvalʲɪfʲɪ'kaːvʲɪmas]
diskwalificeren (ww)	diskvalifikúoti	[dʲɪskvalʲɪfʲɪ'kʊɑtʲɪ]
strafschop, penalty (de)	baudinỹs (v)	[bɑʊdʲɪ'nʲiːs]
muur (de)	síena (m)	['sʲiɛna]
scoren (ww)	įmùšti	[iː'mʊʃtʲɪ]
goal (de), doelpunt (het)	įvartìs (v)	['iːvartʲɪs]
een goal scoren	įmùšti įvartį	[iː'mʊʃtʲɪ 'iːvartʲɪː]
vervanging (de)	pakeitìmas (v)	[pakʲɛɪ'tʲɪmas]
vervangen (ov.ww.)	pakeĩsti	[pa'kʲɛɪstʲɪ]
regels (mv.)	taisỹklės (m dgs)	[tʌɪ'sʲiːklʲeːs]
tactiek (de)	tãktika (m)	['ta:ktʲɪka]
stadion (het)	stadiònas (v)	[stadʲɪ'ɔnas]
tribune (de)	tribūnà (m)	[trʲɪbuː'na]
fan, supporter (de)	aistruõlis (v), sirgãlius (v)	[ʌɪstrʊ'ɑlʲɪs], [sʲɪr'gaːlʲʊs]
schreeuwen (ww)	rẽkti	['rʲeːktʲɪ]

121

| scorebord (het) | šviẽslentė (m) | [ˈʃvʲɛslʲɛntʲeː] |
| stand (~ is 3-1) | rezultãtas (v) | [rʲɛzʊlʲˈtaːtas] |

nederlaag (de)	pralaimėjimas (v)	[pralʲʌrˈmʲɛjɪmas]
verliezen (ww)	pralaiméti	[pralʲʌrˈmʲeːtʲɪ]
gelijkspel (het)	lýgiosios (m dgs)	[ˈlʲiːɡʲosʲos]
in gelijk spel eindigen	sužaĩsti lygiomìs	[sʊˈʒʌɪstʲɪ lʲiːɡʲoˈmʲɪs]

overwinning (de)	pérgalė (m)	[ˈpʲɛrɡalʲeː]
overwinnen (ww)	nugalėti	[nʊɡaˈlʲeːtʲɪ]
kampioen (de)	čempiònas (v)	[tɕʲɛmˈpʲɪjɔnas]
best (bn)	geriáusias	[ɡʲɛˈrʲæʊsʲæs]
feliciteren (ww)	sveĩkinti	[ˈsvʲɛɪkʲɪntʲɪ]

commentator (de)	komentãtorius (v)	[kɔmʲɛnˈtaːtorʲʊs]
becommentariëren (ww)	komentúoti	[kɔmʲɛnˈtʊatʲɪ]
uitzending (de)	transliãcija (m)	[transˈlʲætsʲɪjɛ]

137. Alpine skiën

ski's (mv.)	slìdės (m dgs)	[ˈslʲɪdʲeːs]
skiën (ww)	slidinéti	[slʲɪdʲɪˈnʲeːtʲɪ]
skigebied (het)	kalnų̃ slidinéjimo kurortas (v)	[kalʲˈnu: slʲɪdʲɪˈnʲɛjɪmɔ kʊˈrortas]
skilift (de)	kéltuvas (v)	[ˈkʲɛlʲtʊvas]
skistokken (mv.)	lazdõs (m dgs)	[lʲazˈdoːs]
helling (de)	núokalnė (m)	[ˈnʊakalʲnʲeː]
slalom (de)	slãlomas (v)	[ˈslʲaːlʲomas]

138. Tennis. Golf

golf (het)	gòlfas (v)	[ˈɡolʲfas]
golfclub (de)	gòlfo klùbas (v)	[ˈɡolʲfɔ ˈklʲʊbas]
golfer (de)	gòlfo žaidėjas (v)	[ˈɡolʲfɔ ʒʌɪˈdʲeːjas]
hole (de)	duobùtė (m)	[dʊaˈbʊtʲeː]
golfclub (de)	riẽdmuša (m)	[ˈrʲɛdmʊʃa]
trolley (de)	vežimẽlis riẽdmušoms (v)	[vʲɛʒʲɪˈmʲeːlʲɪs ˈrʲɛdmʊʃoms]

tennis (het)	tènisas (v)	[ˈtʲɛnʲɪsas]
tennisveld (het)	tèniso aikštẽlė (m)	[ˈtʲɛnʲɪsɔ ʌɪkʃˈtʲælʲeː]
opslag (de)	padavìmas (v)	[padaˈvʲɪmas]
serveren, opslaan (ww)	padúoti	[paˈdʊatʲɪ]
racket (het)	rakètė (m)	[raˈkʲɛtʲeː]
net (het)	tèniso tiñklas (v)	[ˈtʲɛnʲɪsɔ ˈtɪŋklʲas]
bal (de)	kamuolỹs (v)	[kamʊaˈlʲiːs]

139. Schaken

| schaak (het) | šachmãtai (v) | [ʃaxˈmaːtʌɪ] |
| schaakstukken (mv.) | šachmãtai (v) | [ʃaxˈmaːtʌɪ] |

schaker (de)	šachmãtininkas (v)	[ʃax'maːtʲɪnʲɪŋkas]
schaakbord (het)	šachmãtų lentà (m)	[ʃax'maːtu: lʲɛn'ta]
schaakstuk (het)	figūrà (m)	[fʲɪguː'ra]

witte stukken (mv.)	baltì	[balʲ'tʲɪ]
zwarte stukken (mv.)	juodì	[jʋa'dʲɪ]

pion (de)	péstininkas (v)	['pʲeːstʲɪnʲɪŋkas]
loper (de)	rìkis (v)	['rʲɪkʲɪs]
paard (het)	žìrgas (v)	['ʒʲɪrgas]
toren (de)	bókštas (v)	['bokʃtas]
dame, koningin (de)	valdõvė (m)	[valʲ'doːvʲeː]
koning (de)	karãlius (v)	[ka'raːlʲʊs]

zet (de)	ėjìmas (v)	[ɛː'jɪmas]
zetten (ww)	eĩti	['ɛɪtʲɪ]
opofferen (ww)	paaukóti	[paaʋ'kotʲɪ]
rokade (de)	rokiruõtė (m)	[rokʲɪ'rʋatʲeː]
schaak (het)	šãchas (v)	['ʃaːxas]
schaakmat (het)	mãtas (v)	['maːtas]

schaakwedstrijd (de)	šachmãtų turnỹras (v)	[ʃax'maːtu: tʊr'nʲiːras]
grootmeester (de)	dìdmeistris (v)	['dʲɪdmʲɛɪstrʲɪs]
combinatie (de)	kombinãcija (m)	[kombʲɪ'naːtsʲɪjɛ]
partij (de)	pártija (m)	['partʲɪjɛ]
dammen (de)	šãškės (m dgs)	['ʃaːʃkʲeːs]

140. Boksen

boksen (het)	bóksas (v)	['boksas]
boksgevecht (het)	kovà (m)	[kɔ'va]
bokswedstrijd (de)	dvìkova (m)	['dvʲɪkova]
ronde (de)	ráundas (v)	['raʋndas]

ring (de)	rìngas (v)	['rʲɪngas]
gong (de)	gòngas (v)	['gongas]

stoot (de)	smũgis (v)	['smuːgʲɪs]
knock-down (de)	nokdáunas (v)	[nok'daʋnas]
knock-out (de)	nokáutas (v)	[no'kaʋtas]
knock-out slaan (ww)	nokautúoti	[nokaʋ'tʋatʲɪ]
bokshandschoen (de)	bòkso pìrštinė (m)	['boksɔ 'pʲɪrʃtʲɪnʲeː]
referee (de)	teisėjas (v)	[tʲɛɪ'sʲeːjas]

lichtgewicht (het)	leñgvas svõris (v)	['lʲɛngvas 'svoːrʲɪs]
middengewicht (het)	vidutìnis svõris (v)	[vʲɪdʊ'tʲɪnʲɪs 'svoːrʲɪs]
zwaargewicht (het)	sunkùs svõris (v)	[sʊŋ'kʊs 'svoːrʲɪs]

141. Sporten. Diversen

Olympische Spelen (mv.)	Olìmpinės žaidỹnės (m dgs)	[o'lʲɪmpʲɪnʲeːs ʒʌɪ'dʲiːnʲeːs]
winnaar (de)	nugalétojas (v)	[nʊga'lʲeːtoːjɛs]

| overwinnen (ww) | nugalėti | [nʊgaˈlʲe:tʲɪ] |
| winnen (ww) | laiméti | [lʲʌɪˈmʲe:tʲɪ] |

| leider (de) | lýderis (v) | [ˈlʲi:dʲɛrʲɪs] |
| leiden (ww) | bũti lýderiu | [ˈbu:tʲɪ ˈlʲi:dʲɛrʲʊ] |

eerste plaats (de)	pirmóji vietà (m)	[pʲɪrˈmo:jɪ vʲiɛˈta]
tweede plaats (de)	antróji vietà (m)	[anˈtro:jɪ vʲiɛˈta]
derde plaats (de)	trečióji vietà (m)	[trʲɛˈtʂʲo:jɪ vʲiɛˈta]

medaille (de)	medãlis (v)	[mʲɛˈda:lʲɪs]
trofee (de)	trofėjus (v)	[troˈfʲe:jʊs]
beker (de)	taurẽ (m)	[tɑuˈrʲe:]
prijs (de)	prìzas (v)	[ˈprʲɪzas]
hoofdprijs (de)	pagrindìnis prìzas (v)	[pagrʲɪnˈdʲɪnʲɪs ˈprʲɪzas]

| record (het) | rekòrdas (v) | [rʲɛˈkordas] |
| een record breken | pasíekti rekòrdą | [paˈsʲiɛktʲɪ rʲɛˈkorda:] |

| finale (de) | finãlas (v) | [fʲɪˈna:lʲas] |
| finale (bn) | finãlinis | [fʲɪˈna:lʲɪnʲɪs] |

| kampioen (de) | čempiònas (v) | [tʂʲɛmˈpʲɪjɔnas] |
| kampioenschap (het) | čempionãtas (v) | [tʂʲɛmpʲɪjɔˈna:tas] |

stadion (het)	stadiònas (v)	[stadʲɪˈɔnas]
tribune (de)	tribūnà (m)	[trʲɪbu:ˈna]
fan, supporter (de)	sirgãlius (v)	[sʲɪrˈga:lʲʊs]
tegenstander (de)	varžòvas (v)	[varˈʒo:vas]

| start (de) | stártas (v) | [ˈstartas] |
| finish (de) | finìšas (v) | [ˈfʲɪnʲɪʃas] |

| nederlaag (de) | pralaiméjimas (v) | [pralʲʌɪˈmʲɛjɪmas] |
| verliezen (ww) | pralaiméti | [pralʲʌɪˈmʲe:tʲɪ] |

rechter (de)	teiséjas (v)	[tʲɛɪˈsʲe:jas]
jury (de)	žiurì (v)	[ʒʲʊˈrʲɪ]
stand (~ is 3-1)	rezultãtas (v)	[rʲɛzʊlʲˈta:tas]
gelijkspel (het)	lýgiosios (m dgs)	[ˈlʲi:gʲɔsʲɔs]
in gelijk spel eindigen	sužaìsti lygiomìs	[sʊˈʒʌɪstʲɪ lʲi:gʲɔˈmʲɪs]
punt (het)	tãškas (v)	[ˈta:ʃkas]
uitslag (de)	rezultãtas (v)	[rʲɛzʊlʲˈta:tas]

| periode (de) | kėlinỹs (v) | [kʲe:lʲɪˈnʲi:s] |
| pauze (de) | pértrauka (m) | [ˈpʲɛrtrɑuka] |

doping (de)	dòpingas (v)	[ˈdopʲɪngas]
straffen (ww)	skìrti baũdą	[ˈskʲɪrtʲɪ ˈbɑuda:]
diskwalificeren (ww)	diskvalifikúoti	[dʲɪskvalʲɪfʲɪˈkʊɑtʲɪ]

toestel (het)	príetaisas (v)	[ˈprʲiɛtʌɪsas]
speer (de)	íetis (m)	[ˈɪɛtʲɪs]
kogel (de)	rutulỹs (v)	[rʊtʊˈlʲi:s]
bal (de)	kamuolỹs (v)	[kamʊɑˈlʲi:s]
doel (het)	taikinỹs (v)	[tʌɪkʲɪˈnʲi:s]

schietkaart (de)	taikinỹs (v)	[tʌɪkʲɪ'nʲiːs]
schieten (ww)	šáuti	['ʃɑʊtʲɪ]
precies (bijv. precieze schot)	tikslùs	[tʲɪks'lʲʊs]
trainer, coach (de)	trèneris (v)	['trʲɛnʲɛrʲɪs]
trainen (ww)	trenirúoti	[trʲɛnʲɪ'rʊɑtʲɪ]
zich trainen (ww)	trenirúotis	[trʲɛnʲɪ'rʊɑtʲɪs]
training (de)	treniruõtė (m)	[trenʲɪ'rʊɑtʲeː]
gymnastiekzaal (de)	spòrto sãlė (m)	['spɔrtɔ saː'lʲeː]
oefening (de)	pratìmas (v)	[pra'tʲɪmas]
opwarming (de)	pramankštà (m)	[pramaŋkʃ'ta]

125

Onderwijs

school (de)	mokykla (m)	[mokʲi:kʲlʲa]
schooldirecteur (de)	mokyklos direktorius (v)	[mo'kʲi:klʲos dʲɪ'rʲɛktorʲʊs]
leerling (de)	mokinys (v)	[mokʲɪ'nʲi:s]
leerlinge (de)	mokinė (m)	[mokʲɪ'nʲeː]
scholier (de)	moksleivis (v)	[moks'lʲɛɪvʲɪs]
scholiere (de)	moksleivė (m)	[moks'lʲɛɪvʲeː]
leren (lesgeven)	mokyti	['mokʲi:tʲɪ]
studeren (bijv. een taal ~)	mokytis	['mokʲi:tʲɪs]
van buiten leren	mokytis atmintinai	['mokʲi:tʲɪs atmʲɪntʲɪ'nʌɪ]
leren (bijv. ~ tellen)	mokytis	['mokʲi:tʲɪs]
in school zijn (schooljongen zijn)	mokytis	['mokʲi:tʲɪs]
naar school gaan	eiti į mokyklą	['ɛɪtʲɪ iː mo'kʲi:klʲaː]
alfabet (het)	abėcėlė (m)	[abʲeː'tsʲeː:lʲeː]
vak (schoolvak)	dalykas (v)	[da'lʲi:kas]
klaslokaal (het)	klasė (m)	['klʲa:sʲe:]
les (de)	pamoka (m)	[pamo'ka]
pauze (de)	pertrauka (m)	['pʲɛrtrauka]
bel (de)	skambutis (v)	[skam'bʊtʲɪs]
schooltafel (de)	suolas (v)	['sʊalʲas]
schoolbord (het)	lenta (m)	[lʲɛn'ta]
cijfer (het)	pažymys (v)	[paʒʲi:'mʲi:s]
goed cijfer (het)	geras pažymys (v)	['gʲæras paʒʲi:'mʲi:s]
slecht cijfer (het)	prastas pažymys (v)	['pra:stas paʒʲi:'mʲi:s]
een cijfer geven	rašyti pažymį	[ra'ʃi:tʲɪ 'pa:ʒʲɪ:mʲɪ:]
fout (de)	klaida (m)	[klʲʌɪ'da]
fouten maken	daryti klaidas	[da'rʲi:tʲɪ klʲʌɪ'das]
corrigeren (fouten ~)	taisyti	[tʌɪ'sʲi:tʲɪ]
spiekbriefje (het)	paruoštukas (v)	[parʊa'ʃtʊkas]
huiswerk (het)	namų darbas (v)	[na'mu: 'darbas]
oefening (de)	pratimas (v)	[pra'tʲɪmas]
aanwezig zijn (ww)	būti	['bu:tʲɪ]
absent zijn (ww)	nebūti	[nʲɛ'bu:tʲɪ]
school verzuimen	praleisti pamokas	[pra'lʲɛɪstʲɪ 'pa:mokas]
bestraffen (een stout kind ~)	bausti	['baʊstʲɪ]
bestraffing (de)	bausmė (m)	[baʊs'mʲeː]

gedrag (het)	elgesỹs (v)	[ɛlʲgʲɛ'sʲiːs]
cijferlijst (de)	dienýnas (v)	[dʲiɛ'nʲiːnas]
potlood (het)	pieštùkas (v)	[pʲiɛʃ'tʊkas]
gom (de)	trintùkas (v)	[trʲɪn'tʊkas]
krijt (het)	kreidà (m)	[krʲɛɪda]
pennendoos (de)	penãlas (v)	[pʲɛ'nalʲas]

boekentas (de)	pòrtfelis (v)	['portfʲɛlʲɪs]
pen (de)	tušinùkas (v)	[tʊʃɪ'nʊkas]
schrift (de)	sąsiuvinis (v)	['saːsʲʊvʲɪnʲɪs]
leerboek (het)	vadovělis (v)	[vado'vʲeːlʲɪs]
passer (de)	skriestùvas (v)	[skrʲiɛ'stʊvas]

| technisch tekenen (ww) | braižýti | [brʌɪ'ʒʲiːtʲɪ] |
| technische tekening (de) | brėžinỹs (v) | [brʲe:ʒʲɪ'nʲiːs] |

gedicht (het)	eiléraštis (v)	[ɛɪ'lʲeːraʃtʲɪs]
van buiten (bw)	atmintinaĩ	[atmʲɪntʲɪ'nʌɪ]
van buiten leren	mókytis atmintinaĩ	['mokʲiːtʲɪs atmʲɪntʲɪ'nʌɪ]

vakantie (de)	atóstogos (m dgs)	[a'tostogos]
met vakantie zijn	atostogáuti	[atosto'gɑʊtʲɪ]
vakantie doorbrengen	praléisti atóstogas	[pra'lʲɛɪstʲɪ a'tostogas]

toets (schriftelijke ~)	kontròlinis dárbas (v)	[kɔn'trolʲɪnʲɪs 'darbas]
opstel (het)	rašinỹs (v)	[raʃʲɪ'nʲiːs]
dictee (het)	diktántas (v)	[dʲɪk'tantas]
examen (het)	egzãminas (v)	[ɛg'zaːmʲɪnas]
examen afleggen	laikýti egzãminus	[lʲʌɪ'kʲiːtʲɪ ɛg'zaːmʲɪnʊs]
experiment (het)	bandymas (v)	['bandʲiːmas]

143. Hogeschool. Universiteit

academie (de)	akadèmija (m)	[aka'dʲɛmʲɪjɛ]
universiteit (de)	universitètas (v)	[ʊnʲɪvʲɛrsʲɪ'tʲɛtas]
faculteit (de)	fakultètas (v)	[fakʊlʲ'tʲɛtas]

student (de)	studeñtas (v)	[stʊ'dʲɛntas]
studente (de)	studeñtė (m)	[stʊ'dentʲe:]
leraar (de)	déstytojas (v)	['dʲe:stʲiːtoːjɛs]

| collegezaal (de) | auditòrija (m) | [ɑʊdʲɪ'torʲɪjɛ] |
| afgestudeerde (de) | absolveñtas (v) | [absolʲ'vʲɛntas] |

| diploma (het) | diplòmas (v) | [dʲɪp'lʲomas] |
| dissertatie (de) | disertãcija (m) | [dʲɪsʲɛr'taːtsʲɪjɛ] |

| onderzoek (het) | tyrinéjimas (v) | [tʲiːrʲɪ'nʲɛjɪmas] |
| laboratorium (het) | laboratòrija (m) | [lʲabora'torʲɪjɛ] |

college (het)	paskaità (m)	[paskʌɪ'ta]
medestudent (de)	bendrakursis (v)	[bʲɛndra'kʊrsʲɪs]
studiebeurs (de)	stipeñdija (m)	[stʲɪ'pʲɛndʲɪjɛ]
academische graad (de)	mókslinis láipsnis (v)	['mokslʲɪnʲɪs 'lʌɪpsnʲɪs]

127

144. Wetenschappen. Disciplines

wiskunde (de)	matemãtika (m)	[matʲɛ'maːtʲɪka]
algebra (de)	álgebra (m)	['alʲgʲɛbra]
meetkunde (de)	geométrija (m)	[gʲɛo'mʲɛtrʲɪjɛ]

astronomie (de)	astronómija (m)	[astro'nomʲɪjɛ]
biologie (de)	biológija (m)	[bʲɪjɔ'lʲogʲɪjɛ]
geografie (de)	geográfija (m)	[gʲɛo'graːfʲɪjɛ]
geologie (de)	geológija (m)	[gʲɛo'lʲogʲɪjɛ]
geschiedenis (de)	istórija (m)	[ɪs'torʲɪjɛ]

geneeskunde (de)	medicinã (m)	[mʲɛdʲɪtsʲɪ'na]
pedagogiek (de)	pedagógika (m)	[pʲɛda'gogʲɪka]
rechten (mv.)	teisė (m)	['tʲɛisʲeː]

fysica, natuurkunde (de)	fizika (m)	['fʲɪzʲɪka]
scheikunde (de)	chèmija (m)	['xʲɛmʲɪjɛ]
filosofie (de)	filosófija (m)	[fʲɪlʲo'sofʲɪjɛ]
psychologie (de)	psichológija (m)	[psʲɪxo'lʲogʲɪjɛ]

145. Schrift. Spelling

grammatica (de)	gramãtika (m)	[gra'maːtʲɪka]
vocabulaire (het)	lèksika (m)	['lʲɛksʲɪka]
fonetiek (de)	fonètika (m)	[fo'nʲɛtʲɪka]

zelfstandig naamwoord (het)	daiktãvardis (v)	[dʌɪk'taːvardʲɪs]
bijvoeglijk naamwoord (het)	būdvardis (v)	['buːdvardʲɪs]
werkwoord (het)	veiksmãžodis (v)	[vʲɛɪks'maːʒodʲɪs]
bijwoord (het)	príeveiksmis (v)	['prʲiɛvʲɛɪksmʲɪs]

voornaamwoord (het)	ívardis (v)	['iːvardʲɪs]
tussenwerpsel (het)	jaustùkas (v)	[jɛʊs'tʊkas]
voorzetsel (het)	príelinksnis (v)	['prʲiɛlʲɪŋksnʲɪs]

stam (de)	žõdžio šaknìs (m)	['ʒoːdʒʲɔ ʃak'nʲɪs]
achtervoegsel (het)	galūnė (m)	[ga'lʲuːnʲeː]
voorvoegsel (het)	príešdėlis (v)	['prʲiɛʃdʲeːlʲɪs]
lettergreep (de)	skiemuõ (v)	[skʲiɛ'mʊɑ]
achtervoegsel (het)	príesaga (m)	['prʲiɛsaga]

| nadruk (de) | kírtis (m) | ['kʲɪrtʲɪs] |
| afkappingsteken (het) | apostrófas (v) | [apos'trofas] |

punt (de)	tãškas (v)	['taːʃkas]
komma (de/het)	kablēlis (v)	[kab'lʲælʲɪs]
puntkomma (de)	kabliãtaškis (v)	[kab'lʲætaʃkʲɪs]
dubbelpunt (de)	dvìtaškis (v)	['dvʲɪtaʃkʲɪs]
beletselteken (het)	daūgtaškis (v)	['dɑʊktaʃkʲɪs]

| vraagteken (het) | klaustùkas (v) | [klʲɑʊ'stʊkas] |
| uitroepteken (het) | šauktùkas (v) | [ʃɑʊk'tʊkas] |

aanhalingstekens (mv.)	kabùtės (m dgs)	[ka'buⁱtⁱe:s]
tussen aanhalingstekens (bw)	kabùtėse	[ka'buⁱtⁱe:se]
haakjes (mv.)	skliausteliai (v dgs)	[sklⁱɛu'stⁱælⁱɛɪ]
tussen haakjes (bw)	skliaustėliuose	[sklⁱɛu'stⁱælⁱuosⁱɛ]

streepje (het)	defisas (v)	[dⁱɛ'fⁱɪsas]
gedachtestreepje (het)	brūkšnỹs (v)	[bru:kʃnⁱi:s]
spatie	tárpas (v)	['tarpas]
(~ tussen twee woorden)		

letter (de)	raĩdė (m)	['rʌɪdⁱe:]
hoofdletter (de)	didžióji raĩdė (m)	[dⁱɪ'dʒⁱo:jɪ 'rʌɪdⁱe:]

klinker (de)	bal̃sis (v)	['balⁱsⁱɪs]
medeklinker (de)	príebalsis (v)	['prⁱiɛbalⁱsⁱɪs]

zin (de)	sakinỹs (v)	[sakⁱɪ'nⁱi:s]
onderwerp (het)	veiksnỹs (v)	[vⁱɛɪks'nⁱi:s]
gezegde (het)	tarinỹs (v)	[tarⁱɪ'nⁱi:s]

regel (in een tekst)	eilùtė (m)	[ɛɪ'lⁱʊtⁱe:]
op een nieuwe regel (bw)	ìš naujõs eilùtės	[ɪʃ 'nɑujo:s ɛɪ'lⁱʊtⁱe:s]
alinea (de)	pastraĩpa (m)	[past'rʌɪpa]

woord (het)	žõdis (v)	['ʒo:dⁱɪs]
woordgroep (de)	žõdžių junginỹs (v)	['ʒo:dʒⁱu: juŋgⁱɪ'nⁱi:s]
uitdrukking (de)	išsireiškìmas (v)	[ɪʃsⁱɪrⁱɛɪʃkⁱɪmas]
synoniem (het)	sinonìmas (v)	[sⁱɪno'nⁱɪmas]
antoniem (het)	antonìmas (v)	[anto'nⁱɪmas]

regel (de)	taisỹklė (m)	[tʌɪ'sⁱi:klⁱe:]
uitzondering (de)	išimtìs (m)	[ɪʃɪm'tⁱɪs]
correct (bijv. ~e spelling)	teisìngas	[tⁱɛɪ'sⁱɪngas]

vervoeging, conjugatie (de)	asmenuõtė (m)	[asme'nuatⁱe:]
verbuiging, declinatie (de)	linksniuõtė (m)	[lⁱɪŋks'nⁱuo:tⁱe:]
naamval (de)	liñksnis (v)	['lⁱɪŋksnⁱɪs]
vraag (de)	kláusimas (v)	['klⁱɑusⁱɪmas]
onderstrepen (ww)	pabraũkti	[pa'brɑuktⁱɪ]
stippellijn (de)	punktỹras (v)	[puŋk'tⁱi:ras]

146. Vreemde talen

taal (de)	kalbà (m)	[kalⁱ'ba]
vreemd (bn)	ùžsienio	['uʒsⁱiɛnⁱo]
vreemde taal (de)	ùžsienio kalbà (m)	['uʒsⁱiɛnⁱo kalⁱba]
leren (bijv. van buiten ~)	studijúoti	[studⁱɪ'juatⁱɪ]
studeren (Nederlands ~)	mókytis	['mokⁱi:tⁱɪs]

lezen (ww)	skaitýti	[skʌɪ'tⁱi:tⁱɪ]
spreken (ww)	kalbéti	[kalⁱ'bⁱe:tⁱɪ]
begrijpen (ww)	suprãsti	[sup'rastⁱɪ]
schrijven (ww)	rašýti	[ra'ʃⁱɪ:tⁱɪ]
snel (bw)	greĩtai	['grⁱɛɪtʌɪ]

| langzaam (bw) | lėtai | [lʲeː'tʌɪ] |
| vloeiend (bw) | laisvai | [lʲʌɪs'vʌɪ] |

regels (mv.)	taisyklės (m dgs)	[tʌɪ'sʲiːklʲeːs]
grammatica (de)	gramatika (m)	[gra'maːtʲɪka]
vocabulaire (het)	lėksika (m)	['lʲɛksʲɪka]
fonetiek (de)	fonėtika (m)	[fo'nʲɛtʲɪka]

leerboek (het)	vadovėlis (v)	[vado'vʲeːlʲɪs]
woordenboek (het)	žodynas (v)	[ʒo'dʲiːnas]
leerboek (het) voor zelfstudie	savimokos vadovėlis (v)	[sa'vʲɪmokos vado'vʲeːlʲɪs]
taalgids (de)	pasikalbėjimų knygėlė (m)	[pasʲɪkalʲ'bʲɛjɪmu: knʲiː'gʲæːlʲeː]

cassette (de)	kasėtė (m)	[ka'sʲɛtʲeː]
videocassette (de)	vaizdajuostė (m)	[vʌɪz'daːjuɑstʲeː]
CD (de)	kompaktinis diskas (v)	[kɔm'paːktʲɪnʲɪs 'dʲɪskas]
DVD (de)	DVD diskas (v)	[dʲɪvʲɪ'dʲɪ dʲɪs'kas]

alfabet (het)	abėcėlė (m)	[abʲeː'tsʲeːlʲeː]
spellen (ww)	sakyti paraidžiui	[sa'kʲiːtʲɪ parʌɪ'dʒʲuɪ]
uitspraak (de)	tarimas (v)	[ta'rʲɪmas]

accent (het)	akcentas (v)	[ak'tsʲɛntas]
met een accent (bw)	su akcentu	['su aktsʲɛn'tu]
zonder accent (bw)	bė akcentо	['bʲɛ ak'tsʲɛntɔ]

| woord (het) | žodis (v) | ['ʒoːdʲɪs] |
| betekenis (de) | prasmė (m) | [pras'mʲeː] |

cursus (de)	kursai (v dgs)	['kursʌɪ]
zich inschrijven (ww)	užsirašyti	[uʒsʲɪra'ʃʲɪːtʲɪ]
leraar (de)	dėstytojas (v)	['dʲeːstʲiːtoːjɛs]

vertaling (een ~ maken)	vertimas (v)	[vʲɛr'tʲɪmas]
vertaling (tekst)	vertimas (v)	[vʲɛr'tʲɪmas]
vertaler (de)	vertėjas (v)	[vʲɛr'tʲeːjas]
tolk (de)	vertėjas (v)	[vʲɛr'tʲeːjas]

| polyglot (de) | poliglotas (v) | [polʲɪ'glotas] |
| geheugen (het) | atmintis (m) | [atmʲɪn'tʲɪs] |

147. Sprookjesfiguren

Sinterklaas (de)	Kalėdų Sėnis (v)	[ka'lʲeːduː 'senʲɪs]
Assepoester (de)	Pelėnė (m)	[pʲɛ'lʲænʲeː]
zeemeermin (de)	undinė (m)	[un'dʲɪnʲeː]
Neptunus (de)	Neptūnas (v)	[nʲɛp'tuːnas]

magiër, tovenaar (de)	burtininkas (v)	['burtʲɪnʲɪŋkas]
goede heks (de)	burtininkė (m)	['burtʲɪnʲɪŋkʲeː]
magisch (bn)	stebuklingas	[stʲɛbuk'lʲɪ̃ngas]
toverstokje (het)	burtų lazdėlė (m)	['burtu: laz'dʲælʲeː]
sprookje (het)	pasaka (m)	['paːsaka]
wonder (het)	stebuklas (v)	[stʲɛ'buklʲas]

| dwerg (de) | gnòmas (v) | ['gnomas] |
| veranderen in ... (anders worden) | pavìrsti į̃ ... | [pa'vʲɪrstʲɪ iː ..] |

geest (de)	vaiduõklis (v)	[vʌɪ'duɑklʲɪs]
spook (het)	šmėkla (m)	['ʃmʲeːklʲa]
monster (het)	pabáisa (m)	[pa'bʌɪsa]
draak (de)	drakònas (v)	[dra'konas]
reus (de)	mìlžinas (v)	['mʲɪlʲʒʲɪnas]

148. Dierenriem

Ram (de)	ãvinas (v)	['aːvʲɪnas]
Stier (de)	Jáutis (v)	['jɑutʲɪs]
Tweelingen (mv.)	Dvyniaĩ (v dgs)	[dvʲiː'nʲɛɪ]
Kreeft (de)	Vėžỹs (v)	[vʲeː'ʒʲiːs]
Leeuw (de)	Liũtas (v)	['lʲuːtas]
Maagd (de)	Mergẽlė (m)	[mʲɛr'gʲælʲeː]

Weegschaal (de)	Svarstỹklės (m dgs)	[svar'stʲiːklʲeːs]
Schorpioen (de)	Skorpiònas (v)	[skorpʲɪ'ɔnas]
Boogschutter (de)	Šaulỹs (v)	[ʃɑu'lʲiːs]
Steenbok (de)	Ožiarãgis (v)	[oʒʲæ'raːgʲɪs]
Waterman (de)	Vandẽnis (v)	[van'dʲænʲɪs]
Vissen (mv.)	Žùvys (m dgs)	['ʒuvʲiːs]

karakter (het)	charãkteris (v)	[xa'raːktʲɛrʲɪs]
karaktertrekken (mv.)	charãkterio brúožai (v dgs)	[xa'raːktʲɛrʲɔ 'bruɑʒʌɪ]
gedrag (het)	elgesỹs (v)	[ɛlʲgʲɛ'sʲiːs]
waarzeggen (ww)	bùrti	['burtʲɪ]
waarzegster (de)	burėja (m)	[bu'rʲeːja]
horoscoop (de)	horoskòpas (v)	[ɣoro'skopas]

Kunst

149. Theater

theater (het)	teãtras (v)	[tʲɛ'aːtras]
opera (de)	òpera (m)	['opʲɛra]
operette (de)	operètė (m)	[opʲɛ'rʲɛtʲeː]
ballet (het)	balètas (v)	[ba'lʲɛtas]
affiche (de/het)	afišà (m)	[afʲɪ'ʃa]
theatergezelschap (het)	trùpė (m)	['trʊpʲeː]
tournee (de)	gastrolės (m dgs)	[gas'trolʲeːs]
op tournee zijn	gastroliúoti	[gastro'lʲʊɑtʲɪ]
repeteren (ww)	repetúoti	[rʲɛpʲɛ'tʊɑtʲɪ]
repetitie (de)	repetìcija (m)	[rʲɛpʲɛ'tʲɪtsʲɪjɛ]
repertoire (het)	repertuãras (v)	[rʲɛpʲɛrtʊ'aːras]
voorstelling (de)	vaidìnimas (v)	[vʌɪ'dʲɪnʲɪmas]
spektakel (het)	spektãklis (v)	[spʲɛk'taːklʲɪs]
toneelstuk (het)	pjèsė (m)	['pjæsʲeː]
biljet (het)	bìlietas (v)	['bʲɪlʲiɛtas]
kassa (de)	bìlietų kasà (m)	['bʲɪlʲiɛtu: ka'sa]
foyer (de)	hòlas (v)	['ɣolʲas]
garderobe (de)	rùbinė (m)	['ru:bʲɪnʲeː]
garderobe nummer (het)	numeriùkas (v)	[numʲɛ'rʲʊkas]
verrekijker (de)	žiūrõnas (v)	[ʒʲu:'roːnas]
plaatsaanwijzer (de)	kontrolièrius (v)	[kontro'lʲɛrʲʊs]
parterre (de)	párteris (v)	['partʲɛrʲɪs]
balkon (het)	balkònas (v)	[balʲ'konas]
gouden rang (de)	beletãžas (v)	[bʲɛlʲɛ'taːʒas]
loge (de)	lòžė (m)	['lʲoʒʲeː]
rij (de)	eilė̃ (m)	[ɛɪ'lʲeː]
plaats (de)	vietà (m)	[vʲiɛ'ta]
publiek (het)	pùblika (m)	['pʊblʲɪka]
kijker (de)	žiūrõvas (v)	[ʒʲu:'roːvas]
klappen (ww)	plóti	['plʲoːtʲɪ]
applaus (het)	plojìmai (v dgs)	[plʲo'jɪmʌɪ]
ovatie (de)	ovãcijos (m dgs)	[o'vaːtsʲɪjɔs]
toneel (op het ~ staan)	scenà (m)	[stsʲɛ'na]
gordijn, doek (het)	ùždanga (m)	['ʊʒdanga]
toneeldecor (het)	dekorãcija (m)	[dʲɛko'raːtsʲɪjɛ]
backstage (de)	kulìsai (v dgs)	[kʊ'lʲɪsʌɪ]
scène (de)	scenà (m)	[stsʲɛ'na]
bedrijf (het)	ãktas (v), veĩksmas (v)	['aːktas], ['vʲɛɪksmas]
pauze (de)	antrãktas (v)	[an'traːktas]

150. Bioscoop

acteur (de)	āktorius (v)	['a:ktorʲʊs]
actrice (de)	āktorė (m)	['a:ktorʲe:]
bioscoop (de)	kìnas (v)	['kʲɪnas]
aflevering (de)	sèrija (m)	['sʲɛrʲɪjɛ]
detectivefilm (de)	detektỹvas (v)	[dʲɛtʲɛk'tʲi:vas]
actiefilm (de)	veìksmo fìlmas (v)	['vʲɛɪksmɔ 'fʲɪlʲmas]
avonturenfilm (de)	núotykių fìlmas (v)	['nʊatʲi:kʲu: 'fʲɪlʲmas]
sciencefictionfilm (de)	fantãstinis fìlmas (v)	[fan'ta:stʲɪnʲɪs 'fʲɪlʲmas]
griezelfilm (de)	siaũbo fìlmas (v)	['sʲɛʊbɔ 'fʲɪlʲmas]
komedie (de)	kìno komèdija (m)	['kʲɪnɔ ko'mʲɛdʲɪjɛ]
melodrama (het)	melodramà (m)	[mʲɛlʲodra'ma]
drama (het)	dramà (m)	[dra'ma]
speelfilm (de)	mēninis fìlmas (v)	['mʲænʲɪnʲɪs 'fʲɪlʲmas]
documentaire (de)	dokumeñtinis fìlmas (v)	[dokʊ'mʲɛntʲɪnʲɪs 'fʲɪlʲmas]
tekenfilm (de)	animãcinis fìlmas (v)	[anʲɪ'ma:tsʲɪnʲɪs 'fʲɪlʲmas]
stomme film (de)	nebylùsis fìlmas (v)	[nʲɛbʲi:'lʊsʲɪs 'fʲɪlʲmas]
rol (de)	vaidmuõ (v)	[vʌɪd'mʊa]
hoofdrol (de)	pagrindìnis vaidmuõ (v)	[pagrʲɪn'dʲɪnʲɪs vʌɪd'mʊa]
spelen (ww)	vaidìnti	[vʌɪ'dʲɪntʲɪ]
filmster (de)	kìno žvaigždė̃ (m)	['kʲɪnɔ ʒvʌɪgʒ'dʲe:]
bekend (bn)	žìnomas	['ʒʲɪnomas]
beroemd (bn)	garsùs	[gar'sʊs]
populair (bn)	populiarùs	[popʊlʲæ'rʊs]
scenario (het)	scenãrijus (v)	[stsʲɛ'na:rʲɪjʊs]
scenarioschrijver (de)	scenarìstas (v)	[stsʲɛna'rʲɪstas]
regisseur (de)	režisiėrius (v)	[rʲɛʒʲɪ'sʲɛrʲʊs]
filmproducent (de)	prodiùseris (v)	[pro'dʲʊsʲɛrʲɪs]
assistent (de)	asisteñtas (v)	[asʲɪs'tʲɛntas]
cameraman (de)	operãtorius (v)	[opʲɛ'ra:torʲʊs]
stuntman (de)	kaskãdininkas (v)	[kas'ka:dʲɪnʲɪŋkas]
een film maken	filmúoti	[fʲɪlʲ'mʊatʲɪ]
auditie (de)	bañdymai (v dgs)	['bandʲi:mʌɪ]
opnamen (mv.)	filmãvimas (v)	[fʲɪlʲ'ma:vʲɪmas]
filmploeg (de)	filmãvimo grùpė (m)	[fʲɪlʲ'ma:vʲɪmɔ 'grʊpʲe:]
filmset (de)	filmãvimo aikštėlė (m)	[fʲɪlʲ'ma:vʲɪmɔ ʌɪkʃ'tʲælʲe:]
filmcamera (de)	filmãvimo kãmera (m)	[fʲɪlʲ'ma:vʲɪmɔ 'ka:mʲɛra]
bioscoop (de)	kìno teãtras (v)	['kʲɪnɔ tʲɛ'a:tras]
scherm (het)	ekrãnas (v)	[ɛk'ra:nas]
een film vertonen	ródyti fìlmą	['rodʲi:tʲɪ fʲɪlʲma:]
geluidsspoor (de)	gar̃so takèlis (v)	['garsɔ ta'kʲælʲɪs]
speciale effecten (mv.)	specialíeji efèktai (v dgs)	[spʲɛtsʲɪja'lʲiɛjɪ ɛ'fʲɛktʌɪ]
ondertiteling (de)	subtìtrai (v dgs)	[sʊp'tʲɪtrʌɪ]
voortiteling, aftiteling (de)	tìtrai (v)	['tʲɪtrʌɪ]
vertaling (de)	vertìmas (v)	[vʲɛr'tʲɪmas]

133

151. Schilderij

kunst (de)	mēnas (v)	['mⁱænas]
schone kunsten (mv.)	dailíeji menaĩ (v dgs)	[dʌɪ'lⁱiɛjɪ mⁱɛ'nʌɪ]
kunstgalerie (de)	galèrija (m)	[ga'lⁱɛrⁱɪjɛ]
kunsttentoonstelling (de)	pavéikslų parodà (m)	[pa'vⁱɛɪkslⁱu: paro'da]

schilderkunst (de)	tapýba (m)	[ta'pⁱi:ba]
grafiek (de)	grāfika (m)	['gra:fⁱɪka]
abstracte kunst (de)	abstrakcionìzmas (v)	[abstraktsⁱɪjo'nⁱɪzmas]
impressionisme (het)	impresionìzmas (v)	[ɪmprⁱɛsⁱɪjo'nⁱɪzmas]

schilderij (het)	pavéikslas (v)	[pa'vⁱɛɪkslⁱas]
tekening (de)	piešinỹs (v)	[pⁱiɛʃɪ'nⁱi:s]
poster (de)	plakātas (v)	[plⁱa'ka:tas]

illustratie (de)	iliustrācija (m)	[ɪlⁱus'tra:tsⁱɪjɛ]
miniatuur (de)	miniatiūrà (m)	[mⁱɪnⁱɪja'tⁱu:'ra]
kopie (de)	kòpija (m)	['kopⁱɪjɛ]
reproductie (de)	reprodùkcija (m)	[rⁱɛpro'duktsⁱɪjɛ]

mozaïek (het)	mozāika (m)	[mo'za:ika]
gebrandschilderd glas (het)	vitrāžas (v)	[vⁱɪt'ra:ʒas]
fresco (het)	freskà (m)	[frⁱɛs'ka]
gravure (de)	graviūrà (m)	[gravⁱu:'ra]

buste (de)	biùstas (v)	['bⁱustas]
beeldhouwwerk (het)	skulptūrà (m)	[skulⁱptu:'ra]
beeld (bronzen ~)	statulà (m)	[statʊ'lⁱa]
gips (het)	gìpsas (v)	['gⁱɪpsas]
gipsen (bn)	ìš gìpso	[ɪʃ 'gⁱɪpsɔ]

portret (het)	portrètas (v)	[por'trⁱɛtas]
zelfportret (het)	autoportrètas (v)	[autopor'trⁱɛtas]
landschap (het)	vietóvaizdis (v)	[vⁱiɛ'tovʌɪzdⁱɪs]
stilleven (het)	natiurmòrtas (v)	[natⁱur'mortas]
karikatuur (de)	karikatūrà (m)	[karⁱɪkatu:'ra]

verf (de)	dažaĩ (v dgs)	[da'ʒʌɪ]
aquarel (de)	akварėlė (m)	[akva'rⁱɛlⁱe:]
olieverf (de)	aliẻjus (v)	[a'lⁱiɛjus]
potlood (het)	pieštùkas (v)	[pⁱiɛʃ'tukas]
Oost-Indische inkt (de)	tùšas (v)	['tʊʃas]
houtskool (de)	añglys (m dgs)	[aŋ'glⁱi:s]

tekenen (met krijt)	piẽšti	['pⁱɛʃtⁱɪ]
poseren (ww)	pozúoti	[po'zuatⁱɪ]
naaktmodel (man)	pozúotojas (v)	[po'zuato:jɛs]
naaktmodel (vrouw)	pozúotoja (m)	[po'zuato:jɛ]

kunstenaar (de)	daĩlininkas (v)	['dʌɪlⁱɪnⁱɪŋkas]
kunstwerk (het)	kūrinỹs (v)	[ku:rⁱɪ'nⁱi:s]
meesterwerk (het)	šedèvras (v)	[ʃⁱɛ'dⁱɛvras]
studio, werkruimte (de)	dirbtùvė (m)	[dⁱɪrp'tʊvⁱe:]
schildersdoek (het)	dróbė (m)	['drobⁱe:]

schildersezel (de)	molbèrtas (v)	[mol¹'bⁱɛrtas]
palet (het)	palètè (m)	[pa'lⁱɛtⁱe:]

lijst (een vergulde ~)	rémai (v)	['rⁱe:mʌɪ]
restauratie (de)	restauravimas (v)	[rⁱɛstɑʊ'ra:vⁱɪmas]
restaureren (ww)	restauruóti	[rⁱɛstɑʊ'rʊatⁱɪ]

152. Literatuur & Poëzie

literatuur (de)	literatūra (m)	[lⁱɪtⁱɛratu:'ra]
auteur (de)	autorius (v)	['ɑʊtorⁱʊs]
pseudoniem (het)	slapývardis (v)	[slⁱa'pⁱi:vardⁱɪs]

boek (het)	knyga (m)	[knⁱi:'ga]
boekdeel (het)	tòmas (v)	['tomas]
inhoudsopgave (de)	turinỹs (v)	[tʊrⁱɪ'nⁱi:s]
pagina (de)	pùslapis (v)	['pʊslⁱapⁱɪs]
hoofdpersoon (de)	pagrindìnis veikéjas (v)	[pagrⁱɪn'dⁱɪnⁱɪs vⁱɛɪ'kⁱe:jas]
handtekening (de)	autogrãfas (v)	[ɑʊto'gra:fas]

verhaal (het)	apsãkymas (v)	[ap'sa:kⁱi:mas]
novelle (de)	apýsaka (m)	[a'pⁱi:saka]
roman (de)	romãnas (v)	[ro'ma:nas]
werk (literatuur)	rãštai (v)	['ra:ʃtʌɪ]
fabel (de)	pasakéčia (m)	[pasa'kⁱe:tʂⁱæ]
detectiveroman (de)	detektỹvas (v)	[dⁱɛtⁱɛk'tⁱi:vas]

gedicht (het)	eiléraštis (v)	[ɛɪ'lⁱe:raʃtⁱɪs]
poëzie (de)	poèzija (m)	[po'ɛzⁱɪjɛ]
epos (het)	poemà (m)	[poⁱɛ'ma]
dichter (de)	poètas (v)	[po'ɛtas]

fictie (de)	beletrìstika (m)	[bⁱɛlⁱɛ'trⁱɪstⁱɪka]
sciencefiction (de)	móksliné fantãstika (m)	['mokslⁱɪnⁱe: fan'ta:stⁱɪka]
avonturenroman (de)	núotykiai (v)	['nʊatⁱi:kⁱɛɪ]
opvoedkundige literatuur (de)	móksliné literatūra (m)	['mokslⁱɪnⁱe: lⁱɪteratu:'ra]
kinderliteratuur (de)	vaikų literatūra (m)	[vʌɪ'ku: lⁱɪtⁱɛratu:'ra]

153. Circus

circus (de/het)	cìrkas (v)	['tsⁱɪrkas]
chapiteau circus (de/het)	kilnójamasis cìrkas (v)	[kⁱɪlⁱ'nojamasⁱɪs 'tsⁱɪrkas]
programma (het)	programà (m)	[progra'ma]
voorstelling (de)	vaidìnimas (v)	[vʌɪ'dⁱɪnⁱɪmas]

nummer (circus ~)	nùmeris (v)	['nʊmⁱɛrⁱɪs]
arena (de)	arenà (m)	[arⁱɛ'na]

pantomime (de)	pantomimà (m)	[pantomⁱɪ'ma]
clown (de)	klòunas (v)	['klⁱɒunas]
acrobaat (de)	akrobãtas (v)	[akro'ba:tas]
acrobatiek (de)	akrobãtika (m)	[akro'ba:tⁱɪka]

gymnast (de)	gimnāstas (v)	[gʲɪm'na:stas]
gymnastiek (de)	gimnāstika (m)	[gʲɪm'na:stʲɪka]
salto (de)	sálto (v)	['salʲtɔ]

sterke man (de)	atlètas (v)	[at'lʲɛtas]
temmer (de)	trámdytojas (v)	['tramdʲi:to:jɛs]
ruiter (de)	jojìkas (v)	[jo'jɪkas]
assistent (de)	asisteñtas (v)	[asʲɪs'tʲɛntas]

stunt (de)	triùkas (v)	['trʲʊkas]
goocheltruc (de)	fòkusas (v)	['fokʊsas]
goochelaar (de)	fòkusininkas (v)	['fokʊsʲɪnʲɪŋkas]

jongleur (de)	žonglièrius (v)	[ʒon'glʲɛrʲʊs]
jongleren (ww)	žongliruóti	[ʒonglʲɪ'rʊatʲɪ]
dierentrainer (de)	dresuótojas (v)	[drʲɛ'sʊɑto:jɛs]
dressuur (de)	dresāvimas (v)	[drʲɛ'sa:vʲɪmas]
dresseren (ww)	dresuóti	[drʲɛ'sʊatʲɪ]

154. Muziek. Popmuziek

muziek (de)	muzika (m)	['mʊzʲɪka]
muzikant (de)	muzikántas (v)	[mʊzʲɪ'kantas]
muziekinstrument (het)	muzikos instrumeñtas (v)	['mʊzʲɪkɔs instrʊ'mʲɛntas]
spelen (bijv. gitaar ~)	gróti ...	['grotʲɪ ...]

gitaar (de)	gitarà (m)	[gʲɪta'ra]
viool (de)	smuĩkas (v)	['smʊɪkas]
cello (de)	violončèlė (m)	[vʲɪjolon'tʂʲɛlʲe:]
contrabas (de)	kontrabòsas (v)	[kontra'bo:sas]
harp (de)	árfa (m)	['arfa]

piano (de)	pianìnas (v)	[pʲɪja'nʲɪnas]
vleugel (de)	fortepijõnas (v)	[fortʲɛpʲɪ'jɔ:nas]
orgel (het)	vargõnai (v)	[var'go:nʌɪ]

blaasinstrumenten (mv.)	pučiamíeji (v dgs)	[pʊtʂʲæ'mʲiɛjɪ]
hobo (de)	obòjus (v)	[o'bojʊs]
saxofoon (de)	saksofònas (v)	[saksʊ'fonas]
klarinet (de)	klarnètas (v)	[klʲar'nʲɛtas]
fluit (de)	fleità (m)	[flʲɛɪ'ta]
trompet (de)	dūdà (m)	[du:'da]

accordeon (de/het)	akordeònas (v)	[akordʲɛ'onas]
trommel (de)	būgnas (v)	['bu:gnas]

duet (het)	duètas (v)	[dʊ'lʲɛtas]
trio (het)	trìo (v)	['trʲɪɔ]
kwartet (het)	kvartètas (v)	[kvar'tʲɛtas]
koor (het)	chòras (v)	['xoras]
orkest (het)	orkèstras (v)	[or'kʲɛstras]

popmuziek (de)	popmuzika (m)	[pop'mʊzʲɪka]
rockmuziek (de)	ròko muzika (m)	['rokɔ 'mʊzʲɪka]

rockgroep (de)	roko grupė (m)	['rokɔ 'grʊpʲeː]
jazz (de)	džiāzas (v)	['dʒʲæzas]
idool (het)	stābas (v)	['staːbas]
bewonderaar (de)	gerbéjas (v)	[gʲɛr'bʲeːjas]
concert (het)	koncertas (v)	[kɔn'tsʲɛrtas]
symfonie (de)	simfonija (m)	[sʲɪm'fonʲɪjɛ]
compositie (de)	kūrinys (v)	[kuːrʲɪ'nʲiːs]
componeren (muziek ~)	sukurti	[sʊ'kʊrtʲɪ]
zang (de)	daināvimas (v)	[dʌɪ'naːvʲɪmas]
lied (het)	dainà (m)	[dʌɪ'na]
melodie (de)	melòdija (m)	[mʲɛ'lʲɪodʲɪjɛ]
ritme (het)	ritmas (v)	['rʲɪtmas]
blues (de)	bliùzas (v)	['blʲʊzas]
bladmuziek (de)	nātos (m dgs)	['naːtos]
dirigeerstok (baton)	dirigeñto batutà (m)	[dʲɪrʲɪ'gʲɛntɔ batʊ'ta]
strijkstok (de)	strýkas (v)	['strʲiːkas]
snaar (de)	stygà (m)	[stʲiː'ga]
koffer (de)	dėklas (v)	['dʲeːklʲas]

Rusten. Entertainment. Reizen

155. Trip. Reizen

toerisme (het)	turìzmas (v)	[tʊ'rʲɪzmas]
toerist (de)	turìstas (de)	[tʊ'rɪstas]
reis (de)	kelìонė (m)	[kʲɛ'lʲo:nʲe:]
avontuur (het)	núotykis (v)	['nʊatʲi:kʲɪs]
tocht (de)	ìšvyka (m)	['ɪʃvʲi:ka]

vakantie (de)	atóstogos (m dgs)	[a'tostogos]
met vakantie zijn	atostogáuti	[atosto'gaʊtʲɪ]
rust (de)	póilsis (v)	['poɪlʲsʲɪs]

trein (de)	traukinỹs (v)	[traʊkʲɪ'nʲi:s]
met de trein	tráukiniu	['traʊkʲɪnʲʊ]
vliegtuig (het)	lėktùvas (v)	[lʲe:k'tʊvas]
met het vliegtuig	lėktuvù	[lʲe:ktʊ'vʊ]
met de auto	automobiliù	[aʊtomobʲɪ'lʲʊ]
per schip (bw)	laivù	[lʲʌɪ'vʊ]

bagage (de)	bagãžas (v)	[ba'ga:ʒas]
valies (de)	lagamìnas (v)	[lʲaga'mʲɪnas]
bagagekarretje (het)	bagãžo vežimėlis (v)	[ba'ga:ʒɔ veʒʲɪ'mʲe:lʲɪs]

paspoort (het)	pãsas (v)	['pa:sas]
visum (het)	vizà (m)	[vʲɪ'za]
kaartje (het)	bìlietas (v)	['bʲɪlʲiɛtas]
vliegticket (het)	lėktùvo bìlietas (v)	[lʲe:k'tʊvɔ 'bʲɪlʲiɛtas]

reisgids (de)	vadõvas (v)	[va'do:vas]
kaart (de)	žemėlapis (v)	[ʒe'mʲe:lʲapʲɪs]
gebied (landelijk ~)	vietóvė (m)	[vʲiɛ'tovʲe:]
plaats (de)	vietà (m)	[vʲiɛ'ta]

exotische bestemming (de)	egzòtika (m)	[ɛg'zotʲɪka]
exotisch (bn)	egzòtinis	[ɛg'zotʲɪnʲɪs]
verwonderlijk (bn)	nuostabùs	[nʊosta'bʊs]

groep (de)	grùpė (m)	['grʊpʲe:]
rondleiding (de)	ekskùrsija (m)	[ɛks'kʊrsʲɪjɛ]
gids (de)	ekskùrsijos vadõvas (v)	[ɛks'kʊrsʲɪjos va'do:vas]

156. Hotel

motel (het)	motèlis (v)	[mo'tʲɛlʲɪs]
3-sterren	3 žvaigždùtės	['trʲɪs ʒvʌɪgʒ'dʊtʲe:s]
5-sterren	5 žvaigždùtės	['penʲkʲos ʒvʌɪgʒ'dʊtʲe:s]

overnachten (ww)	apsistóti	[aps⁾ɪs'tot⁾ɪ]
kamer (de)	kambarỹs (v)	[kamba'rⁱi:s]
eenpersoonskamer (de)	vienviėtis kambarỹs (v)	['vⁱiɛn'vⁱɛt⁾ɪs kamba'rⁱi:s]
tweepersoonskamer (de)	dviviėtis kambarỹs (v)	[dvⁱɪ'vⁱɛt⁾ɪs kamba'rⁱi:s]
een kamer reserveren	rezervúoti kambarį	[rⁱɛz⁾ɛr'vʊɑt⁾ɪ 'kambar⁾ɪ:]

| halfpension (het) | pusiáu pensiònas (v) | [pʊs⁾æʊ pⁱɛns⁾ɪ'jɔnas] |
| volpension (het) | pensiònas (v) | [pⁱɛns⁾ɪ'jɔnas] |

met badkamer	sù vonià	['sʊ vo'n⁾æ]
met douche	sù dušù	['sʊ dʊ'ʃʊ]
satelliet-tv (de)	palydòvinė televìzija (m)	[palⁱi:'do:vⁱɪn⁾e: t⁾ɛlⁱɛ'vⁱɪz⁾ɪjɛ]
airconditioner (de)	kondicioniėrius (v)	[kɔnd⁾ɪts⁾ɪjo'n⁾ɛr⁾ʊs]
handdoek (de)	rañkšluostis (v)	['raŋkʃlⁱʊɑst⁾ɪs]
sleutel (de)	rãktas (v)	['ra:ktas]

administrateur (de)	administrãtorius (v)	[adm⁾ɪn⁾ɪs'tra:tor⁾ʊs]
kamermeisje (het)	kambarìnė (m)	[kamba'rⁱɪn⁾e:]
piccolo (de)	nešìkas (v)	[nⁱɛ'ʃɪkas]
portier (de)	registrãtorius (v)	[rⁱɛg⁾ɪs'tra:tor⁾ʊs]

restaurant (het)	restorãnas (v)	[rⁱɛsto'ra:nas]
bar (de)	bãras (v)	['ba:ras]
ontbijt (het)	pùsryčiai (v dgs)	['pʊsrⁱi:tʃⁱɛɪ]
avondeten (het)	vakariėnė (m)	[vaka'rⁱɛn⁾e:]
buffet (het)	švēdiškas stãlas (v)	['ʃvⁱɛd⁾ɪʃkas 'sta:lⁱas]

| hal (de) | vestibiùlis (v) | [vⁱɛst⁾ɪ'bⁱʊlⁱɪs] |
| lift (de) | lìftas (v) | ['lⁱɪftas] |

| NIET STOREN | NETRUKDÝTI | [nⁱɛtrʊk'dⁱi:t⁾ɪ] |
| VERBODEN TE ROKEN! | NERŪKÝTI! | [nⁱɛru:'kⁱi:t⁾ɪ] |

157. Boeken. Lezen

boek (het)	knygà (m)	[knⁱi:'ga]
auteur (de)	áutorius (v)	['ɑʊtor⁾ʊs]
schrijver (de)	rašýtojas (v)	[ra'ʃɪ:to:jɛs]
schrijven (een boek)	parašýti	[para'ʃɪ:t⁾ɪ]

lezer (de)	skaitýtojas (v)	[skʌɪ'tⁱi:to:jɛs]
lezen (ww)	skaitýti	[skʌɪ'tⁱi:t⁾ɪ]
lezen (het)	skaĩtymas (v)	['skʌɪtⁱi:mas]

| stil (~ lezen) | tỹliai | ['tⁱi:lⁱɛɪ] |
| hardop (~ lezen) | garsiai | ['garsⁱɛɪ] |

uitgeven (boek ~)	léisti	['lⁱɛɪst⁾ɪ]
uitgeven (het)	leidýba (m)	[lⁱɛɪ'dⁱɪba]
uitgever (de)	leidėjas (v)	[lⁱɛɪ'dⁱe:jas]
uitgeverij (de)	leidyklà (m)	[lⁱɛɪdⁱi:k'la]

| verschijnen (bijv. boek) | išeĩti | [ɪ'ʃɛɪt⁾ɪ] |
| verschijnen (het) | išėjìmas (v) | [ɪʃe:'jɪmas] |

oplage (de)	tiražas (v)	[tˢɪ'ra:ʒas]
boekhandel (de)	knygýnas (v)	[knʲi:'gʲi:nas]
bibliotheek (de)	biblioteka (m)	[bʲɪblʲɪjotʲɛ'ka]

novelle (de)	apýsaka (m)	[a'pʲi:saka]
verhaal (het)	apsakymas (v)	[ap'sa:kʲi:mas]
roman (de)	romãnas (v)	[ro'ma:nas]
detectiveroman (de)	detektyvas (v)	[dʲɛtʲɛk'tʲi:vas]

memoires (mv.)	memuãrai (v dgs)	[mʲɛmʊ'a:rʌɪ]
legende (de)	legenda (m)	[lʲɛgʲɛn'da]
mythe (de)	mìtas (v)	['mʲɪtas]

gedichten (mv.)	eiléraščiai (v dgs)	[ɛɪ'lʲe:raʃʂʲɛɪ]
autobiografie (de)	autobiogrãfija (m)	[ɑʊtobʲɪjo'gra:fʲɪjɛ]
bloemlezing (de)	rinktìniai rãštai (v dgs)	[rʲɪŋk'tʲɪnʲɛɪ ra:ʃtʌɪ]
sciencefiction (de)	fantãstika (m)	[fan'ta:stʲɪka]
naam (de)	pavadìnimas (v)	[pava'dʲɪnʲɪmas]
inleiding (de)	įvadas (v)	['i:vadas]
voorblad (het)	titulìnis lãpas (v)	[tʲɪtʊ'lʲɪnʲɪs 'la:pas]

hoofdstuk (het)	skýrius (v)	['skʲi:rʲʊs]
fragment (het)	ìštrauka (m)	['ɪʃtrɑʊka]
episode (de)	epizòdas (v)	[ɛpʲɪ'zodas]

intrige (de)	siužetas (v)	[sʲʊ'ʒʲɛtas]
inhoud (de)	turinỹs (v)	[tʊrʲɪ'nʲi:s]
inhoudsopgave (de)	turinỹs (v)	[tʊrʲɪ'nʲi:s]
hoofdpersonage (het)	pagrindìnis veikéjas (v)	[pagrʲɪn'dʲɪnʲɪs vʲɛɪ'kʲe:jas]

boekdeel (het)	tòmas (v)	['tomas]
omslag (de/het)	viršelis (v)	[vʲɪr'ʃʲælʲɪs]
boekband (de)	apdaraĩ (v dgs)	[apda'rʌɪ]
bladwijzer (de)	žymēlė (m)	[ʒʲi:'mʲælʲe:]

pagina (de)	puslapis (v)	['pʊslʲapʲɪs]
bladeren (ww)	vartýti	[var'tʲi:tʲɪ]
marges (mv.)	pãraštės (m dgs)	['pa:raʃtʲe:s]
annotatie (de)	žymē (m)	[ʒʲi:'mʲe:]
opmerking (de)	pastaba (m)	[pasta'ba]

tekst (de)	tèkstas (v)	['tʲɛkstas]
lettertype (het)	šrìftas (v)	['ʃrʲɪftas]
drukfout (de)	spaudõs klaidà (m)	[spɑʊ'do:s klʲʌɪ'da]

vertaling (de)	vertìmas (v)	[vʲɛr'tʲɪmas]
vertalen (ww)	vẽrsti	['vʲɛrstʲɪ]
origineel (het)	originãlas (v)	[orʲɪgʲɪ'na:lʲas]

beroemd (bn)	žìnomas	['ʒʲɪnomas]
onbekend (bn)	nežìnomas	[nʲɛ'ʒʲɪnomas]
interessant (bn)	įdomùs	[i:do'mʊs]
bestseller (de)	perkamiáusia knygà (m)	[pʲɛrka'mʲæʊsʲɛ knʲi:'ga]
woordenboek (het)	žodýnas (v)	[ʒo'dʲi:nas]
leerboek (het)	vadovẽlis (v)	[vado'vʲe:lʲɪs]
encyclopedie (de)	enciklopèdija (m)	[ɛntsʲɪklʲo'pʲɛdʲɪjɛ]

158. Jacht. Vissen

jacht (de)	medžiōklė (m)	[mⁱɛ'dʒⁱo:klⁱe:]
jagen (ww)	medžióti	[mⁱɛ'dʒⁱotⁱɪ]
jager (de)	medžiótojas (v)	[mⁱɛ'dʒⁱoto:jɛs]

schieten (ww)	šáudyti	['ʃaʊdⁱi:tⁱɪ]
geweer (het)	šáutuvas (v)	['ʃaʊtʊvas]
patroon (de)	šovinȳs (v)	[ʃovⁱɪ'nⁱi:s]
hagel (de)	šrataĩ (v dgs)	[ʃra'tʌɪ]

val (de)	spą́stai (v dgs)	['spa:stʌɪ]
valstrik (de)	slãstai (v dgs)	['slⁱa:stʌɪ]
in de val trappen	paklíūti į̃ spą́stus	[pak'lⁱu:tⁱɪ i: 'spa:stʊs]
een val zetten	spę́sti spą́stus	['spⁱe:stⁱɪ 'spa:stʊs]

stroper (de)	brakoniērius (v)	[brako'nⁱɛrⁱʊs]
wild (het)	žvėríena (m)	[ʒvⁱe:'rⁱiɛna]
jachthond (de)	medžiōklinis šuõ (v)	[mⁱɛ'dʒⁱo:klⁱɪnⁱɪs 'ʃʊa]
safari (de)	safãris (v)	[sa'farⁱɪs]
opgezet dier (het)	baidȳklė (m)	[bʌɪ'dⁱi:klⁱe:]

visser (de)	žvejȳs (v)	[ʒvⁱɛ'jɪ:s]
visvangst (de)	žvejójimas (v)	[ʒvⁱɛ'jo:jɪmas]
vissen (ww)	žvejóti, žuváuti	[ʒvⁱɛ'jotⁱɪ], [ʒʊ'vaʊtⁱɪ]

hengel (de)	meškerẽ (m)	[mⁱɛʃke'rⁱe:]
vislijn (de)	vãlas (v)	['va:lⁱas]
haak (de)	kabliùkas (v)	[kab'lⁱʊkas]
dobber (de)	plūdẽ (m)	['plⁱu:dⁱe:]
aas (het)	jaũkas (v)	['jɛʊkas]

de hengel uitwerpen	užmèsti mẽškerę	[ʊʒ'mⁱɛstⁱɪ 'mⁱæʃkⁱɛrⁱɛ:]
bijten (ov. de vissen)	kìbti	['kⁱɪptⁱɪ]
vangst (de)	žvejõklės laimìkis (v)	[ʒvⁱɛ'jo:klⁱe:s lʌɪ'mⁱɪkⁱɪs]
wak (het)	eketẽ (m)	[eke'tⁱe:]

net (het)	tiñklas (v)	['tⁱɪŋklⁱas]
boot (de)	vãltis (m)	['valⁱtⁱɪs]
vissen met netten	žvejóti tinklaĩs	[ʒvⁱɛ'jotⁱɪ tⁱɪŋk'lⁱʌɪs]
het net uitwerpen	užmèsti tīnklùs	[ʊʒ'mⁱɛstⁱɪ tⁱɪŋk'lⁱʊs]
het net binnenhalen	ištráukti tinklùs	[ɪʃ'traʊktⁱɪ tⁱɪŋk'lⁱʊs]
in het net vallen	paklíūti į̃ tinklùs	[pak'lⁱu:tⁱɪ i: tⁱɪŋk'lʊs]

walvisvangst (de)	bangìnių medžiótojas (v)	[ban'gⁱɪnⁱu: mⁱɛ'dʒⁱoto:jɛs]
walvisvaarder (de)	bangìnių medžiótojų laĩvas (v)	[ban'gⁱɪnⁱu: mⁱɛ'dʒⁱoto:ju: 'lⁱʌɪvas]
harpoen (de)	žebérklas (v)	[ʒⁱɛ'bⁱɛrklⁱas]

159. Spellen. Biljart

biljart (het)	biliárdas (v)	[bⁱɪlⁱɪ'jardas]
biljartzaal (de)	biliárdinė (m)	[bⁱɪlⁱɪ'jardⁱɪnⁱe:]

biljartbal (de)	biliárdo kamuolỹs (v)	[bʲɪlʲɪʲjardɔ kamʊɑ'lʲiːs]
een bal in het gat jagen	įmùšti kãmuolį	[iː'mʊʃtʲɪ 'kaːmʊɑlʲɪ:]
keu (de)	biliárdo lazdà (m)	[bʲɪlʲɪʲjardɔ laz'da]
gat (het)	kišéné (m)	[kʲɪ'ʃænʲeː]

160. Spellen. Speelkaarten

ruiten (mv.)	bũgnai (v dgs)	['buːgnʌɪ]
schoppen (mv.)	vỹnai (v dgs)	['vʲiːnʌɪ]
klaveren (mv.)	šìrdys (m dgs)	['ʃɪrdʲiːs]
harten (mv.)	krỹžiai (v dgs)	['krʲiːʒʲɛɪ]

aas (de)	tũzas (v)	['tuːzas]
koning (de)	karãlius (v)	[ka'raːlʲʊs]
dame (de)	damà (m)	[da'ma]
boer (de)	valétas (v)	[va'lʲɛtas]

speelkaart (de)	kortà (m)	[kɔr'ta]
kaarten (mv.)	kòrtos (m dgs)	['kɔrtos]
troef (de)	kõziris (v)	['kɔːzʲɪrʲɪs]
pak (het) kaarten	málka (m)	['malʲka]

punt (bijv. vijftig ~en)	akìs (m)	[a'kʲɪs]
uitdelen (kaarten ~)	dalìnti	[da'lʲɪntʲɪ]
schudden (de kaarten ~)	maišýti	[mʌɪ'ʃiːtʲɪ]
beurt (de)	éjìmas (v)	[ɛː'jɪmas]
valsspeler (de)	sukčiáutojas (v)	[sʊk'tʃʲæʊtoːjɛs]

161. Casino. Roulette

casino (het)	kazino (v)	[kazʲɪ'no]
roulette (de)	rulètè (m)	[rʊ'lʲɛtʲeː]
inzet (de)	stãtymas (v)	['staːtʲiːmas]
een bod doen	darýti stãtymus	[da'rʲiːtʲɪ 'staːtʲiːmʊs]

rood (de)	raudónas	[rɑu'donas]
zwart (de)	júodas	['juodas]
inzetten op rood	statýti ãnt raudóno	[sta'tʲiːtʲɪ ant rɑu'donɔ]
inzetten op zwart	statýti ãnt juõdo	[sta'tʲiːtʲɪ ant 'juodɔ]

croupier (de)	krupjè (m)	[krʊ'pjeː]
de cilinder draaien	sùkti rulètę	['sʊktʲɪ rʊ'lʲɛtʲeː]
spelregels (mv.)	žaidìmo taisỹklès (m dgs)	[ʒʌɪ'dʲɪmɔ tʌɪ'sʲiːklʲeːs]
fiche (pokerfiche, etc.)	žetònas (v)	[ʒʲɛ'tonas]

| winnen (ww) | laiméti | [lʲʌɪ'mʲeːtʲɪ] |
| winst (de) | laiméjimas (v) | [lʲʌɪ'mʲɛjɪmas] |

verliezen (ww)	pralaiméti	[pralʲʌɪ'mʲeːtʲɪ]
verlies (het)	pralaiméjimas (v)	[pralʲʌɪ'mʲɛjɪmas]
speler (de)	lošéjas (v)	[lʲo'ʃeːjas]
blackjack (kaartspel)	dvìdešimt víenas (v)	['dvʲɪdʲɛʃɪmt 'vʲienas]

dobbelspel (het)	lošìmas kauliùkais (v)	[loˈʃɪmas kauˈlʲukʌɪs]
dobbelstenen (mv.)	kauliùkai (v dgs)	[kauˈlʲukʌɪ]
speelautomaat (de)	lošimų automãtas (v)	[lʲoʃɪˈmu: auto'ma:tas]

162. Rusten. Spellen. Diversen

wandelen (on.ww.)	váikščioti	[ˈvʌɪkʃtʂʲotʲɪ]
wandeling (de)	pasiváikščiojimas (v)	[pasʲɪˈvʌɪkʃtʂʲojɪmas]
trip (per auto)	pasivažinéjimas (v)	[pasʲɪvaʒʲɪˈnʲɛjɪmas]
avontuur (het)	núotykis (v)	[ˈnuatʲi:kʲɪs]
picknick (de)	ìškyla (m)	[ˈɪʃkʲi:lʲa]

spel (het)	žaidìmas (v)	[ʒʌɪˈdʲɪmas]
speler (de)	žaidéjas (v)	[ʒʌɪˈdʲe:jas]
partij (de)	pártija (m)	[ˈpartʲɪjɛ]

collectioneur (de)	kolekcioniẽrius (v)	[kɔlʲɛktsʲɪjoˈnʲɛrʲus]
collectioneren (ww)	kolekcionúoti	[kɔlʲɛktsʲɪjoˈnuatʲɪ]
collectie (de)	kolèkcija (m)	[kɔˈlʲɛktsʲɪjɛ]

kruiswoordraadsel (het)	kryžiãžodis (v)	[krʲi:ˈʒʲæʒodʲɪs]
hippodroom (de)	hipodròmas (v)	[ɣʲɪpoˈdromas]
discotheek (de)	diskotekà (m)	[dʲɪskotʲɛˈka]

| sauna (de) | sáuna (m) | [ˈsauna] |
| loterij (de) | lotèrija (m) | [lʲoˈtʲɛrʲɪjɛ] |

trektocht (kampeertocht)	žỹgis (v)	[ˈʒʲi:gʲɪs]
kamp (het)	stovyklà (m)	[stovʲi:kˈlʲa]
tent (de)	palapìnė (m)	[palʲaˈpʲɪnʲe:]
kompas (het)	kòmpasas (v)	[ˈkompasas]
rugzaktoerist (de)	turìstas (v)	[tuˈrʲɪstas]

bekijken (een film ~)	žiūréti	[ʒʲu:ˈrʲe:tʲɪ]
kijker (televisie~)	televìzijos žiūrõvas (v)	[tʲɛlʲɛˈvʲɪzʲɪjos ˈʒʲu:ro:vas]
televisie-uitzending (de)	televìzijos laidà (m)	[tʲɛlʲɛˈvʲɪzʲɪjos lʌɪˈda]

163. Fotografie

| fotocamera (de) | fotoaparãtas (v) | [fotoapaˈra:tas] |
| foto (de) | fòto (v) | [ˈfoto] |

fotograaf (de)	fotogrãfas (v)	[fotoˈgra:fas]
fotostudio (de)	fotogrãfijos stùdija (m)	[fotoˈgra:fʲɪjos ˈstudʲɪjɛ]
fotoalbum (het)	fotoalbùmas (v)	[fotoalʲˈbumas]

lens (de), objectief (het)	objektỹvas (v)	[objɛktʲi:vas]
telelens (de)	teleobjektỹvas (v)	[tʲɛlʲɛobjɛkˈtʲi:vas]
filter (de/het)	fìltras (v)	[ˈfɪlʲtras]
lens (de)	lęšis (v)	[ˈlʲɛ:ʃɪs]
optiek (de)	òptika (m)	[ˈoptʲɪka]
diafragma (het)	diafragmà (m)	[dʲɪjafragˈma]

| belichtingstijd (de) | išlaikymas (v) | [ɪʃˡʲʌɪkˡʲiːmas] |
| zoeker (de) | ieškiklis (v) | [ɪɛʃˡʲkˡʲɪklʲɪs] |

digitale camera (de)	skaitmeninė kamera (m)	[skʌɪtmeˈnʲɪnʲe: ˈkaːmera]
statief (het)	stovas (v)	[ˈstoːvas]
flits (de)	blykstė (m)	[ˈblʲiːkstʲe:]

fotograferen (ww)	fotografuoti	[fotograˈfuatʲɪ]
foto's maken	fotografuoti	[fotograˈfuatʲɪ]
zich laten fotograferen	fotografuotis	[fotograˈfuatʲɪs]

focus (de)	ryškumas (v)	[rʲiːʃˈkumas]
scherpstellen (ww)	nustatyti ryškumą	[nustaˈtʲiːtʲɪ rʲiːʃˈkumaː]
scherp (bn)	ryškus	[rʲiːʃˈkus]
scherpte (de)	ryškumas (v)	[rʲiːʃˈkumas]

| contrast (het) | kontrastas (v) | [kɔnˈtraːstas] |
| contrastrijk (bn) | kontrastingas | [kɔntrasˈtʲɪngas] |

kiekje (het)	nuotrauka (m)	[ˈnuatrauka]
negatief (het)	negatyvas (v)	[nʲɛgaˈtʲiːvas]
filmpje (het)	fotojuosta (m)	[foto:ˈjuasta]
beeld (frame)	kadras (v)	[ˈkaːdras]
afdrukken (foto's ~)	spausdinti	[ˈspausdʲɪntʲɪ]

164. Strand. Zwemmen

strand (het)	paplūdimys (v)	[paˈplʲuːdʲɪmʲiːs]
zand (het)	smėlis (v)	[ˈsmʲeːlʲɪs]
leeg (~ strand)	dykuminis	[dʲiːkuˈmʲɪnʲɪs]

bruine kleur (de)	įdegis (v)	[ˈiːdʲɛgʲɪs]
zonnebaden (ww)	įdegti	[iːˈdʲɛktʲɪ]
gebruind (bn)	įdėges	[iːˈdʲægʲɛ:s]
zonnecrème (de)	įdegio kremas (v)	[ˈiːdʲegʲɔ ˈkrʲɛmas]

bikini (de)	bikinis (v)	[bʲɪˈkʲɪnʲɪs]
badpak (het)	maudymosi kostiumėlis (v)	[ˈmaudʲiːmosʲɪ kostʲuˈmʲe:lʲɪs]
zwembroek (de)	glaudės (m dgs)	[ˈglʲaudʲe:s]

zwembad (het)	baseinas (v)	[baˈsʲɛɪnas]
zwemmen (ww)	plaukioti	[ˈplʲaukʲotʲɪ]
douche (de)	dušas (v)	[ˈduʃas]
zich omkleden (ww)	persirengti	[ˈpʲɛrsʲɪrʲɛŋktʲɪ]
handdoek (de)	rankšluostis (v)	[ˈraŋkʃlʲuastʲɪs]

| boot (de) | valtis (m) | [ˈvalʲtʲɪs] |
| motorboot (de) | kateris (v) | [ˈkaːtʲɛrʲɪs] |

waterski's (mv.)	vandeñs slidės (m dgs)	[vanˈdʲɛns ˈslʲɪdʲe:s]
waterfiets (de)	vandeñs dviratis (v)	[vanˈdʲɛns ˈdvʲɪratʲɪs]
surfen (het)	banglenčių sportas (v)	[ˈbanglʲɛntʲuː ˈsportas]
surfer (de)	banglentininkas (v)	[ˈbanglʲɛntʲɪnʲɪŋkas]
scuba, aqualong (de)	akvalangas (v)	[akvaˈlʲangas]

zwemvliezen (mv.)	plaũkmenys (v dgs)	['plʲaʊkmʲɛnʲiːs]
duikmasker (het)	kaũkė (m)	['kaʊkʲeː]
duiker (de)	nãras (v)	['naːras]
duiken (ww)	nárdyti	['nardʲiːtʲɪ]
onder water (bw)	põ vándeniu	['poː 'vandʲɛnʲʊ]

parasol (de)	skė̃tis (v)	['skʲeːtʲɪs]
ligstoel (de)	šezlòngas (v)	[ʃɛz'lʲoŋgas]
zonnebril (de)	akiniaĩ (dgs)	[akʲɪ'nʲɛɪ]
luchtmatras (de/het)	plaukìmo čiužinỹs (v)	[plʲaʊ'kʲɪmɔ tʃʲʊʒʲɪ'nʲiːs]

| spelen (ww) | žaĩsti | ['ʒʌɪstʲɪ] |
| gaan zwemmen (ww) | máudytis | ['maʊdʲiːtʲɪs] |

bal (de)	kamuolỹs (v)	[kamʊa'lʲiːs]
opblazen (oppompen)	pripũsti	[prʲɪ'puːstʲɪ]
lucht-, opblaasbare (bn)	prìpučiamas	['prʲɪpʊtʃʲæmas]

golf (hoge ~)	bangà (m)	[ban'ga]
boei (de)	plū̃duras (v)	['plʲuːdʊras]
verdrinken (ww)	skę̃sti	['skʲɛːstʲɪ]

redden (ww)	gélbėti	['gʲælʲbʲeːtʲɪ]
reddingsvest (de)	gélbėjimosi liemẽnė (m)	['gʲælʲbʲeːjimosʲɪ lʲiɛ'mʲænʲeː]
waarnemen (ww)	stebéti	[ste'bʲeːtʲɪ]
redder (de)	gélbėtojas (v)	['gʲælʲbʲeːtoːjɛs]

TECHNISCHE APPARATUUR. VERVOER

Technische apparatuur

165. Computer

computer (de)	kompiùteris (v)	[kɔm'pʲutʲɛrʲɪs]
laptop (de)	nešiójamasis kompiùteris (v)	[nʲɛ'ʃʲojamasʲɪs kom'pʲutʲɛrʲɪs]
aanzetten (ww)	įjùngti	[iː'jʊŋktʲɪ]
uitzetten (ww)	išjùngti	[ɪ'ʃjʊŋktʲɪ]
toetsenbord (het)	klaviatūrà (m)	[klʲavʲætuː'ra]
toets (enter~)	klavìšas (v)	[klʲa'vʲɪʃas]
muis (de)	pelė̃ (m)	[pʲɛ'lʲeː]
muismat (de)	kilimė̃lis (v)	[kʲɪlʲɪ'mʲeːlʲɪs]
knopje (het)	mygtùkas (v)	[mʲiːk'tʊkas]
cursor (de)	žymẽklis (v)	[ʒʲiː'mʲæklʲɪs]
monitor (de)	monìtorius (v)	[mo'nʲɪtorʲʊs]
scherm (het)	ekrãnas (v)	[ɛk'ra:nas]
harde schijf (de)	kietàsis dìskas (v)	[kʲiɛ'tasʲɪs 'dʲɪskas]
volume (het) van de harde schijf	kíetojo dìsko talpà (m)	['kʲiɛtojɔ 'dʲɪskɔ talʲˠpa]
geheugen (het)	atmintìs (m)	[atmʲɪn'tʲɪs]
RAM-geheugen (het)	operatyvióji atmintìs (m)	[opʲɛratʲiː'vʲoːjɪ atmʲɪn'tʲɪs]
bestand (het)	fáilas (v)	['fʌɪlʲas]
folder (de)	āplankas (v)	['aːplʲaŋkas]
openen (ww)	atidarýti	[atɪda'rʲiːtʲɪ]
sluiten (ww)	uždarýti	[ʊʒda'rʲiːtʲɪ]
opslaan (ww)	išsáugoti	[ɪʃ'saʊgotʲɪ]
verwijderen (wissen)	ištrìnti	[ɪʃ'trʲɪntʲɪ]
kopiëren (ww)	nukopijúoti	[nʊkopʲɪ'juɑtʲɪ]
sorteren (ww)	rūšiúoti	[ruː'ʃuɑtʲɪ]
overplaatsen (ww)	pérrašyti	['pʲɛrraʃʲɪːtʲɪ]
programma (het)	programà (m)	[progra'ma]
software (de)	progrãminė įranga (m)	[pro'gra:mʲɪnʲeː 'iːranga]
programmeur (de)	programúotojas (v)	[progra'mʊɑtoːjɛs]
programmeren (ww)	programúoti	[progra'mʊɑtʲɪ]
hacker (computerkraker)	programìšius (v)	[progra'mʲɪʃʊs]
wachtwoord (het)	slaptãžodis (v)	[slʲap'ta:ʒodʲɪs]
virus (het)	vìrusas (v)	['vʲɪrʊsas]

ontdekken (virus ~)	aptikti	[ap'tʲɪktʲɪ]
byte (de)	baitas (v)	['bʌɪtas]
megabyte (de)	megabaitas (v)	[mʲɛga'bʌɪtas]

| data (de) | duomenys (v dgs) | ['dʊamʲɛnʲiːs] |
| databank (de) | duomenų bāzė (m) | [dʊame'nu: 'ba:zʲeː] |

kabel (USB-~, enz.)	laidas (v)	['lʲʌɪdas]
afsluiten (ww)	prijungti	[prʲɪ'jʊŋktʲɪ]
aansluiten op (ww)	atjungti	[a'tjʊŋktʲɪ]

166. Internet. E-mail

internet (het)	internètas (v)	[ɪntʲɛr'nʲɛtas]
browser (de)	naršyklė (m)	[narʲʃɪ:klʲeː]
zoekmachine (de)	paieškos sistema (m)	[paʲiɛʃ'ko:s sʲɪstʲɛ'ma]
internetprovider (de)	tiekėjas (v)	[tʲiɛ'kʲeːjas]

webmaster (de)	svetainių kūrėjas (v)	[sveʲtʌɪnʲu: ku:'rʲeːjas]
website (de)	svetainė (m)	[sveʲtʌɪnʲeː]
webpagina (de)	tinklālapis (v)	[tʲɪŋkʲlʲaːlʲapʲɪs]

| adres (het) | ādresas (v) | ['a:drʲɛsas] |
| adresboek (het) | adresų knyga (m) | [adrʲɛ'su: knʲiː'ga] |

postvak (het)	pāšto dėžutė (m)	['pa:ʃtɔ dʲeː'ʒʊtʲeː]
post (de)	korespondeñcija (m)	[kɔrʲɛspon'dʲɛntsʲɪjɛ]
vol (~ postvak)	pérpildytas	['pʲɛrpʲɪlʲdʲi:tas]

bericht (het)	pranešimas (v)	[pranʲɛ'ʃɪmas]
binnenkomende berichten (mv.)	įeinantys pranešimai (v dgs)	[i:'ɛɪnantʲɪ:s pranʲɛ'ʃɪ:mʌɪ]
uitgaande berichten (mv.)	išeinantys pranešimai (v dgs)	[ɪ'ʃɛɪnantʲiːs pranʲɛ'ʃɪmʌɪ]

verzender (de)	siuntėjas (v)	[sʲʊn'tʲeːjas]
verzenden (ww)	išsiųsti	[ɪʃ'sʲuːstʲɪ]
verzending (de)	išsiuntimas (v)	[ɪʃsʲʊn'tʲɪmas]

| ontvanger (de) | gavėjas (v) | [ga'vʲeːjas] |
| ontvangen (ww) | gauti | ['gaʊtʲɪ] |

| correspondentie (de) | susirašinéjimas (v) | [sʊsʲɪraʃʲɪ'nʲɛjɪmas] |
| corresponderen (met ...) | susirašinéti | [sʊsʲɪraʃʲɪ'nʲeːtʲɪ] |

bestand (het)	fáilas (v)	['fʌɪlʲas]
downloaden (ww)	parsisiųsti	[parsʲɪ'sʲuːstʲɪ]
creëren (ww)	sukùrti	[sʊ'kʊrtʲɪ]
verwijderen (een bestand ~)	ištrìnti	[ɪʃ'trʲɪntʲɪ]
verwijderd (bn)	ištrìntas	[ɪʃ'trʲɪntas]

verbinding (de)	ryšys (v)	[rʲiːʲʃɪːs]
snelheid (de)	greitis (v)	['grʲɛɪtʲɪs]
modem (de)	modèmas (v)	[mo'dʲɛmas]
toegang (de)	prieiga (m)	['prʲɪʲɛɪga]

poort (de)	príevadas (v)	['pr'iɛvadas]
aansluiting (de)	pajungìmas (v)	[pajʊn'g'ɪmas]
zich aansluiten (ww)	prisijùngti	[pr'ɪs'ɪ'jʊŋkt'ɪ]

| selecteren (ww) | pasiriñkti | [pas'ɪ'r'ɪŋkt'ɪ] |
| zoeken (ww) | ieškóti | [ɪɛʃ'kot'ɪ] |

167. Elektriciteit

elektriciteit (de)	elektrà (m)	[ɛl'ɛkt'ra]
elektrisch (bn)	elektrìnis	[ɛl'ɛk'tr'ɪn'ɪs]
elektriciteitscentrale (de)	elèktros stotìs (m)	[ɛ'l'ɛktros sto't'ɪs]
energie (de)	enèrgija (m)	[ɛ'n'ɛrg'ɪjɛ]
elektrisch vermogen (het)	elèktros enèrgija (m)	[ɛ'l'ɛktros ɛ'n'ɛrg'ɪjɛ]

lamp (de)	lempùtė (m)	[l'ɛm'pʊt'e:]
zaklamp (de)	žibintùvas (v)	[ʒ'ɪb'ɪn'tʊvas]
straatlantaarn (de)	žibiñtas (v)	[ʒ'ɪ'b'ɪntas]

| licht (elektriciteit) | šviesà (m) | [ʃv'iɛ'sa] |
| aandoen (ww) | įjùngti | [i:'jʊŋkt'ɪ] |

| uitdoen (ww) | išjùngti | [ɪ'ʃjʊŋkt'ɪ] |
| het licht uitdoen | užgesìnti šviēsą | [ʊʒg'ɛ's'ɪnt'ɪ 'ʃv'ɛsa:] |

| doorbranden (gloeilamp) | pérdegti | ['p'ɛrd'ɛkt'ɪ] |
| kortsluiting (de) | trumpàsis jungìmas (v) | [trʊm'pas'ɪs jʊn'g'ɪmas] |

| onderbreking (de) | trūkìmas (v) | [tru:'k'ɪmas] |
| contact (het) | kontàktas (v) | [kɔn'ta:ktas] |

| schakelaar (de) | jungìklis (v) | [jʊn'g'ɪkl'ɪs] |
| stopcontact (het) | šakùtės lìzdas (v) | [ʃa'kʊt'e:s 'l'ɪzdas] |

| stekker (de) | šakùtė (m) | [ʃa'kʊt'e:] |
| verlengsnoer (de) | ilgintùvas (v) | [ɪl'g'ɪn'tʊvas] |

zekering (de)	saugìklis (v)	[sɑʊ'g'ɪkl'ɪs]
kabel (de)	laìdas (v)	['l'ʌɪdas]
bedrading (de)	instaliãcija (m)	[ɪnsta'l'æts'ɪjɛ]

| ampère (de) | ampèras (v) | [am'p'ɛras] |
| stroomsterkte (de) | srovės stìpris (v) | [sro'v'e:s 'st'ɪpr'ɪs] |

| volt (de) | vòltas (v) | ['vol'tas] |
| spanning (de) | įtampa (m) | ['i:tampa] |

| elektrisch toestel (het) | elèktros príetaisas (v) | [ɛ'l'ɛktros 'pr'iɛtʌɪsas] |
| indicator (de) | indikãtorius (v) | [ɪnd'ɪ'ka:tor'ʊs] |

elektricien (de)	elèktrikas (v)	[ɛ'l'ɛktr'ɪkas]
solderen (ww)	lituõti	[l'ɪ'tʊat'ɪ]
soldeerbout (de)	lituõklis (v)	[l'ɪ'tʊakl'ɪs]
stroom (de)	srově (m)	[sro'v'e:]

168. Gereedschappen

werktuig (stuk gereedschap)	įrankis (v)	['iːraŋkʲɪs]
gereedschap (het)	įrankiai (v dgs)	['iːraŋkʲɛɪ]
uitrusting (de)	įranga (m)	['iːranga]
hamer (de)	plaktùkas (v)	[plʲak'tʊkas]
schroevendraaier (de)	atsuktùvas (v)	[atsʊk'tʊvas]
bijl (de)	kírvis (v)	['kʲɪrvʲɪs]
zaag (de)	pjū̃klas (v)	['pjuːklʲas]
zagen (ww)	pjáuti	['pjɑʊtʲɪ]
schaaf (de)	ō̃blius (v)	['oːblʲʊs]
schaven (ww)	obliúoti	[ob'lʲʊɑtʲɪ]
soldeerbout (de)	lituõklis (v)	[lʲɪ'tʊɑklʲɪs]
solderen (ww)	lituõti	[lʲɪ'tʊɑtʲɪ]
vijl (de)	dìldė (m)	['dʲɪlʲdʲeː]
nijptang (de)	rẽplės (m dgs)	['rʲæplʲeːs]
combinatietang (de)	plókščiosios rẽplės (m dgs)	['plokʃʦʲosʲos 'rʲæplʲeːs]
beitel (de)	káltas (v)	['kalʲtas]
boorkop (de)	grą̃žtas (v)	['graːʒtas]
boormachine (de)	grę̃žtùvas (v)	[grʲɛːʒ'tʊvas]
boren (ww)	grę̃žti	['grʲɛːʒtʲɪ]
mes (het)	peĩlis (v)	['pʲɛɪlʲɪs]
lemmet (het)	ãšmenys (v dgs)	['aːʃmʲɛnʲiːs]
scherp (bijv. ~ mes)	aštrùs	[aʃt'rʊs]
bot (bn)	bùkas	['bʊkas]
bot raken (ww)	atbùkti	[at'bʊktʲɪ]
slijpen (een mes ~)	galą́sti	[ga'lʲaːstʲɪ]
bout (de)	var̃žtas (v)	['varʒtas]
moer (de)	veržlė̃ (m)	[vʲɛrʒ'lʲeː]
schroefdraad (de)	sriẽgis (v)	['srʲɛgʲɪs]
houtschroef (de)	sráigtas (v)	['srʌɪktas]
spijker (de)	vinìs (m)	[vʲɪ'nʲɪs]
kop (de)	galvùtė (m)	[galʲ'vʊtʲeː]
liniaal (de/het)	liniuõtė (m)	[lʲɪ'nʲʊoːtʲeː]
rolmeter (de)	rulètė (m)	[rʊ'lʲɛtʲeː]
waterpas (de/het)	gulsčiùkas (v)	[gʊlʲs'ʦʲʊkas]
loep (de)	lùpa (m)	['lʲʊpa]
meetinstrument (het)	matãvimo príetaisas (v)	[ma'taːvʲɪmɔ 'prʲiɛtʌɪsas]
opmeten (ww)	matúoti	[ma'tʊɑtʲɪ]
schaal (meetschaal)	skãlė (m)	['skaːlʲeː]
gegevens (mv.)	rodmuõ (v)	[rod'mʊɑ]
compressor (de)	komprèsorius (v)	[kɔm'prʲɛsorʲʊs]
microscoop (de)	mikroskòpas (v)	[mʲɪkro'skopas]
pomp (de)	siurblỹs (v)	[sʲʊr'blʲiːs]

| robot (de) | robotas (v) | ['robotas] |
| laser (de) | lāzeris (v) | ['lʲaːzʲɛrʲɪs] |

moersleutel (de)	veržlių rāktas (v)	[vʲɛrʒ'lʲuː 'raːktas]
plakband (de)	lipnì júosta (m)	[lʲɪp'nʲɪ 'jʊɑsta]
lijm (de)	klijaì (v dgs)	[klʲɪ'jʌɪ]

schuurpapier (het)	švìtrinis pōpierius (v)	['ʃvʲɪtrʲɪnʲɪs 'poːpʲɛrʲʊs]
veer (de)	spyruõklė (m)	[spʲiː'rʊɑklʲeː]
magneet (de)	magnètas (v)	[mag'nʲɛtas]
handschoenen (mv.)	pìrštinės (m dgs)	['pʲɪrʃtʲɪnʲeːs]

touw (bijv. henneptouw)	vìrvė (m)	['vʲɪrvʲeː]
snoer (het)	virvēlė (m)	[vʲɪr'vʲælʲeː]
draad (de)	laĩdas (v)	['lʲʌɪdas]
kabel (de)	kābelis (v)	['kabʲɛlʲɪs]

moker (de)	kū́jis (v)	['kuːjis]
breekijzer (het)	laužtùvas (v)	[lʲɑʊʒ'tʊvas]
ladder (de)	kópėčios (m dgs)	['kopʲeːtʂʲos]
trapje (inklapbaar ~)	kìlnojamosios kópėčios (m dgs)	[kʲɪlʲ'nojamosʲos 'kopʲeːtʂʲos]

aanschroeven (ww)	užsùkti	[ʊʒ'sʊktʲɪ]
losschroeven (ww)	atsùkti	[at'sʊktʲɪ]
dichtpersen (ww)	užspáusti	[ʊʒs'pɑʊstʲɪ]
vastlijmen (ww)	priklijúoti	[prʲɪklʲɪ'jʊɑtʲɪ]
snijden (ww)	pjáuti	['pjɑʊtʲɪ]

defect (het)	gedìmas (v)	[gʲɛ'dʲɪmas]
reparatie (de)	taĩsymas (v)	['tʌɪsʲiːmas]
repareren (ww)	taisýti	[tʌɪ'sʲiːtʲɪ]
regelen (een machine ~)	reguliúoti	[rʲɛgʊ'lʲʊɑtʲɪ]

checken (ww)	tìkrinti	['tʲɪkrʲɪntʲɪ]
controle (de)	patìkrinimas (v)	[pa'tʲɪkrʲɪnʲɪmas]
gegevens (mv.)	rodmuõ (v)	[rod'mʊɑ]

| degelijk (bijv. ~ machine) | patìkimas | ['patʲɪkʲɪmas] |
| ingewikkeld (bn) | sudėtìngas | [sʊdʲeː'tʲɪngas] |

roesten (ww)	rūdýti	[ru:'dʲiːtʲɪ]
roestig (bn)	surūdìjęs	[sʊruː'dʲɪɛːs]
roest (de/het)	rū́dys (m dgs)	['ru:dʲiːs]

Vervoer

vliegtuig (het)	lėktùvas (v)	[lʲeːkˈtʊvas]
vliegticket (het)	lėktùvo bìlietas (v)	[lʲeːkˈtʊvɔ ˈbʲɪlʲiɛtas]
luchtvaartmaatschappij (de)	aviakompãnija (m)	[avʲæækomˈpaːnʲɪjɛ]
luchthaven (de)	óro ùostas (v)	[ˈɔrɔ ˈʊɑstas]
supersonisch (bn)	viršgarsìnis	[vʲɪrʃɡarʲsʲɪnʲɪs]
gezagvoerder (de)	órlaivio kapitõnas (v)	[ˈorlʲʌɪvʲɔ kapʲɪˈtoːnas]
bemanning (de)	ekipãžas (v)	[ɛkʲɪˈpaːʒas]
piloot (de)	pilòtas (v)	[pʲɪˈlʲotas]
stewardess (de)	stiuardėsė (m)	[stʲʊarˈdʲɛsʲeː]
stuurman (de)	štùrmanas (v)	[ˈʃtʊrmanas]
vleugels (mv.)	sparnaì (v dgs)	[sparˈnʌɪ]
staart (de)	gãlas (v)	[ˈgaːlʲas]
cabine (de)	kabinà (m)	[kabʲɪˈna]
motor (de)	varìklis (v)	[vaˈrʲɪklʲɪs]
landingsgestel (het)	važiuõklė (m)	[vaʒʲʊˈoːklʲeː]
turbine (de)	turbinà (m)	[tʊrbʲɪˈna]
propeller (de)	propèleris (v)	[proˈpʲɛlʲɛrʲɪs]
zwarte doos (de)	juodà dėžė̃ (m)	[jʊɑˈda dʲeːʒʲeː]
stuur (het)	vairãratis (v)	[vʌɪˈraːratʲɪs]
brandstof (de)	degalaì (v dgs)	[dʲɛgaˈlʲiʌɪ]
veiligheidskaart (de)	instrùkcija (m)	[ɪnsˈtrʊktsʲɪjɛ]
zuurstofmasker (het)	deguõnies káukė (m)	[dʲɛgʊɑˈnʲiɛs ˈkɑʊkʲeː]
uniform (het)	unifórma (m)	[ʊnʲɪˈforma]
reddingsvest (de)	gélbėjimosi liemẽnė (m)	[ˈgʲælʲbʲeːjimosʲɪ lʲiɛˈmʲænʲeː]
parachute (de)	parašiùtas (v)	[paraˈʃʊtas]
opstijgen (het)	kilìmas (v)	[kʲɪˈlʲɪmas]
opstijgen (ww)	kìlti	[ˈkʲɪlʲtʲɪ]
startbaan (de)	kilìmo tãkas (v)	[kʲɪˈlʲɪmɔ ˈtaːkas]
zicht (het)	matomùmas (v)	[matoˈmʊmas]
vlucht (de)	skrỹdis (v)	[ˈskrʲiːdʲɪs]
hoogte (de)	aũkštis (v)	[ˈɑʊkʃtʲɪs]
luchtzak (de)	óro duobė̃ (m)	[ˈorɔ dʊɑˈbʲeː]
plaats (de)	vietà (m)	[vʲiɛˈta]
koptelefoon (de)	ausìnės (m dgs)	[ɑʊˈsʲɪnʲeːs]
tafeltje (het)	atverčiamàsis staliùkas (v)	[atvʲɛrtʲʃʲæˈmasʲɪs staˈlʲʊkas]
venster (het)	iliuminãtorius (v)	[ɪlʲʊmʲɪˈnaːtorʲʊs]
gangpad (het)	praėjìmas (v)	[praeːˈjɪmas]

170. Trein

trein (de)	traukinỹs (v)	[trɑuk'ɪr'n'i:s]
elektrische trein (de)	elektrìnis traukinỹs (v)	[ɛl'ɛk'tr'ɪn'ɪs trɑuk'ɪr'n'i:s]
sneltrein (de)	greitàsis traukinỹs (v)	[gr'ɛɪ'tas'ɪs trɑuk'ɪr'n'i:s]
diesellocomotief (de)	motòrvežis (v)	[mo'torv'ɛʒ'ɪs]
stoomlocomotief (de)	garvežỹs (v)	[garv'ɛ'ʒ'i:s]

rijtuig (het)	vagònas (v)	[va'gonas]
restauratierijtuig (het)	vagònas restorãnas (v)	[va'gonas r'ɛsto'ra:nas]

rails (mv.)	bėgiai (v dgs)	['b'e:g'ɛɪ]
spoorweg (de)	geležìnkelis (v)	[g'ɛl'ɛ'ʒ'ɪŋk'ɛl'ɪs]
dwarsligger (de)	pãbėgis (v)	['pa:b'e:g'ɪs]

perron (het)	platfòrma (m)	[pl'at'forma]
spoor (het)	kėlias (v)	['k'æl'æs]
semafoor (de)	semafòras (v)	[s'ɛma'foras]
halte (bijv. kleine treinhalte)	stotìs (m)	[sto't'ɪs]

machinist (de)	mašinìstas (v)	[maʃ'ɪn'ɪstas]
kruier (de)	nešìkas (v)	[n'ɛ'ʃɪkas]
conducteur (de)	kondùktorius (v)	[kɔn'dʊktor'ʊs]
passagier (de)	keleìvis (v)	[k'ɛ'l'ɛɪv'ɪs]
controleur (de)	kontroliẽrius (v)	[kɔntro'l'ɛr'ʊs]

gang (in een trein)	korìdorius (v)	[kɔ'r'ɪdor'ʊs]
noodrem (de)	stãbdymo krãnas (v)	['sta:bd'i:mɔ 'kra:nas]
coupé (de)	kupė̃ (m)	[kʊ'p'e:]
bed (slaapplaats)	lentýna (m)	[l'ɛn't'i:na]
bovenste bed (het)	viršutìnė lentýna (m)	[v'ɪrʃu't'ɪn'e: l'ɛn't'i:na]
onderste bed (het)	apatìnė lentýna (m)	[apa't'ɪn'e: l'ɛn't'i:na]
beddengoed (het)	pãtalynė (m)	['pa:tal'i:n'e:]

kaartje (het)	bìlietas (v)	['b'ɪl'i̯ɛtas]
dienstregeling (de)	tvarkãraštis (v)	[tvar'ka:raʃt'ɪs]
informatiebord (het)	šviẽslentė (m)	['ʃv'ɛsl'ɛnt'e:]

vertrekken (De trein vertrekt …)	išvỹkti	[ɪʃ'v'i:kt'ɪ]
vertrek (ov. een trein)	išvykìmas (v)	[ɪʃv'i:'k'ɪmas]
aankomen (ov. de treinen)	atvỹkti	[at'v'i:kt'ɪ]
aankomst (de)	atvykìmas (v)	[atv'i:'k'ɪmas]

aankomen per trein	atvažiúoti tráukiniu	[atva'ʒ'ʊat'ɪ 'trɑuk'ɪn'ʊ]
in de trein stappen	įlìpti į̃ tráukinį	[i:l'ɪːpt'ɪ i: 'trɑuk'ɪn'ɪː]
uit de trein stappen	išlìpti ìš tráukinio	[ɪʃ'l'ɪpt'ɪ ɪʃ 'trɑuk'ɪn'ɔ]

treinwrak (het)	katastrofà (m)	[katastro'fa]
ontspoord zijn	nulė̃kti nuõ bėgių̃	[nʊ'l'e:kt'ɪ 'nʊɑ 'b'e:g'u:]

stoomlocomotief (de)	garvežỹs (v)	[garv'ɛ'ʒ'i:s]
stoker (de)	kū̃rikas (v)	[ku:'r'ɪkas]
stookplaats (de)	kūryklà (m)	[ku:r'i:k'l'a]
steenkool (de)	anglìs (m)	[ang'l'ɪs]

171. Schip

schip (het)	laivas (v)	['lʲʌɪvas]
vaartuig (het)	laivas (v)	['lʲʌɪvas]
stoomboot (de)	garlaivis (v)	['garlʲʌɪvʲɪs]
motorschip (het)	motorlaivis (v)	[mo'torlʲʌɪvʲɪs]
lijnschip (het)	laineris (v)	['lʲʌɪnʲɛrʲɪs]
kruiser (de)	kreiseris (v)	['krʲɛɪsʲɛrʲɪs]
jacht (het)	jachta (m)	[jax'ta]
sleepboot (de)	vilkikas (v)	[vʲɪlʲkʲɪkas]
duwbak (de)	barža (m)	['barʒa]
ferryboot (de)	keltas (v)	['kʲɛlʲtas]
zeilboot (de)	burinis laivas (v)	['burʲɪnʲɪs 'lʲʌɪvas]
brigantijn (de)	brigantina (m)	[brʲɪgantʲɪ'na]
ijsbreker (de)	ledlaužis (v)	['lʲædlɑuʒʲɪs]
duikboot (de)	povandeninis laivas (v)	[povandʲɛ'nʲɪnʲɪs 'lʲʌɪvas]
boot (de)	valtis (m)	['valʲtʲɪs]
sloep (de)	valtis (m)	['valʲtʲɪs]
reddingssloep (de)	gelbėjimo valtis (m)	['gʲælʲbʲeːjɪmɔ 'valʲtʲɪs]
motorboot (de)	kateris (v)	['kaːtʲɛrʲɪs]
kapitein (de)	kapitonas (v)	[kapʲɪ'toːnas]
zeeman (de)	jūreivis (v)	[juː'rʲɛɪvʲɪs]
matroos (de)	jūrininkas (v)	['juːrʲɪnʲɪŋkas]
bemanning (de)	ekipažas (v)	[ɛkʲɪ'paːʒas]
bootsman (de)	bocmanas (v)	['botsmanas]
scheepsjongen (de)	junga (m)	['jʊnga]
kok (de)	virėjas (v)	[vʲɪ'rʲeːjas]
scheepsarts (de)	laivo gydytojas (v)	['lʲʌɪvɔ 'gʲiːdʲiːtoːjɛs]
dek (het)	denis (v)	['dʲænʲɪs]
mast (de)	stiebas (v)	['stʲiɛbas]
zeil (het)	burė (m)	['burʲeː]
ruim (het)	triumas (v)	['trʲʊmas]
voorsteven (de)	laivo priekis (v)	['lʲʌɪvɔ 'prʲiɛkʲɪs]
achtersteven (de)	laivagalis (v)	[lʌɪ'va:galʲɪs]
roeispaan (de)	irklas (v)	['ɪrklʲas]
schroef (de)	sraigtas (v)	['srʌɪktas]
kajuit (de)	kajutė (m)	[ka'jʊtʲeː]
officierskamer (de)	kajutkompānija (m)	[kajʊtkom'pa:nʲɪjɛ]
machinekamer (de)	mašinų skyrius (v)	[ma'ʃɪnu: 'skʲiːrʲʊs]
brug (de)	kapitono tiltėlis (v)	[kapʲɪ'to:nɔ tʲɪlʲtʲælʲɪs]
radiokamer (de)	rādijo kabina (m)	['ra:dʲɪjɔ kabʲɪ'na]
radiogolf (de)	banga (m)	[ban'ga]
logboek (het)	laivo žurnālas (v)	['lʲʌɪvɔ ʒʊr'na:lʲas]
verrekijker (de)	žiūronas (v)	[ʒʲu:'ro:nas]
klok (de)	laivo skambalas (v)	['lʲʌɪvɔ 'skambalʲas]

vlag (de)	vėliava (m)	['vʲe:lʲæva]
kabel (de)	lýnas (v)	['lʲi:nas]
knoop (de)	mãzgas (v)	['ma:zgas]

| leuning (de) | turėklai (v dgs) | [tʊ'rʲe:klʲʌɪ] |
| trap (de) | trãpas (v) | ['tra:pas] |

anker (het)	iñkaras (v)	['ɪŋkaras]
het anker lichten	pakélti iñkarą	[pa'kʲɛlʲtʲɪ 'ɪŋkara:]
het anker neerlaten	nuléisti iñkarą	[nʊ'lʲɛɪstʲɪ 'ɪŋkara:]
ankerketting (de)	iñkaro grandìnė (m)	['ɪŋkarɔ gran'dʲɪnʲe:]

haven (bijv. containerhaven)	úostas (v)	['ʊastas]
kaai (de)	príeplauka (m)	['prʲiɛplʲɑʊka]
aanleggen (ww)	prisišvartúoti	[prʲɪsʲɪʃvar'tʊatʲɪ]
wegvaren (ww)	išplaũkti	[ɪʃplʲɑʊktʲɪ]

reis (de)	keliõnė (m)	[kʲɛ'lʲo:nʲe:]
cruise (de)	kruìzas (v)	[krʊ'ɪzas]
koers (de)	kùrsas (v)	['kʊrsas]
route (de)	maršrùtas (v)	[marʃrʊtas]

vaarwater (het)	farvãteris (v)	[far'va:tʲɛrʲɪs]
zandbank (de)	seklumà (m)	[sʲɛklʲʊ'ma]
stranden (ww)	užplaũkti ant seklumõs	[ʊʒ'plʲɑʊktʲɪ ant sʲɛklʲʊ'mo:s]

storm (de)	audrà (m)	[ɑʊd'ra]
signaal (het)	signãlas (v)	[sʲɪg'na:lʲas]
zinken (ov. een boot)	skęsti	['skʲɛ:stʲɪ]
Man overboord!	Žmogùs vandenyjè!	[ʒmo'gʊs vandʲɛnʲi:'jæ!]
SOS (noodsignaal)	SOS	[ɛs ɔ ɛs]
reddingsboei (de)	gélbėjimosi rãtas (v)	[gʲɛlʲbʲe:jimosʲɪ 'ra:tas]

172. Vliegveld

luchthaven (de)	óro úostas (v)	['orɔ 'ʊastas]
vliegtuig (het)	lėktùvas (v)	[lʲe:k'tʊvas]
luchtvaartmaatschappij (de)	aviakompãnija (m)	[avʲækom'pa:nʲɪjɛ]
luchtverkeersleider (de)	dispèčeris (v)	[dʲɪs'pʲɛtʂʲɛrʲɪs]

vertrek (het)	išskridìmas (v)	[ɪʃskrʲɪ'dʲɪmas]
aankomst (de)	atskridìmas (v)	[atskrʲɪ'dʲɪmas]
aankomen (per vliegtuig)	atskrìsti	[ats'krʲɪstʲɪ]

| vertrektijd (de) | išvykìmo laĩkas (v) | [ɪʃvʲi:'kʲɪmɔ 'lʲʌɪkas] |
| aankomstuur (het) | atvykìmo laĩkas (v) | [atvʲi:'kʲɪmɔ 'lʲʌɪkas] |

| vertraagd zijn (ww) | vėlúoti | [vʲe:'lʲʊatʲɪ] |
| vluchtvertraging (de) | skrýdžio atidėjìmas (v) | ['skrʲi:dʒʲɔ atʲɪdʲe:'jɪmas] |

informatiebord (het)	informãcinė šviẽslentė (m)	[ɪnfor'ma:tsʲɪnʲe: 'ʃvʲɛslʲɛntʲe:]
informatie (de)	informãcija (m)	[ɪnfor'ma:tsʲɪjɛ]
aankondigen (ww)	paskélbti	[pas'kʲɛlʲptʲɪ]
vlucht (bijv. KLM ~)	reĩsas (v)	['rʲɛɪsas]

| douane (de) | muitinė (m) | ['mʊɪtʲɪnʲeː] |
| douanier (de) | muitininkas (v) | ['mʊɪtʲɪnʲɪŋkas] |

douaneaangifte (de)	deklarācija (m)	[dʲɛklʲaˈraːtsʲɪjɛ]
invullen (douaneaangifte ~)	užpìldyti	[ʊʒʲpʲɪlʲdʲiːtʲɪ]
een douaneaangifte invullen	užpìldyti deklarāciją	[ʊʒʲpʲɪlʲdʲiːtʲɪ dʲɛklaˈraːtsɪja:]
paspoortcontrole (de)	pasų kontrolė (m)	[paˈsu: konˈtrolʲeː]

bagage (de)	bagāžas (v)	[baˈgaːʒas]
handbagage (de)	rankinis bagāžas (v)	['raŋkʲɪnʲɪs baˈgaːʒas]
bagagekarretje (het)	vežimėlis (v)	[vʲɛʒʲɪˈmʲeːlʲɪs]

landing (de)	įlaipìnimas (v)	[iːlʲʌɪˈpʲɪːnʲɪmas]
landingsbaan (de)	nusileidìmo tākas (v)	[nʊsʲɪˈlʲɛɪˈdʲɪmɔ taːkas]
landen (ww)	leistis	['lʲɛɪstʲɪs]
vliegtuigtrap (de)	laiptėliai (v dgs)	[lʌɪpˈtʲælʲɛɪ]

inchecken (het)	registrācija (m)	[rʲɛgʲɪsˈtraːtsʲɪjɛ]
incheckbalie (de)	registrācijos stālas (v)	[rʲɛgʲɪsˈtraːtsʲɪjɔs ˈstaːlʲas]
inchecken (ww)	užsiregistrúoti	[ʊʒsʲɪrʲɛgʲɪsˈtrʊatʲɪ]
instapkaart (de)	įlipìmo talònas (v)	[iːlʲɪˈpʲɪːmɔ taˈlonas]
gate (de)	išėjìmas (v)	[ɪʃʲeːˈjɪmas]

transit (de)	tranzìtas (v)	[tranˈzʲɪtas]
wachten (ww)	laúkti	['lʲaʊktʲɪ]
wachtzaal (de)	laukiamāsis (v)	[lʲaʊkʲæˈmasʲɪs]
begeleiden (uitwuiven)	lydéti	[lʲiːˈdʲeːtʲɪ]
afscheid nemen (ww)	atsisveikinti	[atsʲɪˈsvʲɛɪkʲɪntʲɪ]

173. Fiets. Motorfiets

fiets (de)	dvìratis (v)	['dvʲɪratʲɪs]
bromfiets (de)	motoroleris (v)	[motoˈrolʲɛrʲɪs]
motorfiets (de)	motocìklas (v)	[motoˈtsʲɪklʲas]

met de fiets rijden	važiúoti dvìračiu	[vaˈʒʲʊatʲɪ 'dvʲɪratʂʲʊ]
stuur (het)	vaìras (v)	['vʌɪras]
pedaal (de/het)	pedālas (v)	[pʲɛˈda:lʲas]
remmen (mv.)	stābdžiai (v dgs)	[sta:bˈdʒʲɛɪ]
fietszadel (de/het)	sėdýnė (m)	[sʲeˈdʲiː:nʲeː]

pomp (de)	siurblȳs (v)	[sʲʊrˈblʲiː:s]
bagagedrager (de)	bagažìnė (m)	[bagaˈʒʲɪnʲeː]
fietslicht (het)	žibìntas (v)	[ʒʲɪˈbʲɪntas]
helm (de)	šālmas (v)	['ʃalʲmas]

wiel (het)	rātas (v)	['ra:tas]
spatbord (het)	sparnas (v)	['sparnas]
velg (de)	rātlankis (v)	['ra:tlʲaŋkʲɪs]
spaak (de)	stìpinas (v)	['stʲɪpʲɪnas]

Auto's

auto (de)	automobìlis (v)	[automo'bᴵɪlᴵɪs]
sportauto (de)	spòrtinis automobìlis (v)	['sportᴵɪnᴵɪs automo'bᴵɪlᴵɪs]
limousine (de)	limuzìnas (v)	[lᴵɪmu'zᴵɪnas]
terreinwagen (de)	visureĩgis (v)	[vᴵɪsu'rᴵɛɪgᴵɪs]
cabriolet (de)	kabriolétas (v)	[kabrᴵɪjo'lᴵɛtas]
minibus (de)	mikroautobùsas (v)	[mᴵɪkroauto'busas]
ambulance (de)	greitòji pagálba (m)	[grᴵɛɪ'toːjɪ pa'galᴵba]
sneeuwruimer (de)	sniẽgo válymo mašinà (m)	['snᴵɛgɔ 'vaːlᴵiːmɔ maʃɪ'na]
vrachtwagen (de)	suñkvežimis (v)	['suŋkvᴵɛʒᴵɪmᴵɪs]
tankwagen (de)	benzìnvežis (v)	[bᴵɛn'zᴵɪnvᴵɛʒᴵɪs]
bestelwagen (de)	furgònas (v)	[fur'gonas]
trekker (de)	vilkìkas (v)	[vᴵɪlᴵ'kᴵɪkas]
aanhangwagen (de)	príekaba (m)	['prᴵɪɛkaba]
comfortabel (bn)	komfortabilùs	[komfortabᴵɪ'lᴵus]
tweedehands (bn)	dėvė́tas	[dᴵe:'vᴵe:tas]

motorkap (de)	kapòtas (v)	[ka'potas]
spatbord (het)	spar̃nas (v)	['sparnas]
dak (het)	stógas (v)	['stogas]
voorruit (de)	príekinis stìklas (v)	['prᴵɪɛkᴵɪnᴵɪs 'stᴵɪklᴵas]
achterruit (de)	galìnio vaĩzdo véidrodis (v)	[ga'lᴵɪnᴵɔ 'vaɪzdɔ 'vᴵɛɪdrodᴵɪs]
ruitensproeier (de)	plautùvas (v)	[plᴵau'tuvas]
wisserbladen (mv.)	stìklo valytùvai (v dgs)	['stᴵɪklɔ valᴵiː'tuvʌɪ]
zijruit (de)	šóninis stìklas (v)	['ʃonᴵɪnᴵɪs 'stᴵɪklᴵas]
raamlift (de)	stìklo kéltuvas (v)	['stᴵɪklɔ 'kᴵɛlᴵtuvas]
antenne (de)	antenà (m)	[antᴵɛ'na]
zonnedak (het)	liùkas (v)	['lᴵukas]
bumper (de)	bámperis (v)	['bampᴵɛrᴵɪs]
koffer (de)	bagažìnė (m)	[baga'ʒᴵɪnᴵe:]
imperiaal (de/het)	stógo bagažìnė (m)	['stogɔ baga'ʒᴵɪnᴵe:]
portier (het)	durẽlės (m dgs)	[du'rᴵælᴵe:s]
handvat (het)	rañkena (m)	['raŋkᴵɛna]
slot (het)	užraktas (v)	['uʒraktas]
nummerplaat (de)	nùmeris (v)	['numᴵɛrᴵɪs]
knalpot (de)	duslintùvas (v)	[duslᴵɪn'tuvas]

benzinetank (de)	benzìno bãkas (v)	[bʲɛn'zʲɪnɔ 'baːkas]
uitlaatpijp (de)	išmetìmo vamzdis (v)	[ɪʃmʲɛ'tʲɪmɔ 'vamzdʲɪs]

gas (het)	greĩtis (v)	['grʲɛɪtʲɪs]
pedaal (de/het)	pedãlas (v)	[pʲɛ'daːlʲas]
gaspedaal (de/het)	greĩčio pedãlas (v)	['grʲɛɪtʃʲɔ pʲɛ'daːlʲas]

rem (de)	stabdỹs (v)	[stab'dʲiːs]
rempedaal (de/het)	stãbdžio pedãlas (v)	[sta:b'dʒʲo pʲɛ'daːlʲas]
remmen (ww)	stabdýti	[stab'dʲiːtʲɪ]
handrem (de)	stovéjimo stabdỹs (v)	[sto'vʲɛjɪmɔ stab'dʲiːs]

koppeling (de)	sánkaba (m)	['saŋkaba]
koppelingspedaal (de/het)	sánkabos pedãlas (v)	['saŋkabos pʲɛ'daːlʲas]
koppelingsschijf (de)	sánkabos dìskas (v)	['saŋkabos 'dʲɪskas]
schokdemper (de)	amortizãtorius (v)	[amortʲɪ'zaːtorʲʊs]

wiel (het)	rãtas (v)	['raːtas]
reservewiel (het)	atsargìnis rãtas (v)	[atsar'gʲɪnʲɪs 'raːtas]
band (de)	padangà (m)	[padan'ga]
wieldop (de)	rãto gaũbtas (v)	['raːtɔ 'gɑʊptas]

aandrijfwielen (mv.)	vãrantieji rãtai (v dgs)	['vaːrantʲiɛjɪ 'raːtʌɪ]
met voorwielaandrijving	príekiniai vãromieji rãtai	['prʲiɛkʲɪnʲɛɪ 'vaːromʲiɛjɪ 'raːtʌɪ]
met achterwielaandrijving	galìniai vãromieji rãtai	[ga'lʲɪnʲɛɪ 'vaːromʲiɛjɪ 'raːtʌɪ]
met vierwielaandrijving	visì vãromieji rãtai	[vʲɪ's'ɪ 'vaːromʲiɛjɪ 'raːtʌɪ]

versnellingsbak (de)	pavarų́ déžė (m)	[pava'ru: dʲe:'ʒʲe:]
automatisch (bn)	automãtinis	[ɑʊto'maːtʲɪnʲɪs]
mechanisch (bn)	mechãninis	[mʲɛ'xaːnʲɪnʲɪs]
versnellingspook (de)	pavarų́ déžės svìrtis (m)	[pava'ru: dʲe:'ʒʲe:s 'svʲɪrtʲɪs]

voorlicht (het)	žibiñtas (v)	[ʒʲɪ'bʲɪntas]
voorlichten (mv.)	žibiñtai (v dgs)	[ʒʲɪ'bʲɪntʌɪ]

dimlicht (het)	ãrtimos žibiñtų šviẽsos (m dgs)	['artʲɪmos ʒʲɪ'bʲɪntu: 'ʃvʲɛsos]
grootlicht (het)	tólimos žibiñtų šviẽsos (m dgs)	['tolʲɪmos ʒʲɪ'bʲɪntu: 'ʃvʲɛsos]
stoplicht (het)	stòp signãlas (v)	['stop sʲɪg'naːlʲas]

standlichten (mv.)	gabarìtinės šviẽsos (m dgs)	[gaba'rʲɪtʲɪnʲe:s 'ʃvʲɛsos]
noodverlichting (de)	avãrinės šviẽsos (m dgs)	[a'vaːrʲɪnʲe:s 'ʃvʲɛsos]
mistlichten (mv.)	priešrūkiniai žibiñtai (v dgs)	[prʲiɛʃ'ru:kʲɪnʲɛɪ ʒʲɪ'bʲɪntʌɪ]
pinker (de)	«posūkis» (v)	['posu:kʲɪs]
achteruitrijdlicht (het)	«atbulìnės eigõs» lemputė (m)	[atbʊ'lʲɪnʲe:s ɛɪ'go:s lʲɛm'pʊtʲe:]

176. Auto's. Passagiersruimte

interieur (het)	salònas (v)	[sa'lʲonas]
leren (van leer gemaak)	odìnis	[o'dʲɪnʲɪs]
fluwelen (abn)	veliūrinis	[vʲɛ'lʲuːrʲɪnʲɪs]
bekleding (de)	ãpmušalas (v)	['a:pmʊʃalʲas]

toestel (het)	príetaisas (v)	['pri̇etʌɪsas]
instrumentenbord (het)	príetaisų skydélis (v)	['pri̇etʌɪsu: skʲi:'dʲælʲɪs]
snelheidsmeter (de)	spidométras (v)	[spʲɪdo'mʲɛtras]
pijltje (het)	rodýklé (m)	[ro'dʲi:klʲe:]

kilometerteller (de)	ridós skaitìklis (v)	[rʲɪ'do:s skʌɪ'tʲɪklʲɪs]
sensor (de)	davìklis (v)	[da'vʲɪklʲɪs]
niveau (het)	lýgis (v)	['lʲi:gʲɪs]
controlelampje (het)	lempùté (m)	[lʲɛm'putʲe:]

stuur (het)	vaìras (v)	['vʌɪras]
toeter (de)	signãlas (v)	[sʲɪg'na:lʲas]
knopje (het)	mygtùkas (v)	[mʲi:k'tʊkas]
schakelaar (de)	jungìklis (v)	[jʊn'gʲɪklʲɪs]

stoel (bestuurders~)	sédyné (m)	[sʲe:'dʲi:nʲe:]
rugleuning (de)	ãtlošas (v)	['a:tlʲoʃas]
hoofdsteun (de)	ãtlošas gálvai (v)	['a:tlʲoʃas 'galʲvʌɪ]
veiligheidsgordel (de)	saugõs dìržas (v)	[sɑʊ'go:s 'dʲɪrʒas]
de gordel aandoen	prisiségti saugõs diržù	[prʲɪsʲɪ'sʲɛktʲɪ sɑʊ'go:s dʲɪr'ʒʊ]
regeling (de)	reguliãvimas (v)	[rʲɛgʊ'lʲævʲɪmas]

airbag (de)	óro pagálvé (m)	['orɔ pa'galʲvʲe:]
airconditioner (de)	kondicioniérius (v)	[kɔndʲɪtsʲɪjɔ'nʲɛrʲʊs]

radio (de)	rãdijas (v)	['ra:dʲɪjas]
CD-speler (de)	CD grotùvas (v)	[sʲɪdʲɪ gro'tʊvas]
aanzetten (bijv. radio ~)	įjùngti	[i:'jʊŋktʲɪ]
antenne (de)	antenà (m)	[antʲɛ'na]
handschoenenkastje (het)	daiktãdéžé (m)	[dʌɪk'ta:dʲe:ʒʲe:]
asbak (de)	peleniné (m)	[pʲɛlʲɛ'nʲɪnʲe:]

177. Auto's. Motor

diesel- (abn)	dyzelìnis	[dʲi:zʲɛ'lʲɪnʲɪs]
benzine- (~motor)	benzìninis	[bʲɛn'zʲɪnʲɪnʲɪs]

motorinhoud (de)	varìklio apimtìs (m)	[va'rʲɪklʲɔ apʲɪm'tʲɪs]
vermogen (het)	galingùmas (v)	[galʲɪn'gʊmas]
paardenkracht (de)	árklio galià (m)	['arklʲɔ ga'lʲæ]
zuiger (de)	stũmõklis (v)	[stu:'mo:klʲɪs]
cilinder (de)	cilìndras (v)	[tsʲɪ'lʲɪndras]
klep (de)	vožtùvas (v)	[voʒ'tʊvas]

injectie (de)	inžèktorius (v)	[ɪn'ʒʲɛktorʲʊs]
generator (de)	generãtorius (v)	[gʲɛnʲɛ'ra:torʲʊs]
carburator (de)	karbiurãtorius (v)	[karbʲʊ'ra:torʲʊs]
motorolie (de)	varìkliné alyvà (m)	[va'rʲɪklʲɪnʲe: alʲi:'va]

radiator (de)	radiãtorius (v)	[ra'dʲætorʲʊs]
koelvloeistof (de)	áušinimo skýstis (v)	['ɑʊʃɪnʲɪmɔ 'skʲi:stʲɪs]
ventilator (de)	ventiliãtorius (v)	[vʲɛntʲɪ'lʲætorʲʊs]
accu (de)	akumuliãtorius (v)	[akʊmʊ'lʲætorʲʊs]
starter (de)	stárteris (v)	['startʲɛrʲɪs]

contact (ontsteking)	uždegimas (v)	[ʊʒdʲɛ'gʲɪmas]
bougie (de)	uždegimo žvãkė (m)	[ʊʒdʲɛ'gʲɪmɔ 'ʒva:kʲe:]
pool (de)	gnýbtas (v)	[gnʲi:ptas]
positieve pool (de)	pliùsas (v)	['plʲʊsas]
negatieve pool (de)	minusas (v)	['mʲɪnʊsas]
zekering (de)	saugiklis (v)	[sɑʊ'gʲɪklʲɪs]
luchtfilter (de)	óro filtras (v)	['orɔ 'fʲɪlʲtras]
oliefilter (de)	alỹvos filtras (v)	[a'lʲi:vos 'fʲɪlʲtras]
benzinefilter (de)	kùro filtras (v)	['kʊrɔ 'fʲɪlʲtras]

178. Auto's. Botsing. Reparatie

auto-ongeval (het)	avãrija (m)	[a'va:rʲɪjɛ]
verkeersongeluk (het)	eismo įvykis (v)	['ɛɪsmɔ 'i:vʲɪ:kʲɪs]
aanrijden	atsitrenkti	[atsʲɪ'trʲɛŋktʲɪ]
(tegen een boom, enz.)		
verongelukken (ww)	sudužti	[sʊ'dʊʒtʲɪ]
beschadiging (de)	žalã (m)	[ʒa'lʲa]
heelhuids (bn)	nenukentéjęs	[nʲɛnʊken'tʲe:jɛ:s]
pech (de)	gedimas (v)	[gʲɛ'dʲɪmas]
kapot gaan (zijn gebroken)	sulūžti	[sʊ'lʲu:ʒtʲɪ]
sleeptouw (het)	vilkimo trõsas (v)	['vʲɪlʲkʲɪmɔ 'trosas]
lek (het)	pradūrimas (v)	[pradu:'rʲɪmas]
lekke krijgen (band)	nuleisti	[nʊ'lʲɛɪstʲɪ]
oppompen (ww)	pripumpúoti	[prʲɪpʊm'pʊatʲɪ]
druk (de)	slėgis (v)	['slʲe:gʲɪs]
checken (ww)	patikrinti	[pa'tʲɪkrʲɪntʲɪ]
reparatie (de)	remòntas (v)	[rʲɛ'montas]
garage (de)	taisyklà (m)	[tʌɪsʲi:k'lʲa]
wisselstuk (het)	atsarginė dalìs (m)	[atsar'gʲɪnʲe: da'lʲɪs]
onderdeel (het)	detãlė (m)	[dʲɛta:'lʲe:]
bout (de)	vãržtas (v)	['varʒtas]
schroef (de)	sráigtas (v)	['srʌɪktas]
moer (de)	veržlė (m)	[vʲɛrʒ'lʲe·]
sluitring (de)	póveržlė (m)	['povɛrʒlʲe:]
kogellager (de/het)	guõlis (v)	['gʊalʲɪs]
pijp (de)	vamzdėlis (v)	[vamz'dʲælʲɪs]
pakking (de)	tárpinė (m)	['tarpʲɪnʲe:]
kabel (de)	laidas (v)	['lʲʌɪdas]
dommekracht (de)	kéliklis (v)	['kʲe:lʲɪklʲɪs]
moersleutel (de)	veržlių rãktas (v)	[vʲɛrʒ'lʲu: 'ra:ktas]
hamer (de)	plaktùkas (v)	[plʲak'tʊkas]
pomp (de)	siurblỹs (v)	[sʲʊr'blʲi:s]
schroevendraaier (de)	atsuktùvas (v)	[atsʊk'tʊvas]
brandblusser (de)	gesintùvas (v)	[gʲɛsʲɪn'tʊvas]
gevarendriehoek (de)	avãrinis trìkampis (v)	[a'va:rʲɪnʲɪs 'trʲɪkampʲɪs]

afslaan (ophouden te werken)	gėsti	['gʲɛstʲɪ]
uitvallen (het)	sustojìmas (v)	[susto'jɪmas]
zijn gebroken	bũti sulũžusiam	['buːtʲɪ su'lʲuːʒusʲæm]

oververhitten (ww)	pérkaisti	['pʲɛrkʌɪstʲɪ]
verstopt raken (ww)	užsiteršti	[uʒsʲɪ'tʲɛrʃtʲɪ]
bevriezen (autodeur, enz.)	užšalti	[uʒ'ʃalʲtʲɪ]
barsten (leidingen, enz.)	skìlti	['skʲɪlʲtʲɪ]

druk (de)	slėgis (v)	['slʲeːgʲɪs]
niveau (bijv. olieniveau)	lỹgis (v)	['lʲiːgʲɪs]
slap (de drijfriem is ~)	sìlpnas	['sʲɪlʲpnas]

deuk (de)	ịduba (m)	['iːduba]
geklop (vreemde geluiden)	trinksėjimas (v)	[trʲɪŋk'sʲɛjɪmas]
barst (de)	ịskilìmas (v)	[iːskʲɪ'lʲiːmas]
kras (de)	ịbrėžìmas (v)	[iːbrʲe:'ʒiːmas]

179. Auto's. Weg

weg (de)	kẽlias (v)	['kʲælʲæs]
snelweg (de)	automagistrãlė (m)	[automagʲɪs'traːlʲeː]
autoweg (de)	pléntas (v)	['plʲɛntas]
richting (de)	kryptìs (m)	[krʲiːp'tʲɪs]
afstand (de)	atstùmas (v)	[at'stumas]

brug (de)	tìltas (v)	['tʲɪlʲtas]
parking (de)	stovéjimo vietà (m)	[sto'vʲɛjɪmɔ vʲiɛ'ta]
plein (het)	aikštė̃ (m)	[ʌɪkʃ'tʲeː]
verkeersknooppunt (het)	sánkryža (m)	['saŋkrʲiːʒa]
tunnel (de)	tùnelis (v)	['tunʲɛlʲɪs]

benzinestation (het)	degalìnė (m)	[dʲɛga'lʲɪnʲeː]
parking (de)	stovéjimo aikštẽlė (m)	[sto'vʲɛjɪmɔ ʌɪkʃ'tʲælʲeː]
benzinepomp (de)	degalìnė (m)	[dʲɛga'lʲɪnʲeː]
garage (de)	garãžas (v)	[ga'raːʒas]
tanken (ww)	pripìlti degalų̃	[prʲɪ'pʲɪlʲtʲɪ dʲɛga'lu:]
brandstof (de)	kùras (v)	['kuras]
jerrycan (de)	kanìstras (v)	[ka'nʲɪstras]

asfalt (het)	asfáltas (v)	[as'falʲtas]
markering (de)	žénklinimas (v)	['ʒʲɛŋklʲɪnʲɪmas]
trottoirband (de)	bordiũras (v)	[bor'dʲuːras]
geleiderail (de)	ùžtvara (m)	['uʒtvara]
greppel (de)	griovỹs (v)	[grʲo'vʲiːs]
vluchtstrook (de)	šalìkelė (m)	[ʃa'lʲɪkelʲeː]
lichtmast (de)	stulpas (v)	['stulʲpas]

besturen (een auto ~)	vairúoti	[vʌɪ'ruatʲɪ]
afslaan (naar rechts ~)	pasùkti	[pa'suktʲɪ]
U-bocht maken (ww)	apsisùkti	[apsʲɪ'suktʲɪ]
achteruit (de)	atbulìnė eigà (m)	[atbu'lʲɪnʲeː ɛɪ'ga]
toeteren (ww)	pypsė́ti	[pʲiːp'sʲeːtʲɪ]

toeter (de)	garsìnis signãlas (v)	[gar'sⁱɪnⁱɪs sⁱɪg'na:lⁱas]
vastzitten (in modder)	užstrìgti	[ʊʒ'strⁱɪktⁱɪ]
spinnen (wielen gaan ~)	buksúoti	[bʊk'sʊɑtⁱɪ]
uitzetten (ww)	išjùngti	[ɪ'ʃjʊŋktⁱɪ]

snelheid (de)	greĩtis (v)	['grⁱɛɪtⁱɪs]
een snelheidsovertreding maken	vìršyti greĩtį	['vⁱɪrʃɪ:tⁱɪ 'grⁱɛɪtⁱɪ:]
bekeuren (ww)	skìrti baũdą	['skⁱɪrtⁱɪ 'bɑʊda:]
verkeerslicht (het)	šviesofòras (v)	[ʃvⁱiɛso'foras]
rijbewijs (het)	vairúotojo pažymėjimas (v)	[vʌɪ'rʊɑtojo paʒⁱi:'mⁱɛjɪmas]

overgang (de)	pérvaža (m)	['pⁱɛrvaʒa]
kruispunt (het)	sánkryža (m)	['saŋkrⁱi:ʒa]
zebrapad (oversteekplaats)	pėsčiũjų pérėja (m)	[pⁱe:s'tʂⁱu:ju: 'pⁱɛrⁱe:ja]
bocht (de)	pósūkis (v)	['posu:kⁱɪs]
voetgangerszone (de)	pėsčiũjų zonà (m)	[pⁱe:s'tʂⁱu:ju: zo'na]

180. Verkeersborden

verkeersregels (mv.)	kelių eĩsmo taisỹklės (m dgs)	[kⁱɛ'lⁱu: 'ɛɪsmɔ tʌɪ'sⁱi:klⁱe:s]
verkeersbord (het)	žénklas (v)	['ʒⁱɛŋklⁱas]
inhalen (het)	lenkìmas (v)	[lⁱɛŋ'kⁱɪmas]
bocht (de)	pósūkis (v)	['posu:kⁱɪs]
U-bocht, kering (de)	apsisukìmas (v)	[apsⁱɪsʊ'kⁱɪmas]
Rotonde (de)	žiedìnė sánkryža (m)	[ʒⁱiɛ'dⁱɪnⁱe: 'saŋkrⁱi:ʒa]

Verboden richting	įvažiúoti draũdžiama	[i:va'ʒⁱʊɑtⁱɪ 'drɑʊdʒⁱæma]
Verboden toegang	eĩsmas draũdžiamas	['ɛɪsmas 'drɑʊdʒⁱæmas]
Inhalen verboden	leñkti draũdžiama	['lⁱɛŋktⁱɪ 'drɑʊdʒⁱæma]
Parkeerverbod	stovéti draũdžiama	[sto'vⁱe:tⁱɪ 'drɑʊdʒⁱæma]
Verbod stil te staan	sustóti draũdžiama	[sʊs'totⁱɪ 'drɑʊdʒⁱæma]

Gevaarlijke bocht	staigùs pósūkis (v)	[stʌɪ'gʊs 'posu:kⁱɪs]
Gevaarlijke daling	stati nuokalnė	[statⁱɪ nʊɑkalⁱ'nⁱe:]
Eenrichtingsweg	vienpùsis eĩsmas (v)	[vⁱiɛn'pʊsⁱɪs 'ɛɪsmas]
Voetgangers	pėsčiũjų pérėja (m)	[pⁱe:s'tʂⁱu:ju: 'pⁱɛrⁱe:ja]
Slipgevaar	slidùs kẽlias (v)	[slⁱɪ'dʊs 'kⁱælⁱæs]
Voorrang verlenen	dúoti kẽlią	['dʊɑtⁱɪ 'kⁱælⁱæ:]

MENSEN. GEBEURTENISSEN IN HET LEVEN

181. Vakanties. Evenement

feest (het)	šventė (m)	[ˈʃventʲe:]
nationale feestdag (de)	nacionãlinė šventė (m)	[natsʲɪjɔ'na:lʲɪnʲe: 'ʃventʲe:]
feestdag (de)	šventės dienã (m)	[ˈʃventʲe:s dʲiɛ'na]
herdenken (ww)	švęsti	[ˈʃvʲɛ:stʲɪ]

gebeurtenis (de)	įvykis (v)	[ˈi:vʲɪ:kʲɪs]
evenement (het)	renginỹs (v)	[rʲɛngʲɪ'nʲi:s]
banket (het)	banketas (v)	[baŋ'kʲɛtas]
receptie (de)	priėmìmas (v)	[prʲɪʲe:'mʲɪmas]
feestmaal (het)	puotà (m)	[pʊɑ'ta]

verjaardag (de)	mẽtinės (m dgs)	[ˈmʲætʲɪnʲe:s]
jubileum (het)	jubiliẽjus (v)	[jʊbʲɪ'lʲɛjʊs]
vieren (ww)	atšvęsti	[atˈʃvʲɛ:stʲɪ]

| Nieuwjaar (het) | Naujíeji mẽtai (v dgs) | [nɑʊ'jiɛjɪ 'mʲætʌɪ] |
| Gelukkig Nieuwjaar! | Sù Naujaĩsiais! | [ˈsʊ nɑʊ'jʌɪsʲɛɪs!] |

Kerstfeest (het)	Kalėdos (m dgs)	[ka'lʲe:dos]
Vrolijk kerstfeest!	Linksmų̃ Kalėdų!	[lʲɪŋks'mu: ka'lʲe:du:!]
kerstboom (de)	Kalėdinė eglùtė (m)	[ka'lʲe:dʲɪnʲe: eg'lʊtʲe:]
vuurwerk (het)	saliùtas (v)	[sa'lʲʊtas]

bruiloft (de)	vestùvės (m dgs)	[vʲɛs'tʊvʲe:s]
bruidegom (de)	jaunìkis (v)	[jɛʊ'nʲɪkʲɪs]
bruid (de)	jaunóji (m)	[jɛʊ'no:jɪ]

| uitnodigen (ww) | kviẽsti | [ˈkvʲɛstʲɪ] |
| uitnodigingskaart (de) | kvietìmas (v) | [kvʲiɛ'tʲɪmas] |

gast (de)	svẽčias (v)	[ˈsvʲætʂʲæs]
op bezoek gaan	eĩti į̃ svečiùs	[ˈɛɪtʲɪ i: svʲɛ'tʂʲʊs]
gasten verwelkomen	sutìkti svečiùs	[sʊ'tʲɪktʲɪ svʲɛ'tʂʲʊs]

geschenk, cadeau (het)	dovanà (m)	[dova'na]
geven (iets cadeau ~)	dovanóti	[dova'notʲɪ]
geschenken ontvangen	gáuti dóvanas	[ˈgɑʊtʲɪ 'dovanas]
boeket (het)	púokštė (m)	[ˈpʊakʃtʲe:]

| felicitaties (mv.) | sveĩkinimas (v) | [ˈsvʲɛɪkʲɪnʲɪmas] |
| feliciteren (ww) | sveĩkinti | [ˈsvʲɛɪkʲɪntʲɪ] |

wenskaart (de)	sveĩkinimo atvirùkas (v)	[ˈsvʲɛɪkʲɪnʲɪmɔ atvʲɪ'rʊkas]
een kaartje versturen	išsių̃sti atvirùką	[ɪʃ'sʲu:stʲɪ atvʲɪ'rʊka:]
een kaartje ontvangen	gáuti atvirùką	[ˈgɑʊtʲɪ atvʲɪ'rʊka:]
toast (de)	tõstas (v)	[ˈtostas]

| aanbieden (een drankje ~) | vaišinti | [vʌɪˈʃɪntʲɪ] |
| champagne (de) | šampānas (v) | [ʃamˈpaːnas] |

plezier hebben (ww)	linksmintis	[ˈlʲɪŋksmʲɪntʲɪs]
plezier (het)	linksmýbė (m)	[lʲɪŋksˈmʲiːbʲe:]
vreugde (de)	džiaūgsmas (v)	[ˈdʒʲɛʊgsmas]

| dans (de) | šōkis (v) | [ˈʃoːkʲɪs] |
| dansen (ww) | šókti | [ˈʃoktʲɪ] |

| wals (de) | válsas (v) | [ˈvalʲsas] |
| tango (de) | tángo (v) | [ˈtaŋɔ] |

182. Begrafenissen. Begrafenis

kerkhof (het)	kāpinės (m dgs)	[ˈka:pʲɪnʲe:s]
graf (het)	kāpas (v)	[ˈka:pas]
kruis (het)	krýžius (v)	[ˈkrʲiːʒʲʊs]
grafsteen (de)	antkapis (v)	[ˈantkapʲɪs]
omheining (de)	āptvaras (v)	[ˈa:ptvaras]
kapel (de)	koplyčià (m)	[kɔplʲiːˈtʂʲæ]

dood (de)	mirtìs (m)	[mʲɪrˈtʲɪs]
sterven (ww)	mírti	[ˈmʲɪrtʲɪ]
overledene (de)	veliónis (v)	[vʲɛˈlʲʲonʲɪs]
rouw (de)	gēdulas (v)	[ˈgʲæduʲlas]

begraven (ww)	laidoti	[ˈlʲʌɪdotʲɪ]
begrafenisonderneming (de)	laidojimo biùras (v)	[ˈlʲʌɪdojɪmɔ ˈbʲʊras]
begrafenis (de)	laidotuvės (m dgs)	[ˈlʲʌɪdotʊvʲe:s]

krans (de)	vainìkas (v)	[vʌɪˈnʲɪkas]
doodskist (de)	karstas (v)	[ˈkarstas]
lijkwagen (de)	katafálkas (v)	[kataˈfalʲkas]
lijkkleed (het)	lavōndengtė (m)	[lʲaˈvo:ndeŋktʲe:]

begrafenisstoet (de)	gēdulo procèsija (m)	[ˈgʲædʊlʲɔ proˈtsʲɛsʲɪjɛ]
urn (de)	urna (m)	[ˈʊrna]
crematorium (het)	krematòriumas (v)	[krʲɛmaˈtorʲʊmas]

overlijdensbericht (het)	nekrològas (v)	[nʲɛkroˈlʲʲogas]
huilen (wenen)	verkti	[ˈvʲɛrktʲɪ]
snikken (huilen)	raudóti	[rɑʊˈdotʲɪ]

183. Oorlog. Soldaten

peloton (het)	būrỹs (v)	[buːˈrʲi:s]
compagnie (de)	kúopa (m)	[ˈkʊɑpa]
regiment (het)	pulkas (v)	[ˈpuˡkas]
leger (armee)	ármija (m)	[ˈarmʲɪjɛ]
divisie (de)	divìzija (m)	[dʲɪˈvʲɪzʲɪjɛ]
sectie (de)	būrỹs (v)	[buːˈrʲi:s]

troep (de)	kariúomenė (m)	[ka'rʲʊɑmenʲeː]
soldaat (militair)	kareĩvis (v)	[ka'rʲɛɪvʲɪs]
officier (de)	karininkas (v)	[karʲɪ'nʲɪŋkas]

soldaat (rang)	eilìnis (v)	[ɛɪ'lʲɪnʲɪs]
sergeant (de)	seržántas (v)	[sʲɛr'ʒantas]
luitenant (de)	leitenántas (v)	[lʲɛɪtʲɛ'nantas]
kapitein (de)	kapitõnas (v)	[kapʲɪ'toːnas]
majoor (de)	majõras (v)	[ma'jɔːras]
kolonel (de)	pulkininkas (v)	['puⁱkʲɪnʲɪŋkas]
generaal (de)	generõlas (v)	[gʲɛnʲɛ'roːlʲas]

matroos (de)	jūrininkas (v)	['juːrʲɪnʲɪŋkas]
kapitein (de)	kapitõnas (v)	[kapʲɪ'toːnas]
bootsman (de)	bócmanas (v)	['botsmanas]

artillerist (de)	artilerìstas (v)	[artʲɪlʲɛ'rʲɪstas]
valschermjager (de)	desántininkas (v)	[dʲɛ'santʲɪnʲɪnʲɪŋkas]
piloot (de)	lakūnas (v)	[lʲa'kuːnas]
stuurman (de)	štùrmanas (v)	['ʃturmanas]
mecanicien (de)	mechãnikas (v)	[mʲɛ'xaːnʲɪkas]

sappeur (de)	pioniẽrius (v)	[pʲɪjo'nʲɛrʲʊs]
parachutist (de)	parašiùtininkas (v)	[para'ʃʲʊtʲɪnʲɪŋkas]
verkenner (de)	žvalgas (v)	['ʒvalʲgas]
scherpschutter (de)	snáiperis (v)	['snʌɪpʲɛrʲɪs]

patrouille (de)	patrùlis (v)	[pat'rʊlʲɪs]
patrouilleren (ww)	patruliúoti	[patrʊ'lʲʊatʲɪ]
wacht (de)	sargýbinis (v)	[sar'gʲiːbʲɪnʲɪs]

krijger (de)	karỹs (v)	[ka'rʲiːs]
patriot (de)	patriõtas (v)	[patrʲɪ'jotas]
held (de)	dìdvyris (v)	['dʲɪdvʲiːrʲɪs]
heldin (de)	dìdvyrė (m)	['dʲɪdvʲiːrʲeː]

verrader (de)	išdavìkas (v)	[ɪʃda'vʲɪkas]
verraden (ww)	išdúoti	[ɪʃ'dʊatʲɪ]
deserteur (de)	dezertýras (v)	[dʲɛzʲɛr'tʲiːras]
deserteren (ww)	dezertyrúoti	[dʲɛzʲɛrtʲiː'rʊatʲɪ]

huurling (de)	samdinỹs (v)	[samdʲɪ'nʲiːs]
rekruut (de)	naujõkas (v)	[nɑʊ'jɔːkas]
vrijwilliger (de)	savanõris (v)	[sava'noːrʲɪs]

gedode (de)	nužudýtasis (v)	[nʊʒʊ'dʲiːtasʲɪs]
gewonde (de)	sužeistàsis (v)	[sʊʒʲɛɪ'stasʲɪs]
krijgsgevangene (de)	belaĩsvis (v)	[bʲɛ'lʲʌɪsvʲɪs]

184. Oorlog. Militaire acties. Deel 1

oorlog (de)	kãras (v)	['kaːras]
oorlog voeren (ww)	kariáuti	[ka'rʲæʊtʲɪ]
burgeroorlog (de)	piliẽtinis kãras (v)	[pʲɪ'lʲɛtʲɪnʲɪs 'kaːras]

achterbaks (bw)	klastìngai	[klʲas'tʲɪŋʌɪ]
oorlogsverklaring (de)	paskelbìmas (v)	[paskʲɛlʲ'bʲɪmas]
verklaren (de oorlog ~)	paskélbti	[pas'kʲɛlʲptʲɪ]
agressie (de)	agrèsija (m)	[ag'rʲɛsʲɪjɛ]
aanvallen (binnenvallen)	pùlti	['pʊlʲtʲɪ]

binnenvallen (ww)	užgróbti	[ʊʒ'groptʲɪ]
invaller (de)	užgrobìkas (v)	[ʊʒgro'bʲɪkas]
veroveraar (de)	užkariáutojas (v)	[ʊʒka'rʲæʊto:jɛs]

verdediging (de)	gynýba (m)	[gʲiː'nʲiːba]
verdedigen (je land ~)	gìnti	['gʲɪntʲɪ]
zich verdedigen (ww)	gìntis	['gʲɪntʲɪs]

vijand (de)	príešas (v)	['prʲiɛʃas]
tegenstander (de)	príešininkas (v)	['prʲiɛʃɪnʲɪŋkas]
vijandelijk (bn)	príešo	['prʲiɛʃɔ]

strategie (de)	stratègija (m)	[stra'tʲɛgʲɪjɛ]
tactiek (de)	tàktika (m)	['taːktʲɪka]

order (de)	įsãkymas (v)	[iː'saːkʲɪːmas]
bevel (het)	kománda (m)	[kɔ'manda]
bevelen (ww)	įsakýti	[iːsa'kʲiːtʲɪ]
opdracht (de)	užduotìs (m)	[ʊʒdʊɑ'tʲɪs]
geheim (bn)	slãptas	['slʲaːptas]

strijd, slag (de)	mũšis (v)	['muːʃɪs]
strijd (de)	kautỹnės (m dgs)	[kɑʊ'tʲiːnʲeːs]

aanval (de)	atakà (m)	[ata'ka]
bestorming (de)	štùrmas (v)	['ʃtʊrmas]
bestormen (ww)	šturmúoti	[ʃtʊr'mʊɑtʲɪ]
bezetting (de)	apgulà (m)	[apgʊ'lʲa]

aanval (de)	puolìmas (v)	[pʊɑ'lʲɪmas]
in het offensief te gaan	pùlti	['pʊlʲtʲɪ]

terugtrekking (de)	atsitraukìmas (v)	[atsʲɪtrɑʊ'kʲɪmas]
zich terugtrekken (ww)	atsitráukti	[atsʲɪ'trɑʊktʲɪ]

omsingeling (de)	apsupìmas (v)	[apsʊ'pʲɪmas]
omsingelen (ww)	apsùpti	[ap'sʊptʲɪ]

bombardement (het)	bombardãvimas (v)	[bombar'daːvʲɪmas]
een bom gooien	numèsti bòmbą	[nʊ'mʲɛstʲɪ 'bomba:]
bombarderen (ww)	bombardúoti	[bombar'dʊɑtʲɪ]
ontploffing (de)	sprogìmas (v)	[spro'gʲɪmas]

schot (het)	šũvis (v)	['ʃuːvʲɪs]
een schot lossen	iššáuti	[ɪʃʃɑʊtʲɪ]
schieten (het)	šáudymas (v)	['ʃɑʊdʲiːmas]

mikken op (ww)	taikytis į̃ ...	['tʌɪkʲiːtʲɪs iː ..]
aanleggen (een wapen ~)	nutáikyti	[nʊ'tʌɪkʲiːtʲɪ]
treffen (doelwit ~)	patáikyti	[pa'tʌɪkʲiːtʲɪ]

zinken (tot zinken brengen) | paskandìnti | [paskan'dⁱɪntⁱɪ]
kogelgat (het) | pradaužà (m) | [pradɑʊ'ʒa]
zinken (gezonken zijn) | grim̃zti į dùgną | ['grⁱɪmztⁱɪ i: 'dʊgna:]

front (het) | fròntas (v) | ['frontas]
evacuatie (de) | evakuàcija (m) | [ɛvaku'a:tsⁱɪjɛ]
evacueren (ww) | evakúoti | [ɛva'kʊɑtⁱɪ]

prikkeldraad (de) | spygliúotoji vielà (m) | [spⁱi:g'lⁱʊɑtojɪ vⁱiɛ'la]
verdedigingsobstakel (het) | ùžtvara (m) | ['ʊʒtvara]
wachttoren (de) | bókštas (v) | ['bokʃtas]

hospitaal (het) | kãro ligóninė (m) | ['ka:rɔ lⁱɪ'gonⁱɪnⁱe:]
verwonden (ww) | sužeìsti | [sʊ'ʒⁱeɪstⁱɪ]
wond (de) | žaizdà (m) | [ʒʌɪz'da]
gewonde (de) | sužeistàsis (v) | [sʊʒⁱɛɪ'stasⁱɪs]
gewond raken (ww) | bū̃ti sužeistám | ['bu:tⁱɪ sʊʒⁱɛɪs'tam]
ernstig (~e wond) | sunkùs | [sʊŋ'kʊs]

185. Oorlog. Militaire acties. Deel 2

krijgsgevangenschap (de) | nelaĩsvė (m) | [nⁱɛ'lⁱʌɪsvⁱe:]
krijgsgevangen nemen | paim̃ti į nelaĩsvę | ['pʌɪmtⁱɪ i: nⁱɛ'lⁱʌɪsvⁱɛ:]
krijgsgevangene zijn | bū̃ti nelaĩsvėje | ['bu:tⁱɪ ne'lⁱʌɪsvⁱe:je]
krijgsgevangen genomen worden | patèkti į nelaĩsvę | [pa'tⁱɛktⁱɪ i: nⁱɛ'lⁱʌɪsvⁱɛ:]

concentratiekamp (het) | koncentrãcijos stovyklà (m) | [kontsⁱɛn'tra:tsɪjɔs stovⁱi:k'lⁱa]
krijgsgevangene (de) | belaĩsvis (v) | [bⁱɛ'lⁱʌɪsvⁱɪs]
vluchten (ww) | bėgtì iš nelaĩsvės | ['bⁱe:ktⁱɪ ɪʃ ne'lⁱʌɪsvⁱe:s]

verraden (ww) | išdúoti | [ɪʃ'dʊɑtⁱɪ]
verrader (de) | išdavìkas (v) | [ɪʃda'vⁱɪkas]
verraad (het) | išdavỹstė (m) | [ɪʃda'vⁱi:stⁱe:]

fusilleren (executeren) | sušáudyti | [sʊ'ʃɑʊdⁱi:tⁱɪ]
executie (de) | sušáudymas (v) | [sʊ'ʃɑʊdⁱi:mas]

uitrusting (de) | aprangà (m) | [apran'ga]
schouderstuk (het) | añtpetis (v) | ['antpⁱɛtⁱɪs]
gasmasker (het) | dujókaukė (m) | [dʊ'jokɑʊkⁱe:]

portofoon (de) | rãdijo stotẽlė (m) | ['ra:dⁱɪjɔ sto'tⁱæɛlⁱe:]
geheime code (de) | šìfras (v) | ['ʃⁱɪfras]
samenzwering (de) | konspirãcija (m) | [konspⁱɪ'ra:tsⁱɪjɛ]
wachtwoord (het) | slaptãžodis (v) | [slⁱap'ta:ʒodⁱɪs]

mijn (landmijn) | minà (m) | [mⁱɪ'na]
ondermijnen (legden mijnen) | užminúoti | [ʊʒmⁱɪ'nʊɑtⁱɪ]
mijnenveld (het) | mìnų laũkas (v) | ['mⁱɪnʊ 'lⁱɑʊkas]

luchtalarm (het) | óro pavõjus (v) | ['orɔ pa'vo:jʊs]
alarm (het) | aliármas (v) | [a'lⁱæ:rmas]
signaal (het) | signãlas (v) | [sⁱɪg'na:lⁱas]

vuurpijl (de)	signãlinė raketà (m)	[sʲɪɡ'na:lʲɪnʲe: rake'ta]
staf (generale ~)	štãbas (v)	['ʃta:bas]
verkenning (de)	žvalgýba (m)	[ʒvalʲ'ɡʲi:ba]
toestand (de)	padėtìs (m)	[padʲe:'tʲɪs]
rapport (het)	rãportas (v)	['ra:portas]
hinderlaag (de)	pasalà (m)	[pasa'lʲa]
versterking (de)	pastìprinimas (v)	[pas'tʲɪprʲɪnʲɪmas]

doel (bewegend ~)	taikinỹs (v)	[tʌɪkʲɪ'nʲi:s]
proefterrein (het)	poligõnas (v)	[polʲɪ'gonas]
manoeuvres (mv.)	karìniai mókymai (v dgs)	[ka'rʲɪnʲɛɪ 'mokʲi:mʌɪ]

paniek (de)	pãnika (m)	['pa:nʲɪka]
verwoesting (de)	suirùtė (m)	[sʊɪ'rutʲe:]
verwoestingen (mv.)	griovìmai (m)	[ɡrʲo'vʲɪmas]
verwoesten (ww)	griáuti	['ɡrʲæʊtʲɪ]

overleven (ww)	išgyvénti	[ɪʃɡʲi:'vʲɛntʲɪ]
ontwapenen (ww)	nuginklúoti	[nʊɡʲɪŋ'klʲʊatʲɪ]
behandelen (een pistool ~)	naudótis	[nɑʊ'dotʲɪs]

Geeft acht!	Ramiaĩ!	[ra'mʲɛɪ!]
Op de plaats rust!	Laisvaĩ!	[lʲʌɪs'vʌɪ!]

heldendaad (de)	žỹgdarbis (v)	['ʒʲi:gdarbʲɪs]
eed (de)	príesaika (m)	['prʲɛsʌɪka]
zweren (een eed doen)	prisíekti	[prʲɪ'sʲɪɛktʲɪ]

decoratie (de)	apdovanójimas (v)	[apdova'no:jɪmas]
onderscheiden	apdovanóti	[apdova'notʲɪ]
(een ereteken geven)		
medaille (de)	medãlis (v)	[mʲɛ'da:lʲɪs]
orde (de)	òrdinas (v)	['ordʲɪnas]

overwinning (de)	pérgalė (m)	['pʲɛrgalʲe:]
verlies (het)	pralaiméjimas (v)	[pralʲʌɪ'mʲɛjɪmas]
wapenstilstand (de)	paliáubos (m dgs)	[pa'lʲæʊbos]

wimpel (vaandel)	vėliava (m)	['vʲe:lʲæva]
roem (de)	šlovė̃ (m)	[ʃlʲo'vʲe:]
parade (de)	parãdas (v)	[pa'ra:das]
marcheren (ww)	žygiúoti	[ʒʲi:'ɡʲʊatʲɪ]

186. Wapens

wapens (mv.)	giñklas (v)	['ɡʲɪŋklʲas]
vuurwapens (mv.)	šaunamàsis giñklas (v)	[ʃɑʊna'masʲɪs 'ɡʲɪŋklʲas]
koude wapens (mv.)	šaltàsis giñklas (v)	[ʃalʲ'tasʲɪs 'ɡʲɪŋklʲas]

chemische wapens (mv.)	chèminis giñklas (v)	['xʲɛmʲɪnʲɪs 'ɡʲɪŋklʲas]
kern-, nucleair (bn)	branduolìnis	[brandʊɑ'lʲɪnʲɪs]
kernwapens (mv.)	branduolìnis giñklas (v)	[brandʊɑ'lʲɪnʲɪs 'ɡʲɪŋklas]
bom (de)	bòmba (m)	['bomba]
atoombom (de)	atòminė bòmba (m)	[a'tomʲɪnʲe: 'bomba]

pistool (het)	pistolétas (v)	[pʲɪsto'lʲɛtas]
geweer (het)	šáutuvas (v)	['ʃɑʊtʊvas]
machinepistool (het)	automãtas (v)	[ɑʊto'ma:tas]
machinegeweer (het)	kulkósvaidis (v)	[kʊlʲ'kosvʌɪdʲɪs]

loop (schietbuis)	žiótys (m dgs)	['ʒʲotʲi:s]
loop (bijv. geweer met kortere ~)	vamzdis (v)	['vamzdʲɪs]
kaliber (het)	kalibras (v)	[ka'lʲɪbras]

trekker (de)	gaidùkas (v)	[gʌɪ'dʊkas]
korrel (de)	taikìklis (v)	[tʌɪ'kʲɪklʲɪs]
magazijn (het)	détuvě (m)	[dʲe:tʊ'vʲe:]
geweerkolf (de)	búožě (m)	['bʊɑʒʲe:]

| granaat (handgranaat) | granatà (m) | [grana'ta] |
| explosieven (mv.) | sprogmuõ (v) | ['sprogmʊɑ] |

kogel (de)	kulkà (m)	[kʊlʲ'ka]
patroon (de)	patrònas (v)	[pat'ronas]
lading (de)	šovinỹs (v)	[ʃovʲɪ'nʲi:s]
ammunitie (de)	šáudmenys (v dgs)	['ʃɑʊdmʲɛnʲi:s]

bommenwerper (de)	bombónešis (v)	[bom'bonʲɛʃɪs]
straaljager (de)	naikintùvas (v)	[nʌɪk'ɪn'tʊvas]
helikopter (de)	sraigtãsparnis (v)	[srʌɪk'ta:sparnʲɪs]

afweergeschut (het)	zenìtinis pabūklas (v)	[zʲɛ'nʲɪ:tʲɪnʲɪs i:rʲɛngʲɪ'nʲɪ:s]
tank (de)	tánkas (v)	['taŋkas]
kanon (tank met een ~ van 76 mm)	patránka (m)	[pat'raŋka]

| artillerie (de) | artilèrija (m) | [artʲɪ'lʲɛrʲɪjɛ] |
| aanleggen (een wapen ~) | nutáikyti | [nʊ'tʌɪkʲi:tʲɪ] |

projectiel (het)	sviedinỹs (v)	[svʲɪɛdʲɪ'nʲi:s]
mortiergranaat (de)	minà (m)	[mʲɪ'na]
mortier (de)	minósvaidis (v)	[mʲɪ'nosvʌɪdʲɪs]
granaatscherf (de)	skevéldra (m)	[skʲɛ'vʲɛlʲdra]

duikboot (de)	povandenìnis laĩvas (v)	[povandʲɛ'nʲɪnʲɪs 'lʲʌɪvas]
torpedo (de)	torpedà (m)	[torpʲɛ'da]
raket (de)	raketà (m)	[rakʲɛ'ta]

laden (geweer, kanon)	užtaisýti	[ʊʒtʌɪ'sʲi:tʲɪ]
schieten (ww)	šáuti	['ʃɑʊtʲɪ]
richten op (mikken)	táikytis į̃ ...	['tʌɪkʲi:tʲɪs i: ..]
bajonet (de)	durtuvas (v)	['dʊrtʊvas]

degen (de)	špagà (m)	[ʃpa'ga]
sabel (de)	kárdas (v)	['kardas]
speer (de)	íetis (m)	['ɪɛtʲɪs]
boog (de)	lañkas (v)	['lʲaŋkas]
pijl (de)	strélě (m)	[strʲe:'lʲe:]
musket (de)	muškietà (m)	[mʊʃkʲɪɛ'ta]
kruisboog (de)	arbalètas (v)	[arba'lʲɛtas]

187. Oude mensen

primitief (bn)	pirmỹkštis	[pʲɪr'mʲi:kʃtʲɪs]
voorhistorisch (bn)	priešistorinis	[prʲiɛʃɪ'storʲɪnʲɪs]
eeuwenoude (~ beschaving)	senóvinis	[sʲɛ'novʲɪnʲɪs]

Steentijd (de)	Akmeñs ámžius (v)	[ak'mʲɛns 'amʒʲʊs]
Bronstijd (de)	Žálvario ámžius (v)	['ʒalʲvarʲɔ 'amʒʲʊs]
IJstijd (de)	ledỹnmetis (v)	[lʲɛ'dʲi:nmʲɛtʲɪs]

stam (de)	gentìs (m)	[gʲɛn'tʲɪs]
menseneter (de)	žmogédra (m)	[ʒmo'gʲeː dra]
jager (de)	medžiótojas (v)	[mʲɛ'dʒʲoto:jɛs]
jagen (ww)	medžióti	[mʲɛ'dʒʲotʲɪ]
mammoet (de)	mamùtas (v)	[ma'mʊtas]

grot (de)	ùrvas (v)	['ʊrvas]
vuur (het)	ugnìs (v)	[ʊg'nʲɪs]
kampvuur (het)	láužas (v)	['lʲɑʊʒas]
rotstekening (de)	piešinỹs añt olõs síenos (v)	[pʲiɛʃʲɪ'nʲi:s ant o'lʲo:s 'sʲiɛnos]

werkinstrument (het)	dárbo įrankis (v)	['darbɔ 'i:raŋkʲɪs]
speer (de)	íetis (m)	['ɪɛtʲɪs]
stenen bijl (de)	akmenìnis kír̃vis (v)	[akmʲɛ'nʲɪnʲɪs 'kʲɪrvʲɪs]
oorlog voeren (ww)	kariáuti	[ka'rʲæʊtʲɪ]
temmen (bijv. wolf ~)	prijaukìnti	[prʲɪʲjɛʊ'kʲɪntʲɪ]

idool (het)	stãbas (v)	['sta:bas]
aanbidden (ww)	gárbinti	['garbʲɪntʲɪ]
bijgeloof (het)	príetaras (v)	['prʲiɛtaras]

evolutie (de)	evoliùcija (m)	[ɛvo'lʲʊtsʲɪjɛ]
ontwikkeling (de)	vỹstymasis (v)	['vʲi:stʲi:masʲɪs]
verdwijning (de)	išnykìmas (v)	[ɪʃnʲiˈkʲɪmas]
zich aanpassen (ww)	prisitáikyti	[prʲɪsʲɪ'tʌɪkʲi:tʲɪ]

archeologie (de)	archeológija (m)	[arxʲɛo'lʲogʲɪjɛ]
archeoloog (de)	archeológas (v)	[arxʲɛo'lʲogas]
archeologisch (bn)	archeológinis	[arxʲɛo'lʲogʲɪnʲɪs]

opgravingsplaats (de)	kasinéjimai (m dgs)	[kasʲɪ'nʲɛjɪmʌɪ]
opgravingen (mv.)	kasinéjimai (m dgs)	[kasʲɪ'nʲɛjɪmʌɪ]
vondst (de)	radinỹs (v)	[radʲɪ'nʲi:s]
fragment (het)	fragmeñtas (v)	[frag'mʲɛntas]

188. Middeleeuwen

volk (het)	tautà (m)	[tɑʊ'ta]
volkeren (mv.)	tautõs (m dgs)	[tɑʊ'to:s]
stam (de)	gentìs (m)	[gʲɛn'tʲɪs]
stammen (mv.)	geñtys (m dgs)	['gʲɛntʲi:s]
barbaren (mv.)	bárbarai (v dgs)	['barbarʌɪ]
Galliërs (mv.)	gãlai (v dgs)	['ga:lʲʌɪ]

Goten (mv.)	gotai (v dgs)	['gotʌɪ]
Slaven (mv.)	slavai (m dgs)	['slʲa:vʌɪ]
Vikings (mv.)	vikingai (v)	['vʲɪkʲɪŋgʌɪ]

| Romeinen (mv.) | roménas (v) | [ro'mʲe:nas] |
| Romeins (bn) | roméniškas | [ro'mʲe:nʲɪʃkas] |

Byzantijnen (mv.)	bizantiéčiai (v dgs)	[bʲɪzan'tʲɛtsʲɛɪ]
Byzantium (het)	Bizántija (m)	[bʲɪ'zantʲɪjɛ]
Byzantijns (bn)	bizántiškas	[bʲɪ'zantʲɪʃkas]

keizer (bijv. Romeinse ~)	imperãtorius (v)	[ɪmpʲɛ'ra:torʲʊs]
opperhoofd (het)	vãdas (v)	['va:das]
machtig (bn)	galìngas	[ga'lʲɪngas]
koning (de)	karãlius (v)	[ka'ra:lʲʊs]
heerser (de)	valdõvas (v)	[valʲ'do:vas]

ridder (de)	rìteris (v)	['rʲɪtʲɛrʲɪs]
feodaal (de)	feodãlas (v)	[fʲɛo'da:lʲas]
feodaal (bn)	feodãlinis	[fʲɛo'da:lʲɪnʲɪs]
vazal (de)	vasãlas (v)	[va'sa:lʲas]

hertog (de)	hèrcogas (v)	['γʲɛrtsogas]
graaf (de)	grãfas (v)	['gra:fas]
baron (de)	barõnas (v)	[ba'ro:nas]
bisschop (de)	výskupas (v)	['vʲi:skʊpas]

harnas (het)	šarvuõtė (m)	[ʃar'vʊɑtʲe:]
schild (het)	skỹdas (v)	['skʲi:das]
zwaard (het)	kárdas (v)	['kardas]
vizier (het)	añtveidis (v)	['antvʲɛɪdʲɪs]
maliënkolder (de)	šarvìniai marškiniaĩ (v dgs)	[ʃar'vʲɪnʲɛɪ marʃkʲɪ'nʲɛɪ]

| kruistocht (de) | krỹžiaus žỹgis (v) | ['krʲi:ʒʲɛʊs 'ʒʲi:gʲɪs] |
| kruisvaarder (de) | kryžiuõtis (v) | [krʲi:ʒʲʊ'o:tʲɪs] |

gebied (bijv. bezette ~en)	teritòrija (m)	[tʲɛrʲɪ'torʲɪjɛ]
aanvallen (binnenvallen)	pùlti	['pʊlʲtʲɪ]
veroveren (ww)	užkariáuti	[ʊʒka'rʲæʊtʲɪ]
innemen (binnenvallen)	užgróbti	[ʊʒ'groptʲɪ]

bezetting (de)	apgulà (m)	[apgʊ'lʲa]
belegerd (bn)	àpgultas	['apgʊlʲtas]
belegeren (ww)	apgùlti	[ap'gʊlʲtʲɪ]

inquisitie (de)	inkvizìcija (m)	[ɪŋkvʲɪ'zʲɪtsʲɪjɛ]
inquisiteur (de)	inkvizìtorius (v)	[ɪŋkvʲɪ'zʲɪtorʲʊs]
foltering (de)	kankìnimas (v)	[kaŋ'kʲɪnʲɪmas]
wreed (bn)	žiaurùs	[ʒʲɛʊ'rʊs]
ketter (de)	erètikas (v)	[ɛ'rʲɛtʲɪkas]
ketterij (de)	erèzija (m)	[ɛ'rʲɛzʲɪjɛ]

zeevaart (de)	navigãcija (m)	[navʲɪ'ga:tsʲɪjɛ]
piraat (de)	pirãtas (v)	[pʲɪ'ra:tas]
piraterij (de)	piratãvimas (v)	[pʲɪra'ta:vʲɪmas]
enteren (het)	abordažas (v)	[abor'daʒas]

| buit (de) | grõbis (v) | ['gro:bⁱɪs] |
| schatten (mv.) | lõbis (v) | ['lⁱo:bⁱɪs] |

ontdekking (de)	atradìmas (v)	[atra'dⁱɪmas]
ontdekken (bijv. nieuw land)	atràsti	[at'rastⁱɪ]
expeditie (de)	ekspedìcija (m)	[ɛkspⁱɛ'dⁱɪtsⁱɪjɛ]

musketier (de)	muškiẽtininkas (v)	[muʃkⁱɛtⁱɪnⁱɪŋkas]
kardinaal (de)	kardinõlas (v)	[kardⁱɪ'no:lⁱas]
heraldiek (de)	herãldika (m)	[ɣⁱɛ'ralⁱdⁱɪka]
heraldisch (bn)	herãldikos	[ɣⁱɛ'ralⁱdⁱɪkos]

189. Leider. Baas. Autoriteiten

koning (de)	karãlius (v)	[ka'ra:lⁱʊs]
koningin (de)	karaliẽnė (m)	[kara'lⁱiɛnⁱe:]
koninklijk (bn)	karãliškas	[ka'ra:lⁱɪʃkas]
koninkrijk (het)	karalỹstė (m)	[kara'lⁱi:stⁱe:]

| prins (de) | prìncas (v) | ['prⁱɪntsas] |
| prinses (de) | princèsė (m) | [prⁱɪn'tsⁱɛsⁱe:] |

president (de)	prezideñtas (v)	[prⁱɛzⁱɪ'dⁱɛntas]
vicepresident (de)	viceprezideñtas (v)	[vⁱɪtsⁱɛprⁱɛzⁱɪ'dⁱɛntas]
senator (de)	senãtorius (v)	[sⁱɛ'na:torⁱʊs]

monarch (de)	monãrchas (v)	[mo'narxas]
heerser (de)	valdõvas (v)	[valⁱ'do:vas]
dictator (de)	diktãtorius (v)	[dⁱɪk'ta:torⁱʊs]
tiran (de)	tirõnas (v)	[tⁱɪ'ro:nas]
magnaat (de)	magnãtas (v)	[mag'na:tas]

directeur (de)	dirèktorius (v)	[dⁱɪrⁱɛktorⁱʊs]
chef (de)	šèfas (v)	['ʃɛfas]
beheerder (de)	valdýtojas (v)	[valⁱ'dⁱi:to:jɛs]
baas (de)	bõsas (v)	['bo:sas]
eigenaar (de)	savinìnkas (v)	[savⁱɪ'nⁱɪŋkas]

leider (de)	vãdas (v)	['va:das]
hoofd	vadõvas (v)	[va'do:vas]
(bijv. ~ van de delegatie)		
autoriteiten (mv.)	valdžiõs òrganai (v dgs)	[valⁱ'dʒⁱo:s 'organʌɪ]
superieuren (mv.)	vadovýbė (m)	[vado'vⁱi:bⁱe:]

gouverneur (de)	gubernãtorius (v)	[gubⁱɛr'na:torⁱʊs]
consul (de)	kònsulas (v)	['konsulⁱas]
diplomaat (de)	diplomãtas (v)	[dⁱɪplⁱo'ma:tas]
burgemeester (de)	mèras (v)	['mⁱɛras]
sheriff (de)	šerìfas (v)	[ʃⁱɛrⁱɪfas]

keizer (bijv. Romeinse ~)	imperãtorius (v)	[ɪmpⁱɛ'ra:torⁱʊs]
tsaar (de)	cãras (v)	['tsa:ras]
farao (de)	faraònas (v)	[fara'onas]
kan (de)	chãnas (v)	['xa:nas]

190. Weg. Weg. Routebeschrijving

weg (de)	kẽlias (v)	['kʲælʲæs]
route (de kortste ~)	kẽlias (v)	['kʲælʲæs]

autoweg (de)	pléntas (v)	['plʲɛntas]
snelweg (de)	automagistrãlė (m)	[ɑutomagʲɪs'tra:lʲe:]
rijksweg (de)	nacionãlinis kẽlias (v)	[natsʲɪjɔ'na:lʲɪnʲɪs 'kʲælʲæs]

hoofdweg (de)	pagrindìnis kẽlias (v)	[pagrʲɪn'dʲɪnʲɪs 'kʲælʲæs]
landweg (de)	kaĩmo kẽlias (v)	['kʌɪmɔ 'kʲælʲæs]

pad (het)	tãkas (v)	[ta:kas]
paadje (het)	takẽlis (v)	[ta'kʲælʲɪs]

Waar?	Kur̃?	['kʊr?]
Waarheen?	Kur̃?	['kʊr?]
Waarvandaan?	Ìš kur̃?	[ɪʃ 'kʊr?]

richting (de)	kryptìs (m)	[krʲi:p'tʲɪs]
aanwijzen (de weg ~)	paródyti	[pa'rodʲi:tʲɪ]

naar links (bw)	į̇̃ kaĩrę	[i: 'kʌɪrʲɛ:]
naar rechts (bw)	į̇̃ dẽšinę	[i: 'dʲæʃɪnʲɛ:]
rechtdoor (bw)	tiẽsiai	['tʲɛsʲɛɪ]
terug (bijv. ~ keren)	atgal̃	[at'galʲ]

bocht (de)	pósūkis (v)	['posu:kʲɪs]
afslaan (naar rechts ~)	sùkti	['sʊktʲɪ]
U-bocht maken (ww)	apsisùkti	[apsʲɪ'sʊktʲɪ]

zichtbaar worden (ww)	matýtis	[ma'tʲi:tʲɪs]
verschijnen (in zicht komen)	pasiródyti	[pasʲɪ'rodʲi:tʲɪ]

stop (korte onderbreking)	sustojìmas (v)	[sʊsto'jɪmas]
zich verpozen (uitrusten)	pailséti	[pʌɪlʲ'sʲe:tʲɪ]
rust (de)	póilsis (m)	['poɪlʲsʲɪs]

verdwalen (de weg kwijt zijn)	pasiklýsti	[pasʲɪ'klʲi:stʲɪ]
leiden naar ... (de weg)	vèsti prie ...	['vʲɛstʲɪ 'prʲɛ ...]
bereiken (ergens aankomen)	išeĩti prie ...	[ɪ'ʃɛɪtʲɪ 'prʲɛ ...]
deel (~ van de weg)	atkarpà (m)	[atkar'pa]

asfalt (het)	asfáltas (v)	[as'falʲtas]
trottoirband (de)	bordiū̃ras (v)	[bor'dʲu:ras]
greppel (de)	griovỹs (v)	[grʲo'vʲi:s]
putdeksel (het)	liùkas (v)	['lʲʊkas]
vluchtstrook (de)	šalìkelė (m)	[ʃa'lʲɪkelʲe:]
kuil (de)	duobė̃ (m)	[dʊɑ'bʲe:]

gaan (te voet)	eĩti	['ɛɪtʲɪ]
inhalen (voorbijgaan)	apleñkti	[ap'lʲɛŋktʲɪ]

stap (de)	žiñgsnis (v)	['ʒɪŋgsnʲɪs]
te voet (bw)	pėsčiomìs	[pʲe:stʃo'mʲɪs]

blokkeren (de weg ~)	pérverti	['pᴵɛrvᴵɛrtᴵɪ]
slagboom (de)	užkardas (v)	['uʒkardas]
doodlopende straat (de)	aklãgatvis (v)	[ak'lᴵa:gatvᴵɪs]

191. De wet overtreden. Criminelen. Deel 1

bandiet (de)	banditas (v)	[ban'dᴵɪtas]
misdaad (de)	nusikaltìmas (v)	[nusᴵɪkalᴵ'tᴵɪmas]
misdadiger (de)	nusikaltėlis (v)	[nusᴵɪ'kaltᴵe:lᴵɪs]

dief (de)	vagìs (v)	[va'gᴵɪs]
stelen (ww)	võgti	['vo:ktᴵɪ]
stelen, diefstal (de)	vagystė (m)	[va'gᴵi:stᴵe:]

kidnappen (ww)	pagróbti	[pag'roptᴵɪ]
kidnapping (de)	pagrobéjas (v)	[pagro'bᴵe:jas]
kidnapper (de)	pagrobìmas (v)	[pagro'bᴵɪmas]

| losgeld (het) | ìšpirka (m) | ['ɪʃpᴵɪrka] |
| eisen losgeld (ww) | reikaláuti ìšpirkos | [rᴵɛɪka'lᴵaʊtᴵɪ 'ɪʃpᴵɪrkos] |

overvallen (ww)	plėšikáuti	[plᴵe:ʃɪ'kaʊtᴵɪ]
overval (de)	apiplėšimas (v)	[apᴵɪ'plᴵe:ʃɪmas]
overvaller (de)	plėšìkas (v)	[plᴵe:'ʃɪkas]

afpersen (ww)	prievartáuti	[prᴵiɛvar'taʊtᴵɪ]
afperser (de)	prievartáutojas (v)	[prᴵiɛvar'taʊto:jɛs]
afpersing (de)	prievartãvimas (v)	[prᴵiɛvar'ta:vᴵɪmas]

vermoorden (ww)	nužudýti	[nuʒu'dᴵi:tᴵɪ]
moord (de)	nužùdymas (v)	[nu'ʒudᴵi:mas]
moordenaar (de)	žudìkas (v)	[ʒu'dᴵɪkas]

schot (het)	šũvis (v)	['ʃu:vᴵɪs]
een schot lossen	iššáuti	[ɪʃʃaʊtᴵɪ]
neerschieten (ww)	nušáuti	[nu'ʃaʊtᴵɪ]
schieten (ww)	šáudyti	['ʃaʊdᴵi:tᴵɪ]
schieten (het)	šáudymas (v)	['ʃaʊdᴵi:mas]

ongeluk (gevecht, enz.)	įvykis (v)	['i:vᴵɪ:kᴵɪs]
gevecht (het)	muštynės (m dgs)	[muʃ'tᴵi:nᴵe:s]
Help!	Gélbėkit!	['gᴵɛlᴵbᴵe:kᴵɪt!]
slachtoffer (het)	aukà (m)	[aʊ'ka]

beschadigen (ww)	sugadìnti	[suga'dᴵɪntᴵɪ]
schade (de)	nuóstolis (v)	['nuɒstolᴵɪs]
lijk (het)	lavónas (v)	[lᴵa'vonas]
zwaar (~ misdrijf)	sunkùs	[suŋ'kus]

aanvallen (ww)	užpùlti	[uʒ'pulᴵtᴵɪ]
slaan (iemand ~)	mùšti	['muʃtᴵɪ]
in elkaar slaan (toetakelen)	sumùšti	[su'muʃtᴵɪ]
ontnemen (beroven)	atim̃ti	[a'tᴵɪmtᴵɪ]
steken (met een mes)	papjáuti	[pa'pjaʊtᴵɪ]

173

| verminken (ww) | sužalóti | [suʒa'lʲotʲɪ] |
| verwonden (ww) | sužalóti | [suʒa'lʲotʲɪ] |

chantage (de)	šantãžas (v)	[ʃan'taːʒas]
chanteren (ww)	šantažúoti	[ʃanta'ʒuatʲɪ]
chanteur (de)	šantažúotojas (v)	[ʃanta'ʒuatoːjɛs]

afpersing (de)	réketas (v)	['rʲɛkʲɛtas]
afperser (de)	reketúotojas (v)	[rʲɛkʲɛ'tuatoːjɛs]
gangster (de)	gángsteris (v)	['gangstʲɛrʲɪs]
maffia (de)	mãfija (m)	['maːfɪjɛ]

kruimeldief (de)	kišénvagis (v)	[kʲɪ'ʃʲɛnvagʲɪs]
inbreker (de)	įsilaužėlis (v)	[iːsʲɪlɑu'ʒʲeːlʲɪs]
smokkelen (het)	kontrabánda (m)	[kɔntra'banda]
smokkelaar (de)	kontrabándininkas (v)	[kɔntra'bandʲɪnʲɪŋkas]

namaak (de)	klastõtė (m)	[klʲas'toːtʲeː]
namaken (ww)	klastóti	[klʲas'totʲɪ]
namaak-, vals (bn)	klastõtė	[klʲas'toːtʲeː]

192. De wet overtreden. Criminelen. Deel 2

verkrachting (de)	išprievartãvimas (v)	[ɪʃprʲɛvar'taːvʲɪmas]
verkrachten (ww)	išprievartáuti	[ɪʃprʲɛvar'tɑutʲɪ]
verkrachter (de)	prievartáutojas (v)	[prʲɛvar'tɑutoːjɛs]
maniak (de)	maniãkas (v)	[manʲɪ'jakas]

prostituee (de)	prostitutė (m)	[prostʲɪ'tutʲeː]
prostitutie (de)	prostitúcija (m)	[prostʲɪ'tutsʲɪjɛ]
pooier (de)	sutèneris (v)	[su'tʲɛnʲɛrʲɪs]

| drugsverslaafde (de) | narkomãnas (v) | [narko'maːnas] |
| drugshandelaar (de) | prekiáutojas narkòtikais (v) | [prʲɛ'kʲæutoːjɛs nar'kotʲɪkʌɪs] |

opblazen (ww)	susprogdìnti	[susprog'dʲɪntʲɪ]
explosie (de)	sprogìmas (v)	[spro'gʲɪmas]
in brand steken (ww)	padègti	[pa'dʲɛktʲɪ]
brandstichter (de)	padegéjas (v)	[padʲɛ'gʲeːjas]

terrorisme (het)	terorìzmas (v)	[tʲɛro'rʲɪzmas]
terrorist (de)	terorìstas (v)	[tʲɛro'rʲɪstas]
gijzelaar (de)	įkaitas (v)	['iːkʌɪtas]

bedriegen (ww)	apgáuti	[ap'gɑutʲɪ]
bedrog (het)	apgavỹstė (m)	[apga'vʲiːstʲeː]
oplichter (de)	sùkčius (v)	['suktʂʲus]

omkopen (ww)	papírkti	[pa'pʲɪrktʲɪ]
omkoperij (de)	papirkìmas (v)	[papʲɪr'kʲɪmas]
smeergeld (het)	kỹšis (v)	['kʲiːʃɪs]

| vergif (het) | nuõdas (v) | ['nuadas] |
| vergiftigen (ww) | nunuõdyti | [nu'nuadʲiːtʲɪ] |

vergif innemen (ww)	nusinuodyti	[nusʲɪnʊadʲiːtʲɪ]
zelfmoord (de)	savižudybė (m)	[savʲɪʒʊ'dʲiːbʲeː]
zelfmoordenaar (de)	savižudis (v)	[sa'vʲɪʒʊdʲɪs]

bedreigen	grasìnti	[gra'sʲɪntʲɪ]
(bijv. met een pistool)		
bedreiging (de)	grasìnimas (v)	[gra'sʲɪnʲɪmas]
een aanslag plegen	kėsìntis	[kʲeː'sʲɪntʲɪs]
aanslag (de)	pasikėsìnimas (v)	[pasʲɪkʲe:'sʲɪnʲɪmas]

| stelen (een auto) | nuvarýti | [nʊva'rʲiːtʲɪ] |
| kapen (een vliegtuig) | nuvarýti | [nʊva'rʲiːtʲɪ] |

| wraak (de) | keřštas (v) | ['kʲeːrʃtas] |
| wreken (ww) | keřšyti | ['kʲeːrʃɪːtʲɪ] |

martelen (gevangenen)	kankìnti	[kaŋ'kʲɪntʲɪ]
foltering (de)	kankìnimas (v)	[kaŋ'kʲɪnʲɪmas]
folteren (ww)	kankìnti	[kaŋ'kʲɪntʲɪ]

piraat (de)	piratas (v)	[pʲɪ'raːtas]
straatschender (de)	chuligānas (v)	[xʊlʲɪ'gaːnas]
gewapend (bn)	ginkluotas	[gʲɪŋk'lʲʊatas]
geweld (het)	príevarta (m)	['prʲiɛvarta]

| spionage (de) | špionāžas (v) | [ʃpʲo'naːʒas] |
| spioneren (ww) | šnipinéti | [ʃnʲɪpʲɪ'nʲeːtʲɪ] |

193. Politie. Wet. Deel 1

| justitie (de) | teĩsmas (v) | ['tʲɛɪsmas] |
| gerechtshof (het) | teĩsmas (v) | ['tʲɛɪsmas] |

rechter (de)	teiséjas (v)	[tʲɛɪ'sʲeːjas]
jury (de)	prisíekusieji (v)	[prʲɪ'sʲiɛkʊsʲiɛji]
juryrechtspraak (de)	prisíekusiųjų teĩsmas (v)	[prʲɪ'sʲiɛkʊsʲuːju: 'tʲɛɪsmas]
berechten (ww)	teĩsti	['tʲɛɪstʲɪ]

advocaat (de)	advokātas (v)	[advo'kaːtas]
beklaagde (de)	teisiamãsis (v)	[tʲɛɪsʲæ'masʲɪs]
beklaagdenbank (de)	teisiamũjų suõlas (v)	[tʲɛɪsʲæ'mu:ju: 'sʊalʲas]

| beschuldiging (de) | káltinimai (v) | ['kalʲtʲɪnʲɪmʌɪ] |
| beschuldigde (de) | káltinamasis (v) | ['kalʲtʲɪnamasʲɪs] |

vonnis (het)	núosprendis (v)	['nʊasprʲɛndʲɪs]
veroordelen	nuteĩsti	[nʊ'tʲɛɪstʲɪ]
(in een rechtszaak)		
schuldige (de)	kaltiniñkas (v)	[kalʲtʲɪ'nʲɪŋkas]
straffen (ww)	nubaũsti	[nʊ'baʊstʲɪ]
bestraffing (de)	bausmė̃ (m)	[baʊs'mʲeː]
boete (de)	baudà (m)	[baʊ'da]
levenslange opsluiting (de)	kalėjimas ikì gyvõs galvõs (v)	[ka'lʲɛjɪmas ikʲɪ gʲiː'voːs galʲ'voːs]

doodstraf (de)	mirtiẽs bausmẽ (m)	[mʲɪrˈtʲɛs baʊsˈmʲeː]
elektrische stoel (de)	elèktros kėdẽ (m)	[eˈlʲɛktros kʲeːˈdʲeː]
schavot (het)	kártuvės (m dgs)	[ˈkartʊvʲeːs]

| executeren (ww) | baũsti mirtimì | [ˈbaʊstʲɪ mʲɪrtʲɪˈmʲɪ] |
| executie (de) | baudìmas mirtimì (v) | [baʊˈdʲɪmas mʲɪrtʲɪˈmʲɪ] |

| gevangenis (de) | kalėjimas (v) | [kaˈlʲɛjɪmas] |
| cel (de) | kãmera (m) | [ˈkaːmʲɛra] |

konvooi (het)	konvòjus (v)	[konˈvojʊs]
gevangenisbewaker (de)	prižiūrétojas (v)	[prʲɪʒʲuːˈrʲeːtoːjɛs]
gedetineerde (de)	kalinỹs (v)	[kalʲɪˈnʲiːs]

| handboeien (mv.) | añtrankiai (v dgs) | [ˈãtrakʲɛɪ] |
| handboeien omdoen | uždéti añtrankius | [ʊʒˈdʲeːtʲɪ ˈãtraŋkʲʊs] |

ontsnapping (de)	pabégìmas (v)	[pabʲeːˈgʲɪmas]
ontsnappen (ww)	pabégti	[paˈbʲeːktʲɪ]
verdwijnen (ww)	dìngti	[ˈdʲɪŋktʲɪ]
vrijlaten (uit de gevangenis)	paléisti	[paˈlʲɛɪstʲɪ]
amnestie (de)	amnèstija (m)	[amˈnʲɛstʲɪjɛ]

politie (de)	polìcija (m)	[poˈlʲɪtsʲɪjɛ]
politieagent (de)	polìcininkas (v)	[poˈlʲɪtsʲɪnʲɪŋkas]
politiebureau (het)	polìcijos núovada (m)	[poˈlʲɪtsʲɪjɔs ˈnʊavada]
knuppel (de)	gumìnis pagalỹs (v)	[gʊˈmʲɪnʲɪs pagaˈlʲiːs]
megafoon (de)	garsiãkalbis (v)	[garˈsʲækalʲbʲɪs]

patrouilleerwagen (de)	patrùlio mašinà (m)	[patˈrʊlʲɔ maʃʲɪˈna]
sirene (de)	sirenà (m)	[sʲɪrʲeˈna]
de sirene aansteken	įjùngti sirèną	[iːˈjʊŋktʲɪ sʲɪrʲɛnaː]
geloei (het) van de sirene	sirènos kaukìmas (v)	[sʲɪrʲɛnos kaʊˈkʲɪmas]

plaats delict (de)	įvykio vietà (m)	[ˈiːvʲɪkʲɔ vʲiɛˈta]
getuige (de)	liùdininkas (v)	[ˈlʲʊdʲɪnʲɪŋkas]
vrijheid (de)	láisvė (m)	[ˈlʲʌɪsvʲeː]
handlanger (de)	beñdrininkas (v)	[ˈbʲɛndrʲɪnʲɪŋkas]
ontvluchten (ww)	pasislẽpti	[pasʲɪˈslʲeːptʲɪ]
spoor (het)	pėdsakas (v)	[ˈpʲeːdsakas]

194. Politie. Wet. Deel 2

opsporing (de)	paieškà (m)	[paʲɪɛʃˈka]
opsporen (ww)	ieškóti	[ɪɛʃˈkotʲɪ]
verdenking (de)	įtarìmas (v)	[iːtaˈrʲɪːmas]
verdacht (bn)	įtartinas	[iːˈtartʲɪnas]
aanhouden (stoppen)	sustabdýti	[sʊstabˈdʲiːtʲɪ]
tegenhouden (ww)	sulaikýti	[sʊlʲʌɪˈkʲiːtʲɪ]

strafzaak (de)	bylà (m)	[bʲiːˈlʲa]
onderzoek (het)	tyrìmas (v)	[tʲiːˈrʲɪmas]
detective (de)	detektỹvas (v)	[dʲɛtʲɛkˈtʲiːvas]
onderzoeksrechter (de)	tyrėjas (v)	[tʲiːˈrʲeːjas]

versie (de)	vèrsija (m)	['vⁱɛrsⁱɪjɛ]
motief (het)	motyvas (v)	[mo'tⁱiːvas]
verhoor (het)	apklausà (m)	[apklⁱɑu'sa]
ondervragen (door de politie)	apkláusti	[ap'klⁱɑustⁱɪ]
ondervragen (omstanders ~)	apkláusti	[ap'klⁱɑustⁱɪ]
controle (de)	patìkrinimas (v)	[pa'tⁱɪkrⁱɪnⁱɪmas]

razzia (de)	gaudynès (m dgs)	[gɑu'dⁱiːnⁱeːs]
huiszoeking (de)	kratà (m)	[kra'ta]
achtervolging (de)	vijìmasis (v)	[vⁱɪ'jⁱɪmasⁱɪs]
achtervolgen (ww)	sèkti	['sⁱɛktⁱɪ]
opsporen (ww)	sèkti	['sⁱɛktⁱɪ]

arrest (het)	ãreštas (v)	['aːrⁱɛʃtas]
arresteren (ww)	areštúoti	[arⁱɛʃ'tuatⁱɪ]
vangen, aanhouden (een dief, enz.)	pagáuti	[pa'gɑutⁱɪ]
aanhouding (de)	pagavìmas (v)	[paga'vⁱɪmas]

document (het)	dokumeñtas (v)	[dokʊ'mⁱɛntas]
bewijs (het)	įródymas (v)	[iː'rodⁱɪːmas]
bewijzen (ww)	įródyti	[iː'rodⁱɪːtⁱɪ]
voetspoor (het)	pédsakas (v)	['pⁱeːdsakas]
vingerafdrukken (mv.)	pìrštų añtspaudai (v dgs)	['pⁱɪrʃtu: 'antspɑudʌɪ]
bewijs (het)	įkaltis (v)	['iːkalⁱtⁱɪs]

alibi (het)	ãlibi (v)	['aːlⁱɪbⁱɪ]
onschuldig (bn)	nekáltas	[nⁱɛ'kalⁱtas]
onrecht (het)	neteisingùmas (v)	[nⁱɛtⁱɛɪsⁱɪn'gumas]
onrechtvaardig (bn)	neteisìngas	[nⁱɛtⁱɛɪ'sⁱɪngas]

crimineel (bn)	kriminãlinis	[krⁱɪmⁱɪ'naːlⁱɪnⁱɪs]
confisqueren (in beslag nemen)	konfiskúoti	[konfⁱɪs'kuatⁱɪ]
drug (de)	narkòtikas (v)	[nar'kotⁱɪkas]
wapen (het)	giñklas (v)	['gⁱɪŋklⁱas]
ontwapenen (ww)	nuginklúoti	[nʊgⁱɪŋ'klⁱuatⁱɪ]
bevelen (ww)	įsakinéti	[iːsakⁱɪ'nⁱeːtⁱɪ]
verdwijnen (ww)	diñgti	['dⁱɪŋktⁱɪ]

wet (de)	įstãtymas (v)	[iː'staːtiːmas]
wettelijk (bn)	teisétas	[tⁱɛɪ'sⁱeːtas]
onwettelijk (bn)	neteisétas	[nⁱɛtⁱɛɪ'sⁱeːtas]

| verantwoordelijkheid (de) | atsakomybè (m) | [atsako'mⁱiːbⁱeː] |
| verantwoordelijk (bn) | atsakìngas | [atsa'kⁱɪngas] |

NATUUR

De Aarde. Deel 1

kosmos (de)	kòsmosas (v)	['kosmosas]
kosmisch (bn)	kòsminis	['kosmⁱɪnⁱɪs]
kosmische ruimte (de)	kòsminė erdvě (m)	['kosmⁱɪnⁱe: ɛrd'vⁱe:]
wereld (de)	visatà (m)	[vⁱɪsa'ta]
heelal (het)	pasáulis (v)	[pa'sɑulⁱɪs]
sterrenstelsel (het)	galàktika (m)	[ga'lⁱa:ktⁱɪka]
ster (de)	žvaigždě (m)	[ʒvʌɪg'ʒdⁱe:]
sterrenbeeld (het)	žvaigždýnas (v)	[ʒvʌɪgʒ'dⁱi:nas]
planeet (de)	planetà (m)	[plⁱanⁱɛ'ta]
satelliet (de)	palydòvas (v)	[palⁱi:'do:vas]
meteoriet (de)	meteorìtas (v)	[mⁱɛtⁱɛo'rⁱɪtas]
komeet (de)	kometà (m)	[komⁱɛ'ta]
asteroïde (de)	asteròidas (v)	[astⁱɛ'roɪdas]
baan (de)	orbità (m)	[orbⁱɪ'ta]
draaien (om de zon, enz.)	sùktis	['sʊktⁱɪs]
atmosfeer (de)	atmosferà (m)	[atmosfⁱɛ'ra]
Zon (de)	Sáulė (m)	['sɑulⁱe:]
zonnestelsel (het)	Sáulės sistemà (m)	['sɑulⁱe:s sⁱɪste'ma]
zonsverduistering (de)	Sáulės užtemìmas (v)	['sɑulⁱe:s ʊʒtⁱɛ'mⁱɪmas]
Aarde (de)	Žẽmė (m)	['ʒⁱæmⁱe:]
Maan (de)	Mėnùlis (v)	[mⁱe:'nʊlⁱɪs]
Mars (de)	Már

sas (v) | ['marsas] |
Venus (de)	Venerà (m)	[vⁱɛnⁱɛ'ra]
Jupiter (de)	Jupìteris (v)	[jʊ'pⁱɪtⁱɛrⁱɪs]
Saturnus (de)	Satùrnas (v)	[sa'tʊrnas]
Mercurius (de)	Merkùrijus (v)	[mⁱɛr'kʊrⁱɪjʊs]
Uranus (de)	Urãnas (v)	[ʊ'ra:nas]
Neptunus (de)	Neptũnas (v)	[nⁱɛp'tu:nas]
Pluto (de)	Plutònas (v)	[plⁱʊ'tonas]
Melkweg (de)	Paũkščių Tãkas (v)	['pɑukʃʦⁱʊ: 'ta:kas]
Grote Beer (de)	Didíeji Grĩžulo Rãtai (v dgs)	[dⁱɪ'dⁱiɛjɪ 'grⁱɪ:ʒʊlⁱo 'ra:tʌɪ]
Poolster (de)	Šiaurìnė žvaigždě (m)	[ʃⁱɛu'rⁱɪnⁱe: ʒvʌɪg'ʒdⁱe:]
marsmannetje (het)	marsiẽtis (v)	[mar'sⁱɛtⁱɪs]
buitenaards wezen (het)	ateìvis (v)	[a'tⁱɛɪvⁱɪs]

bovenaards (het)	atelvis (v)	[a'tʲɛɪvʲɪs]
vliegende schotel (de)	skraĩdanti lékště (m)	['skrʌɪdantʲɪ lʲe:kʃ'tʲe:]
ruimtevaartuig (het)	kósminis laĩvas (v)	['kosmʲɪnʲɪs 'lʲʌɪvas]
ruimtestation (het)	orbìtos stotìs (m)	[or'bʲɪtos sto'tʲɪs]
start (de)	stártas (v)	['startas]
motor (de)	varìklis (v)	[va'rʲɪklʲɪs]
straalpijp (de)	tūtà (m)	[tu:'ta]
brandstof (de)	kùras (v)	['kʊras]
cabine (de)	kabinà (m)	[kabʲɪ'na]
antenne (de)	antenà (m)	[antʲɛ'na]
patrijspoort (de)	iliuminãtorius (v)	[ɪlʲumʲɪ'na:torʲʊs]
zonnebatterij (de)	sáulės batèrija (m)	['saʊlʲe:s ba'tʲɛrʲɪjɛ]
ruimtepak (het)	skafãndras (v)	[ska'fandras]
gewichtloosheid (de)	nesvarùmas (v)	[nʲɛsva'rumas]
zuurstof (de)	deguõnis (v)	[dʲɛ'gʊanʲɪs]
koppeling (de)	susijungìmas (v)	[sʊsʲɪjʊn'gʲɪmas]
koppeling maken	susijùngti	[sʊsʲɪ'jʊŋktʲɪ]
observatorium (het)	observatòrija (m)	[obsʲɛrva'torʲɪjɛ]
telescoop (de)	teleskòpas (v)	[tʲɛlʲɛ'skopas]
waarnemen (ww)	stebéti	[ste'bʲe:tʲɪ]
exploreren (ww)	tyrinéti	[tʲi:rʲɪ'nʲe:tʲɪ]

196. De Aarde

Aarde (de)	Žẽmė (m)	['ʒʲæmʲe:]
aardbol (de)	žẽmės rutulỹs (v)	['ʒʲæmʲe:s rʊtʊ'lʲi:s]
planeet (de)	planetà (m)	[plʲanʲɛ'ta]
atmosfeer (de)	atmosferà (m)	[atmosfʲɛ'ra]
aardrijkskunde (de)	geogrãfija (m)	[gʲɛo'gra:fʲɪjɛ]
natuur (de)	gamtà (m)	[gam'ta]
wereldbol (de)	gaublỹs (v)	[gaʊb'lʲi:s]
кaart (de)	žemėlapia (v)	[ʒʲe'mʲe·lʲapʲɪs]
atlas (de)	ãtlasas (v)	['a:tlʲasas]
Europa (het)	Europà (m)	[ɛʊro'pa]
Azië (het)	āzija (m)	['a:zʲɪjɛ]
Afrika (het)	ãfrika (m)	['a:frʲɪka]
Australië (het)	Austrãlija (m)	[aʊs'tra:lʲɪjɛ]
Amerika (het)	Amèrika (m)	[a'mʲɛrʲɪka]
Noord-Amerika (het)	Šiáurės Amèrika (m)	['ʃʲæʊrʲe:s a'mʲɛrʲɪka]
Zuid-Amerika (het)	Pietų̃ Amèrika (m)	[pʲiɛ'tu: a'mʲɛrʲɪka]
Antarctica (het)	Antarktidà (m)	[antarktʲɪ'da]
Arctis (de)	Árktika (m)	['arktʲɪka]

197. Windrichtingen

noorden (het)	šiáurė (m)	[ˈʃæurʲe:]
naar het noorden	į̃ šiáurę	[i: ˈʃæurʲɛ:]
in het noorden	šiáurėje	[ˈʃæurʲe:je]
noordelijk (bn)	šiaurìnis	[ʃɛuˈrʲɪnʲɪs]
zuiden (het)	pietùs (v)	[pʲiɛˈtʊs]
naar het zuiden	į̃ pietùs	[i: pʲiɛˈtʊs]
in het zuiden	pietuosè	[pʲiɛtʊɑˈsʲɛ]
zuidelijk (bn)	pietìnis	[pʲiɛˈtʲɪnʲɪs]
westen (het)	vakaraĩ (v dgs)	[vakaˈrʌɪ]
naar het westen	į̃ vãkarus	[i: ˈvɑːkarʊs]
in het westen	vakaruosè	[vakarʊɑˈsʲɛ]
westelijk (bn)	vakariẽtiškas	[vakaˈrʲɛtʲɪʃkas]
oosten (het)	rytaĩ (v dgs)	[rʲiːˈtʌɪ]
naar het oosten	į̃ rýtus	[i: ˈrʲɪːtʊs]
in het oosten	rytuosè	[rʲiːtʊɑˈsʲɛ]
oostelijk (bn)	rytiẽtiškas	[rʲiːˈtʲɛtʲɪʃkas]

198. Zee. Oceaan

zee (de)	jū́ra (m)	[ˈjuːra]
oceaan (de)	vandenýnas (v)	[vandʲɛˈnʲiːnas]
golf (baai)	įlanka (m)	[ˈiːlʲaŋka]
straat (de)	sąsiauris (v)	[ˈsaːsʲɛurʲɪs]
continent (het)	žemýnas (v)	[ʒʲɛˈmʲiːnas]
eiland (het)	salà (m)	[saˈlʲa]
schiereiland (het)	pusiãsalis (v)	[pʊˈsʲæsalʲɪs]
archipel (de)	archipelãgas (v)	[arxʲɪpʲɛˈlʲaːgas]
baai, bocht (de)	užùtekis (v)	[ʊʒʊtʲɛkʲɪs]
haven (de)	úostas (v)	[ˈʊɑstas]
lagune (de)	lagūnà (m)	[lʲaguːˈna]
kaap (de)	iškyšulỹs (v)	[ɪʃkʲiːʃʊˈlʲiːs]
atol (de)	atólas (v)	[aˈtolʲas]
rif (het)	rìfas (v)	[ˈrʲɪfas]
koraal (het)	korãlas (v)	[kɔˈraːlʲas]
koraalrif (het)	korãlų rìfas (v)	[kɔˈraːlʲuː ˈrʲɪfas]
diep (bn)	gilùs	[gʲɪˈlʲʊs]
diepte (de)	gỹlis (v)	[ˈgʲiːlʲɪs]
diepzee (de)	bedùgnė (m)	[bʲɛˈdugnʲe:]
trog (bijv. Marianentrog)	įduba (m)	[ˈiːdʊba]
stroming (de)	srovẽ (m)	[sroˈvʲe:]
omspoelen (ww)	skaláuti	[skaˈlʲɑutʲɪ]
oever (de)	pajūris (v)	[ˈpajuːris]
kust (de)	pakrántė (m)	[pakˈrantʲe:]

vloed (de)	antplūdis (v)	['antplʲu:dʲɪs]
eb (de)	atóslūgis (v)	[a'toslʲu:gʲɪs]
ondiepte (ondiep water)	atãbradas (v)	[a'ta:bradas]
bodem (de)	dùgnas (v)	['dugnas]

golf (hoge ~)	bangà (m)	[ban'ga]
golfkam (de)	bangõs keterà (m)	[ban'go:s kʲɛtʲɛ'ra]
schuim (het)	pùtos (m dgs)	['putos]

orkaan (de)	uragãnas (v)	[ʊra'ga:nas]
tsunami (de)	cunãmis (v)	[tsʊ'na:mʲɪs]
windstilte (de)	štiliùs (v)	[ʃtʲɪ'lʲʊs]
kalm (bijv. ~e zee)	ramùs	[ra'mʊs]

pool (de)	ašìgalis (v)	[a'ʃɪgalʲɪs]
polair (bn)	poliãrinis	[po'lʲærʲɪnʲɪs]

breedtegraad (de)	platumà (m)	[plʲatʊ'ma]
lengtegraad (de)	ilgumà (m)	[ɪlʲgʊ'ma]
parallel (de)	paralèlė (m)	[para'lʲɛlʲe:]
evenaar (de)	ekvãtorius (v)	[ɛk'va:torʲʊs]

hemel (de)	dangùs (v)	[dan'gʊs]
horizon (de)	horizòntas (v)	[ɣorʲɪ'zontas]
lucht (de)	óras (v)	['oras]

vuurtoren (de)	švyturỹs (v)	[ʃvʲi:tʊ'rʲi:s]
duiken (ww)	nárdyti	['nardʲi:tʲɪ]
zinken (ov. een boot)	nuskęsti	[nʊ'skʲɛ:stʲɪ]
schatten (mv.)	lóbis (v)	['lʲo:bʲɪs]

199. Namen van zeeën en oceanen

Atlantische Oceaan (de)	Atlánto vandenýnas (v)	[at'lʲanto vandʲɛ'nʲi:nas]
Indische Oceaan (de)	Ìndijos vandenýnas (v)	['ɪndʲɪjos vandʲɛ'nʲi:nas]
Stille Oceaan (de)	Ramùsis vandenýnas (v)	[ra'mʊsʲɪs vandʲɛ'nʲi:nas]
Noordelijke IJszee (de)	Árkties vandenýnas (v)	['arktʲɪɛs vandʲɛ'nʲi:nas]

Zwarte Zee (de)	Juodóji jūra (m)	[jʊɑ'do:jɪ 'ju:ra]
Rode Zee (de)	Raudonóji jūra (m)	[rɑʊdo'no:jɪ 'ju:ra]
Gele Zee (de)	Geltonóji jūra (m)	[gʲɛlʲto'no:jɪ 'ju:ra]
Witte Zee (de)	Baltóji jūra (m)	[balʲ'to:jɪ 'ju:ra]

Kaspische Zee (de)	Kãspijos jūra (m)	['ka:spʲɪjos 'ju:ra]
Dode Zee (de)	Negyvóji jūra (m)	[nʲɛgʲi:'vo:jɪ 'ju:ra]
Middellandse Zee (de)	Vidùržemio jūra (m)	[vʲɪ'dʊrʒʲɛmʲɔ 'ju:ra]

Egeïsche Zee (de)	Egéjo jūra (m)	[ɛ'gʲæjɔ 'ju:ra]
Adriatische Zee (de)	ãdrijos jūra (m)	['a:drʲɪjos 'ju:ra]

Arabische Zee (de)	Arãbijos jūra (m)	[a'rabʲɪjos 'ju:ra]
Japanse Zee (de)	Japònijos jūra (m)	[ja'ponʲɪjos ju:ra]
Beringzee (de)	Bèringo jūra (m)	['bʲɛrʲɪngo 'ju:ra]
Zuid-Chinese Zee (de)	Pietų Kìnijos jūra (m)	[pʲiɛ'tu: 'kʲɪnʲɪjos 'ju:ra]

Koraalzee (de)	Korālų jūra (m)	[kɔ'ra:lʲu: 'ju:ra]
Tasmanzee (de)	Tasmānų jūra (m)	[tas'manu: 'ju:ra]
Caribische Zee (de)	Karìbų jūra (m)	[ka'rʲɪbu: 'ju:ra]

| Barentszzee (de) | Bārenco jūra (m) | [barʲɛntsɔ 'ju:ra] |
| Karische Zee (de) | Kārsko jūra (m) | ['karskɔ 'ju:ra] |

Noordzee (de)	Šiáurės jūra (m)	['ʃæurʲe:s 'ju:ra]
Baltische Zee (de)	Báltijos jūra (m)	['balʲtʲɪjɔs 'ju:ra]
Noorse Zee (de)	Norvègijos jūra (m)	[nor'vʲɛgʲɪjɔs 'ju:ra]

200. Bergen

berg (de)	kálnas (v)	['kalʲnas]
bergketen (de)	kalnų vìrtinė (m)	[kalʲ'nu: vʲɪrtʲɪnʲe:]
gebergte (het)	kalnāgūbris (v)	[kalʲ'na:gu:brʲɪs]

bergtop (de)	viršūnė (m)	[vʲɪr'ʃu:nʲe:]
bergpiek (de)	pìkas (v)	['pʲɪkas]
voet (ov. de berg)	papėdė (m)	[pa'pʲe:dʲe:]
helling (de)	núokalnė (m)	['nuɑkalʲnʲe:]

vulkaan (de)	ugnìkalnis (v)	[ʊg'nʲɪkalʲnʲɪs]
actieve vulkaan (de)	veìkiantis ugnìkalnis (v)	['vʲɛɪkʲæntʲɪs ʊg'nʲɪkalʲnʲɪs]
uitgedoofde vulkaan (de)	užgęsęs ugnìkalnis (v)	[ʊʒ'gʲæsʲɛ:s ʊg'nʲɪkalʲnʲɪs]

uitbarsting (de)	išsivéržimas (v)	[ɪʃʲɪvʲɛr'ʒʲɪmas]
krater (de)	krāteris (v)	['kra:tʲɛrʲɪs]
magma (het)	magmà (m)	[mag'ma]
lava (de)	lavà (m)	[lʲa'va]
gloeiend (~e lava)	įkaĩtęs	[i:'kʌɪtʲɛ:s]

kloof (canyon)	kanjònas (v)	[ka'njɔ nas]
bergkloof (de)	tarpùkalnė (m)	[tar'pʊkalʲnʲe:]
spleet (de)	tarpėklis (m)	[tar'pʲæklʲɪs]

bergpas (de)	kalnākelis (m)	[kalʲ'nakʲɛlʲɪs]
plateau (het)	gulstė̃ (m)	[gʊlʲ'stʲe:]
klip (de)	uolà (m)	[ʊɑ'lʲa]
heuvel (de)	kalvà (m)	[kalʲ'va]

gletsjer (de)	ledýnas (v)	[lʲɛ'dʲi:nas]
waterval (de)	krioklỹs (v)	[krʲok'lʲi:s]
geiser (de)	geìzeris (v)	['gʲɛɪzʲɛrʲɪs]
meer (het)	ẽžeras (v)	['ɛʒʲɛras]

vlakte (de)	lygumà (m)	[lʲi:gʊ'ma]
landschap (het)	peizāžas (v)	[pʲɛɪ'za:ʒas]
echo (de)	áidas (v)	['ʌɪdas]

alpinist (de)	alpinìstas (v)	[alʲpʲɪ'nʲɪstas]
bergbeklimmer (de)	uolakopỹs (v)	[ʊɑlʲako'pỹs]
trotseren (berg ~)	pavérgti	[pa'vʲɛrktʲɪ]
beklimming (de)	kopìmas (v)	[kɔ'pʲɪmas]

201. Bergen namen

Alpen (de)	Álpės (m dgs)	['alˈpˈeːs]
Mont Blanc (de)	Monblãnas (v)	[mon'blˈaːnas]
Pyreneeën (de)	Pirénai (v)	[pˈɪ'rˈeːnʌɪ]
Karpaten (de)	Karpãtai (v dgs)	[kar'paːtʌɪ]
Oeralgebergte (het)	Urãlo kalnaĩ (v dgs)	[ʊ'raːlɔ kalˈiˈnʌɪ]
Kaukasus (de)	Kaukãzas (v)	[kɑʊ'kaːzas]
Elbroes (de)	Elbrùsas (v)	[ɛlˈi'brʊsas]
Altaj (de)	Altãjus (v)	[alˈi'taːjʊs]
Tiensjan (de)	Tian Šãnis (v)	[tˈæn 'ʃaːnˈɪs]
Pamir (de)	Pamỹras (v)	[pa'mˈiːras]
Himalaya (de)	Himalãjai (v dgs)	[ɣˈɪma'lˈiˈaːjʌɪ]
Everest (de)	Everèstas (v)	[ɛvˈɛ'rˈɛstas]
Andes (de)	Añdai (v)	['andʌɪ]
Kilimanjaro (de)	Kilimandžãras (v)	[kˈɪlˈɪman'dʒaːras]

202. Rivieren

rivier (de)	ùpė (m)	['ʊpˈeː]
bron (~ van een rivier)	šaltìnis (v)	[ʃalˈi'tˈɪnˈɪs]
rivierbedding (de)	vagà (m)	[va'ga]
rivierbekken (het)	baseĩnas (v)	[ba'sˈɛɪnas]
uitmonden in ...	įtekéti į ...	[iːtˈɛ'kˈeːtˈɪ iː ..]
zijrivier (de)	añtplūdis (v)	['antplˈu:dˈɪs]
oever (de)	krañtas (v)	['krantas]
stroming (de)	srovė̃ (m)	[sro'vˈeː]
stroomafwaarts (bw)	pasroviuĩ	[pasro'vˈʊɪ]
stroomopwaarts (bw)	priẽš srõvę	['prˈɛʃ 'sro:vˈɛ:]
overstroming (de)	potvynis (v)	['potvˈi:nˈɪs]
overstroming (de)	põplūdis (v)	['poplˈu:dˈɪs]
buiten zijn oevers treden	išsilíeti	[ɪʃsˈɪ'lˈiˈɛtˈɪ]
ovorotromon (ww)	tvìndyti	['tvˈɪndˈiˈtˈɪ]
zandbank (de)	seklumà (m)	[sˈɛklˈʊ'ma]
stroomversnelling (de)	sleñkstis (v)	['slˈɛŋkstˈɪs]
dam (de)	ùžtvanka (m)	['ʊʒtvaŋka]
kanaal (het)	kanãlas (v)	[ka'naːlˈas]
spaarbekken (het)	vandeñs saugyklà (m)	[van'dˈɛns sɑʊgˈiˈkˈlˈa]
sluis (de)	šliùzas (v)	['ʃlˈʊzas]
waterlichaam (het)	vandeñs telkinỹs (v)	[van'dˈɛns tˈɛlˈkˈɪ'nˈiːs]
moeras (het)	pélkė (m)	['pˈɛlˈkˈe:]
broek (het)	liūnas (v)	['lˈu:nas]
draaikolk (de)	verpẽtas (v)	[vˈɛr'pˈætas]
stroom (de)	upẽlis (v)	[ʊ'pˈælˈɪs]

| drink- (abn) | gḗriamas | ['gʲærʲæmas] |
| zoet (~ water) | gḗlas | ['gʲeːlʲas] |

| ijs (het) | lḗdas (v) | ['lʲædas] |
| bevriezen (rivier, enz.) | užšálti | [ʊʒ'ʃalʲtʲɪ] |

203. Namen van rivieren

| Seine (de) | Senà (m) | [sʲɛ'na] |
| Loire (de) | Luarà (m) | [lʲʊa'ra] |

Theems (de)	Temzė̃ (m)	['tʲɛmzʲeː]
Rijn (de)	Reĩnas (v)	['rʲɛɪnas]
Donau (de)	Dunõjus (v)	[dʊ'noːjʊs]

Wolga (de)	Vòlga (m)	['volʲga]
Don (de)	Dònas (v)	['donas]
Lena (de)	Lenà (m)	[lʲɛ'na]

Gele Rivier (de)	Geltonòji ùpė̃ (m)	[gʲɛlʲto'noːjɪ 'ʊpʲeː]
Blauwe Rivier (de)	Jangdzė̃ (m)	[jang'dzʲeː]
Mekong (de)	Mekòngas (v)	[mʲɛ'kongas]
Ganges (de)	Gángas (v)	['gangas]

Nijl (de)	Nìlas (v)	['nʲɪlʲas]
Kongo (de)	Kòngas (v)	['kongas]
Okavango (de)	Okavángas (v)	[oka'va ngas]
Zambezi (de)	Zambėzė̃ (m)	[zam'bʲɛzʲeː]
Limpopo (de)	Limpopò (v)	[lʲɪmpo'po]
Mississippi (de)	Misisìpė̃ (m)	[mʲɪsʲɪ'sʲɪpʲeː]

204. Bos

| bos (het) | mìškas (v) | ['mʲɪʃkas] |
| bos- (abn) | miškìnis | [mʲɪʃ'kʲɪnʲɪs] |

oerwoud (dicht bos)	tankumýnas (v)	[taŋkʊ'mʲiːnas]
bosje (klein bos)	giráitė (m)	[gʲɪ'rʌɪtʲeː]
open plek (de)	laũkas (v)	['lʲɑʊkas]

| struikgewas (het) | žolýnas, beržýnas (v) | [ʒo'lʲiːnas], [bʲɛr'ʒʲiːnas] |
| struiken (mv.) | krūmýnas (v) | [kru:'mʲiːnas] |

| paadje (het) | takė̃lis (v) | [ta'kʲælʲɪs] |
| ravijn (het) | griovỹs (v) | [grʲo'vʲiːs] |

boom (de)	mḗdis (v)	['mʲædʲɪs]
blad (het)	lãpas (v)	['lʲa:pas]
gebladerte (het)	lapijà (m)	[lʲapʲɪ'ja]

| vallende bladeren (mv.) | lãpų kritìmas (v) | ['lʲa:pu: krʲɪ'tʲɪmas] |
| vallen (ov. de bladeren) | krìsti | ['krʲɪstʲɪ] |

boomtop (de)	viršūnė (m)	[vʲɪrˈʃuːnʲeː]
tak (de)	šaka (m)	[ʃaˈka]
ent (de)	šaka (m)	[ʃaˈka]
knop (de)	pumpuras (v)	[ˈpumpuras]
naald (de)	spyglỹs (v)	[spʲiːɡˈlʲiːs]
dennenappel (de)	kankorėžis (v)	[kaŋˈkorʲeːʒʲɪs]

boom holte (de)	úoksas (v)	[ˈuɑksas]
nest (het)	lìzdas (v)	[ˈlʲɪzdas]
hol (het)	olà (m)	[oˈlʲa]

stam (de)	kamíenas (v)	[kaˈmʲiɛnas]
wortel (bijv. boom~s)	šaknìs (m)	[ʃakˈnʲɪs]
schors (de)	žievė (m)	[ʒʲiɛˈvʲeː]
mos (het)	sāmana (m)	[ˈsaːmana]

ontwortelen (een boom)	ráuti	[ˈrɑʊtʲɪ]
kappen (een boom ~)	kìrsti	[ˈkʲɪrstʲɪ]
ontbossen (ww)	iškìrsti	[ɪʃˈkʲɪrstʲɪ]
stronk (de)	kélmas (v)	[ˈkʲɛlʲmas]

kampvuur (het)	láužas (v)	[ˈlʲɑʊʒas]
bosbrand (de)	gaìsras (v)	[ˈɡʌɪsras]
blussen (ww)	gesìnti	[ɡʲɛˈsʲɪntʲɪ]

boswachter (de)	mìškininkas (v)	[ˈmʲɪʃkʲɪnʲɪŋkas]
bescherming (de)	apsauga (m)	[apsɑʊˈɡa]
beschermen (bijv. de natuur ~)	sáugoti	[ˈsɑʊɡotʲɪ]
stroper (de)	brakoniẽrius (v)	[brakoˈnʲɛrʲʊs]
val (de)	spąstai (v dgs)	[ˈspaːstʌɪ]

plukken (paddestoelen ~)	grybáuti	[ɡrʲiːˈbɑʊtʲɪ]
plukken (bessen ~)	uogáuti	[ʊɑˈɡɑʊtʲɪ]
verdwalen (de weg kwijt zijn)	pasiklýsti	[pasʲɪˈklʲiːstʲɪ]

205. Natuurlijke hulpbronnen

natuurlijke rijkdommen (mv.)	gamtìniai ìštekliai (v dgs)	[gamˈtʲɪnʲɛɪ ˈɪʃtʲɛklʲɛɪ]
delfstoffen (mv.)	naudìngos ìškasenos (m dgs)	[nɑʊˈdʲɪngos ˈɪʃkasʲɛnos]
lagen (mv.)	telkiniaĩ (v dgs)	[tʲɛlʲkʲɪˈnʲɛɪ]
veld (bijv. olie~)	telkinỹs (v)	[tʲɛlʲkʲɪˈnʲiːs]

winnen (uit erts ~)	iškàsti	[ɪʃˈkastʲɪ]
winning (de)	laimìkis (v)	[lʲʌɪˈmʲɪkʲɪs]
erts (het)	rūdà (m)	[ruːˈda]
mijn (bijv. kolenmijn)	rūdýnas (v)	[ruːˈdʲiːnas]
mijnschacht (de)	šachtà (m)	[ʃaxˈta]
mijnwerker (de)	šãchtininkas (v)	[ˈʃaːxtʲɪnʲɪŋkas]

gas (het)	dùjos (m dgs)	[ˈdùjos]
gasleiding (de)	dujótiekis (v)	[dʊˈjotʲiɛkʲɪs]
olie (aardolie)	naftà (m)	[nafˈta]
olieleiding (de)	naftótiekis (v)	[nafˈtotʲiɛkʲɪs]

oliebron (de)	nãftos bókštas (v)	['na:ftos 'bokʃtas]
boortoren (de)	gręžimo bókštas (v)	['grʲɛ:ʒʲɪmɔ 'bokʃtas]
tanker (de)	tánklaivis (v)	['taŋklʲʌɪvʲɪs]

zand (het)	smĕlis (v)	['smʲe:lʲɪs]
kalksteen (de)	kálkinis akmuõ (v)	['kalʲkʲɪnʲɪs ak'mʊɑ]
grind (het)	žvỹras (v)	['ʒvʲi:ras]
veen (het)	dùrpės (m dgs)	['dʊrpʲe:s]
klei (de)	mólis (v)	['molʲɪs]
steenkool (de)	anglìs (m)	[ang'lʲɪs]

ijzer (het)	geležìs (v)	[gʲɛlʲɛ'ʒʲɪs]
goud (het)	áuksas (v)	['ɑuksas]
zilver (het)	sidãbras (v)	[sʲɪ'da:bras]
nikkel (het)	nìkelis (v)	['nʲɪkʲɛlʲɪs]
koper (het)	vãris (v)	['va:rʲɪs]

zink (het)	cìnkas (v)	['tsʲɪŋkas]
mangaan (het)	mangãnas (v)	[man'ga:nas]
kwik (het)	gývsidabris (v)	['gʲi:vsʲɪdabrʲɪs]
lood (het)	švìnas (v)	['ʃvʲɪnas]

mineraal (het)	minerãlas (v)	[mʲɪnʲɛ'ra:lʲas]
kristal (het)	kristãlas (v)	[krʲɪs'ta:lʲas]
marmer (het)	mármuras (v)	['marmʊras]
uraan (het)	urãnas (v)	[ʊ'ra:nas]

De Aarde. Deel 2

weer (het)	óras (v)	['oras]
weersvoorspelling (de)	óro prognòzė (m)	['orɔ prog'nozʲe:]
temperatuur (de)	temperatūrà (m)	[tʲɛmpʲɛratuː'ra]
thermometer (de)	termomètras (v)	[tʲɛrmo'mʲɛtras]
barometer (de)	baromètras (v)	[baro'mʲɛtras]
vochtig (bn)	drégnas	['drʲe:gnas]
vochtigheid (de)	drègmě (m)	[drʲe:g'mʲe:]
hitte (de)	karštis (v)	['karʃtʲɪs]
heet (bn)	kárštas	['karʃtas]
het is heet	karšta	['karʃta]
het is warm	šìlta	['ʃɪlʲta]
warm (bn)	šìltas	['ʃɪlʲtas]
het is koud	šálta	['ʃalʲta]
koud (bn)	šáltas	['ʃalʲtas]
zon (de)	sáulė (m)	['saulʲe:]
schijnen (de zon)	šviẽsti	['ʃvʲɛstʲɪ]
zonnig (~e dag)	sauléta	[sau'lʲe:ta]
opgaan (ov. de zon)	pakìlti	[pa'kʲɪlʲtʲɪ]
ondergaan (ww)	léistis	['lʲɛɪstʲɪs]
wolk (de)	debesìs (v)	[dʲɛbʲɛ'sʲɪs]
bewolkt (bn)	debesúota	[dʲɛbʲɛ'suɑta]
regenwolk (de)	debesìs (v)	[dʲɛbʲɛ'sʲɪs]
somber (bn)	apsiniáukę	[apsʲɪ'nʲæukʲɛ:]
regen (de)	lietùs (v)	[lʲiɛ'tʊs]
het regent	lỹja	['lʲiːja]
regenachtig (bn)	lietìngas	[lʲiɛ'tʲɪngas]
motregenen (ww)	lynóti	[lʲiː'notʲɪ]
plensbui (de)	liútis (m)	['lʲuːtʲɪs]
stortbui (de)	liútis (m)	['lʲuːtʲɪs]
hard (bn)	stiprùs	[stʲɪp'rʊs]
plas (de)	balà (m)	[ba'lʲa]
nat worden (ww)	šlàpti	['ʃlʲaptʲɪ]
mist (de)	rūkas (v)	['ruːkas]
mistig (bn)	miglótas	[mʲɪg'lʲotas]
sneeuw (de)	sniẽgas (v)	['snʲɛgas]
het sneeuwt	sniñga	['snʲɪnga]

207. Zwaar weer. Natuurrampen

noodweer (storm)	perkūnija (m)	[pʲɛrˈkuːnʲɪjɛ]
bliksem (de)	žaìbas (v)	[ˈʒʌɪbas]
flitsen (ww)	žaibúoti	[ʒʌɪˈbʊɑtʲɪ]
donder (de)	griaustìnis (v)	[grʲɛʊsˈtʲɪnʲɪs]
donderen (ww)	griáudėti	[ˈgrʲæʊdʲeːtʲɪ]
het dondert	griáudėja griaustìnis	[ˈgrʲæʊdʲeːja grʲɛʊsˈtʲɪnʲɪs]
hagel (de)	kruša̅ (m)	[krʊˈʃa]
het hagelt	kriñta kruša̅	[ˈkrʲɪnta krʊˈʃa]
overstromen (ww)	užlíeti	[ʊʒˈlʲiɛtʲɪ]
overstroming (de)	pótvynis (v)	[ˈpotvʲiːnʲɪs]
aardbeving (de)	žẽmės drebėjimas (v)	[ˈʒʲæmʲeːs dreˈbʲɛjɪmas]
aardschok (de)	smũgis (m)	[ˈsmuːgʲɪs]
epicentrum (het)	epicentras (v)	[ɛpʲɪˈtsʲɛntras]
uitbarsting (de)	išsiveržìmas (v)	[ɪʃsʲɪvʲɛrˈʒʲɪmas]
lava (de)	lava̅ (m)	[lʲaˈva]
wervelwind (de)	víesulas (v)	[ˈvʲiɛsʊlʲas]
windhoos (de)	tornãdo (v)	[torˈnaːdɔ]
tyfoon (de)	taifũnas (v)	[tʌɪˈfuːnas]
orkaan (de)	uragãnas (v)	[ʊraˈgaːnas]
storm (de)	audra̅ (m)	[ɑʊdˈra]
tsunami (de)	cunãmis (v)	[tsʊˈnaːmʲɪs]
cycloon (de)	ciklònas (v)	[tsʲɪkˈlʲonas]
onweer (het)	dárgana (m)	[ˈdargana]
brand (de)	gaìsras (v)	[ˈgʌɪsras]
ramp (de)	katastrofa̅ (m)	[katastroˈfa]
meteoriet (de)	meteorìtas (v)	[mʲɛtʲɛoˈrʲɪtas]
lawine (de)	lavina̅ (m)	[lʲavʲɪˈna]
sneeuwverschuiving (de)	griūtìs (m)	[grʲuːˈtʲɪs]
sneeuwjacht (de)	pūga̅ (m)	[puːˈga]
sneeuwstorm (de)	pūga̅ (m)	[puːˈga]

208. Geluiden. Geluiden

stilte (de)	tyla̅ (m)	[tʲiːˈlʲa]
geluid (het)	garsas (v)	[ˈgarsas]
lawaai (het)	triùkšmas (v)	[ˈtrʲʊkʃmas]
lawaai maken (ww)	triukšmáuti	[trʲʊkʃmɑʊtʲɪ]
lawaaierig (bn)	triukšmìngas	[trʲʊkʃmʲɪngas]
luid (~ spreken)	garsiai	[ˈgarsʲɛɪ]
luid (bijv. ~e stem)	garsùs	[garˈsʊs]
aanhoudend (voortdurend)	nuolatìnis	[nʊɑlʲaˈtʲɪnʲɪs]

schreeuw (de)	rìksmas (v)	['rɪksmas]
schreeuwen (ww)	rěkti	['rʲeːktʲɪ]
gefluister (het)	šnabždesỹs (v)	[ʃnabʒdʲɛ'sʲiːs]
fluisteren (ww)	šnabždéti	[ʃnabʒ'dʲeːtʲɪ]

geblaf (het)	lojìmas (v)	[lʲoʲjɪmas]
blaffen (ww)	lóti	['lʲotʲɪ]

gekreun (het)	stenéjimas (v)	[stʲɛ'nʲɛjɪmas]
kreunen (ww)	stenéti	[ste'nʲeːtʲɪ]
hoest (de)	kósėjimas (v)	['kosʲeːjimas]
hoesten (ww)	kósėti	['kosʲeːtʲɪ]

gefluit (het)	švilpesỹs (v)	[ʃvʲɪlʲpʲɛ'sʲiːs]
fluiten (op het fluitje blazen)	švìlpti	['ʃvʲɪlʲptʲɪ]
geklop (het)	stuksēnimas (v)	[stʊk'sʲænʲɪmas]
kloppen (aan een deur)	stuksénti	[stʊk'sʲɛntʲɪ]

kraken (hout, ijs)	traškéti	[traʃ'kʲeːtʲɪ]
gekraak (het)	traškesỹs (v)	[traʃkʲɛ'sʲiːs]

sirene (de)	sirenà (m)	[sʲɪrʲɛ'na]
fluit (stoom ~)	signãlas (v)	[sʲɪg'na:lʲas]
fluiten (schip, trein)	signalizúoti	[sʲɪgnalʲɪ'zʊɑtʲɪ]
toeter (de)	signãlas (v)	[sʲɪg'na:lʲas]
toeteren (ww)	signalizúoti	[sʲɪgnalʲɪ'zʊɑtʲɪ]

209. Winter

winter (de)	žiemà (m)	[ʒʲiɛ'ma]
winter- (abn)	žiemìnis	[ʒʲiɛ'mʲɪnʲɪs]
in de winter (bw)	žiēmą	['ʒʲɛma:]

sneeuw (de)	sniēgas (v)	['snʲɛgas]
het sneeuwt	sniñga	['snʲɪŋga]
sneeuwval (de)	sniēgas (v)	['snʲɛgas]
sneeuwhoop (de)	pusnìs (m)	[pʊs'nʲɪs]

sneeuwvlok (de)	sniēgena (m)	['snʲɛgʲena]
sneeuwbal (de)	sniegēlis (m)	[snʲiɛ'gʲælʲɪs]
sneeuwman (de)	besmegēnis (v)	[bʲɛsmʲɛ'gʲænʲɪs]
ijspegel (de)	varvēklis (v)	[var'vʲæklʲɪs]

december (de)	grúodis (v)	['grʊɑdʲɪs]
januari (de)	saũsis (v)	['sɑʊsʲɪs]
februari (de)	vasãris (v)	[va'sa:rʲɪs]

vorst (de)	šáltis (v)	['ʃalʲtʲɪs]
vries- (abn)	šáltas	['ʃalʲtas]

onder nul (bw)	žemiaũ nùlio	[ʒʲɛ'mʲɛʊ 'nʊlʲɔ]
eerste vorst (de)	šálčiai (v dgs)	['ʃalʲtʂɛɪ]
rijp (de)	šerkšnà (m)	[ʃɛrkʃ'na]
koude (de)	šáltis (v)	['ʃalʲtʲɪs]

189

het is koud	šalta	[ˈʃalʲta]
bontjas (de)	kailiniaĩ (v dgs)	[kʌIlʲɪ'nʲɛɪ]
wanten (mv.)	kùmštinės (m dgs)	[ˈkʊmʃtʲɪnʲeːs]

ziek worden (ww)	susírgti	[sʊ'sʲɪrktʲɪ]
verkoudheid (de)	péršalimas (v)	[ˈpʲɛrʃalʲɪmas]
verkouden raken (ww)	péršalti	[ˈpʲɛrʃalʲtʲɪ]

ijs (het)	lẽdas (v)	[ˈlʲædas]
ijzel (de)	plìkledis (v)	[ˈplʲɪklʲɛdʲɪs]
bevriezen (rivier, enz.)	užšálti	[ʊʒ'ʃalʲtʲɪ]
ijsschol (de)	ledókšnis (v)	[lʲɛ'dokʃnʲɪs]

ski's (mv.)	slìdės (m dgs)	[ˈslʲɪdʲeːs]
skiër (de)	slìdininkas (v)	[ˈslʲɪdʲɪnʲɪŋkas]
skiën (ww)	slidinéti	[slʲɪdʲɪ'nʲeːtʲɪ]
schaatsen (ww)	čiuožinéti	[tɕʲʊoʒʲɪ'nʲeːtʲɪ]

Fauna

210. Zoogdieren. Roofdieren

roofdier (het)	plėšrūnas (v)	[plʲeːʃˈruːnas]
tijger (de)	tìgras (v)	[ˈtʲɪgras]
leeuw (de)	liūtas (v)	[ˈlʲuːtas]
wolf (de)	vìlkas (v)	[ˈvʲɪlʲkas]
vos (de)	lãpė (m)	[ˈlʲaːpʲeː]
jaguar (de)	jaguãras (v)	[jaguˈaːras]
luipaard (de)	leopárdas (v)	[lʲɛoˈpardas]
jachtluipaard (de)	gepárdas (v)	[gʲɛˈpardas]
panter (de)	panterà (m)	[pantʲɛˈra]
poema (de)	pumà (m)	[puˈma]
sneeuwluipaard (de)	snieginis leopárdas (v)	[snʲiɛˈgʲɪnʲɪs lʲɛoˈpardas]
lynx (de)	lūšis (m)	[ˈlʲuːʃɪs]
coyote (de)	kojòtas (v)	[koˈjɔ tas]
jakhals (de)	šakãlas (v)	[ʃaˈkaːlʲas]
hyena (de)	hienà (m)	[ɣʲiɛˈna]

211. Wilde dieren

dier (het)	gyvūnas (v)	[gʲiːˈvuːnas]
beest (het)	žvėrìs (v)	[ʒvʲeːˈrʲɪs]
eekhoorn (de)	voverė̃ (m)	[voveˈrʲeː]
egel (de)	ežỹs (v)	[ɛʒʲiːs]
haas (de)	kìškis, zuĩkis (v)	[ˈkʲɪʃkʲɪs], [ˈzuɪkʲɪs]
konijn (het)	triùšis (v)	[ˈtrʲuʃɪs]
das (de)	barsùkas (v)	[barˈsukas]
wasbeer (de)	meškénas (v)	[mʲɛʃˈkʲeːnas]
hamster (de)	žiurkénas (v)	[ʒʲurˈkʲeːnas]
marmot (de)	švilpìkas (v)	[ʃvʲɪlʲˈpʲɪkas]
mol (de)	kùrmis (v)	[ˈkurmʲɪs]
muis (de)	pelė̃ (m)	[pʲɛˈlʲeː]
rat (de)	žiùrkė (m)	[ˈʒʲurkʲeː]
vleermuis (de)	šikšnósparnis (v)	[ʃɪkʃˈnosparnʲɪs]
hermelijn (de)	šermuonė̃lis (v)	[ʃermuɑˈnʲeːlʲɪs]
sabeldier (het)	sãbalas (v)	[ˈsaːbalʲas]
marter (de)	kiáunė (m)	[ˈkʲæunʲeː]
wezel (de)	žebenkštìs (m)	[ʒʲɛbʲɛŋkʃˈtʲɪs]
nerts (de)	audìnė (m)	[ɑuˈdʲɪnʲeː]

bever (de)	bẽbras (v)	['bʲæbras]
otter (de)	ũdra (m)	['uːdra]
paard (het)	arklỹs (v)	[ark'lʲiːs]
eland (de)	briedis (v)	['brʲiɛdʲɪs]
hert (het)	elnias (v)	['ɛlʲnʲæs]
kameel (de)	kupranugãris (v)	[kʊpranʊ'gaːrʲɪs]
bizon (de)	bizonas (v)	[bʲɪ'zonas]
wisent (de)	stumbras (v)	['stʊmbras]
buffel (de)	buivolas (v)	['bʊivolʲas]
zebra (de)	zebras (v)	['zʲɛbras]
antilope (de)	antilopẽ (m)	[antʲɪ'lʲopʲeː]
ree (de)	stirna (m)	['stʲɪrna]
damhert (het)	danielius (v)	[da'nʲɛlʲʊs]
gems (de)	gemzẽ (m)	['gʲɛmzʲeː]
everzwijn (het)	šernas (v)	['ʃɛrnas]
walvis (de)	banginis (v)	[ban'gʲɪnʲɪs]
rob (de)	ruonis (v)	['rʊɑnʲɪs]
walrus (de)	veplỹs (v)	[vʲe:p'lʲiːs]
zeebeer (de)	kotikas (v)	['kotʲɪkas]
dolfijn (de)	delfinas (v)	[dʲɛlʲ'fʲɪnas]
beer (de)	lokỹs (v), meška (m)	[lʲo'kʲiːs], [mʲɛʃ'ka]
ijsbeer (de)	baltasis lokỹs (v)	[balʲ'tasʲɪs lʲo'kʲiːs]
panda (de)	panda (m)	['panda]
aap (de)	beždžionẽ (m)	[bʲɛʒ'dʒʲoːnʲeː]
chimpansee (de)	šimpanzẽ (m)	[ʃɪm'panzʲe:]
orang-oetan (de)	orangutãngas (v)	[orangʊ'tangas]
gorilla (de)	gorila (m)	[gorʲɪ'lʲa]
makaak (de)	makaka (m)	[maka'ka]
gibbon (de)	gibonas (v)	[gʲɪ'bonas]
olifant (de)	dramblỹs (v)	[dram'blʲiːs]
neushoorn (de)	raganosis (v)	[raga'noːsʲɪs]
giraffe (de)	žirafa (m)	[ʒʲɪra'fa]
nijlpaard (het)	begemotas (v)	[bʲɛgʲɛ'motas]
kangoeroe (de)	kengūra (m)	[kʲɛn'guːˈra]
koala (de)	koala (m)	[kɔa'lʲa]
mangoest (de)	mangusta (m)	[mangʊs'ta]
chinchilla (de)	šinšila (m)	[ʃɪnʃɪ'lʲa]
stinkdier (het)	skunkas (v)	['skʊŋkas]
stekelvarken (het)	dygliuotis (v)	[dʲiːg'lʲʊotʲɪs]

212. Huisdieren

poes (de)	katẽ (m)	[ka'tʲeː]
kater (de)	katinas (v)	['ka:tʲɪnas]
hond (de)	šuõ (v)	['ʃʊɑ]

paard (het)	arklỹs (v)	[ark'lʲiːs]
hengst (de)	eřžilas (v)	['ɛrʒʲɪlʲas]
merrie (de)	kumėlė (m)	[kʊ'mʲælʲeː]

koe (de)	kárvė (m)	['karvʲeː]
bul, stier (de)	bùlius (v)	['bʊlʲʊs]
os (de)	jáutis (v)	['jɑʊtʲɪs]

schaap (het)	avìs (m)	[a'vʲɪs]
ram (de)	ãvinas (v)	['aːvʲɪnas]
geit (de)	ožkà (m)	[oʒ'ka]
bok (de)	ožỹs (v)	[o'ʒʲiːs]

| ezel (de) | ãsilas (v) | ['aːsʲɪlʲas] |
| muilezel (de) | mùlas (v) | ['mʊlʲas] |

varken (het)	kiaũlė (m)	['kʲɛʊlʲeː]
biggetje (het)	paršėlis (v)	[par'ʃælʲɪs]
konijn (het)	triùšis (v)	['trʲʊʃɪs]

| kip (de) | vištà (m) | [vʲɪʃ'ta] |
| haan (de) | gaidỹs (v) | [gʌɪ'dʲiːs] |

eend (de)	ántis (m)	['antʲɪs]
woerd (de)	ãntinas (v)	['antʲɪnas]
gans (de)	žãsinas (v)	['ʒaːsʲɪnas]

| kalkoen haan (de) | kalakùtas (v) | [kalʲa'kʊtas] |
| kalkoen (de) | kalakùtė (m) | [kalʲa'kʊtʲeː] |

huisdieren (mv.)	namìniai gyvūnai (v dgs)	[na'mʲɪnʲɛɪ gʲiː'vuːnʌɪ]
tam (bijv. hamster)	prijaukìntas	[prʲɪ'jɛʊ'kʲɪntas]
temmen (tam maken)	prijaukìnti	[prʲɪ'jɛʊ'kʲɪntʲɪ]
fokken (bijv. paarden ~)	augìnti	[ɑʊ'gʲɪntʲɪ]

boerderij (de)	fèrma (m)	['fʲɛrma]
gevogelte (het)	namìnis paũkštis (v)	[na'mʲɪnʲɪs 'pɑʊkʃtʲɪs]
rundvee (het)	galvìjas (v)	[gal'vʲɪjɛs]
kudde (de)	bandà (m)	[ban'da]

paardenstal (de)	arklìdė (m)	[ark'lʲɪdʲeː]
zwijnenstal (de)	kiaulìdė (m)	[kʲɛʊ'lʲɪdʲeː]
koeienstal (de)	karvìdė (m)	[kar'vʲɪdʲeː]
konijnenhok (het)	triušìdė (m)	[trʲʊ'ʃɪdʲeː]
kippenhok (het)	vištìdė (m)	[vʲɪʃ'tʲɪdʲeː]

213. Honden. Hondenrassen

hond (de)	šuõ (v)	['ʃʊɑ]
herdershond (de)	avìganis (v)	[a'vʲɪganʲɪs]
poedel (de)	pùdelis (v)	['pʊdʲɛlʲɪs]
teckel (de)	tãksas (v)	['taːksas]
buldog (de)	buldògas (v)	[bʊlʲ'dogas]
boxer (de)	bòkseris (v)	['boksʲɛrʲɪs]

mastiff (de)	mastìfas (v)	[mas'tɪfas]
rottweiler (de)	rotveìleris (v)	[rot'vʲɛɪlʲɛrʲɪs]
doberman (de)	dòbermanas (v)	['dobʲɛrmanas]

basset (de)	basètas (v)	[ba'sʲɛtas]
bobtail (de)	bobteìlas (v)	[bop'tʲɛɪlʲas]
dalmatiër (de)	dalamatìnas (v)	[dalʲama'tɪnas]
cockerspaniël (de)	kokerspaniēlis (v)	['kokʲɛr spa'nʲɛlʲɪs]

| Newfoundlander (de) | niufaundleñdas (v) | [nʲʊfɑʊnd'lʲɛñdas] |
| sint-bernard (de) | senbernāras (v) | [sʲɛnbʲɛr'na:ras] |

husky (de)	hāskis (v)	['ɣa:skʲɪs]
chowchow (de)	čiau čiau (v)	['tʂʲɛʊ 'tʂʲɛʊ]
spits (de)	špìcas (v)	['ʃpʲɪtsas]
mopshond (de)	mòpsas (v)	['mopsas]

214. Dierengeluiden

geblaf (het)	lojìmas (v)	[lʲo'jɪmas]
blaffen (ww)	lóti	['lʲotʲɪ]
miauwen (ww)	miaukséti	[mʲɛʊk'sʲe:tʲɪ]
spinnen (katten)	mur̃kti	['mʊrktʲɪ]

loeien (ov. een koe)	mũkti	['mu:ktʲɪ]
brullen (stier)	baũbti	['bɑʊptʲɪ]
grommen (ov. de honden)	riaumóti	[rʲɛʊ'motʲɪ]

gehuil (het)	kaukìmas (v)	[kɑʊ'kʲɪmas]
huilen (wolf, enz.)	kaũkti	['kɑʊktʲɪ]
janken (ov. een hond)	iñkšti	['ɪŋkʃtʲɪ]

mekkeren (schapen)	bliáuti	['blʲæʊtʲɪ]
knorren (varkens)	kriukséti	[krʲʊk'sʲe:tʲɪ]
gillen (bijv. varken)	klýkauti	['klʲi:kɑʊtʲɪ]

kwaken (kikvorsen)	kvakséti	[kvak'sʲe:tʲɪ]
zoemen (hommel, enz.)	zvìmbti	['zvʲɪmptʲɪ]
tjirpen (sprinkhanen)	svìrpti	['svʲɪrptʲɪ]

215. Jonge dieren

jong (het)	jaunìklis (v)	[jɛʊ'nʲɪklʲɪs]
poesje (het)	kačiùkas (v)	[ka'tʂʲʊkas]
muisje (het)	peliùkas (v)	[pʲɛ'lʲʊkas]
puppy (de)	šuniùkas (v)	[ʃʊ'nʲʊkas]

jonge haas (de)	zuikùtis (v)	[zʊɪ'kʊtʲɪs]
konijntje (het)	triušēlis (v)	[trʲʊ'ʃælʲɪs]
wolfje (het)	vilkiùkas (v)	[vʲɪlʲ'kʲʊkas]
vosje (het)	lapiùkas (v)	[lʲa'pʲʊkas]
beertje (het)	meškiùkas (v)	[mʲɛʃ'kʲʊkas]

leeuwenjong (het)	liūtùkas (v)	[lʲu:'tʊkas]
tijgertje (het)	tigriùkas (v)	[tʲɪg'rʲʊkas]
olifantenjong (het)	drambliùkas (v)	[dram'blʲʊkas]

biggetje (het)	paršiùkas (v)	[par'ʃʊkas]
kalf (het)	veršiùkas (v)	[vɛr'ʃʊkas]
geitje (het)	ožiùkas (v)	[o'ʒʲʊkas]
lam (het)	eriùkas (v)	[ɛ'rʲʊkas]
reekalf (het)	elniùkas (v)	[ɛlʲ'nʲʊkas]
jonge kameel (de)	kupranugariùkas (v)	[kʊpranʊga'rʲʊkas]

| slangenjong (het) | gyvačiùkas (v) | [gʲi:va'tʂʲʊkas] |
| kikkertje (het) | varliùkas (v) | [var'lʲʊkas] |

vogeltje (het)	paukščiùkas (v)	[pɑʊkʃ'tʂʲʊkas]
kuiken (het)	viščiùkas (v)	[vʲɪʃ'tʂʲʊkas]
eendje (het)	ančiùkas (v)	[an'tʂʲʊkas]

216. Vogels

vogel (de)	paūkštis (v)	['pɑʊkʃtʲɪs]
duif (de)	balañdis (v)	[ba'lʲandʲɪs]
mus (de)	žvìrblis (v)	['ʒvʲɪrblʲɪs]
koolmees (de)	zylė̃ (m)	['zʲi:lʲe:]
ekster (de)	šárka (m)	['ʃarka]

raaf (de)	var̃nas (v)	['varnas]
kraai (de)	várna (m)	['varna]
kauw (de)	kúosa (m)	['kʊɑsa]
roek (de)	kovàs (v)	[kɔ'vas]

eend (de)	ántis (m)	['antʲɪs]
gans (de)	žą̃sinas (v)	['ʒa:sʲɪnas]
fazant (de)	fazãnas (v)	[fa'za:nas]

arend (de)	erẽlis (v)	[ɛ'rʲælʲɪs]
havik (de)	vãnagas (v)	['va:nagas]
valk (de)	sãkalas (v)	['sa:kalʲas]
gier (de)	grìfas (v)	['grʲɪfas]
condor (de)	kondòras (v)	[kon'dorɐs]

zwaan (de)	gulbė̃ (m)	['gʊlʲbʲe:]
kraanvogel (de)	gérvė (m)	['gʲɛrvʲe:]
ooievaar (de)	gañdras (v)	['gandras]

papegaai (de)	papūgà (m)	[papu:'ga]
kolibrie (de)	kolìbris (v)	[kɔ'lʲɪbrʲɪs]
pauw (de)	póvas (v)	['povas]

struisvogel (de)	strùtis (v)	['strʊtʲɪs]
reiger (de)	garnȳs (v)	[gar'nʲi:s]
flamingo (de)	flamìngas (v)	[flʲa'mʲɪngas]
pelikaan (de)	pelikãnas (v)	[pʲɛlʲɪ'ka:nas]
nachtegaal (de)	lakštiñgala (m)	[lʲakʃ'tʲɪŋgalʲa]

zwaluw (de)	kregždė (m)	[krᵢɛgʒ'dᵢe:]
lijster (de)	strãzdas (v)	['stra:zdas]
zanglijster (de)	strãzdas giesmininkas (v)	['stra:zdas gᵢiɛsmᵢɪ'nᵢɪŋkas]
merel (de)	juodasis strãzdas (v)	[jʋɑ'dasᵢɪs s'tra:zdas]

gierzwaluw (de)	čiurlỹs (v)	[tʂᵢʋr'lᵢi:s]
leeuwerik (de)	vyturỹs, vieversỹs (v)	[vᵢi:tʋ'rᵢi:s], [vᵢiɛvɛr'sᵢi:s]
kwartel (de)	pùtpelė (m)	['pʋtpelᵢe:]

specht (de)	genỹs (v)	[gᵢɛ'nᵢi:s]
koekoek (de)	gegùtė (m)	[gᵢɛ'gʋtᵢe:]
uil (de)	pelėda (m)	[pᵢɛ'lᵢe:da]
oehoe (de)	apúokas (v)	[a'pʋɑkas]
auerhoen (het)	kurtinỹs (v)	[kʋrtᵢɪ'nᵢi:s]
korhoen (het)	tẽtervinas (v)	['tᵢætᵢɛrvᵢɪnas]
patrijs (de)	kurapkà (m)	[kʋrap'ka]

spreeuw (de)	varnénas (v)	[var'nᵢe:nas]
kanarie (de)	kanarėlė (m)	[kana'rᵢe:lᵢe:]
hazelhoen (het)	jerubė̃ (m)	[jerʋ'bᵢe:]
vink (de)	kikìlis (v)	[kᵢɪ'kᵢɪlᵢɪs]
goudvink (de)	sniegena (m)	['snᵢɛgᵢɛna]

meeuw (de)	žuvėdra (m)	[ʒʋ'vᵢe:dra]
albatros (de)	albatròsas (v)	[alᵢba't'rosas]
pinguïn (de)	pingvìnas (v)	[pᵢɪng'vᵢɪnas]

217. Vogels. Zingen en geluiden

fluiten, zingen (ww)	dainúoti, giedóti	[dʌɪ'nʋɑtᵢɪ], [gᵢiɛ'dotᵢɪ]
schreeuwen (dieren, vogels)	rė̃kti	['rᵢe:ktᵢɪ]
kraaien (ov. een haan)	giedóti	[gᵢiɛ'dotᵢɪ]
kukeleku	kakariekū̃	[kakarᵢiɛ'kʋ]

klokken (hen)	kudakóti	[kʋda'kotᵢɪ]
krassen (kraai)	kar̃kti	['karktᵢɪ]
kwaken (eend)	krekséti	[krᵢɛk'sᵢe:tᵢɪ]
piepen (kuiken)	cỹpti	['tsᵢi:ptᵢɪ]
tjilpen (bijv. een mus)	čiulbéti	[tʂᵢʋlᵢ'bᵢe:tᵢɪ]

218. Vis. Zeedieren

brasem (de)	kar̃šis (v)	['karʃɪs]
karper (de)	kárpis (v)	['karpᵢɪs]
baars (de)	ešerỹs (v)	[ɛʃɛ'rᵢi:s]
meerval (de)	šãmas (v)	['ʃa:mas]
snoek (de)	lydekà (m)	[lᵢi:dᵢɛ'ka]

zalm (de)	lašišà (m)	[lᵢaʃɪ'ʃa]
steur (de)	erškétas (v)	[erʃ'kᵢe:tas]
haring (de)	sìlkė (m)	['sᵢɪlᵢkᵢe:]
atlantische zalm (de)	lašišà (m)	[lᵢaʃɪ'ʃa]

| makreel (de) | skùmbrė (m) | ['skʊmbrʲe:] |
| platvis (de) | plėkšnė (m) | ['plʲækʃnʲe:] |

snoekbaars (de)	starkis (v)	['starkʲɪs]
kabeljauw (de)	menkė (m)	['mʲɛŋkʲe:]
tonijn (de)	tùnas (v)	['tʊnas]
forel (de)	upétakis (v)	[ʊ'pʲe:takʲɪs]

paling (de)	ungurỹs (v)	[ʊngʊ'rʲi:s]
sidderrog (de)	elektrinė rajà (m)	[ɛlʲɛk'trʲɪnʲe: ra'ja]
murene (de)	murénà (m)	[mʊrʲɛ'na]
piranha (de)	piranija (m)	[pʲɪ'ra:nʲɪjɛ]

haai (de)	ryklỹs (v)	[rʲɪk'lʲi:s]
dolfijn (de)	delfinas (v)	[dʲɛlʲ'fɪnas]
walvis (de)	bangìnis (v)	[ban'gʲɪnʲɪs]

krab (de)	krãbas (v)	['kra:bas]
kwal (de)	medūzà (m)	[mʲɛdu:'za]
octopus (de)	aštuonkōjis (v)	[aʃtʊɑŋ'ko:jis]

zeester (de)	jũros žvaigždė̃ (m)	['ju:ros ʒvʌɪgʒ'dʲe:]
zee-egel (de)	jũros ežỹs (v)	['ju:ros ɛ'ʒʲi:s]
zeepaardje (het)	jũros arkliùkas (v)	['ju:ros ark'lʲʊkas]

oester (de)	áustrė (m)	['ɑʊstrʲe:]
garnaal (de)	krevėtė (m)	[krʲɛ'vʲɛtʲe:]
kreeft (de)	omãras (v)	[o'ma:ras]
langoest (de)	langùstas (v)	[lʲan'gʊstas]

219. Amfibieën. Reptielen

| slang (de) | gyvãtė (m) | [gʲi:'va:tʲe:] |
| giftig (slang) | nuodìngas | [nʊɑ'dʲɪngas] |

adder (de)	angìs (v)	[an'gʲɪs]
cobra (de)	kobrà (m)	[kɔb'ra]
python (de)	pitònas (v)	[pʲɪ'tonas]
boa (de)	smauglỹs (v)	[smɑʊg'lʲi:s]
ringslang (de)	žaltỹs (v)	[ʒalʲ'tʲi:s]
ratelslang (de)	barškuōlė (m)	[barʃ'kʊɑlʲe:]
anaconda (de)	anakònda (m)	[ana'konda]

hagedis (de)	dríežas (v)	['drʲiɛʒas]
leguaan (de)	iguanà (m)	[ɪgua'na]
varaan (de)	varãnas (v)	[va'ra:nas]
salamander (de)	salamándra (m)	[salʲa'mandra]
kameleon (de)	chameleònas (v)	[xamʲɛlʲɛ'onas]
schorpioen (de)	skorpiònas (v)	[skorpʲɪ'ɔnas]

schildpad (de)	vėžlỹs (v)	[vʲe:ʒ'lʲi:s]
kikker (de)	varlė̃ (m)	[var'lʲe:]
pad (de)	rùpūžė (m)	['rʊpu:ʒʲe:]
krokodil (de)	krokodìlas (v)	[kroko'dʲɪlʲas]

220. Insecten

insect (het)	vabzdỹs (v)	[vabz'dʲi:s]
vlinder (de)	drugėlis (v)	[drʊ'gʲælʲɪs]
mier (de)	skruzdėlė (m)	[skrʊz'dʲælʲe:]
vlieg (de)	musė (m)	['mʊsʲe:]
mug (de)	úodas (v)	['ʊɑdas]
kever (de)	vābalas (v)	['va:balʲas]

wesp (de)	vapsvà (m)	[vaps'va]
bij (de)	bìtė (m)	['bʲɪtʲe:]
hommel (de)	kamãnė (m)	[ka'ma:nʲe:]
horzel (de)	gylỹs (v)	[gʲi:'lʲi:s]

spin (de)	vóras (v)	['voras]
spinnenweb (het)	vorãtinklis (v)	[vo'ra:tʲɪŋklʲɪs]

libel (de)	laūmžirgis (v)	['lʲɑʊmʒʲɪrgʲɪs]
sprinkhaan (de)	žiógas (v)	['ʒʲogas]
nachtvlinder (de)	petelìškė (m)	[pʲetʲɛ'lʲɪʃkʲe:]

kakkerlak (de)	tarakõnas (v)	[tara'ko:nas]
teek (de)	érkė (m)	['ærkʲe:]
vlo (de)	blusà (m)	[blʲʊ'sa]
kriebelmug (de)	mãšalas (v)	['ma:ʃalʲas]

treksprinkhaan (de)	skėrỹs (v)	[skʲe:'rʲi:s]
slak (de)	sráigė (m)	['srʌɪgʲe:]
krekel (de)	svirplỹs (v)	[svʲɪrp'lʲi:s]
glimworm (de)	jõnvabalis (v)	['jɔːnvabalʲɪs]
lieveheersbeestje (het)	borùžė (m)	[bo'rʊʒʲe:]
meikever (de)	grambuolỹs (v)	[grambʊɑ'lʲi:s]

bloedzuiger (de)	dėlė̃ (m)	[dʲe:'lʲe:]
rups (de)	vìkšras (v)	['vʲɪkʃras]
aardworm (de)	slíekas (v)	['slʲiɛkas]
larve (de)	kirmelė̃ (m)	[kʲɪrme'lʲe:]

221. Dieren. Lichaamsdelen

snavel (de)	snãpas (v)	['sna:pas]
vleugels (mv.)	sparnaĩ (v dgs)	[spar'nʌɪ]
poot (ov. een vogel)	kója (m)	['koja]
verenkleed (het)	apsiplunksnãvimas (v)	[apsʲɪplʲʊŋks'na:vʲɪmas]
veer (de)	plùnksna (m)	['plʲʊŋksna]
kuifje (het)	skristùkas (v)	[skrʲɪ'stʊkas]

kieuwen (mv.)	žiáunos (m dgs)	['ʒʲæʊnos]
kuit, dril (de)	ìkrai (v dgs)	['ɪkrʌɪ]
larve (de)	lérva (m)	['lʲɛrva]
vin (de)	pélekas (v)	['pʲælʲɛkas]
schubben (mv.)	žvynaĩ (v dgs)	[ʒvʲi:'nʌɪ]
slagtand (de)	ìltis (m)	['ɪlʲtʲɪs]

poot (bijv. ~ van een kat)	lётena (m)	['lʲætʲɛna]
muil (de)	snùkis (v)	['snʊkʲɪs]
bek (mond van dieren)	nasraì (v)	[nas'rʌɪ]
staart (de)	uodegà (m)	[ʊɑdʲɛ'ga]
snorharen (mv.)	ũsai (v dgs)	['uːsʌɪ]

| hoef (de) | kanópa (m) | [ka'nopa] |
| hoorn (de) | rãgas (v) | ['raːgas] |

schild (schildpad, enz.)	šárvas (v)	['ʃarvas]
schelp (de)	kriauklė̃ (m)	[krʲɛʊk'lʲe:]
eierschaal (de)	lùkštas (v)	['lʲʊkʃtas]

| vacht (de) | vìlna (m) | ['vʲɪlʲna] |
| huid (de) | káilis (v) | ['kʌɪlʲɪs] |

222. Acties van de dieren

vliegen (ww)	skraidýti	[skrʌɪ'dʲiːtʲɪ]
cirkelen (vogel)	sùkti ratùs	['sʊktʲɪ ra'tʊs]
wegvliegen (ww)	išskrìsti	[ɪʃˈskrʲɪstʲɪ]
klapwieken (ww)	plasnóti	[plʲas'notʲɪ]

pikken (vogels)	lèsti	['lʲɛstʲɪ]
broeden (de eend zit te ~)	peréti kiaušiniùs	[pʲɛ'rʲeːtʲɪ kʲɛʊʃɪ'nʲʊs]
uitbroeden (ww)	išsirìsti	[ɪʃsʲɪ'rʲɪstʲɪ]
een nest bouwen	sùkti	['sʊktʲɪ]

kruipen (ww)	šliáužioti	['ʃlʲæʊʒʲotʲɪ]
steken (bij)	gélti	['gʲɛlʲtʲɪ]
bijten (de hond, enz.)	įką́sti	[iːˈkaːstʲɪ]

snuffelen (ov. de dieren)	úostyti	['ʊɑstʲiːtʲɪ]
blaffen (ww)	lóti	['lʲotʲɪ]
sissen (slang)	šnỹpšti	['ʃnʲiːpʃtʲɪ]
doen schrikken (ww)	gą́sdinti	['gaːsdʲɪntʲɪ]
aanvallen (ww)	pùlti	['pʊlʲtʲɪ]

knagen (ww)·	griáužti	['grʲæʊʒtʲɪ]
schrammen (ww)	dráskýtl	[drɑɛ'kʲiːtʲɪ]
zich verbergen (ww)	slė̃ptis	['slʲeːptʲɪs]

spelen (ww)	žaĩsti	['ʒʌɪstʲɪ]
jagen (ww)	medžióti	[mʲɛ'dʒʲotʲɪ]
winterslapen	miegóti žiemõs miegù	[mʲɛ'gotʲɪ ʒʲɛ'moːs mʲɛ'gʊ]
uitsterven (dinosauriërs, enz.)	išmìrti	[ɪʃˈmʲɪrtʲɪ]

223. Dieren. Leefomgevingen

leefgebied (het)	gývavimo aplinkà (m)	[gʲiː'vavʲɪmɔ aplʲɪŋ'ka]
migratie (de)	migrãcija (m)	[mʲɪ'graːtsʲɪjɛ]
berg (de)	kálnas (v)	['kalʲnas]

rif (het)	rìfas (v)	['rɪfas]
klip (de)	uolà (m)	[ʋɑ'lʲa]
bos (het)	mìškas (v)	['mʲɪʃkas]
jungle (de)	džiùnglės (m dgs)	['dʒʲʊŋglʲeːs]
savanne (de)	savanà (m)	[sava'na]
toendra (de)	tùndra (m)	['tʊndra]
steppe (de)	stèpé (m)	['stʲɛpʲeː]
woestijn (de)	dykumà (m)	[dʲiːkʊ'ma]
oase (de)	oãzė (m)	[o'aːzʲeː]
zee (de)	jũra (m)	['juːra]
meer (het)	ẽžeras (v)	['ɛʒʲɛras]
oceaan (de)	vandenýnas (v)	[vandʲɛ'nʲiːnas]
moeras (het)	pélkė (m)	['pʲɛlʲkʲeː]
zoetwater- (abn)	gėlavandẽnis	[gʲeːlʲavan'dʲænʲɪs]
vijver (de)	tvenkinŷs (v)	[tvʲɛŋkʲɪ'nʲiːs]
rivier (de)	ùpė (m)	['ʊpʲeː]
berenhol (het)	irštvà (m)	[ɪrʃt'va]
nest (het)	lìzdas (v)	['lʲɪzdas]
boom holte (de)	drevẽ (m)	[dre'vʲeː]
hol (het)	olà (m)	[o'lʲa]
mierenhoop (de)	skruzdėlýnas (v)	[skrʊzdʲeː'lʲiːnas]

224. Dierverzorging

dierentuin (de)	zoològijos sõdas (v)	[zoo'lʲogʲɪjɔs 'soːdas]
natuurreservaat (het)	draustìnis (v)	[drɑʊs'tʲɪnʲɪs]
fokkerij (de)	veisyklà (m)	[vʲɛɪsʲiːk'lʲa]
openluchtkooi (de)	voljeras (v)	[vo'lʲjæras]
kooi (de)	narvas (v)	['narvas]
hondenhok (het)	gùrbas (v)	['gʊrbas]
duiventil (de)	balañdinė (m)	[ba'lʲandʲɪnʲeː]
aquarium (het)	akvãriumas (v)	[ak'vaːrʲʊmas]
dolfinarium (het)	delfinariumas (v)	[dʲɛlʲfʲɪ'narʲʊmas]
fokken (bijv. honden ~)	veìsti	['vʲɛɪstʲɪ]
nakomelingen (mv.)	palikuõnys (v dgs)	[palʲɪ'kʊɑnʲiːs]
temmen (tam maken)	prijaukìnti	[prʲɪ'jɛʊ'kʲɪntʲɪ]
dresseren (ww)	dresúoti	[drʲɛ'sʊɑtʲɪ]
voeding (de)	pãšaras (v)	['paːʃaras]
voederen (ww)	šérti	['ʃɛrtʲɪ]
dierenwinkel (de)	zoològijos parduotùvė (m)	[zo'lʲogʲɪjɔs pardʊɑ'tʊvʲeː]
muilkorf (de)	añtsnukis (v)	['antsnʊkʲɪs]
halsband (de)	apýkaklė (m)	[a'pʲiːkaklʲeː]
naam (ov. een dier)	vardas (v)	['vardas]
stamboom (honden met ~)	genealògija (m)	[gʲɛnʲɛa'lʲogʲɪjɛ]

225. Dieren. Diversen

meute (wolven)	gaujà (m)	[gaʊja]
zwerm (vogels)	pulkas (v)	['pʊlʲkas]
school (vissen)	būrỹs (v)	[buːˈrʲiːs]
kudde (wilde paarden)	tabūnas (v)	[taˈbuːnas]

mannetje (het)	pãtinas (v)	['paːtʲɪnas]
vrouwtje (het)	patēlė (m)	[paˈtʲælʲeː]

hongerig (bn)	álkanas	['alʲkanas]
wild (bn)	laukinis	[lʲaʊˈkʲɪnʲɪs]
gevaarlijk (bn)	pavojingas	[pavoˈjɪngas]

226. Paarden

paard (het)	arklỹs (v)	[arkˈlʲiːs]
ras (het)	gamtà (m)	[gamˈta]
veulen (het)	eržiliùkas (v)	[ɛrʒʲɪˈlʲʊkas]
merrie (de)	kumēlė (m)	[kʊˈmʲælʲeː]

mustang (de)	mustángas (v)	[mʊsˈtangas]
pony (de)	ponis (v)	['ponʲɪs]
koudbloed (de)	sunkùsis arklỹs (v)	[sʊŋˈkʊsʲɪs arkˈlʲiːs]

manen (mv.)	karčiaĩ (v dgs)	['kartʂʲɛɪ]
staart (de)	uodegà (m)	[ʊadʲɛˈga]

hoef (de)	kanópa (m)	[kaˈnopa]
hoefijzer (het)	pasagà (m)	[pasaˈga]
beslaan (ww)	pakáustyti	[paˈkaʊstʲiːtʲɪ]
paardensmid (de)	kálvis (v)	['kalʲvʲɪs]

zadel (het)	balnas (v)	['balʲnas]
stijgbeugel (de)	balnãkilpė (m)	[balʲˈnakʲɪlʲpʲeː]
breidel (de)	brìzgilas (v)	['brʲɪzgʲɪlʲas]
leidsels (mv.)	vadelės (m dgs)	[vaˈdʲælʲeːs]
zweep (de)	rimbas (v)	['rʲɪmbas]

ruiter (de)	jodinėtojas (v)	[jɔdʲɪˈnʲeːtoːjɛs]
zadelen (ww)	pabalnóti	[pabalʲˈnotʲɪ]
een paard bestijgen	atsisésti į balną	[atsʲɪˈsʲeːstʲɪ iː ˈbalʲnaː]

galop (de)	šuoliãvimas (v)	[ʃʊaˈlʲævʲɪmas]
galopperen (ww)	jóti šúoliais	['jotʲɪ ˈʃʊalʲɛɪs]
draf (de)	risčia (m)	[ˈrʲɪsˈtʂʲæ]
draven (ww)	jóti risčià	['jotʲɪ rʲɪsˈtʂʲæ]

renpaard (het)	arklỹs šúolininkas (v)	[arkˈlʲiːs ˈʃʊalʲɪnʲɪŋkas]
paardenrace (de)	žirgų̃ lenktỹnės (m dgs)	[ʒɪrˈguː lʲɛŋkˈtʲiːnʲeːs]

paardenstal (de)	arklydė (m)	[arkˈlʲiːdʲeː]
voederen (ww)	šérti	['ʃɛrtʲɪ]

hooi (het)	šiẽnas (v)	['ʃɪɛnas]
water geven (ww)	gìrdyti	['gʲɪrdʲiːtʲɪ]
wassen (paard ~)	valýti	[va'lʲiːtʲɪ]

grazen (gras eten)	ganýtis	[ga'nʲiːtʲɪs]
hinniken (ww)	žvéngti	['ʒvʲɛŋktʲɪ]
een trap geven	spìrti	['spʲɪrtʲɪ]

Flora

boom (de)	mēdis (v)	['mˠædʲɪs]
loof- (abn)	lapuõtis	[lˠapʊ'atʲɪs]
dennen- (abn)	spygliuõtis	[spʲi:g'lˠʊo:tʲɪs]
groenblijvend (bn)	vìsžalis	['vʲɪsʒalʲɪs]
appelboom (de)	obelìs (m)	[obʲɛ'lʲɪs]
perenboom (de)	kriáušê (m)	['krʲæʊʃe:]
zoete kers (de)	trẽšnė (m)	['trʲæʃnʲe:]
zure kers (de)	vyšnià (m)	[vʲi:ʃnʲæ]
pruimelaar (de)	slyvà (m)	[slʲi:'va]
berk (de)	béržas (v)	['bʲɛrʒas]
eik (de)	ãžuolas (v)	['a:ʒʊalʲas]
linde (de)	líepa (m)	['lʲiɛpa]
esp (de)	drebulễ (m)	[drebʊ'lʲe:]
esdoorn (de)	klẽvas (v)	['klʲævas]
spar (de)	ẽglė (m)	['ˠæglʲe:]
den (de)	pušìs (m)	[pʊ'ʃɪs]
lariks (de)	maũmedis (v)	['maʊmʲɛdʲɪs]
zilverspar (de)	kênis (v)	['kʲe:nʲɪs]
ceder (de)	kedras (v)	['kʲɛdras]
populier (de)	túopa (m)	['tʊapa]
lijsterbes (de)	šermùkšnis (v)	[ʃɛr'mʊkʃnʲɪs]
wilg (de)	glúosnis (v)	['glʲʊasnʲɪs]
els (de)	ãlksnis (v)	['alʲksnʲɪs]
beuk (de)	bùkas (v)	['bʊkas]
iep (de)	gúoba (m)	['gʊaba]
es (de)	úosis (v)	['ʊasʲɪs]
kastanje (de)	kaštõnas (v)	[kaʃ'to:nas]
magnolia (de)	magnòlija (m)	[mag'nolʲɪjɛ]
palm (de)	pálmê (m)	['palʲmʲe:]
cipres (de)	kiparìsas (v)	[kʲɪpa'rʲɪsas]
mangrove (de)	mañgro mēdis (v)	['mañgrɔ 'mʲædʲɪs]
baobab (apenbroodboom)	baobãbas (v)	[bao'ba:bas]
eucalyptus (de)	eukalìptas (v)	[ɛʊka'lʲɪptas]
mammoetboom (de)	sekvojà (m)	[sʲɛkvo:'jɛ]

struik (de)	krũmas (v)	['kru:mas]
heester (de)	krūmýnas (v)	[kru:'mʲi:nas]

| wijnstok (de) | vynuogýnas (v) | [vʲi:nʋɑˈgʲi:nas] |
| wijngaard (de) | vynuogýnas (v) | [vʲi:nʋɑˈgʲi:nas] |

frambozenstruik (de)	aviẽtė (m)	[aˈvʲɛtʲeː]
rode bessenstruik (de)	raudonàsis serbeñtas (v)	[rɑʋdoˈnasʲɪs sʲɛrˈbʲɛntas]
kruisbessenstruik (de)	agrãstas (v)	[agˈra:stas]

acacia (de)	akãcija (m)	[aˈka:tsʲɪjɛ]
zuurbes (de)	raugerškis (m)	[rɑʋˈgʲɛrʃkʲɪs]
jasmijn (de)	jazmìnas (v)	[jazˈmʲɪnas]

jeneverbes (de)	kadagỹs (v)	[kadaˈgʲi:s]
rozenstruik (de)	rõžių krū́mas (v)	[ˈroːʒʲu: ˈkru:mas]
hondsroos (de)	erškė́tis (v)	[erʃˈkʲeːtʲɪs]

229. Champignons

paddenstoel (de)	grỹbas (v)	[ˈgrʲi:bas]
eetbare paddenstoel (de)	valgomas grỹbas (v)	[ˈvalʲgomas ˈgrʲi:bas]
giftige paddenstoel (de)	nuodìngas grỹbas (v)	[nʋɑˈdʲɪngas ˈgrʲi:bas]
hoed (de)	kepurė́lė (m)	[kʲɛpuˈrʲeːlʲeː]
steel (de)	kótas (v)	[ˈkotas]

eekhoorntjesbrood (het)	baravỹkas (v)	[baraˈvʲi:kas]
rosse populierboleet (de)	raudonvíršis (v)	[rɑʋdonˈvʲɪrʃɪs]
berkenboleet (de)	lė́pšis (v)	[ˈlʲæpʃɪs]
cantharel (de)	voveráitė (m)	[voveˈrʌɪtʲeː]
russula (de)	ūmė́dė (m)	[u:mʲeːˈdʲeː]

morielje (de)	briedžiùkas (v)	[brʲɛˈdʒʲʊkas]
vliegenzwam (de)	mùsmirė (m)	[ˈmʊsmʲɪrʲeː]
groene knolamaniet (de)	šùngrybis (v)	[ˈʃungrʲi:bʲɪs]

230. Vruchten. Bessen

vrucht (de)	vaìsius (v)	[ˈvʌɪsʲʊs]
vruchten (mv.)	vaìsiai (v dgs)	[ˈvʌɪsʲɛɪ]
appel (de)	obuolỹs (v)	[obʋɑˈlʲi:s]
peer (de)	kriáušė (m)	[ˈkrʲæuʃʲeː]
pruim (de)	slyvà (m)	[slʲi:ˈva]

aardbei (de)	brãškė (m)	[ˈbra:ʃkʲeː]
zure kers (de)	vyšnià (m)	[vʲi:ʃnʲæ]
zoete kers (de)	trẽšnė (m)	[ˈtrʲæʃnʲeː]
druif (de)	vỹnuogės (m dgs)	[ˈvʲi:nʋɑgʲeːs]

framboos (de)	aviẽtė (m)	[aˈvʲɛtʲeː]
zwarte bes (de)	juodíeji serbeñtai (v dgs)	[jʋɑˈdʲiɛjɪ sʲɛrˈbʲɛntʌɪ]
rode bes (de)	raudoníeji serbeñtai (v dgs)	[rɑʋdoˈnʲɛjɪ sʲɛrˈbʲɛntʌɪ]
kruisbes (de)	agrãstas (v)	[agˈra:stas]
veenbes (de)	spañguolė (m)	[ˈspanɡʋɑlʲeː]
sinaasappel (de)	apelsìnas (v)	[apʲɛlʲʲsʲɪnas]

mandarijn (de)	mandarìnas (v)	[manda'rʲɪnas]
ananas (de)	ananāsas (v)	[ana'na:sas]
banaan (de)	banānas (v)	[ba'na:nas]
dadel (de)	datùlė (m)	[da'tʊlʲe:]

citroen (de)	citrinà (m)	[tsʲɪtrʲɪ'na]
abrikoos (de)	abrikòsas (v)	[abrʲɪ'kosas]
perzik (de)	pèrsikas (v)	['pʲɛrsʲɪkas]
kiwi (de)	kìvis (v)	['kʲɪvʲɪs]
grapefruit (de)	grèipfrutas (v)	['grʲɛɪpfrʊtas]

bes (de)	úoga (m)	['ʊaga]
bessen (mv.)	úogos (m dgs)	['ʊagos]
vossenbes (de)	brùknės (m dgs)	['brʊknʲe:s]
bosaardbei (de)	žė́muogės (m dgs)	['ʒʲæmʊagʲe:s]
blauwe bosbes (de)	mėlýnės (m dgs)	[mʲe:'lʲi:nʲe:s]

231. Bloemen. Planten

bloem (de)	gėlė̃ (m)	[gʲe:'lʲe:]
boeket (het)	púokštė (m)	['pʊakʃtʲe:]

roos (de)	rõžė̃ (m)	['ro:ʒʲe:]
tulp (de)	tùlpė (m)	['tʊlʲpʲe:]
anjer (de)	gvazdìkas (v)	[gvaz'dʲɪkas]
gladiool (de)	kardė̃lis (v)	[kar'dʲælʲɪs]

korenbloem (de)	rùgiagėlė (m)	['rʊgʲægʲe:lʲe:]
klokje (het)	varpė̃lis (v)	[var'pʲælʲɪs]
paardenbloem (de)	piẽnė (m)	['pʲɛnʲe:]
kamille (de)	ramùnė (m)	[ra'mʊnʲe:]

aloë (de)	alijõšius (v)	[alʲɪ'jɔ:ʃʊs]
cactus (de)	kāktusas (v)	['ka:ktʊsas]
ficus (de)	fìkusas (v)	['fʲɪkʊsas]

lelie (de)	lelijà (m)	[lʲɛlʲɪ'ja]
geranium (de)	pelargònija (m)	[pʲɛlʲar'gonʲɪjɛ]
hyacint (de)	hiacìntas (v)	[ɣʲɪja'tsʲɪntas]

mimosa (de)	mimozà (m)	[mʲɪmo'za]
narcis (de)	narcìzas (v)	[nar'tsʲɪzas]
Oost-Indische kers (de)	nastùrta (m)	[nas'tʊrta]

orchidee (de)	orchidéja (m)	[orxʲɪ'dʲe:ja]
pioenroos (de)	bijū́nas (v)	[bʲɪ'ju:nas]
viooltje (het)	našlaitė̃ (m)	[naʃlʲʌɪtʲe:]

driekleurig viooltje (het)	daržė̃linė našláitė (m)	[dar'ʒʲælʲɪnʲe: naʃ'lʌɪtʲe:]
vergeet-mij-nietje (het)	neužmirštuõlė (m)	[nʲɛʊʒmʲɪrʃ'tʊalʲe:]
madeliefje (het)	saulùtė (m)	[saʊ'lʲʊtʲe:]

papaver (de)	aguonà (m)	[agʊa'na]
hennep (de)	kanāpė (m)	[ka'na:pʲe:]

munt (de)	mėta (m)	[mʲeːˈta]
lelietje-van-dalen (het)	pakalnutė (m)	[pakalʲˈnutʲeː]
sneeuwklokje (het)	sniẽgena (m)	[ˈsnʲɛɡʲɛna]

brandnetel (de)	dilgėlė (m)	[dʲɪlʲˈɡʲælʲeː]
veldzuring (de)	rūgštynė (m)	[ruːɡʃˈtʲiːnʲe:]
waterlelie (de)	vandeñs lelijà (m)	[vanˈdʲɛns lʲɛlʲɪˈja]
varen (de)	papártis (v)	[paˈpartʲɪs]
korstmos (het)	kérpė (m)	[ˈkʲɛrpʲe:]

oranjerie (de)	oranžèrija (m)	[oranˈʒʲɛrʲɪjɛ]
gazon (het)	gazònas (v)	[gaˈzonas]
bloemperk (het)	klómba (m)	[ˈklʲomba]

plant (de)	áugalas (v)	[ˈɑuɡalʲas]
gras (het)	žolė̃ (m)	[ʒoˈlʲe:]
grasspriet (de)	žolẽlė (m)	[ʒoˈlʲælʲe:]

blad (het)	lãpas (v)	[ˈlʲaːpas]
bloemblad (het)	žíedlapis (v)	[ˈʒʲiɛdlʲapʲɪs]
stengel (de)	stíebas (v)	[ˈstʲiɛbas]
knol (de)	gum̃bas (v)	[ˈgumbas]

| scheut (de) | želmuõ (v) | [ʒʲɛlʲˈmuɑ] |
| doorn (de) | spyglỹs (v) | [spʲiːɡˈlʲiːs] |

bloeien (ww)	žydéti	[ʒʲiːˈdʲeːtʲɪ]
verwelken (ww)	výsti	[ˈvʲiːstʲɪ]
geur (de)	kvãpas (v)	[ˈkvaːpas]
snijden (bijv. bloemen ~)	nupjáuti	[nʊˈpjɑʊtʲɪ]
plukken (bloemen ~)	nuskìnti	[nʊˈskʲɪntʲɪ]

232. Granen, graankorrels

graan (het)	grū́das (v)	[ˈgruːdas]
graangewassen (mv.)	grū́dinės kultū́ros (m dgs)	[gruːˈdɪnʲeːs kʊlʲˈtuːros]
aar (de)	várpa (m)	[ˈvarpa]

tarwe (de)	kviečiaĩ (v dgs)	[kvʲiɛˈtʂʲɛɪ]
rogge (de)	rugiaĩ (v dgs)	[rʊˈgʲɛɪ]
haver (de)	ãvižos (m dgs)	[ˈaːvʲɪʒos]

| gierst (de) | sóra (m) | [ˈsora] |
| gerst (de) | miẽžiai (v dgs) | [ˈmʲɛʒʲɛɪ] |

maïs (de)	kukurū́zas (v)	[kʊkʊˈruːzas]
rijst (de)	rýžiai (v)	[ˈrʲiːʒʲɛɪ]
boekweit (de)	grìkiai (v dgs)	[ˈgrʲɪkʲɛɪ]

erwt (de)	žìrniai (v dgs)	[ˈʒʲɪrnʲɛɪ]
nierboon (de)	pupēlės (m dgs)	[pʊˈpʲælʲeːs]
soja (de)	sojà (m)	[soːˈjɛ]
linze (de)	lę̃šiai (v dgs)	[ˈlʲɛːʃɛɪ]
bonen (mv.)	pùpos (m dgs)	[ˈpʊpos]

233. Groenten. Groene groenten

groenten (mv.)	daržóvės (m dgs)	[dar'ʒovʲe:s]
verse kruiden (mv.)	žalumýnai (v)	[ʒalʲʊ'mʲi:nʌɪ]
tomaat (de)	pomidóras (v)	[pomʲɪ'doras]
augurk (de)	agurkas (v)	[a'gʊrkas]
wortel (de)	morka (m)	[morʲka]
aardappel (de)	bùlvė (m)	['bʊlʲvʲe:]
ui (de)	svogūnas (v)	[svo'gu:nas]
knoflook (de)	česnakas (v)	[tʃʲɛs'na:kas]
kool (de)	kopūstas (v)	[ko'pu:stas]
bloemkool (de)	kalafióras (v)	[kalʲa'fʲoras]
spruitkool (de)	briùselio kopūstas (v)	['brʲʊsʲɛlʲɔ ko'pu:stas]
broccoli (de)	bròkolių kopūstas (v)	['brokolʲu: ko'pu:stas]
rode biet (de)	runkelis, burókas (v)	['rʊŋkʲɛlʲɪs], [bʊ'ro:kas]
aubergine (de)	baklažanas (v)	[baklʲa'ʒa:nas]
courgette (de)	agurótis (v)	[agʊ'ro:tʲɪs]
pompoen (de)	moliūgas (v)	[mo'lʲu:gas]
knolraap (de)	rópė (m)	['ropʲe:]
peterselie (de)	petrãžolė (m)	[pʲɛ'tra:ʒolʲe:]
dille (de)	krãpas (v)	['kra:pas]
sla (de)	salota (m)	[salʲo'ta]
selderij (de)	saliēras (v)	[sa'lʲɛras]
asperge (de)	smìdras (v)	['smʲɪdras]
spinazie (de)	špinãtas (v)	[ʃpʲɪ'na:tas]
erwt (de)	žìrniai (v dgs)	['ʒʲɪrnʲɛɪ]
bonen (mv.)	pùpos (m dgs)	['pʊpos]
maïs (de)	kukurūzas (v)	[kʊkʊ'ru:zas]
nierboon (de)	pupēlės (m dgs)	[pʊ'pʲælʲe:s]
peper (de)	pipìras (v)	[pʲɪ'pʲɪras]
radijs (de)	ridìkas (v)	[rʲɪ'dʲɪkas]
artisjok (de)	artišókas (v)	[artʲɪ'ʃokas]

REGIONALE AARDRIJKSKUNDE

234. West-Europa

Europa (het)	Europà (m)	[ɛʊro'pa]
Europese Unie (de)	europiĕtis (v)	[ɛʊro'pʲɛtʲɪs]
Europeaan (de)	europiĕtè (m)	[ɛʊro'pʲɛtʲe:]
Europees (bn)	europiĕtiškas	[ɛʊro'pʲɛtʲɪʃkas]
Oostenrijk (het)	Áustrija (m)	['aʊstrʲɪjɛ]
Oostenrijker (de)	áustras (v)	['aʊstras]
Oostenrijkse (de)	áustrè (m)	['aʊstrʲe:]
Oostenrijks (bn)	áustriškas	['aʊstrʲɪʃkas]
Groot-Brittannië (het)	Didžióji Britãnija (m)	[dʲɪ'dʒʲo:jɪ brʲɪ'ta:nʲɪjɛ]
Engeland (het)	Ánglija (m)	['anglʲɪjɛ]
Engelsman (de)	ánglas (v)	['anglʲas]
Engelse (de)	ánglè (m)	['anglʲe:]
Engels (bn)	ángliškas	['anglʲɪʃkas]
België (het)	Bèlgija (m)	['bʲɛlʲgʲɪjɛ]
Belg (de)	bèlgas (v)	['bʲɛlʲgas]
Belgische (de)	bèlgè (m)	['bʲɛlʲgʲe:]
Belgisch (bn)	bèlgiškas	['bʲɛlʲgʲɪʃkas]
Duitsland (het)	Vokietìja (m)	[vokʲiɛ'tʲɪja]
Duitser (de)	vókietis (v)	['vokʲiɛtʲɪs]
Duitse (de)	vókietè (m)	['vokʲiɛtʲe:]
Duits (bn)	vókiškas	['vokʲɪʃkas]
Nederland (het)	Nýderlandai (v dgs)	['nʲiːdʲɛrlʲandʌɪ]
Holland (het)	Olándija (m)	[o'lʲandʲɪjɛ]
Nederlander (de)	olándas (v)	[o'lʲandas]
Nederlandse (de)	olándè (m)	[o'lʲandʲe:]
Nederlands (bn)	olándiškas	[o'lʲandʲɪʃkas]
Griekenland (het)	Graĩkija (m)	['grʌɪkʲɪjɛ]
Griek (de)	graĩkas (v)	['grʌɪkas]
Griekse (de)	graĩkè (m)	['grʌɪkʲe:]
Grieks (bn)	graĩkiškas	['grʌɪkʲɪʃkas]
Denemarken (het)	Dãnija (m)	['da:nʲɪjɛ]
Deen (de)	dãnas (v)	['da:nas]
Deense (de)	dãnè (m)	['da:nʲe:]
Deens (bn)	dãniškas	['da:nʲɪʃkas]
Ierland (het)	Aĩrija (m)	['ʌɪrʲɪjɛ]
Ier (de)	aĩris (v)	['ʌɪrʲɪs]
Ierse (de)	aĩrè (m)	['ʌɪrʲe:]
Iers (bn)	aĩriškas	['ʌɪrʲɪʃkas]

IJsland (het)	Islándija (m)	[ɪsˈlʲandʲɪjɛ]
IJslander (de)	islándas (v)	[ɪsˈlʲandas]
IJslandse (de)	islándė (m)	[ɪsˈlʲandʲeː]
IJslands (bn)	islándiškas	[ɪsˈlʲandʲɪʃkas]

Spanje (het)	Ispānija (m)	[ɪsˈpaːnʲɪjɛ]
Spanjaard (de)	ispānas (v)	[ɪsˈpaːnas]
Spaanse (de)	ispānė (m)	[ɪsˈpaːnʲeː]
Spaans (bn)	ispāniškas	[ɪsˈpaːnʲɪʃkas]

Italië (het)	Itālija (m)	[ɪˈtaːlʲɪjɛ]
Italiaan (de)	itālas (v)	[ɪˈtaːlʲas]
Italiaanse (de)	itālė (m)	[ɪˈtaːlʲeː]
Italiaans (bn)	itāliškas	[ɪˈtaːlʲɪʃkas]

Cyprus (het)	Kìpras (v)	[ˈkʲɪpras]
Cyprioot (de)	kipriėtis (v)	[kʲɪˈprʲɛtʲɪs]
Cypriotische (de)	kipriėtė (m)	[kʲɪˈprʲɛtʲeː]
Cypriotisch (bn)	kipriėtiškas	[kʲɪpˈrʲɛtʲɪʃkas]

Malta (het)	Málta (m)	[ˈmalʲta]
Maltees (de)	maltiėtis (v)	[malʲˈtʲɛtʲɪs]
Maltese (de)	maltiėtė (m)	[malʲˈtʲɛtʲeː]
Maltees (bn)	maltiėtiškas	[malʲˈtʲɛtʲɪʃkas]

Noorwegen (het)	Norvègija (m)	[norˈvʲɛɡʲɪjɛ]
Noor (de)	norvègas (v)	[norˈvʲɛɡas]
Noorse (de)	norvègė (m)	[norˈvʲɛɡʲeː]
Noors (bn)	norvègiškas	[norˈvʲɛɡʲɪʃkas]

Portugal (het)	Portugālija (m)	[portʊˈɡaːlʲɪjɛ]
Portugees (de)	portugālas (v)	[portʊˈɡaːlʲas]
Portugese (de)	portugālė (m)	[portʊˈɡaːlʲeː]
Portugees (bn)	portugāliškas	[portʊˈɡaːlʲɪʃkas]

Finland (het)	Súomija (m)	[ˈsʊɑmʲɪjɛ]
Fin (de)	súomis (v)	[ˈsʊɑmʲɪs]
Finse (de)	súomė (m)	[ˈsʊɑmʲeː]
Fins (bn)	súomiškas	[ˈsʊɑmʲɪʃkas]

Frankrijk (het)	Prancūzijà (m)	[prantsuːzʲɪˈja]
Fransman (de)	prancūzas (v)	[pranˈtsuːzas]
Française (de)	prancūzė (m)	[pranˈtsuːzʲeː]
Frans (bn)	prancūziškas	[pranˈtsuːzʲɪʃkas]

Zweden (het)	Švèdija (m)	[ˈʃvʲɛdʲɪjɛ]
Zweed (de)	švèdas (v)	[ˈʃvʲɛdas]
Zweedse (de)	švèdė (m)	[ˈʃvʲɛdʲeː]
Zweeds (bn)	švèdiškas	[ˈʃvʲɛdʲɪʃkas]

Zwitserland (het)	Šveicārija (m)	[ʃvʲɛɪˈtsaːrʲɪjɛ]
Zwitser (de)	šveicāras (v)	[ʃvʲɛɪˈtsaːras]
Zwitserse (de)	šveicārė (m)	[ʃvʲɛɪˈtsaːrʲeː]
Zwitsers (bn)	šveicāriškas	[ʃvʲɛɪˈtsaːrʲɪʃkas]
Schotland (het)	Škòtija (m)	[ˈʃkotʲɪjɛ]
Schot (de)	škòtas (v)	[ˈʃkotas]

| Schotse (de) | škotė (m) | ['ʃkotʲeː] |
| Schots (bn) | škotiškas | ['ʃkotʲɪʃkas] |

Vaticaanstad (de)	Vatikānas (v)	[vatʲɪkaːnas]
Liechtenstein (het)	Lìchtenšteinas (v)	['lʲɪxtʲɛnʃtʲɛɪnas]
Luxemburg (het)	Liùksemburgas (v)	['lʲʊksʲɛmbʊrgas]
Monaco (het)	Mònakas (v)	['monakas]

235. Centraal- en Oost-Europa

Albanië (het)	Albānija (m)	[alʲʲ'baːnʲɪjɛ]
Albanees (de)	albānas (v)	[alʲʲ'baːnas]
Albanese (de)	albānė (m)	[alʲʲ'baːnʲeː]
Albanees (bn)	albāniškas	[alʲʲ'baːnʲɪʃkas]

Bulgarije (het)	Bulgārija (m)	[bʊlʲʲ'gaːrʲɪjɛ]
Bulgaar (de)	bulgāras (v)	[bʊlʲʲ'gaːras]
Bulgaarse (de)	bulgārė (m)	[bʊlʲʲ'gaːrʲeː]
Bulgaars (bn)	bulgāriškas	[bʊlʲʲ'gaːrʲɪʃkas]

Hongarije (het)	Veñgrija (m)	['vʲɛŋgrʲɪjɛ]
Hongaar (de)	veñgras (v)	['vʲɛŋgras]
Hongaarse (de)	veñgrė (m)	['vʲɛŋgrʲeː]
Hongaars (bn)	veñgriškas	['vʲɛŋgrʲɪʃkas]

Letland (het)	Lātvija (m)	['lʲaːtvʲɪjɛ]
Let (de)	lātvis (v)	['lʲaːtvʲɪs]
Letse (de)	lātvė (m)	['lʲaːtvʲeː]
Lets (bn)	lātviškas	['lʲaːtvʲɪʃkas]

Litouwen (het)	Lietuvà (m)	[lʲiɛtʊ'va]
Litouwer (de)	lietùvis (v)	[lʲiɛ'tʊvʲɪs]
Litouwse (de)	lietùvė (m)	[lʲiɛ'tʊvʲeː]
Litouws (bn)	lietùviškas	[lʲiɛ'tʊvʲɪʃkas]

Polen (het)	Lénkija (m)	['lʲɛŋkʲɪjɛ]
Pool (de)	lénkas (v)	['lʲɛŋkas]
Poolse (de)	lénkė (m)	['lʲɛŋkʲeː]
Pools (bn)	lénkiškas	['lʲɛŋkʲɪʃkas]

Roemenië (het)	Rumùnija (m)	[rʊ'mʊnʲɪjɛ]
Roemeen (de)	rumùnas (v)	[rʊ'mʊnas]
Roemeense (de)	rumùnė (m)	[rʊ'mʊnʲeː]
Roemeens (bn)	rumùniškas	[rʊ'mʊnʲɪʃkas]

Servië (het)	Sèrbija (m)	['sʲɛrbʲɪjɛ]
Serviër (de)	sèrbas (v)	['sʲɛrbas]
Servische (de)	sèrbė (m)	['sʲɛrbʲeː]
Servisch (bn)	sèrbiškas	['sʲɛrbʲɪʃkas]

Slowakije (het)	Slovākija (m)	[slʲo'vaːkʲɪjɛ]
Slowaak (de)	slovākas (v)	[slʲo'vaːkas]
Slowaakse (de)	slovākė (m)	[slʲo'vaːkʲeː]
Slowaakse (bn)	slovākiškas	[slʲo'vakʲɪʃkas]

Kroatië (het)	Kroãtija (m)	[kro'a:tʲɪjɛ]
Kroaat (de)	kroãtas (v)	[kro'a:tas]
Kroatische (de)	kroãtė (m)	[kro'a:tʲe:]
Kroatisch (bn)	kroãtiškas	[kro'a:tʲɪʃkas]

Tsjechië (het)	Čėkija (m)	['tsʲɛkʲɪjɛ]
Tsjech (de)	čėkas (v)	['tsʲɛkas]
Tsjechische (de)	čėkė (m)	['tsʲɛkʲe:]
Tsjechisch (bn)	čėkiškas	['tsʲɛkʲɪʃkas]

Estland (het)	Ėstija (m)	['ɛstʲɪjɛ]
Est (de)	ėstas (v)	['ɛstas]
Estse (de)	ėstė (m)	['ɛstʲe:]
Ests (bn)	ėstiškas	['ɛstʲɪʃkas]

Bosnië en Herzegovina (het)	Bòsnija ír Hercegovinà (m)	['bosnʲɪja ir ɣʲɛrts'ɛgovʲɪ'na]
Macedonië (het)	Makedònija (m)	[makʲɛ'donʲɪjɛ]
Slovenië (het)	Slovénija (m)	[slʲo'vʲe:nʲɪjɛ]
Montenegro (het)	Juodkalnijà (m)	[jʊɑdkalʲnʲɪ'ja]

236. Voormalige USSR landen

Azerbeidzjan (het)	Azerbaidžãnas (v)	[azʲɛrbʌɪ'dʒa:nas]
Azerbeidzjaan (de)	azerbaidžaniėtis (v)	[azʲɛrbʌɪ'dʒa:nʲɛtis]
Azerbeidjaanse (de)	azerbaidžaniėtė (m)	[azʲɛrbʌɪ'dʒa:nʲɛtʲe:]
Azerbeidjaans (bn)	azerbaidžaniėtiškas	[azʲɛrbʌɪdʒa'nʲɛtiʃkas]

Armenië (het)	Arménija (m)	[ar'mʲe:nʲɪjɛ]
Armeen (de)	arménas (v)	[ar'mʲe:nas]
Armeense (de)	arménė (m)	[ar'mʲe:nʲe:]
Armeens (bn)	arméniškas	[ar'mʲe:nʲɪʃkas]

Wit-Rusland (het)	Baltarùsija (m)	[balʲta'rʊsʲɪjɛ]
Wit-Rus (de)	baltarùsas (v)	[balʲta'rʊsas]
Wit-Russische (de)	baltarùsė (m)	[balʲta'rʊsʲe:]
Wit-Russisch (bn)	baltarùsiškas	[balʲta'rʊsʲɪʃkas]

Georgië (het)	Grùzija (m)	['grʊzʲɪjɛ]
Georgiër (de)	gruzìnas (v)	[grʊ'zʲɪnas]
Georgische (de)	gruzìnė (m)	[grʊ'zʲɪnʲe:]
Georgisch (bn)	gruzìniškas	[grʊ'zʲɪnʲɪʃkas]

Kazakstan (het)	Kazãchija (m)	[ka'za:xʲɪjɛ]
Kazak (de)	kazãchas (v)	[ka'za:xas]
Kazakse (de)	kazãchė (m)	[ka'za:xʲe:]
Kazakse (bn)	kazãchiškas	[ka'za:xiʃkas]

Kirgizië (het)	Kirgìzija (m)	[kʲɪr'gʲɪzʲɪjɛ]
Kirgiziër (de)	kirgìzas (v)	[kʲɪr'gʲɪzʲas]
Kirgizische (de)	kirgìzė (m)	[kʲɪr'gʲɪzʲe:]
Kirgizische (bn)	kirgìziškas	[kʲɪr'gʲɪzʲɪʃkas]

Moldavië (het)	Moldãvija (m)	[molʲ'da:vʲɪjɛ]
Moldaviër (de)	moldãvas (v)	[molʲ'da:vas]

| Moldavische (de) | moldávė (m) | [molⁱ'da:vⁱe:] |
| Moldavisch (bn) | moldáviškas | [molⁱ'da:vⁱɪʃkas] |

Rusland (het)	Rùsija (m)	['rʊsⁱɪjɛ]
Rus (de)	rùsas (v)	['rʊsas]
Russin (de)	rùsė (m)	['rʊsⁱe:]
Russisch (bn)	rùsiškas	['rʊsⁱɪʃkas]

Tadzjikistan (het)	Tadžikija (m)	[tad'ʒⁱɪkⁱɪjɛ]
Tadzjiek (de)	tadžìkas (v)	[tad'ʒⁱɪkas]
Tadzjiekse (de)	tadžìkė (m)	[tad'ʒⁱɪkⁱe:]
Tadzjieks (bn)	tadžìkiškas	[tad'ʒⁱɪkⁱɪʃkas]

Turkmenistan (het)	Turkménija (m)	[tʊrk'mⁱe:nⁱɪjɛ]
Turkmeen (de)	turkménas (v)	[tʊrk'mⁱe:nas]
Turkmeense (de)	turkménė (m)	[tʊrk'mⁱe:nⁱe:]
Turkmeens (bn)	turkméniškas	[tʊrk'mⁱe:nⁱɪʃkas]

Oezbekistan (het)	Uzbèkija (m)	[ʊz'bⁱɛkⁱɪjɛ]
Oezbeek (de)	uzbèkas (v)	[ʊz'bⁱɛkas]
Oezbeekse (de)	uzbèkė (m)	[ʊz'bⁱɛkⁱe:]
Oezbeeks (bn)	uzbèkiškas	[ʊz'bⁱɛkⁱɪʃkas]

Oekraïne (het)	Ukrainà (m)	[ʊkrʌɪ'na]
Oekraïner (de)	ukrainiètis (v)	[ʊkrʌɪ'nⁱɛtⁱɪs]
Oekraïense (de)	ukrainiètė (m)	[ʊkrʌɪ'nⁱɛtⁱe:]
Oekraïens (bn)	ukrainiètiškas	[ʊkrʌɪ'nⁱɛtⁱɪʃkas]

237. Azië

| Azië (het) | āzija (m) | ['a:zⁱɪjɛ] |
| Aziatisch (bn) | azijiètiškas | [azⁱɪ'jɪɛtⁱɪʃkas] |

Vietnam (het)	Vietnāmas (v)	[vjɛt'na:mas]
Vietnamees (de)	vietnamiètis (v)	[vjɛtna'mⁱɛtⁱɪs]
Vietnamese (de)	vietnamiètė (m)	[vjɛtna'mⁱɛtⁱe:]
Vietnamees (bn)	vietnamiètiškas	[vjɛtna'mⁱɛtⁱɪʃkas]

India (het)	Ìndija (m)	['ɪndⁱɪjɛ]
Indiër (de)	ìndas (v)	['ɪndas]
Indische (de)	ìndė (m)	['ɪndⁱe:]
Indisch (bn)	ìndiškas	['ɪndⁱɪʃkas]

Israël (het)	Izraèlis (v)	[ɪzraⁱ'ɛlⁱɪs]
Israëliër (de)	izraeliètis (v)	[ɪzraⁱɛ'lⁱɛtⁱɪs]
Israëlische (de)	izraeliètė (m)	[ɪzraⁱɛ'lⁱɛtⁱe:]
Israëlisch (bn)	izraeliètiškas	[ɪzraⁱɛ'lⁱɛtⁱɪʃkas]

Jood (etniciteit)	žȳdas (v)	['ʒⁱi:das]
Jodin (de)	žȳdė (m)	['ʒⁱi:dⁱe:]
Joods (bn)	žȳdiškas	['ʒⁱi:dⁱɪʃkas]

| China (het) | Kìnija (m) | ['kⁱɪnⁱɪjɛ] |
| Chinees (de) | kiniètis (v) | [kⁱɪ'nⁱɛtⁱɪs] |

Chinese (de)	kinietė (m)	[kⁱ'nⁱɛtⁱe:]
Chinees (bn)	kinietiškas	[kⁱɪ'nⁱɛtⁱɪʃkas]
Koreaan (de)	korėjietis (v)	[kɔrⁱe:'jɛtⁱɪs]
Koreaanse (de)	korėjietė (m)	[kɔrⁱe:'jɛtⁱe:]
Koreaans (bn)	korėjietiškas	[kɔrⁱe:'jɛtⁱɪʃkas]
Libanon (het)	Libãnas (v)	[lⁱɪ'banas]
Libanees (de)	libietis (v)	[lⁱɪ'bⁱɛtⁱɪs]
Libanese (de)	libietė (m)	[lⁱɪ'bⁱɛtⁱe:]
Libanees (bn)	libietiškas	[lⁱɪ'bⁱɛtⁱɪʃkas]
Mongolië (het)	Mongòlija (m)	[mon'golⁱɪjɛ]
Mongool (de)	mongòlas (v)	[mon'golⁱas]
Mongoolse (de)	mongòlė (m)	[mon'golⁱe:]
Mongools (bn)	mongòliškas	[mon'golⁱɪʃkas]
Maleisië (het)	Malãizija (m)	[ma'lⁱʌɪzⁱɪjɛ]
Maleisiër (de)	malaizietis (v)	[malⁱʌɪ'zⁱɛtⁱɪs]
Maleisische (de)	malaizietė (m)	[malⁱʌɪ'zⁱɛtⁱe:]
Maleisisch (bn)	malaizietiškas	[malⁱʌɪ'zⁱɛtⁱɪʃkas]
Pakistan (het)	Pakistãnas (v)	[pakⁱɪ'sta:nas]
Pakistaan (de)	pakistanietis (v)	[pakⁱɪsta'nⁱɛtⁱɪs]
Pakistaanse (de)	pakistanietė (m)	[pakⁱɪsta'nⁱɛtⁱe:]
Pakistaans (bn)	pakistãniškas	[pakⁱɪ'sta:nⁱɪʃkas]
Saoedi-Arabië (het)	Saùdo Arãbija (m)	[sa'ʊdɔ a'ra:bⁱɪjɛ]
Arabier (de)	arãbas (v)	[a'ra:bas]
Arabische (de)	arãbė (m)	[a'ra:bⁱe:]
Arabisch (bn)	arãbiškas	[a'ra:bⁱɪʃkas]
Thailand (het)	Tailándas (v)	[tʌɪ'lⁱandas]
Thai (de)	tailandietis (v)	[tʌɪlⁱan'dⁱɛtⁱɪs]
Thaise (de)	tailandietė (m)	[tʌɪlⁱan'dⁱɛtⁱe:]
Thai (bn)	tailandietiškas	[tʌɪlⁱan'dⁱɛtⁱɪʃkas]
Taiwan (het)	Taivãnis (v)	[tʌɪ'vanⁱɪs]
Taiwanees (de)	taivanietis (v)	[tʌɪva'nⁱɛtⁱɪs]
Taiwanese (de)	taivanietė (m)	[tʌɪva'nⁱɛtⁱe:]
Taiwanees (bn)	taivanietiškas	[tʌɪva'nⁱɛtⁱɪʃkas]
Turkije (het)	Tu̇rkija (m)	['tʊrkⁱɪjɛ]
Turk (de)	tu̇rkas (v)	['tʊrkas]
Turkse (de)	tu̇rkė (m)	['tʊrkⁱe:]
Turks (bn)	tu̇rkiškas	['tʊrkⁱɪʃkas]
Japan (het)	Japònija (m)	[ja'ponⁱɪjɛ]
Japanner (de)	japònas (v)	[ja'ponas]
Japanse (de)	japònė (m)	[ja'ponⁱe:]
Japans (bn)	japòniškas	[ja'ponⁱɪʃkas]
Afghanistan (het)	Afganistãnas (v)	[afganⁱɪ'sta:nas]
Bangladesh (het)	Bangladešas (v)	[banglⁱa'dⁱɛʃas]
Indonesië (het)	Indonezijà (m)	[ɪndonⁱɛzⁱɪ'ja]
Jordanië (het)	Jordãnija (m)	[jɔr'da:nⁱɪjɛ]

Irak (het)	**Irãkas** (v)	[ɪ'ra:kas]
Iran (het)	**Irãnas** (v)	[ɪ'ra:nas]
Cambodja (het)	**Kambodžã** (m)	[kambo'dʒa]
Koeweit (het)	**Kuveĩtas** (v)	[kʊ'vʲɛɪtas]

Laos (het)	**Laõsas** (v)	[lʲa'osas]
Myanmar (het)	**Mianmãras** (v)	[mʲæn'ma:ras]
Nepal (het)	**Nepãlas** (v)	[nʲɛ'pa:lʲas]
Verenigde Arabische	**Jungtìniai Arãbų**	[jʊŋk'tʲɪnʲɛɪ a'ra:bu:
Emiraten	**Emiratai** (v dgs)	ɛmʲɪratʌɪ]

Syrië (het)	**Sìrija** (m)	['sʲɪrʲɪjɛ]
Palestijnse autonomie (de)	**Palestìna** (m)	[palʲɛs'tʲɪna]
Zuid-Korea (het)	**Pietų Koréja** (m)	[pʲiɛ'tu: ko'rʲe:ja]
Noord-Korea (het)	**Šiáurės Koréja** (m)	['ʃæʊrʲe:s ko'rʲe:ja]

238. Noord-Amerika

Verenigde Staten	**Jungtìnės Amèrikos**	[jʊŋk'tʲɪnʲe:s a'mʲɛrʲɪkos
van Amerika	**Valstìjos** (m dgs)	valʲs'tʲɪjɔs]
Amerikaan (de)	**amerikiẽtis** (v)	[amʲɛrʲɪ'kʲɛtʲɪs]
Amerikaanse (de)	**amerikiẽtė** (m)	[amerʲɪ'kʲɛtʲe:]
Amerikaans (bn)	**amerikiẽtiškas**	[amʲɛrʲɪ'kʲɛtʲɪʃkas]

Canada (het)	**Kanadà** (m)	[kana'da]
Canadees (de)	**kanadiẽtis** (v)	[kana'dʲɛtʲɪs]
Canadese (de)	**kanadiẽtė** (m)	[kana'dʲɛtʲe:]
Canadees (bn)	**kanadiẽtiškas**	[kana'dʲɛtʲɪʃkas]

Mexico (het)	**Mèksika** (m)	['mʲɛksʲɪka]
Mexicaan (de)	**meksikiẽtis** (v)	[mʲɛksʲɪ'kʲɛtʲɪs]
Mexicaanse (de)	**meksikiẽtė** (m)	[mʲɛksʲɪ'kʲɛtʲe:]
Mexicaans (bn)	**meksikiẽtiškas**	[mʲɛksʲɪ'kʲɛtʲɪʃkas]

239. Midden- en Zuid-Amerika

Argentinië (het)	**Argentinà** (m)	[argʲɛntʲɪ'na]
Argentijn (de)	**argentiniẽtis** (v)	[argʲɛntʲɪ'nʲɛtʲɪs]
Argentijnse (de)	**argentiniẽtė** (m)	[argentʲɪ'nʲɛtʲe:]
Argentijns (bn)	**argentiniẽtiškas**	[argʲɛntʲɪ'nʲɛtʲɪʃkas]

Brazilië (het)	**Brazìlija** (m)	[bra'zʲɪlʲɪjɛ]
Braziliaan (de)	**brazìlas** (v)	[bra'zʲɪlʲas]
Braziliaanse (de)	**brazìlė** (m)	[bra'zʲɪlʲe:]
Braziliaans (bn)	**brazìliškas**	[bra'zʲɪlʲɪʃkas]

Colombia (het)	**Kolùmbija** (m)	[ko'lʲʊmbʲɪjɛ]
Colombiaan (de)	**kolumbiẽtis** (v)	[kolʲʊm'bʲɛtʲɪs]
Colombiaanse (de)	**kolumbiẽtė** (m)	[kolʲʊm'bʲɛtʲe:]
Colombiaans (bn)	**kolumbiẽtiškas**	[kolʲʊm'bʲɛtʲɪʃkas]
Cuba (het)	**Kubà** (m)	[kʊ'ba]
Cubaan (de)	**kubiẽtis** (v)	[kʊ'bʲɛtʲɪs]

| Cubaanse (de) | kubiėtė (m) | [ku'b!ɛt!e:] |
| Cubaans (bn) | kubiėtiškas | [ku'b!ɛt!ɪʃkas] |

Chili (het)	Čilė (m)	['tʂ!ɪl!e:]
Chileen (de)	čiliėtis (v)	[tʂ!ɪ'l!ɛt!ɪs]
Chileense (de)	čiliėtė (m)	[tʂ!ɪ'l!ɛt!e:]
Chileens (bn)	čiliėtiškas	[tʂ!ɪ'l!ɛt!ɪʃkas]

Bolivia (het)	Bolìvija (m)	[bo'l!ɪv!ɪjɛ]
Venezuela (het)	Venesuelà (m)	[v!ɛn!ɛsu!ɛ'l!a]
Paraguay (het)	Paragvãjus (v)	[parag'va:jus]
Peru (het)	Perù (v)	[p!ɛ'ru]

Suriname (het)	Surinãmis (v)	[sur!ɪ'nam!ɪs]
Uruguay (het)	Urugvãjus (v)	[urug'va:jus]
Ecuador (het)	Ekvadòras (v)	[ɛkva'doras]

Bahama's (mv.)	Bahãmų salõs (m dgs)	[ba'ɣamu: 'sal!o:s]
Haïti (het)	Haìtis (v)	[ɣʌ'ɪt!ɪs]
Dominicaanse Republiek (de)	Dominìkos Respùblika (m)	[dom!ɪ'n!ɪkos r!ɛs'publ!ɪka]
Panama (het)	Panamà (m)	[pana'ma]
Jamaica (het)	Jamáika (m)	[ja'mʌɪka]

240. Afrika

Egypte (het)	Egìptas (v)	[ɛ'g!ɪptas]
Egyptenaar (de)	egiptiėtis (v)	[ɛg!ɪp't!ɛt!ɪs]
Egyptische (de)	egiptiėtė (m)	[ɛg!ɪp't!ɛt!e:]
Egyptisch (bn)	egiptiėtiškas	[ɛg!ɪp't!ɛt!ɪʃkas]

Marokko (het)	Maròkas (v)	[ma'rokas]
Marokkaan (de)	marokiėtis (v)	[maro'k!ɛt!ɪs]
Marokkaanse (de)	marokiėtė (m)	[maro'k!ɛt!e:]
Marokkaans (bn)	marokiėtiškas	[maro'k!ɛt!ɪʃkas]

Tunesië (het)	Tunìsas (v)	[tu'n!ɪsas]
Tunesiër (de)	tunisiėtis (v)	[tun!ɪ's!ɛt!ɪs]
Tunesische (de)	tunisiėtė (m)	[tun!ɪ's!ɛt!e:]
Tunesisch (bn)	tunisiėtiškas	[tun!ɪ's!ɛt!ɪʃkas]

Ghana (het)	Ganà (m)	[ga'na]
Zanzibar (het)	Zanzibãras (v)	[zanz!ɪ'ba:ras]
Kenia (het)	Kènija (m)	['k!ɛn!ɪjɛ]
Libië (het)	Lìbija (m)	['l!ɪb!ɪjɛ]
Madagaskar (het)	Madagaskãras (v)	[madagas'ka:ras]

Namibië (het)	Namìbija (m)	[na'm!ɪb!ɪjɛ]
Senegal (het)	Senegãlas (v)	[s!ɛn!ɛ'ga:l!as]
Tanzania (het)	Tanzãnija (m)	[tan'za:n!ɪjɛ]
Zuid-Afrika (het)	Pietų ãfrikos respùblika (m)	[p!ɪɛ'tu: 'a:fr!ɪkos r!ɛs'publ!ɪka]

Afrikaan (de)	afrikiėtis (v)	[afr!ɪ'k!ɛt!ɪs]
Afrikaanse (de)	afrikiėtė (m)	[afr!ɪ'k!ɛt!e:]
Afrikaans (bn)	afrikiėtiškas	[afr!ɪ'k!ɛt!ɪʃkas]

241. Australië. Oceanië

Australië (het)	**Austrālija** (m)	[aʊsˈtraːlʲɪjɛ]
Australiër (de)	**australiẽtis** (v)	[aʊstraˈlʲɛtʲɪs]
Australische (de)	**australiẽtė** (m)	[aʊstraˈlʲɛtʲeː]
Australisch (bn)	**austrāliškas**	[aʊˈstraːlʲɪʃkas]

Nieuw-Zeeland (het)	**Naujóji Zelándija** (m)	[naʊˈjɔːjɪ zʲɛˈlʲandʲɪjɛ]
Nieuw-Zeelander (de)	**Naujõsios Zelándijos gyvéntojas** (v)	[naʊˈjɔːsʲos zʲɛˈlʲandʲɪjos gʲiːˈvʲɛntoːjɛs]
Nieuw-Zeelandse (de)	**Naujõsios Zelándijos gyvéntoja** (m)	[naʊˈjɔːsʲos zʲɛˈlʲandʲɪjos gʲiːˈvʲɛntoːjɛ]
Nieuw-Zeelands (bn)	**Naujõsios Zelándijos**	[naʊˈjɔːsʲos zʲɛˈlʲandʲɪjos]

Tasmanië (het)	**Tasmãnija** (m)	[tasˈmaːnʲɪjɛ]
Frans-Polynesië	**Prancūzijos Polinẽzija** (m)	[prantsuːˈzʲɪjos polʲɪˈnʲɛzʲɪjɛ]

242. Steden

Amsterdam	**Ámsterdamas** (v)	[ˈamstʲɛrdamas]
Ankara	**Ankarà** (m)	[aŋkaˈra]
Athene	**Aténai** (v dgs)	[aˈtʲeːnʌɪ]
Bagdad	**Bagdãdas** (v)	[bagˈdaːdas]
Bangkok	**Bankòkas** (v)	[baŋˈkokas]

Barcelona	**Barselonà** (m)	[barsʲɛlʲoˈna]
Beiroet	**Beirùtas** (v)	[bʲɛɪˈrʊtas]
Berlijn	**Berlýnas** (v)	[bʲɛrˈlʲiːnas]
Boedapest	**Budapèštas** (v)	[bʊdaˈpʲɛʃtas]
Boekarest	**Bukarèštas** (v)	[bʊkaˈrʲɛʃtas]

Bombay, Mumbai	**Bombẽjus** (v)	[bomˈbʲeːjʊs]
Bonn	**Bonà** (m)	[boˈna]
Bordeaux	**Bordò** (v)	[borˈdo]
Bratislava	**Bratislavà** (m)	[bratʲɪslʲaˈva]
Brussel	**Briùselis** (v)	[ˈbrʲʊsʲɛlʲɪs]

Caïro	**Kaìras** (v)	[kʌˈɪras]
Calcutta	**Kalkutà** (m)	[kalʲkʊˈta]
Chicago	**Čikagà** (m)	[tʂɪkaˈga]
Dar Es Salaam	**Dár es Salãmas** (v)	[ˈdar ɛs saˈlʲaːmas]
Delhi	**Dèlis** (v)	[ˈdʲɛlʲɪs]

Den Haag	**Hagà** (m)	[ɣaˈga]
Dubai	**Dubãjus** (v)	[dʊˈbaːjʊs]
Dublin	**Dùblinas** (v)	[ˈdʊblʲɪnas]
Düsseldorf	**Diùseldorfas** (v)	[ˈdʲʊsʲɛlʲdorfas]
Florence	**Florèncija** (m)	[flʲoˈrʲɛntsʲɪjɛ]
Frankfort	**Fránkfurtas** (v)	[ˈfraŋkfʊrtas]
Genève	**Ženevà** (m)	[ʒʲɛnʲɛˈva]
Hamburg	**Hámburgas** (v)	[ˈɣambʊrgas]
Hanoi	**Hanòjus** (v)	[ɣaˈnojʊs]
Havana	**Havanà** (m)	[ɣavaˈna]

Helsinki	Helsinkis (v)	['ɣʲɛlʲsʲɪŋkʲɪs]
Hiroshima	Hirosima (m)	[ɣʲɪrosʲɪ'ma]
Hongkong	Honkòngas (v)	[ɣoŋ'kongas]
Istanbul	Stambùlas (v)	[stam'bʊlʲas]
Jeruzalem	Jeruzalė (m)	[je'rʊzalʲeː]
Kiev	Kìjevas (v)	['kʲɪjɛvas]

Kopenhagen	Kopenhagà (m)	[kɔpʲɛnɣa'ga]
Kuala Lumpur	Kvàla Lùmpuras (v)	['kvalʲa 'lʲʊmpʊras]
Lissabon	Lisabonà (m)	[lʲɪsabo'na]
Londen	Lòndonas (v)	['lʲondonas]
Los Angeles	Lòs Àndželas (v)	[lʲoːs 'andʒʲɛlʲas]

Lyon	Lìonas (v)	[lʲɪ'jonas]
Madrid	Madrìdas (v)	[mad'rʲɪdas]
Marseille	Marsèlis (v)	[mar'sʲɛlʲɪs]
Mexico-Stad	Mèksikas (v)	['mʲɛksʲɪkas]
Miami	Majàmis (v)	[ma'ja:mʲɪs]

Montreal	Monreàlis (v)	[monrʲɛ'a:lʲɪs]
Moskou	Maskvà (m)	[mask'va]
München	Miùnchenas (v)	['mʲʊnxʲɛnas]
Nairobi	Nairòbis (v)	[nʌɪ'robʲɪs]
Napels	Neàpolis (v)	[nʲɛ'a:polʲɪs]
New York	Niujòrkas (v)	[nʲʊ'jɔ rkas]
Nice	Nicà (m)	[nʲɪ'tsa]
Oslo	Òslas (v)	[oslʲas]
Ottawa	Otavà (m)	[ota'va]
Parijs	Parỹžius (v)	[pa'rʲiː:ʒʲʊs]

Peking	Pekìnas (v)	[pʲɛ'kʲɪnas]
Praag	Prahà (m)	[praɣa]
Rio de Janeiro	Rio de Žanèiras (v)	['rʲɪjo dʲɛ ʒa'nʲɛɪras]
Rome	Romà (m)	[ro'ma]
Seoel	Seùlas (v)	[sʲɛ'ʊ lʲas]
Singapore	Singapūras (v)	[sʲɪnga'pu:ras]

Sint-Petersburg	Sankt-Peterbùrgas (v)	[saŋkt-pʲɛtʲɛr'bʊrgas]
Sjanghai	Šanchàjus (v)	[ʃan'xa:jʊs]
Stockholm	Stòkholmas (v)	['stokɣolʲmas]
Sydney	Sidnéjus (v)	[sʲɪd'nʲeːjʊs]
Taipei	Taipéjus (v)	[tʌɪ'pʲeːjʊs]
Tokio	Tòkijas (v)	['tokʲɪjas]

Toronto	Toròntas (v)	[to'rontas]
Venetië	Venècija (m)	[vʲɛ'nʲɛtsʲɪjɛ]
Warschau	Vàršuva (m)	['varʃʊva]
Washington	Vàšingtonas (v)	['va:ʃɪŋktonas]
Wenen	Víena (m)	['vʲɪɛna]

243. Politiek. Overheid. Deel 1

| politiek (de) | polìtika (m) | [po'lʲɪtʲɪka] |
| politiek (bn) | polìtinis | [po'lʲɪtʲɪnʲɪs] |

politicus (de)	politikas (v)	[po'lⁱɪtⁱɪkas]
staat (land)	valstýbė (m)	[valⁱs'tⁱi:bⁱe:]
burger (de)	piliėtis (v)	[pⁱɪⁱⁱetⁱɪs]
staatsburgerschap (het)	pilietýbė (m)	[pⁱɪlⁱiɛ'tⁱi:bⁱe:]

| nationaal wapen (het) | nacionãlinis hèrbas (v) | [natsⁱɪjɔ'na:lⁱɪnⁱɪs 'yⁱɛrbas] |
| volkslied (het) | valstýbinis hìmnas (v) | [valⁱs'tⁱi:bⁱɪnⁱɪs 'yⁱɪmnas] |

regering (de)	vyriausýbė (m)	[vⁱi:rⁱɛʊ'sⁱi:bⁱe:]
staatshoofd (het)	šaliẽs vadõvas (v)	[ʃa'lⁱɛs va'do:vas]
parlement (het)	parlameñtas (v)	[parlⁱa'mⁱɛntas]
partij (de)	pártija (m)	['partⁱɪjɛ]

| kapitalisme (het) | kapitalìzmas (v) | [kapⁱɪta'lⁱɪzmas] |
| kapitalistisch (bn) | kapitalìstinis | [kapⁱɪta'lⁱɪstⁱɪnⁱɪs] |

| socialisme (het) | socialìzmas (v) | [sotsⁱɪja'lⁱɪzmas] |
| socialistisch (bn) | socialìstinis | [sotsⁱɪja'lⁱɪstⁱɪnⁱɪs] |

communisme (het)	komunìzmas (v)	[kɔmʊ'nⁱɪzmas]
communistisch (bn)	komunìstinis	[kɔmʊ'nⁱɪstⁱɪnⁱɪs]
communist (de)	komunìstas (v)	[kɔmʊ'nⁱɪstas]

democratie (de)	demokrãtija (m)	[dⁱɛmo'kra:tⁱɪjɛ]
democraat (de)	demokrãtas (v)	[dⁱɛmo'kra:tas]
democratisch (bn)	demokrãtinis	[dⁱɛmo'kra:tⁱɪnⁱɪs]
democratische partij (de)	demokrãtinė pártija (m)	[dⁱɛmo'kra:tⁱɪnⁱe: 'partⁱɪjɛ]

| liberaal (de) | liberãlas (v) | [lⁱɪbⁱɛ'ra:las] |
| liberaal (bn) | liberalùs | [lⁱɪbⁱɛra'lʊs] |

| conservator (de) | konservãtorius (v) | [kɔnsⁱɛr'va:torⁱʊs] |
| conservatief (bn) | konservatyvùs | [kɔnsⁱɛrvatⁱi:'vʊs] |

republiek (de)	respùblika (m)	[rⁱɛs'pʊblⁱɪka]
republikein (de)	respublikõnas (v)	[rⁱɛspʊblⁱɪ'ko:nas]
Republikeinse Partij (de)	respublikìnė pártija (m)	[rⁱɛspʊblⁱɪ'kⁱɪnⁱe: 'partⁱɪjɛ]

verkiezing (de)	rinkìmai (v dgs)	[rⁱɪŋ'kⁱɪmʌɪ]
kiezen (ww)	išriñkti	[ɪʃ'rⁱɪŋktⁱɪ]
kiezer (de)	rinkéjas (v)	[rⁱɪŋ'kⁱe:jas]
verkiezingscampagne (de)	rinkìmo kampãnija (m)	[rⁱɪŋ'kⁱɪmɔ kam'pa:nⁱɪjɛ]

stemming (de)	balsãvimas (v)	[balⁱ'sa:vⁱɪmas]
stemmen (ww)	balsúoti	[balⁱ'sʊɑtⁱɪ]
stemrecht (het)	balsãvimo teĩsė (m)	[balⁱ'sa:vⁱɪmɔ 'tⁱæisⁱe:]

kandidaat (de)	kandidãtas (v)	٭ [kandⁱɪ'da:tas]
zich kandideren	balotirúotis	[balⁱotⁱɪ'rʊɑtⁱɪs]
campagne (de)	kampãnija (m)	[kam'pa:nⁱɪjɛ]

| oppositie- (abn) | opozìcinis | [opo'zⁱɪtsⁱɪnⁱɪs] |
| oppositie (de) | opozìcija (m) | [opo'zⁱɪtsⁱɪjɛ] |

| bezoek (het) | vizìtas (v) | [vⁱɪ'zⁱɪtas] |
| officieel bezoek (het) | oficialùs vizìtas (v) | [ofⁱɪtsⁱɪja'lⁱʊs vⁱɪ'zⁱɪtas] |

internationaal (bn)	**tarptautìnis**	[tarptɑʊ'tʲɪnʲɪs]
onderhandelingen (mv.)	**derýbos** (m dgs)	[dʲɛ'rʲiːbos]
onderhandelen (ww)	**vèsti derýbas**	['vʲɛstʲɪ dʲɛ'rʲiːbas]

244. Politiek. Overheid. Deel 2

maatschappij (de)	**visúomenė** (m)	[vʲɪ'suɑmenʲe:]
grondwet (de)	**konstitùcija** (m)	[konstʲɪ'tʊtsʲɪjɛ]
macht (politieke ~)	**valdžià** (m)	[valʲ'dʒʲæ]
corruptie (de)	**korùpcija** (m)	[ko'rʊptsʲɪjɛ]

wet (de)	**įstãtymas** (v)	[iː'staːtiːmas]
wettelijk (bn)	**teisétas**	[tʲɛɪ'sʲe:tas]

rechtvaardigheid (de)	**teisingùmas** (v)	[tʲɛɪsʲɪn'gumas]
rechtvaardig (bn)	**teisìngas**	[tʲɛɪ'sʲɪngas]

comité (het)	**komitètas** (v)	[komʲɪ'tʲɛtas]
wetsvoorstel (het)	**įstãtymo projèktas** (v)	[iː'staːtiːmɔ pro'jɛktas]
begroting (de)	**biudžètas** (v)	[bʲu'dʒʲɛtas]
beleid (het)	**polìtika** (m)	[po'lʲɪtʲɪka]
hervorming (de)	**refòrma** (m)	[rʲɛ'forma]
radicaal (bn)	**radikalùs**	[radʲɪka'lʲʊs]

macht (vermogen)	**jėgà** (m)	[je:'ga]
machtig (bn)	**galìngas**	[ga'lʲɪngas]
aanhanger (de)	**šalinìnkas** (v)	[ʃalʲɪ'nʲɪŋkas]
invloed (de)	**įtaka** (m)	['iːtaka]

regime (het)	**režìmas** (v)	[rʲɛ'ʒʲɪmas]
conflict (het)	**konflìktas** (v)	[kon'flʲɪktas]
samenzwering (de)	**sąmokslas** (v)	['sa:mokslʲas]
provocatie (de)	**provokãcija** (m)	[provo'ka:tsʲɪjɛ]

omverwerpen (ww)	**nuve̅rsti**	[nʊ'vʲɛrstʲɪ]
omverwerping (de)	**nuvertìmas** (v)	[nʊvʲɛr'tʲɪmas]
revolutie (de)	**revoliùcija** (m)	[rʲɛvo'lʲʊtsʲɪjɛ]

staatsgreep (de)	**pérversmas** (v)	['pʲɛrvʲɛrsmas]
militaire coup (do)	**karìnis pérversmas** (v)	[ka'rʲɪnʲɪs 'pʲɛrvʲɛrsmas]

crisis (de)	**krìzė** (m)	['krʲɪzʲe:]
economische recessie (de)	**ekonòminis kritìmas** (v)	[ɛko'nomʲɪnʲɪs krʲɪ'tʲɪmas]
betoger (de)	**demonstrántas** (v)	[dʲɛmons'trantas]
betoging (de)	**demonstrãcija** (m)	[dʲɛmons'tra:tsʲɪjɛ]
krijgswet (de)	**kãro padėtìs** (m)	['ka:rɔ padʲe:'tʲɪs]
militaire basis (de)	**karìnė bãzė** (m)	[ka'rʲɪnʲe: 'ba:zʲe:]

stabiliteit (de)	**stabilùmas** (v)	[stabʲɪ'lʲʊmas]
stabiel (bn)	**stabilùs**	[stabʲɪ'lʲʊs]

uitbuiting (de)	**eksploatãcija** (m)	[ɛksplʲoa'ta:tsʲɪjɛ]
uitbuiten (ww)	**eksploatúoti**	[ɛksplʲoa'tʊatʲɪ]
racisme (het)	**rasìzmas** (v)	[ra'sʲɪzmas]

racist (de)	rasìstas (v)	[ra'sʲɪstas]
fascisme (het)	fašìzmas (v)	[fa'ʃɪzmas]
fascist (de)	fašìstas (v)	[fa'ʃɪstas]

245. Landen. Diversen

vreemdeling (de)	užsieniētis (v)	[ʊʒsʲiɛ'nʲɛtʲɪs]
buitenlands (bn)	užsieniētiškas	[ʊʒsʲiɛ'nʲɛtʲɪʃkas]
in het buitenland (bw)	ùžsienyje	['ʊʒsʲiɛnʲiːjɛ]

emigrant (de)	emigrántas (v)	[ɛmʲɪ'grantas]
emigratie (de)	emigrācija (m)	[ɛmʲɪ'graːtsʲɪjɛ]
emigreren (ww)	emigrúoti	[ɛmʲɪ'grʊatʲɪ]

Westen (het)	Vakaraĩ (v dgs)	[vaka'rʌɪ]
Oosten (het)	Rytaĩ (v dgs)	[rʲiː'tʌɪ]
Verre Oosten (het)	Tolimì Rytaĩ (v dgs)	[tolʲɪ'mʲɪ rʲiː'tʌɪ]
beschaving (de)	civilizācija (m)	[tsʲɪvʲɪlʲɪ'za:tsʲɪjɛ]
mensheid (de)	žmonijà (m)	[ʒmonʲɪ'ja]
wereld (de)	pasáulis (v)	[pa'saʊlʲɪs]
vrede (de)	taikà (m)	[tʌɪ'ka]
wereld- (abn)	pasáulinis	[pa'saʊlʲɪnʲɪs]

vaderland (het)	tėvỹnė (m)	[tʲeː'vʲiːnʲeː]
volk (het)	tautà (m), liáudis (m)	[taʊ'ta], ['lʲæʊdʲɪs]
bevolking (de)	gyvéntojai (v)	[gʲiː'vʲɛnto:jɛi]
mensen (mv.)	žmōnės (v dgs)	['ʒmo:nʲe:s]
natie (de)	nācija (m)	['na:tsʲɪjɛ]
generatie (de)	karta (m)	[kar'ta]
gebied (bijv. bezette ~en)	teritòrija (m)	[tʲɛrʲɪ'torʲɪjɛ]
regio, streek (de)	regiònas (v)	[rʲɛgʲɪ'jɔnas]
deelstaat (de)	valstijà (m)	[valʲstʲɪ'ja]

traditie (de)	tradìcija (m)	[tra'dʲɪtsʲɪjɛ]
gewoonte (de)	paprotỹs (v)	[papro'tʲiː:s]
ecologie (de)	ekològija (m)	[ɛko'lʲogʲɪjɛ]

Indiaan (de)	indénas (v)	[ɪn'dʲeː:nas]
zigeuner (de)	čigõnas (v)	[tʂʲɪ'go:nas]
zigeunerin (de)	čigõnė (m)	[tʂʲɪ'go:nʲeː]
zigeuner- (abn)	čigõniškas	[tʂʲɪ'go:nʲɪʃkas]

rijk (het)	impèrija (m)	[ɪm'pʲɛrʲɪjɛ]
kolonie (de)	kolònija (m)	[kɔ'lʲonʲɪjɛ]
slavernij (de)	vergijà (m)	[vʲɛrgʲɪ'ja]
invasie (de)	invāzija (m)	[ɪn'va:zʲɪjɛ]
hongersnood (de)	bãdas (v)	['ba:das]

246. Grote religieuze groepen. Bekentenissen

| religie (de) | relìgija (m) | [rʲɛ'lʲɪgʲɪjɛ] |
| religieus (bn) | relìginis | [rʲɛ'lʲɪgʲɪnʲɪs] |

geloof (het)	tikėjimas (v)	[tʲɪ'kʲɛjɪmas]
geloven (ww)	tikėti	[tʲɪ'kʲeːtʲɪ]
gelovige (de)	tikintis (v)	['tʲɪkʲɪntʲɪs]

| atheïsme (het) | ateizmas (v) | [atʲɛ'ɪzmas] |
| atheïst (de) | ateistas (v) | [atʲɛ'ɪstas] |

christendom (het)	Krikščionýbė (m)	[krʲɪkʃtʂʲo'nʲiːbʲeː]
christen (de)	krikščiónis (v)	[krʲɪkʃ'tʂʲonʲɪs]
christelijk (bn)	krikščióniškas	[krʲɪkʃ'tʂʲonʲɪʃkas]

katholicisme (het)	Katalicizmas (v)	[katalʲɪ'tsʲɪzmas]
katholiek (de)	katalìkas (v)	[kata'lʲɪkas]
katholiek (bn)	katalìkiškas	[kata'lʲɪkʲɪʃkas]

protestantisme (het)	Protestantìzmas (v)	[protʲɛstan'tʲɪzmas]
Protestante Kerk (de)	Protestántų bažnýčia (m)	[protʲɛs'tantu: baʒ'nʲiːtʂʲæ]
protestant (de)	protestántas (v)	[protʲɛs'tantas]

orthodoxie (de)	Stačiatikýbė (m)	[statʂʲætʲɪ'kʲiːbʲeː]
Orthodoxe Kerk (de)	Stačiãtikių bažnýčia (m)	[sta'tʂʲætʲɪkʲu: baʒ'nʲiːtʂʲæ]
orthodox	stačiãtikis	[sta'tʂʲætʲɪkʲɪs]

presbyterianisme (het)	Presbiterionìzmas (v)	[prʲɛsbʲɪtʲɛrʲɪjo'nʲɪzmas]
Presbyteriaanse Kerk (de)	Presbiteriõnų bažnýčia (m)	[prʲɛsbʲɪtʲɛrʲɪ'jo:nu: baʒ'nʲiːtʂʲæ]
presbyteriaan (de)	presbiteriõnas (v)	[prʲɛsbʲɪtʲɛrʲɪ'jo:nas]

| lutheranisme (het) | Liuterõnų bažnýčia (m) | [lʲʊtʲɛ'ro:nu: baʒ'nʲiːtʂʲæ] |
| lutheraan (de) | liuterõnas (v) | [lʲʊtʲɛ'ro:nas] |

| baptisme (het) | Baptìzmas (v) | [bap'tʲɪzmas] |
| baptist (de) | baptìstas (v) | [bap'tʲɪstas] |

Anglicaanse Kerk (de)	Anglikõnų bažnýčia (m)	[anglʲɪ'ko:nu: baʒ'nʲiːtʂʲæ]
anglicaan (de)	anglikõnas (v)	[anglʲɪ'ko:nas]
mormoon (de)	mormõnas (v)	[mor'monas]

| Jodendom (het) | Judaìzmas (v) | [jʊdʌ'ɪzmas] |
| jood (aanhanger van het Jodendom) | žýdas (v) | ['ʒʲiːdas] |

| boeddhisme (het) | Budìzmas (v) | [bʊ'dʲɪzmas] |
| boeddhist (de) | budìstas (v) | [bʊ'dʲɪstas] |

| hindoeïsme (het) | Induìzmas (v) | [ɪndʊ'ɪzmas] |
| hindoe (de) | induìstas (v) | [ɪndʊ'ɪstas] |

islam (de)	Islãmas (v)	[ɪs'lʲaːmas]
islamiet (de)	musulmõnas (v)	[mʊsʊlʲ'mo:nas]
islamitisch (bn)	musulmõniškas	[mʊsʊlʲ'mo:nʲɪʃkas]

| sjiisme (het) | Šiìzmas (v) | [ʃʲɪ'ɪzmas] |
| sjiiet (de) | šiìtas (v) | [ʃʲɪ'ɪtas] |

| soennisme (het) | Sunìzmas (v) | [sʊ'nʲɪzmas] |
| soenniet (de) | sunìtas (v) | [sʊ'nʲɪtas] |

247. Religies. Priesters

priester (de)	šventìkas (v)	[ʃvʲɛn'tʲɪkas]
paus (de)	Rómos pópiežius (v)	['romos 'popʲiɛʒʲʊs]
monnik (de)	vienuõlis (v)	[vʲiɛ'nʊalʲɪs]
non (de)	vienuõlė (m)	[vʲiɛ'nʊalʲe:]
pastoor (de)	pãstorius (v)	['pa:storʲʊs]
abt (de)	abãtas (v)	[a'ba:tas]
vicaris (de)	vikãras (v)	[vʲɪ'ka:ras]
bisschop (de)	výskupas (v)	['vʲi:skʊpas]
kardinaal (de)	kardinõlas (v)	[kardʲɪ'no:lʲas]
predikant (de)	pamoksláutojas (v)	[pamok'slʲautoːjɛs]
preek (de)	pamókslas (v)	[pa'mokslʲas]
kerkgangers (mv.)	parapijiéčiai (v dgs)	[parapʲɪ'jɪɛtʂʲɛɪ]
gelovige (de)	tìkintis (v)	['tʲɪkʲɪntʲɪs]
atheïst (de)	ateìstas (v)	[atʲɛ'ɪstas]

248. Geloof. Christendom. Islam

Adam	Adõmas (v)	[a'do:mas]
Eva	levà (m)	[ɪɛ'va]
God (de)	Diẽvas (v)	['dʲɛvas]
Heer (de)	Viẽšpats (v)	['vʲɛʃpats]
Almachtige (de)	Visagãlis (v)	[vʲɪsa'ga:lʲɪs]
zonde (de)	núodėmė (m)	['nʊadʲe:mʲe:]
zondigen (ww)	nusidéti	[nʊsʲɪ'dʲe:tʲɪ]
zondaar (de)	nuodėmìngas (v)	[nʊadʲe:'mʲɪngas]
zondares (de)	nuodėmìngoji (m)	[nʊadʲe:'mʲɪngojɪ]
hel (de)	prãgaras (v)	['pra:garas]
paradijs (het)	rõjus (v)	['ro:jʊs]
Jezus	Jézus (v)	['je:zʊs]
Jezus Christus	Jézus Krìstus (v)	['je:zʊs 'krʲɪstʊs]
Heilige Geest (de)	Šventóji dvasià (m)	[ʃvʲɛn'to:jɪ dva'sʲæ]
Verlosser (de)	Išganýtojas (v)	[ɪʃga'nʲiː:to:jɛs]
Maagd Maria (de)	Diẽvo Mótina (m)	['dʲɛvɔ 'motʲɪna]
duivel (de)	Vélnias (v)	['vʲɛlʲnʲæs]
duivels (bn)	vélniškas	['vʲɛlʲnʲɪʃkas]
Satan	Šėtõnas (v)	[ʃe:'to:nas]
satanisch (bn)	šėtõniškas	[ʃe:'to:nʲɪʃkas]
engel (de)	ángelas (v)	['angʲɛlʲas]
beschermengel (de)	ángelas-sárgas (v)	['angʲɛlʲas-'sargas]
engelachtig (bn)	ángeliškas	['angʲɛlʲɪʃkas]

apostel (de)	apãštalas (v)	[a'pa:ʃtalⁱas]
aartsengel (de)	archãngelas (v)	[ar'xangⁱɛlⁱas]
antichrist (de)	Antikrìstas (v)	[antⁱɪ'krⁱɪstas]
Kerk (de)	Bažnýčia (m)	[baʒ'nⁱi:tʃⁱæ]
bijbel (de)	bìblija (m)	['bⁱɪblⁱɪjɛ]
bijbels (bn)	biblijìnis	[bⁱɪblⁱɪ'jɪnⁱɪs]
Oude Testament (het)	Senãsis Testameñtas (v)	[sⁱɛ'nasⁱɪs tⁱɛsta'mⁱɛntas]
Nieuwe Testament (het)	Naujãsis Testameñtas (v)	[nɑʊ'jasⁱɪs tⁱɛsta'mⁱɛntas]
evangelie (het)	Evangèlija (m)	[ɛvan'gⁱɛlⁱɪjɛ]
Heilige Schrift (de)	Šveñtas rãštas (v)	['ʃvⁱɛntas 'ra:ʃtas]
Hemel, Hemelrijk (de)	Dangùs (v),	[dan'gʊs], [dan'gɑʊs]
	Dangaùs Karalỹstė (m)	kara'lⁱi:stⁱe:]
gebod (het)	įsãkymas (v)	[i:'sa:kⁱɪ:mas]
profeet (de)	prãnašas (v)	['pra:naʃas]
profetie (de)	pranašỹstė (m)	[prana'ʃɪ:stⁱe:]
Allah	Alãchas (v)	[a'lⁱa:xas]
Mohammed	Magomètas (v)	[mago'mⁱɛtas]
Koran (de)	Korãnas (v)	[kɔ'ra:nas]
moskee (de)	mečètė (m)	[mⁱɛ'tʃⁱɛtⁱe:]
moellah (de)	mulà (m)	[mʊ'lⁱa]
gebed (het)	maldà (m)	[malⁱda]
bidden (ww)	mèlstis	['mⁱɛlⁱstⁱɪs]
pelgrimstocht (de)	maldininkỹstė (m)	[malⁱdⁱɪnⁱɪŋ'kỹstⁱe:]
pelgrim (de)	maldiniñkas (v)	[malⁱdⁱɪ'nⁱɪŋkas]
Mekka	Mekà (m)	[mⁱɛ'ka]
kerk (de)	bažnýčia (m)	[baʒ'nⁱi:tʃⁱæ]
tempel (de)	šventóvė (m)	[ʃven'tovⁱe:]
kathedraal (de)	kãtedra (m)	['ka:tⁱɛdra]
gotisch (bn)	gòtiškas	['gotⁱɪʃkas]
synagoge (de)	sinagogà (m)	[sⁱɪnago'ga]
moskee (de)	mečètė (m)	[mⁱɛ'tʃⁱɛtⁱe:]
kapel (de)	koplyčià (m)	[kɔplⁱi:'tʃⁱæ]
abdij (de)	abãtija (m)	[a'ba:tⁱɪjɛ]
nonnenklooster (het)	vienuolýnas (v)	[vⁱiɛnʊɑ'lⁱi:nas]
mannenklooster (het)	vienuolýnas (v)	[vⁱiɛnʊɑ'lⁱi:nas]
klok (de)	vãrpas (v)	['varpas]
klokkentoren (de)	vãrpinė (m)	['varpⁱɪnⁱe:]
luiden (klokken)	skambìnti	['skambⁱɪntⁱɪ]
kruis (het)	krỹžius (v)	['krⁱi:ʒⁱʊs]
koepel (de)	kùpolas (v)	['kʊpolⁱas]
icoon (de)	ikonà (m)	[ɪko'na]
ziel (de)	síela (m)	['sⁱiɛlⁱa]
lot, noodlot (het)	likìmas (v)	[lⁱɪ'kⁱɪmas]
kwaad (het)	blõgis (v)	['blⁱo:gⁱɪs]
goed (het)	gėris (v)	['gⁱe:rⁱɪs]

vampier (de)	**vampȳras** (v)	[vam'pʲiːras]
heks (de)	**rãgana** (m)	['raːgana]
demoon (de)	**demonas** (v)	['dʲɛmonas]
geest (de)	**dvasià** (m)	[dva'sʲæ]
verzoeningsleer (de)	**atpirkìmas** (v)	[atpʲɪr'kʲɪmas]
vrijkopen (ww)	**išpìrkti**	[ɪʃ'pʲɪrktʲɪ]
mis (de)	**pãmaldos** (m dgs)	['paːmalʲdos]
de mis opdragen	**tarnáuti**	[tar'nɑʊtʲɪ]
biecht (de)	**išpažintìs** (m)	[ɪʃpaʒʲɪn'tʲɪs]
biechten (ww)	**atlìkti ìšpažintį**	[at'lʲɪːktʲɪ 'iːʃpaʒʲɪntʲɪː]
heilige (de)	**šventãsis** (v)	[ʃvʲɛn'tasʲɪs]
heilig (bn)	**šventìntas**	['ʃvʲɛntʲɪntas]
wijwater (het)	**šveñtas vanduõ** (v)	['ʃvʲɛntas van'dʊɑ]
ritueel (het)	**rituãlas** (v)	[rʲɪtu'aːlʲas]
ritueel (bn)	**rituãlinis**	[rʲɪtu'aːlʲɪnʲɪs]
offerande (de)	**aukójimas** (v)	[ɑʊ'koːjɪmas]
bijgeloof (het)	**prietaringùmas** (v)	[prʲiɛtarʲɪn'gʊmas]
bijgelovig (bn)	**prietarìngas**	[prʲiɛta'rʲɪngas]
hiernamaals (het)	**pomirtìnis gyvẽnimas** (v)	[pomʲɪr'tʲɪnʲɪs gʲiː'vʲænʲɪmas]
eeuwige leven (het)	**ámžinas gyvẽnimas** (v)	['amʒʲɪnas gʲiː'vʲænʲɪmas]

DIVERSEN

249. Diverse nuttige woorden

achtergrond (de)	fónas (v)	['fonas]
balans (de)	balánsas (v)	[ba'lʲansas]
basis (de)	bāzė (m)	['ba:zʲe:]
begin (het)	pradžia (m)	[prad'ʒʲæ]
beurt (wie is aan de ~?)	eilė (m)	[ɛɪ'lʲe:]
categorie (de)	kategòrija (m)	[katʲɛ'gorʲɪjɛ]
comfortabel (~ bed, enz.)	patogùs	[pato'gʊs]
compensatie (de)	kompensācija (m)	[kɔmpʲɛn'sa:tsʲɪjɛ]
deel (gedeelte)	dalìs (m)	[da'lʲɪs]
deeltje (het)	dalelýtė (m)	[dalʲɛ'lʲi:tʲe:]
ding (object, voorwerp)	dáiktas (v)	['dʌɪktas]
dringend (bn, urgent)	skubùs	[skʊ'bʊs]
dringend (bw, met spoed)	skubiaì	[skʊ'bʲɛɪ]
effect (het)	efèktas (v)	[ɛ'fɛktas]
eigenschap (kwaliteit)	savýbė (m)	[sa'vʲi:bʲe:]
einde (het)	pabaigà (m)	[pabʌɪ'ga]
element (het)	elemeñtas (v)	[ɛlʲɛ'mʲɛntas]
feit (het)	fāktas (v)	['fa:ktas]
fout (de)	klaidà (m)	[klʲʌɪ'da]
geheim (het)	paslaptìs (m)	[paslʲap'tʲɪs]
graad (mate)	láipsnis (v)	['lʲʌɪpsnʲɪs]
groei (ontwikkeling)	augìmas (v)	[ɑʊ'gʲɪmas]
hindernis (de)	ùžtvara (m)	['ʊʒtvara]
hinderpaal (de)	kliūtis (m)	['klʲu:tʲɪs]
hulp (de)	pagálba (m)	[pa'galʲba]
ideaal (het)	ideālas (v)	[idʲɛ'a:lʲas]
inspanning (de)	pāstangos (m dgs)	['pa:stangos]
keuze (een grote ~)	pasirinkìmas (v)	[pasʲɪrʲɪŋ'kʲɪmas]
labyrint (het)	labirìntas (v)	[lʲabʲɪ'rʲɪntas]
manier (de)	būdas (v)	['bu:das]
moment (het)	momeñtas (v)	[mo'mʲɛntas]
nut (bruikbaarheid)	naudà (m)	[nɑʊ'da]
onderscheid (het)	skìrtumas (v)	['skʲɪrtʊmas]
ontwikkeling (de)	výstymas (v)	['vʲi:stʲi:mas]
oplossing (de)	sprendìmas (v)	[sprʲɛn'dʲɪmas]
origineel (het)	originālas (v)	[orʲɪgʲɪ'na:lʲas]
pauze (de)	páuzė (m)	['pɑʊzʲe:]
positie (de)	pozìcija (m)	[po'zʲɪtsʲɪjɛ]
principe (het)	prìncipas (v)	['prʲɪntsʲɪpas]

225

probleem (het)	problemà (m)	[probl'ɛ'ma]
proces (het)	procèsas (v)	[pro'ts'ɛsas]
reactie (de)	reàkcija (m)	[r'ɛ'a:kts'ɪjɛ]

reden (om ~ van)	priežastìs (m)	[pr'iɛʒas't'ɪs]
risico (het)	rìzika (m)	['r'ɪz'ɪka]
samenvallen (het)	sutapìmas (v)	[suta'p'ɪmas]
serie (de)	sèrija (m)	['s'ɛr'ɪjɛ]

situatie (de)	situàcija (m)	[s'ɪ'tʊa:ts'ɪjɛ]
soort (bijv. ~ sport)	rū̃šis (m)	['ru:ʃɪs]
standaard (bn)	standártinis	[stan'dart'ɪn'ɪs]
standaard (de)	standártas (v)	[stan'dartas]
stijl (de)	stìlius (v)	['st'ɪl'ʊs]

stop (korte onderbreking)	sustojìmas (v)	[susto'jɪmas]
systeem (het)	sistemà (m)	[s'ɪst'ɛ'ma]
tabel (bijv. ~ van Mendelejev)	lentēlė (m)	[l'ɛn't'æl'e:]
tempo (langzaam ~)	tempas (v)	['t'ɛmpas]
term (medische ~en)	tèrminas (v)	['t'ɛrm'ɪnas]

type (soort)	tìpas (v)	['t'ɪpas]
variant (de)	variántas (v)	[var'ɪ'jantas]
veelvuldig (bn)	dãžnas	['da:ʒnas]
vergelijking (de)	palýginimas (v)	[pa'l'i:g'ɪn'ɪmas]
voorbeeld (het goede ~)	pavyzdỹs (v)	[pav'i:z'd'i:s]

voortgang (de)	progrèsas (v)	[pro'gr'ɛsas]
voorwerp (ding)	objèktas (v)	[ob'jɛktas]
vorm (uiterlijke ~)	fòrma (m)	['forma]
waarheid (de)	tiesà (m)	[t'iɛ'sa]
zone (de)	zonà (m)	[zo'na]

250. Beperkende bijwoorden. Bijvoeglijke naamwoorden. Deel 1

accuraat (uurwerk, enz.)	tvarkìngas	[tvar'k'ɪngas]
achter- (abn)	užpakalìnis	[uʒpaka'l'ɪn'ɪs]
additioneel (bn)	papìldomas	[pa'p'ɪl'domas]
anders (bn)	įvairùs	[i:vʌɪ'rʊs]

arm (bijv. ~e landen)	skurdùs	[skʊr'dʊs]
begrijpelijk (bn)	aiškus	['ʌɪʃkʊs]
belangrijk (bn)	svarbùs	[svar'bʊs]
belangrijkst (bn)	svarbiáusias	[svar'b'æʊs'æs]

beleefd (bn)	mandagùs	[manda'gʊs]
beperkt (bn)	ribótas	[r'ɪ'botas]
betekenisvol (bn)	reikšmìngas	[r'ɛɪkʃ'm'ɪngas]
bijziend (bn)	trumparēgis	[trʊmpa'r'æg'ɪs]
binnen- (abn)	vidìnis	[v'ɪ'd'ɪn'ɪs]

bitter (bn)	kartùs	[kar'tʊs]
blind (bn)	ãklas	['a:kl'as]
breed (een ~e straat)	platùs	[pl'a'tʊs]

breekbaar (porselein, glas)	trapùs	[tra'pʊs]
buiten- (abn)	išorìnis	[ɪʃoˈrʲɪnʲɪs]
buitenlands (bn)	užsieniètiškas	[ʊʒsʲiɛˈnʲɛtʲɪʃkas]
burgerlijk (bn)	piliètinis	[pʲɪˈlʲɛtʲɪnʲɪs]
centraal (bn)	centrìnis	[tsʲɛnˈtrʲɪnʲɪs]
dankbaar (bn)	dėkìngas	[dʲeːˈkʲɪngas]
dicht (~e mist)	tìrštas	[ˈtʲɪrʃtas]
dicht (bijv. ~e mist)	tánkus	[ˈtaŋkʊs]
dicht (in de ruimte)	artimas	[ˈartʲɪmas]
dicht (bn)	artimas	[ˈartʲɪmas]
dichtstbijzijnd (bn)	artimiáusias	[artʲɪˈmʲæʊsʲæs]
diepvries (~product)	užšáldytas	[ʊʒˈʃalʲdʲiːtas]
dik (bijv. muur)	stóras	[ˈstoras]
dof (~ licht)	blánkus	[ˈblʲaŋkʊs]
dom (dwaas)	kvaìlas	[ˈkvʌɪlʲas]
donker (bijv. ~e kamer)	tamsùs	[tamˈsʊs]
dood (bn)	mìręs	[ˈmʲɪrʲɛːs]
doorzichtig (bn)	skaidrùs	[skʌɪdˈrʊs]
droevig (~ blik)	liũdnas	[ˈlʲuːdnas]
droog (bn)	saũsas	[ˈsɑʊsas]
dun (persoon)	plónas	[ˈplʲonas]
duur (bn)	brangùs	[branˈgʊs]
eender (bn)	didžiùlis	[dʲɪˈdʒʲʊlʲɪs]
eenvoudig (bn)	páprastas	[ˈpaprastas]
eenvoudig (bn)	páprastas	[ˈpaprastas]
eeuwenoude (~ beschaving)	senóvinis	[sʲɛˈnovʲɪnʲɪs]
enorm (bn)	vienódas	[vʲiɛˈnodas]
geboorte- (stad, land)	gimtas	[ˈgʲɪmtas]
gebruind (bn)	įdēgęs	[iːˈdʲægʲɛːs]
gelijkend (bn)	panašùs	[panaˈʃʊs]
gelukkig (bn)	laimìngas	[lʲʌɪˈmʲɪngas]
gesloten (bn)	uždarýtas, ùždaras	[ʊʒdarʲiːtas], [ˈʊʒdaras]
getaand (bn)	tamsaũs gymio	[tamˈsɑʊs ˈgʲiːmʲɔ]
gevaarlijk (hn)	pavojìngas	[pavoˈjɪngas]
gewoon (bn)	páprastas	[ˈpaprastas]
gezamenlijk (~ besluit)	bendras	[ˈbʲɛndras]
glad (~ oppervlak)	lýgus	[ˈlʲiːgʊs]
glad (~ oppervlak)	lýgus	[ˈlʲiːgʊs]
goed (bn)	gẽras	[ˈgʲæras]
goedkoop (bn)	pigùs	[pʲɪˈgʊs]
gratis (bn)	nemókamas	[nʲɛˈmokamas]
groot (bn)	dìdelis	[ˈdʲɪdʲɛlʲɪs]
hard (niet zacht)	kíetas	[ˈkʲiɛtas]
heel (volledig)	pìlnas, vìsiškas	[ˈpʲɪlʲnas], [ˈvʲɪsʲɪʃkas]
heet (bn)	kárštas	[ˈkarʃtas]
hongerig (bn)	álkanas	[ˈalʲkanas]

hoofd- (abn)	svarbus	[svar'bus]
hoogste (bn)	aukščiausias	[aukʃ'ts¹æus¹æs]
huidig (courant)	tikras	['t¹ɪkras]
jong (bn)	jaunas	['jaunas]

juist, correct (bn)	teisingas	[t¹ɛɪ's¹ɪngas]
kalm (bn)	ramus	[ra'mus]
kinder- (abn)	vaikiškas	['vʌɪk¹ɪʃkas]
klein (bn)	mažas	['maːʒas]
koel (~ weer)	vėsus	[v¹eː'sus]

kort (kortstondig)	trumpalaikis	[trumpa'l¹ʌɪk¹ɪs]
kort (niet lang)	trumpas	['trumpas]
koud (~ water, weer)	šaltas	['ʃal¹tas]
kunstmatig (bn)	dirbtinis	[d¹ɪrp't¹ɪn¹ɪs]

laatst (bn)	paskutinis	[pasku't¹ɪn¹ɪs]
lang (een ~ verhaal)	ilgas	['ɪl¹gas]
langdurig (bn)	ilgalaikis	[ɪl¹ga'lʌɪk¹ɪs]
lastig (~ probleem)	sudėtingas	[sud¹eː't¹ɪngas]

leeg (glas, kamer)	tuščias	['tuʃts¹æs]
lekker (bn)	skanus	[ska'nus]
licht (kleur)	šviesus	[ʃv¹ɛ'sus]
licht (niet veel weegt)	lengvas	['l¹ɛngvas]

linker (bn)	kairys	[kʌɪ'r¹iːs]
luid (bijv. ~e stem)	stiprus	[st¹ɪp'rus]
mager (bn)	sulysęs	[su'l¹iːs¹ɛːs]
mat (bijv. ~ verf)	matinis	['maːt¹ɪn¹ɪs]
moe (bn)	pavargęs	[pa'varg¹ɛːs]

moeilijk (~ besluit)	sunkus	[suŋ'kus]
mogelijk (bn)	įmanomas	[iː'maːnomas]
mooi (bn)	gražus	[gra'ʒus]
mysterieus (bn)	paslaptingas	[pasl¹ap't¹ɪngas]

naburig (bn)	kaimyninis	[kʌɪ'm¹iːn¹ɪn¹ɪs]
nalatig (bn)	atsainus	[atsʌɪ'nus]
nat (~te kleding)	šlapias	['ʃl¹aːp¹æs]
nerveus (bn)	nervuotas	[n¹ɛr'vuatas]
niet groot (bn)	nedidelis	[n¹ɛ'd¹ɪd¹ɛl¹ɪs]

niet moeilijk (bn)	nesunkus	[n¹ɛsuŋ'kus]
nieuw (bn)	naujas	['naujas]
nodig (bn)	reikalingas	[r¹ɛɪka'l¹ɪngas]
normaal (bn)	normalus	[norma'l¹us]

251. Beperkende bijwoorden. Bijvoeglijke naamwoorden. Deel 2

onbegrijpelijk (bn)	neaiškus	[n¹ɛ'ʌɪʃkus]
onbelangrijk (bn)	nereikšmingas	[n¹ɛr¹ɛɪkʃ'm¹ɪngas]
onbeweeglijk (bn)	nejudantis	['n¹ɛjudant¹ɪs]
onbewolkt (bn)	giedras	['g¹ɛdras]

ondergronds (geheim)	pógrindinis	['pogrʲɪndʲɪnʲɪs]
ondiep (bn)	seklùs	[sʲɛk'lʲʊs]
onduidelijk (bn)	neaĩškus	[nʲɛ'ʌɪʃkʊs]
onervaren (bn)	nepatýrę̃s	[nʲɛpa'tʲiːrʲɛːs]
onmogelijk (bn)	neįmãnomas	[nʲɛɪ:'ma:nomas]
onontbeerlijk (bn)	bū́tinas	['buː'tʲɪnas]

onophoudelijk (bn)	nepértraukiamas	[nʲɛ'pʲɛrtrɑukʲæmas]
ontkennend (bn)	neĩgiamas	['nʲɛɪgʲæmas]
open (bn)	atidarýtas	[atʲɪda'rʲiːtas]
openbaar (bn)	visuomenìnis	[vʲɪsʊamʲɛ'nʲɪnʲɪs]
origineel (ongewoon)	originalùs	[orʲɪgʲɪna'lʲʊs]

oud (~ huis)	sẽnas	['sʲænas]
overdreven (bn)	besaĩkis	[bʲɛ'sʌɪkʲɪs]
passend (bn)	tiñkamas	['tʲɪŋkamas]
permanent (bn)	nuolatìnis	[nʊalʲa'tʲɪnʲɪs]
persoonlijk (bn)	privatùs	[prʲɪva'tʊs]

plat (bijv. ~ scherm)	plókščias	['plʲokʃtʂʲæs]
prachtig (~ paleis, enz.)	nuostabùs	[nʊasta'bʊs]
precies (bn)	tikslùs	[tʲɪks'lʲʊs]
prettig (bn)	malonùs	[malʲo'nʊs]
privé (bn)	asmenìnis	[asmʲɛ'nʲɪnʲɪs]

punctueel (bn)	punktualùs	[pʊŋktʊa'lʲʊs]
rauw (niet gekookt)	žãlias	['ʒaːlʲæs]
recht (weg, straat)	tiesùs	[tʲɪɛ'sʊs]
rechter (bn)	dešinỹs	[dʲɛʃɪ'nʲiːs]
rijp (fruit)	prisírpę̃s	[prʲɪ'sʲɪrpʲɛːs]

riskant (bn)	rizikìngas	[rʲɪzʲɪ'kʲɪngas]
ruim (een ~ huis)	erdvùs	[ɛrd'vʊs]
rustig (bn)	ramùs	[ra'mʊs]
scherp (bijv. ~ mes)	aštrùs	[aʃ'trʊs]
schoon (niet vies)	švarùs	[ʃva'rʊs]

slecht (bn)	blõgas	['blʲoːgas]
slim (verstandig)	protìngas	[pro'tʲɪngas]
smal (~le weg)	siaũras	['sʲɛʊras]
snel (vlug)	greĩtas	['grʲɛɪtas]
somber (bn)	niūrùs	[nʲuː'rʊs]
speciaal (bn)	specialùs	[spʲɛtsʲɪja'lʲʊs]

sterk (bn)	stiprùs	[stʲɪp'rʊs]
stevig (bn)	patvarùs	[patva'rʊs]
straatarm (bn)	skurdùs	[skʊr'dʊs]
teder (liefderijk)	švelnùs	[ʃvʲɛlʲ'nʊs]

tegenovergesteld (bn)	príešingas	['prʲiɛʃɪngas]
tevreden (bn)	paténkintas	[pa'tʲɛŋkʲɪntas]
tevreden (klant, enz.)	paténkintas	[pa'tʲɛŋkʲɪntas]
treurig (bn)	liūdnas	['lʲuːdnas]
tweedehands (bn)	naudótas	[nɑu'dotas]
uitstekend (bn)	puikùs	[pʊi'kʊs]
uitstekend (bn)	puikùs	[pʊi'kʊs]

uniek (bn)	unikalùs	[ʊnⁱɪka'lⁱʊs]
veilig (niet gevaarlijk)	saugùs	[sɑʊ'gʊs]
ver (in de ruimte)	tólimas	['tolⁱɪmas]

verenigbaar (bn)	sudễrinamas	[sʊ'dⁱær'ɪnamas]
vermoeiend (bn)	várginantis	['vargⁱɪnantⁱɪs]
verplicht (bn)	privãlomas	[prⁱɪ'va:lⁱomas]
vers (~ brood)	šviễžias	['ʃvⁱɛʒⁱæs]
verschillende (bn)	skirtìngas	[skⁱɪr't'ɪngas]

verst (meest afgelegen)	tólimas	['tolⁱɪmas]
vettig (voedsel)	riebùs	[rⁱiɛ'bʊs]
vijandig (bn)	príešiškas	['prⁱiɛʃⁱɪʃkas]
vloeibaar (bn)	skýstas	['skⁱi:stas]
vochtig (bn)	drễgnas	['drⁱe:gnas]
vol (helemaal gevuld)	pìlnas	['pⁱɪlⁱnas]

volgend (~ jaar)	tolèsnis	[to'lⁱɛsnⁱɪs]
vorig (bn)	prãeitas	['praⁱɛɪtas]
voornaamste (bn)	pagrindìnis	[pagrⁱɪn'dⁱɪnⁱɪs]
vorig (~ jaar)	prãễjęs	[pra'e:jɛ:s]

vriendelijk (aardig)	míelas	['mⁱiɛlⁱas]
vriendelijk (goedhartig)	gễras	['gⁱæras]
vrij (bn)	laĩsvas	['lⁱʌɪsvas]
vrolijk (bn)	liñksmas	['lⁱɪŋksmas]
vruchtbaar (~ land)	vaisìngas	[vʌɪ'sⁱɪngas]

vuil (niet schoon)	pùrvinas	['pʊrvⁱɪnas]
waarschijnlijk (bn)	tikễtinas	[t'ɪ'kⁱe:t'ɪnas]
warm (bn)	šĩltas	['ʃɪlⁱtas]
wettelijk (bn)	teisễtas	[t'ɛɪ'sⁱe:tas]
zacht (bijv. ~ kussen)	mìnkštas	['mⁱɪŋkʃtas]

zacht (bn)	tylùs	[tⁱi:'lⁱʊs]
zeldzaam (bn)	rễtas	['rⁱætas]
ziek (bn)	sergantis	['sⁱɛrgantⁱɪs]
zoet (~ water)	gễlas	['gⁱe:lⁱas]
zoet (bn)	saldùs	[salⁱ'dʊs]

zonnig (~e dag)	saulễtas	[sɑʊ'lⁱe:tas]
zorgzaam (bn)	rūpestìngas	[ru:pⁱɛs't'ɪngas]
zout (de soep is ~)	sūrùs	[su:'rʊs]
zuur (smaak)	rūgštùs	[ru:gʃtʊs]
zwaar (~ voorwerp)	sunkùs	[sʊŋ'kʊs]

DE 500 BELANGRIJKSTE WERKWOORDEN

252. Werkwoorden A-C

aaien (bijv. een konijn ~)	glóstyti	['glˈostˈiːtˈɪ]
aanbevelen (ww)	rekomendúoti	[rˈɛkomˈɛn'dʊatˈɪ]
aandringen (ww)	reikaláuti	[rˈɛɪka'lˈaʊtˈɪ]
aankomen (ov. de treinen)	atvýkti	[at'vˈiːktˈɪ]
aanleggen (bijv. bij de pier)	švartúoti	[ʃvar'tʊatˈɪ]
aanraken (met de hand)	liẽstis	['lˈɛstˈɪs]
aansteken (kampvuur, enz.)	uždègti	[ʊʒ'dˈɛktˈɪ]
aanstellen (in functie plaatsen)	skìrti	['skˈɪrtˈɪ]
aanvallen (mil.)	atakúoti	[ata'kʊatˈɪ]
aanvoelen (gevaar ~)	jaũsti	['jaʊstˈɪ]
aanvoeren (leiden)	vadováuti	[vado'vaʊtˈɪ]
aanwijzen (de weg ~)	nuródyti	[nʊ'rodˈiːtˈɪ]
aanzetten (computer, enz.)	įjùngti	[iː'jʊŋktˈɪ]
ademen (ww)	kvėpúoti	[kvˈe:'pʊatˈɪ]
adverteren (ww)	reklamúoti	[rˈɛklˈa'mʊatˈɪ]
adviseren (ww)	patarti	[pa'tartˈɪ]
afdalen (on.ww.)	leĩstis	['lˈɛɪstˈɪs]
afgunstig zijn (ww)	pavydéti	[pavˈiː'dˈeːtˈɪ]
afhakken (ww)	nukirstì	[nʊkˈɪrs'tˈɪ]
afhangen van ...	priklausýti nuõ ...	[prˈɪklˈaʊ'sˈiːtˈɪ nʊa ...]
afluisteren (ww)	pasiklausýti	[pasˈɪklˈaʊ'sˈiːtˈɪ]
afnemen (verwijderen)	nuiminéti	[nʊimˈɪ'nˈeːtˈɪ]
afrukken (ww)	atplė́šti	[at'plˈe:ʃtˈɪ]
afslaan (naar rechts ~)	sùkti	['sʊktˈɪ]
afsnijden (ww)	atkìrpti	[at'kˈɪrptˈɪ]
afzeggen (ww)	atšaũktl	[at'ʃaʊktˈɪ]
amputeren (ww)	amputúoti	[ampʊ'tʊatˈɪ]
amuseren (ww)	smãginti	['sma:gˈɪntˈɪ]
antwoorden (ww)	atsakinéti	[atsakˈɪ'nˈeːtˈɪ]
applaudisseren (ww)	plóti	['plˈotˈɪ]
aspireren (iets willen worden)	síekti	['sˈiɛktˈɪ]
assisteren (ww)	asistúoti	[asˈɪs'tʊatˈɪ]
bang zijn (ww)	bijóti	[bˈɪ'jotˈɪ]
barsten (plafond, enz.)	skilinéti	[skˈɪlˈɪ'nˈeːtˈɪ]
bedienen (in restaurant)	aptarnáuti	[aptar'naʊtˈɪ]
bedreigen (bijv. met een pistool)	grasìnti	[gra'sˈɪntˈɪ]

bedriegen (ww)	apgáuti	[ap'gɑutʲɪ]
beduiden (betekenen)	réikšti	[ˈrʲɛɪkʃtʲɪ]
bedwingen (ww)	sulaikýti	[sʊlʲʌɪ'kʲiːtʲɪ]
beëindigen (ww)	pabaĩgti	[pa'bʌɪktʲɪ]

begeleiden (vergezellen)	lydéti	[lʲiː'dʲeːtʲɪ]
begieten (water geven)	laístyti	[ˈlʲʌɪstʲiːtʲɪ]
beginnen (ww)	pradéti	[pra'dʲeːtʲɪ]
begrijpen (ww)	suprásti	[sʊp'rastʲɪ]
behandelen (patiënt, ziekte)	gýdyti	[ˈgʲiːdʲiːtʲɪ]

beheren (managen)	vadováuti	[vado'vɑutʲɪ]
beïnvloeden (ww)	darýti įtaką	[da'rʲiːtʲɪ 'iːtaka:]
bekennen (misdadiger)	prisipažìnti	[prʲɪsʲɪpa'ʒʲɪntʲɪ]
beledigen (met scheldwoorden)	įžeidinéti	[iːʒʲɛɪdʲɪrʲnʲeːtʲɪ]

beledigen (ww)	skriaũsti	[ˈskrʲɛʊstʲɪ]
beloven (ww)	žadéti	[ʒa'dʲeːtʲɪ]
beperken (de uitgaven ~)	ribóti	[rʲɪ'botʲɪ]
bereiken (doel ~, enz.)	síekti	[ˈsʲiɛktʲɪ]

bereiken (plaats van bestemming ~)	pasíekti	[pa'sʲiɛktʲɪ]
beschermen (bijv. de natuur ~)	sáugoti	[ˈsɑugotʲɪ]
beschuldigen (ww)	káltinti	[ˈkalʲtʲɪntʲɪ]
beslissen (~ iets te doen)	sprésti	[ˈsprʲeːstʲɪ]

besmet worden (met …)	užsikrèsti	[ʊʒsʲɪ'krʲeːstʲɪ]
besmetten (ziekte overbrengen)	užkrèsti	[ʊʒ'krʲeːstʲɪ]
bespreken (spreken over)	aptárti	[ap'tartʲɪ]
bestaan (een ~ voeren)	egzistúoti	[ɛgzʲɪs'tʊɑtʲɪ]

bestellen (eten ~)	užsakinéti	[ʊʒsakʲɪrʲnʲeːtʲɪ]
bestraffen (een stout kind ~)	baũsti	[ˈbɑustʲɪ]
betalen (ww)	mokéti	[mo'kʲeːtʲɪ]
betekenen (beduiden)	réikšti	[ˈrʲɛɪkʃtʲɪ]

betreuren (ww)	gailétis	[gʌɪ'lʲɪeːtʲɪs]
bevallen (prettig vinden)	patìkti	[pa'tʲɪktʲɪ]
bevelen (mil.)	įsakýti	[iːsa'kʲiːtʲɪ]
bevredigen (ww)	ténkinti	[ˈtʲɛŋkʲɪntʲɪ]

bevrijden (stad, enz.)	išláisvinti	[ɪʃˈlʲʌɪsvʲɪntʲɪ]
bewaren (oude brieven, enz.)	sáugoti	[ˈsɑugotʲɪ]
bewaren (vrede, leven)	sáugoti	[ˈsɑugotʲɪ]
bewijzen (ww)	įrodynéti	[iːrodʲɪː'nʲeːtʲɪ]

bewonderen (ww)	žavétis	[ʒa'vʲeːtʲɪs]
bezitten (ww)	turéti	[tʊ'rʲeːtʲɪ]
bezorgd zijn (ww)	jáudintis	[ˈjɑudʲɪntʲɪs]
bezorgd zijn (ww)	jáudintis	[ˈjɑudʲɪntʲɪs]
bidden (praten met God)	mèlstis	[ˈmʲɛlˈstʲɪs]
bijvoegen (ww)	papìldyti	[pa'pʲɪlʲdʲiːtʲɪ]

binden (ww)	surišti	[su'rɪʃtʲɪ]
binnengaan (een kamer ~)	įeiti	[iː'ɛɪtʲɪ]

blazen (ww)	pūsti	['puːstʲɪ]
blozen (zich schamen)	raudonúoti	[raʊdo'nʊɑtʲɪ]
blussen (brand ~)	gesìnti	[gʲɛˈsʲɪntʲɪ]
boos maken (ww)	pýkdyti	['pʲiːkdʲiːtʲɪ]

boos zijn (ww)	pýkti ant ...	['pʲiːktʲɪ ant ...]
breken	plýšti	['plʲiːʃtʲɪ]
(on.ww., van een touw)		
breken (speelgoed, enz.)	láužyti	['lʲaʊʒʲiːtʲɪ]
brengen (iets ergens ~)	atvežti	[at'vʲɛʒtʲɪ]

charmeren (ww)	žavéti	[ʒa'vʲeːtʲɪ]
citeren (ww)	cituoti	[tsʲɪ'tʊɑtʲɪ]
compenseren (ww)	kompensúoti	[kɔmpʲɛn'sʊɑtʲɪ]
compliceren (ww)	apsunkinti	[ap'sʊŋkʲɪntʲɪ]

componeren (muziek ~)	kùrti	['kʊrtʲɪ]
compromitteren (ww)	kompromitúoti	[kɔmprom'ɪ'tʊɑtʲɪ]
concurreren (ww)	konkurúoti	[kɔŋku'rʊɑtʲɪ]
controleren (ww)	kontroliúoti	[kɔntro'lʲʊɑtʲɪ]

coöpereren (samenwerken)	bendradarbiáuti	[bʲɛndradar'bʲæʊtʲɪ]
coördineren (ww)	koordinúoti	[kɔord'ɪ'nʊɑtʲɪ]
corrigeren (fouten ~)	taisýti	[tʌɪ'sʲiːtʲɪ]
creëren (ww)	sukùrti	[su'kʊrtʲɪ]

253. Werkwoorden D-K

danken (ww)	dėkóti	[dʲeːˈkotʲɪ]
de was doen	skálbti	['skalʲptʲɪ]
de weg wijzen	nukreĩpti	[nʊk'rʲɛɪptʲɪ]
deelnemen (ww)	dalyváuti	[dalʲiːˈvaʊtʲɪ]
delen (wisk.)	dalìnti	[da'lʲɪntʲɪ]

denken (ww)	galvóti	[galʲ'votʲɪ]
doden (ww)	žudýti	[ʒu'dʲiːtʲɪ]
doen (ww)	darýti	[da'rʲiːtʲɪ]
dresseren (ww)	dresúoti	[drʲɛ'sʊɑtʲɪ]

drinken (ww)	gérti	['gʲɛrtʲɪ]
drogen (klederen, haar)	džiovìnti	[dʒʲo'vʲɪntʲɪ]
dromen (in de slaap)	sapnúoti	[sap'nʊɑtʲɪ]
dromen (over vakantie ~)	svajóti	[sva'jotʲɪ]
duiken (ww)	nárdyti	['nardʲiːtʲɪ]

durven (ww)	išdrį̃sti	[ɪʃ'drʲɪːstʲɪ]
duwen (ww)	stùmti	['stʊmtʲɪ]
een auto besturen	vairúoti mašìną	[vʌɪ'rʊɑtʲɪ ma'ʃɪnaː]
een bad geven	máudyti	['maʊdʲiːtʲɪ]
een bad nemen	praũstis	['praʊstʲɪs]
een conclusie trekken	darýti ìšvadas	[da'rʲiːtʲɪ 'ɪʃvadas]

233

foto's maken	fotografúoti	[fotogra'fuat'ɪ]
eisen (met klem vragen)	reikaláuti	[rʲɛɪka'lʲɑʊt'ɪ]
erkennen (schuld)	pripažìnti	[prʲɪpa'ʒʲɪnt'ɪ]
erven (ww)	paveldéti	[pavelʲ'dʲe:t'ɪ]

eten (ww)	válgyti	['valʲgʲi:t'ɪ]
excuseren (vergeven)	atléisti	[at'lʲɛɪst'ɪ]
existeren (bestaan)	egzistúoti	[ɛgzʲɪs'tuat'ɪ]
feliciteren (ww)	sveikinti	['svʲɛɪkʲɪnt'ɪ]
gaan (te voet)	eiti	['ɛɪt'ɪ]

gaan slapen	gultis miegóti	['gʊlʲt'ɪs mʲiɛ'got'ɪ]
gaan zitten (ww)	atsisésti	[atsʲɪ'sʲe:st'ɪ]
gaan zwemmen	máudytis	['mɑʊdʲi:t'ɪs]
garanderen (garantie geven)	garantúoti	[garan'tuat'ɪ]

gebruiken (bijv. een potlood ~)	naudótis	[nɑʊ'dot'ɪs]
gebruiken (woord, uitdrukking)	naudóti	[nɑʊ'dot'ɪ]
geconserveerd zijn (ww)	išsisáugoti	[ɪʃsʲɪ'sɑʊgot'ɪ]
gedateerd zijn (ww)	datúoti	[da'tuat'ɪ]
gehoorzamen (ww)	búti pavaldžiám	['bu:t'ɪ pavalʲ'dʒʲæm]

gelijken (op elkaar lijken)	búti panašiù	['bu:t'ɪ pana'ʃʊ]
geloven (vinden)	manýti	[ma'nʲi:t'ɪ]
genoeg zijn (ww)	užteks	[ʊʒ'tʲɛks]
geven (ww)	dúoti	['duat'ɪ]
gieten (in een beker ~)	pilti	['pʲɪlʲt'ɪ]

glimlachen (ww)	šypsótis	[ʃiː'p'sot'ɪs]
glimmen (glanzen)	žibéti	[ʒʲɪ'bʲe:t'ɪ]
gluren (ww)	stebéti	[ste'bʲe:t'ɪ]
goed raden (ww)	spéti	['spʲe:t'ɪ]
gooien (een steen, enz.)	mesti	['mʲɛst'ɪ]

grappen maken (ww)	juokáuti	[jʊɑ'kɑʊt'ɪ]
graven (tunnel, enz.)	ráuti	['rɑʊt'ɪ]
haasten (iemand ~)	skùbinti	['skʊbʲɪnt'ɪ]
hebben (ww)	turéti	[tʊ'rʲe:t'ɪ]
helpen (hulp geven)	padéti	[pa'dʲe:t'ɪ]

herhalen (opnieuw zeggen)	kartóti	[kar'tot'ɪ]
herinneren (ww)	atmiñti	[at'mʲɪnt'ɪ]
herinneren aan ... (afspraak, opdracht)	primiñti	[prʲɪ'mʲɪnt'ɪ]
herkennen (identificeren)	atpažìnti	[atpa'ʒʲɪnt'ɪ]
herstellen (repareren)	taisýti	[tʌɪ'sʲi:t'ɪ]

het haar kammen	šukúotis	[ʃʊ'kuat'ɪs]
hopen (ww)	tikétis	[tʲɪ'kʲe:t'ɪs]
horen (waarnemen met het oor)	girdéti	[gʲɪr'dʲe:t'ɪ]
houden van (muziek, enz.)	mégti	['mʲe:kt'ɪ]
huilen (wenen)	verkti	['vʲɛrkt'ɪ]
huiveren (ww)	krũpčioti	['kru:ptʂʲot'ɪ]

huren (een boot ~)	núomotis	['nʊamotʲɪs]
huren (huis, kamer)	núomotis	['nʊamotʲɪs]
huren (personeel)	samdýti	[sam'dʲi:tʲɪ]
imiteren (ww)	imitúoti	[ɪmʲɪ'tʊatʲɪ]

importeren (ww)	importúoti	[ɪmpor'tʊatʲɪ]
inenten (vaccineren)	skiépyti	['skʲɛpʲi:tʲɪ]
informeren (informatie geven)	informúoti	[ɪnfor'mʊatʲɪ]
informeren naar ... (navraag doen)	sužinóti	[sʊʒʲɪ'notʲɪ]
inlassen (invoegen)	įterpti	[i:'tʲɛrptʲɪ]

inpakken (in papier)	įvynióti	[i:vʲɪ:'nʲotʲɪ]
inspireren (ww)	įkvépti	[i:k'vʲe:ptʲɪ]
instemmen (akkoord gaan)	sutìkti	[sʊ'tʲɪktʲɪ]
interesseren (ww)	dóminti	['do:mʲɪntʲɪ]

irriteren (ww)	érzinti	['ɛrzʲɪntʲɪ]
isoleren (ww)	izoliúoti	[ɪzo'lʲʊatʲɪ]
jagen (ww)	medžióti	[mʲɛ'dʒʲotʲɪ]
kalmeren (kalm maken)	ramìnti	[ra'mʲɪntʲɪ]

kennen (kennis hebben van iemand)	pažinóti	[paʒʲɪ'notʲɪ]
kennismaken (met ...)	susipažìnti	[sʊsʲɪpa'ʒʲɪntʲɪ]
kiezen (ww)	išsirìnkti	[ɪʃsʲɪ'rʲɪŋktʲɪ]
kijken (ww)	žiūréti	[ʒʲu:'rʲe:tʲɪ]

klaarmaken (een plan ~)	paruõšti	[pa'rʊaʃtʲɪ]
klaarmaken (het eten ~)	gamìnti	[ga'mʲɪntʲɪ]
klagen (ww)	skųstis	['sku:stʲɪs]
kloppen (aan een deur)	bélsti	['bʲɛlʲstʲɪ]

kopen (ww)	pìrkti	['pʲɪrktʲɪ]
kopieën maken	dáuginti	['daʊgʲɪntʲɪ]
kosten (ww)	kainúoti	[kʌɪ'nʊatʲɪ]
kunnen (ww)	galéti	[ga'lʲe:tʲɪ]
kweken (planten ~)	augìnti	[aʊ'gʲɪntʲɪ]

254. Werkwoorden L-R

lachen (ww)	juõktis	['jʊaktʲɪs]
laden (geweer, kanon)	užtaisýti	[ʊʒtʌɪ'sʲi:tʲɪ]
laden (vrachtwagen)	kráuti	['kraʊtʲɪ]
laten vallen (ww)	išmèsti	[ɪʃ'mʲɛstʲɪ]

lenen (geld ~)	skõlintis	['sko:lʲɪntʲɪs]
leren (lesgeven)	mokìnti	[mo'kʲɪntʲɪ]
leven (bijv. in Frankrijk ~)	gyvénti	[gʲi:'vʲɛntʲɪ]
lezen (een boek ~)	skaitýti	[skʌɪ'tʲi:tʲɪ]

lid worden (ww)	prisijùngti	[prʲɪsʲɪ'jʊŋktʲɪ]
liefhebben (ww)	myléti	[mʲi:'lʲe:tʲɪ]
liegen (ww)	melúoti	[mʲɛ'lʲʊatʲɪ]

liggen (op de tafel ~)	guléti	[gʊ'lʲeːtʲɪ]
liggen (persoon)	guléti	[gʊ'lʲeːtʲɪ]
lijden (pijn voelen)	kentéti	[kʲɛn'tʲeːtʲɪ]
losbinden (ww)	atryšti	[at'rʲiːʃtʲɪ]
luisteren (ww)	klausýti	[klʲɑʊ'sʲiːtʲɪ]

lunchen (ww)	pietáuti	[pʲiɛ'tɑʊtʲɪ]
markeren (op de kaart, enz.)	atžyméti	[atʒʲiː'mʲeːtʲɪ]
melden (nieuws ~)	pranešti	[pra'nʲɛʃtʲɪ]
memoriseren (ww)	įsimiñti	[iːsʲɪ'mʲɪntʲɪ]

mengen (ww)	maišýti	[mʌɪ'ʃiːtʲɪ]
mikken op (ww)	taikytis į ...	['tʌɪkʲiːtʲɪs iː ..]
minachten (ww)	niekinti	['nʲɛkʲɪntʲɪ]
moeten (ww)	privaléti	[prʲɪva'lʲeːtʲɪ]

morsen (koffie, enz.)	išpìlti	[ɪʃpʲɪlʲtʲɪ]
naderen (dichterbij komen)	artéti	[ar'tʲeːtʲɪ]
neerlaten (ww)	nuleisti	[nʊ'lʲɛɪstʲɪ]
nemen (ww)	imti	['ɪmtʲɪ]

nodig zijn (ww)	būti reikalìngu	['buːtʲɪ rʲɛɪka'lʲɪngʊ]
noemen (ww)	vadìnti	[va'dʲɪntʲɪ]
noteren (opschrijven)	pažyméti	[paʒʲiː'mʲɛːtʲɪ]
omhelzen (ww)	apkabìnti	[apka'bʲɪntʲɪ]

omkeren (steen, voorwerp)	apvérsti	[ap'vʲɛrstʲɪ]
onderhandelen (ww)	vèsti derýbas	['vʲɛstʲɪ dʲɛ'rʲiːbas]
ondernemen (ww)	imtis	['ɪmtʲɪs]
onderschatten (ww)	neįvértinti	[nʲɛɪ:'vʲɛrtʲɪntʲɪ]

onderscheiden (een ereteken geven)	apdovanóti	[apdova'notʲɪ]
onderstrepen (ww)	pabréžti	[pa'brʲeːʒtʲɪ]
ondertekenen (ww)	pasirašýti	[pasʲɪra'ʃiːtʲɪ]
onderwijzen (ww)	instruktúoti	[ɪnstrʊk'tʊatʲɪ]

onderzoeken (alle feiten, enz.)	apsvarstýti	[apsvars'tʲiːtʲɪ]
bezorgd maken	jáudinti	['jɑʊdʲɪntʲɪ]
ontbijten (ww)	pùsryčiauti	['pʊsrʲiːtʃʲɛʊtʲɪ]

ontdekken (bijv. nieuw land)	atvérti	[at'vʲɛrtʲɪ]
ontkennen (ww)	neigtì	[nʲɛɪk'tʲɪ]
ontlopen (gevaar, taak)	véngti	['vʲɛŋktʲɪ]
ontnemen (ww)	atimti	[a'tʲɪmtʲɪ]

ontwerpen (machine, enz.)	projektúoti	[projɛk'tʊatʲɪ]
oorlog voeren (ww)	kariáuti	[ka'rʲæʊtʲɪ]
op orde brengen	tvarkýti	[tvar'kʲiːtʲɪ]
opbergen (in de kast, enz.)	paslėpti	[pas'lʲeːptʲɪ]
opduiken (ov. een duikboot)	išnìrti	[ɪʃ'nʲɪrtʲɪ]

openen (ww)	atidarýti	[atʲɪda'rʲiːtʲɪ]
ophangen (bijv. gordijnen ~)	kabìnti	[ka'bʲɪntʲɪ]
ophouden (ww)	liáutis	['lʲæʊtʲɪs]

oplossen (een probleem ~)	sprę́sti	['sprʲe:stʲɪ]
opmerken (zien)	pastebė́ti	[paste'bʲe:tʲɪ]

opmerken (zien)	pamatýti	[pama'tʲi:tʲɪ]
opscheppen (ww)	gìrtis	['gʲɪrtʲɪs]
opschrijven (op een lijst)	įrašinė́ti	[i:raʃɪ'nʲe:tʲɪ]
opschrijven (ww)	užrašinė́ti	[ʊʒraʃɪ'nʲe:tʲɪ]

opstaan (uit je bed)	kéltis	['kʲɛlʲtʲɪs]
opstarten (project, enz.)	pradė́ti	[pra'dʲe:tʲɪ]
opstijgen (vliegtuig)	kìlti	['kʲɪlʲtʲɪ]
optreden (resoluut ~)	veĩkti	['vʲɛɪktʲɪ]

organiseren (concert, feest)	surengti	[sʊ'rʲɛŋktʲɪ]
overdoen (ww)	pérdaryti	['pʲɛrdarʲi:tʲɪ]
overheersen (dominant zijn)	turė́ti pranašùmą	[tʊ'rʲe:tʲɪ prana'ʃuma:]
overschatten (ww)	pérvertinti	['pʲɛrvʲɛrtʲɪntʲɪ]

overtuigd worden (ww)	įsitìkinti	[i:sʲɪ'tʲɪ:kʲɪntʲɪ]
overtuigen (ww)	įtìkinti	[i:'tʲɪ:kʲɪntʲɪ]
passen (jurk, broek)	tìkti	['tʲɪktʲɪ]
passeren	pravažiúoti	[prava'ʒʲʊatʲɪ]
(~ mooie dorpjes, enz.)		

peinzen (lang nadenken)	susimąstýti	[sʊsʲɪma:s'tʲi:tʲɪ]
penetreren (ww)	prasiskverbti	[prasʲɪs'kvʲɛrptʲɪ]
plaatsen (ww)	dė́ti	['dʲe:tʲɪ]
plaatsen (zetten)	išdė́styti	[ɪʃ'dʲe:stʲi:tʲɪ]

plannen (ww)	planúoti	[plʲa'nʊatʲɪ]
plezier hebben (ww)	lìnksmintis	['lʲɪŋksmʲɪntʲɪs]
plukken (bloemen ~)	skìnti	['skʲɪntʲɪ]
prefereren (verkiezen)	labiaũ vértinti	[lʲa'bʲɛʊ 'vʲɛrtʲɪntʲɪ]

proberen (trachten)	bandýti	[ban'dʲi:tʲɪ]
proberen (trachten)	pabandýti	[paban'dʲi:tʲɪ]
protesteren (ww)	protestúoti	[protʲɛs'tʊatʲɪ]
provoceren (uitdagen)	provokúoti	[provo'kʊatʲɪ]

raadplegen (dokter, enz.)	konsultúotis sù ...	[kɔnsʊlʲ'tʊatʲɪs sʊ ...]
rapporteren (ww)	pranešinė́ti	[pranʲeʃɪ'nʲe:tʲɪ]
redden (ww)	gélbėti	['gʲælʲbʲe:tʲɪ]
regelen (conflict)	tvarkýti	[tvar'kʲi:tʲɪ]

reinigen (schoonmaken)	valýti	[va'lʲi:tʲɪ]
rekenen op ...	tikė́tis ...	[tʲɪ'kʲe:tʲɪs ...]
rennen (ww)	bė́gti	['bʲe:ktʲɪ]
reserveren	rezervúoti	[rʲɛzʲɛr'vʊatʲɪ]
(een hotelkamer ~)		
rijden (per auto, enz.)	važiúoti	[va'ʒʲʊatʲɪ]
rillen (ov. de kou)	drebė́ti	[dre'bʲe:tʲɪ]
riskeren (ww)	rizikúoti	[rʲɪzʲɪ'kʊatʲɪ]
roepen (met je stem)	pakviẽsti	[pak'vʲɛstʲɪ]
roepen (om hulp)	kviẽsti	['kvʲɛstʲɪ]
ruiken (bepaalde	kvepė́ti	[kve'pʲe:tʲɪ]
geur verspreiden)		

| ruiken (rozen) | úostyti | ['ʋɑstʲiːtʲɪ] |
| rusten (verpozen) | ilsétis | [ɪlʲ'sʲeːtʲɪs] |

255. Verbs S-V

samenstellen, maken (een lijst ~)	sudarinéti	[sʋdɑrʲɪ'nʲeːtʲɪ]
schieten (ww)	šáudyti	['ʃɑʋdʲiːtʲɪ]
schoonmaken (bijv. schoenen ~)	valýti	[va'lʲiːtʲɪ]
schoonmaken (ww)	tvarkýti	[tvar'kʲiːtʲɪ]

schrammen (ww)	draskýti	[dras'kʲiːtʲɪ]
schreeuwen (ww)	rėkti	['rʲeːktʲɪ]
schrijven (ww)	rašýti	[ra'ʃiːtʲɪ]
schudden (ww)	kratýti	[kra'tʲiːtʲɪ]

selecteren (ww)	atriñkti	[at'rɪŋktʲɪ]
simplificeren (ww)	leñgvinti	['lʲɛŋgvʲɪntʲɪ]
slaan (een hond ~)	trankýti	[traŋ'kʲiːtʲɪ]
sluiten (ww)	uždarýti	[ʋʒda'rʲiːtʲɪ]

smeken (bijv. om hulp ~)	maldáuti	[malʲ'dɑʋtʲɪ]
souperen (ww)	vakarieniáuti	[vakarʲiɛ'nʲæʋtʲɪ]
spelen (bijv. filmacteur)	vaidìnti	[vaɪ'dʲɪntʲɪ]
spelen (kinderen, enz.)	žaìsti	['ʒʌɪstʲɪ]

spreken met ...	kalbéti sù ...	[kalʲ'bʲeːtʲɪ 'sʋ ...]
spuwen (ww)	spjáudyti	['spjɑʋdʲiːtʲɪ]
stelen (ww)	võgti	['voːktʲɪ]
stemmen (verkiezing)	balsúoti	[balʲ'sʋɑtʲɪ]
steunen (een goed doel, enz.)	palaikýti	[palʲʌɪ'kʲiːtʲɪ]

stoppen (pauzeren)	sustóti	[sʋs'totʲɪ]
storen (lastigvallen)	trukdýti	[trʊk'dʲiːtʲɪ]
strijden (tegen een vijand)	kovóti	[kɔ'votʲɪ]
strijden (ww)	káutis	['kɑʋtʲɪs]

strijken (met een strijkbout)	lýginti	['lʲiːgʲɪntʲɪ]
studeren (bijv. wiskunde ~)	nagrinéti	[nagrʲɪ'nʲeːtʲɪ]
sturen (zenden)	siũsti	['sʲuːstʲɪ]
tellen (bijv. geld ~)	skaičiúoti	[skʌɪ'tʃʲʋɑtʲɪ]

terugkeren (ww)	grįžti	['grʲɪːʒtʲɪ]
terugsturen (ww)	grąžinti	[gra'ʒɪntʲɪ]
toebehoren aan ...	priklausýti	[prʲɪklʲɑʋ'sʲiːtʲɪ]
toegeven (zwichten)	nusiléisti	[nʋsʲɪ'lʲɛɪstʲɪ]

toenemen (on. ww)	didéti	[dʲɪdʲeːtʲɪ]
toespreken (zich tot iemand richten)	kreĩptis	['krʲɛɪptʲɪs]
toestaan (goedkeuren)	léisti	['lʲɛɪstʲɪ]
toestaan (ww)	léisti	['lʲɛɪstʲɪ]

toewijden (boek, enz.)	skìrti	['skʲɪrtʲɪ]
tonen (uitstallen, laten zien)	ródyti	['rodʲiːtʲɪ]
trainen (ww)	trenirúoti	[trʲɛnʲɪ'rʊɑtʲɪ]
transformeren (ww)	transformúoti	[transfor'mʊɑtʲɪ]

trekken (touw)	tem̃pti	['tʲɛmptʲɪ]
trouwen (ww)	vèsti	['vʲɛstʲɪ]
tussenbeide komen (ww)	kìštis	['kʲɪʃtʲɪs]
twijfelen (onzeker zijn)	abejóti	[abʲɛ'jotʲɪ]

uitdelen (pamfletten ~)	išdalìnti	[ɪʃda'lʲɪntʲɪ]
uitdoen (licht)	išjùngti	[ɪ'ʃjʊŋktʲɪ]
uitdrukken (opinie, gevoel)	išréikšti	[ɪʃrʲɛɪkʃtʲɪ]
uitgaan (om te dineren, enz.)	išeĩti	[ɪ'ʃɛɪtʲɪ]
uitlachen (bespotten)	týčiotis	['tʲiːt͡ɕotʲɪs]

uitnodigen (ww)	kviẽsti	['kvʲɛstʲɪ]
uitrusten (ww)	įrenginéti	[iːrengʲɪ'nʲeːtʲɪ]
uitsluiten (wegsturen)	šãlinti	['ʃaːlʲɪntʲɪ]
uitspreken (ww)	tar̃ti	['tartʲɪ]

uittorenen (boven ...)	kýšoti	['kʲiːʃotʲɪ]
uitvaren tegen (ww)	bárti	['bartʲɪ]
uitvinden (machine, enz.)	išràsti	[ɪʃ'rastʲɪ]
uitwissen (ww)	nutrìnti	[nʊ'trʲɪntʲɪ]

vangen (ww)	gáudyti	['gaʊdʲiːtʲɪ]
vastbinden aan ...	pririšti	[prʲɪ'rʲɪʃtʲɪ]
vechten (ww)	mùštis	['mʊʃtʲɪs]
veranderen (bijv. mening ~)	pakeĩsti	[pa'kʲɛɪstʲɪ]

verbaasd zijn (ww)	stebétis	[stʲɛ'bʲeːtʲɪs]
verbazen (verwonderen)	stèbinti	['stʲæbʲɪntʲɪ]
verbergen (ww)	slė̃pti	['slʲeːptʲɪ]
verbieden (ww)	draũsti	['draʊstʲɪ]

verblinden (andere chauffeurs)	apãkinti	[a'paːkʲɪntʲɪ]
verbouwereerd zijn (ww)	nenumanýti	[nʲɛnʊma'nʲiːtʲɪ]
verbranden (bijv. papieren ~)	dèginti	['dʲægʲɪntʲɪ]
verdedigen (je land ~)	gìnti	['gʲɪntʲɪ]

verdenken (ww)	įtar̃ti	[iː'tartʲɪ]
verdienen (een complimentje, enz.)	užtarnáuti	[ʊʒtar'naʊtʲɪ]
verdragen (tandpijn, enz.)	kę̃sti	['kʲɛːstʲɪ]
verdrinken (in het water omkomen)	skę̃sti	['skʲɛːstʲɪ]

verdubbelen (ww)	dvìgubinti	['dvʲɪgʊbʲɪntʲɪ]
verdwijnen (ww)	diñgti	['dʲɪŋktʲɪ]
verenigen (ww)	apjùngti	[a'pjʊŋktʲɪ]
vergelijken (ww)	lýginti	['lʲiːgʲɪntʲɪ]
vergeten (achterlaten)	palìkti	[pa'lʲɪktʲɪ]
vergeten (ww)	užmìršti	[ʊʒ'mʲɪrʃtʲɪ]
vergeven (ww)	atléisti	[at'lʲɛɪstʲɪ]

239

| vergroten (groter maken) | dìdinti | ['dʲɪdʲɪntʲɪ] |
| verklaren (uitleggen) | áiškinti | ['ʌɪʃkʲɪntʲɪ] |

verklaren (volhouden)	teĩgti	['tʲɛɪktʲɪ]
verklikken (ww)	pranešti	[pra'nʲɛʃtʲɪ]
verkopen (per stuk ~)	pardavinéti	[pardavʲɪ'nʲe:tʲɪ]
verlaten (echtgenoot, enz.)	palìkti	[pa'lʲɪktʲɪ]
verlichten (gebouw, straat)	šviẽsti	['ʃvʲɛstʲɪ]

verlichten (gemakkelijker maken)	paleñgvinti	[pa'lʲɛŋgvʲɪntʲɪ]
verliefd worden (ww)	įsimyléti	[i:sʲɪmʲɪ:'lʲe:tʲɪ]
verliezen (bagage, enz.)	pamèsti	[pa'mʲɛstʲɪ]
vermelden (praten over)	paminéti	[pamʲɪ'nʲe:tʲɪ]

vermenigvuldigen (wisk.)	daúginti	['dɑʊgʲɪntʲɪ]
verminderen (ww)	mãžinti	['ma:ʒʲɪntʲɪ]
vermoeid raken (ww)	pavar̃gti	[pa'varktʲɪ]
vermoeien (ww)	var̃ginti	['vargʲɪntʲɪ]

256. Verbs V-Z

vernietigen (documenten, enz.)	naikìnti	[nʌɪ'kʲɪntʲɪ]
veronderstellen (ww)	manýti	[ma'nʲi:tʲɪ]
verontwaardigd zijn (ww)	pìktintis	['pʲɪktʲɪntʲɪs]
veroordelen (in een rechtszaak)	nuteĩsti	[nʊ'tʲɛɪstʲɪ]

veroorzaken ... (oorzaak zijn van ...)	bũti ... priežastimĩ	['bu:tʲɪ ... pʲrʲiɛʒastʲɪ'mʲɪ]
verplaatsen (ww)	pérstumti	['pʲɛrstʊmtʲɪ]
verpletteren (een insect, enz.)	sutráiškyti	[sʊt'rʌɪʃkʲi:tʲɪ]
verplichten (ww)	ver̃sti	['vʲɛrstʲɪ]
verschijnen (bijv. boek)	išeĩti	[ɪ'ʃɛɪtʲɪ]

verschijnen (in zicht komen)	ródytis	['rodʲi:tʲɪs]
verschillen (~ van iets anders)	skìrtis	['skʲɪrtʲɪs]
versieren (decoreren)	grãžinti	['gra:ʒʲɪntʲɪ]
verspreiden (pamfletten, enz.)	plãtinti	['plʲa:tʲɪntʲɪ]

verspreiden (reuk, enz.)	skleĩsti	['sklʲɛɪstʲɪ]
versterken (positie ~)	tvìrtinti	['tvʲɪrtʲɪntʲɪ]
verstommen (ww)	nutìlti	[nʊ'tʲɪlʲtʲɪ]
vertalen (ww)	ver̃sti	['vʲɛrstʲɪ]

vertellen (verhaal ~)	pãsakoti	['pa:sakotʲɪ]
vertrekken (bijv. naar Mexico ~)	išvažiúoti	[ɪʃva'ʒʲʊɑtʲɪ]
vertrouwen (ww)	pasitikéti	[pasʲɪtʲɪ'kʲe:tʲɪ]
vervolgen (ww)	tęsti	['tʲɛ:stʲɪ]

verwachten (ww)	láukti	[' lⁱɑʊktⁱɪ]
verwarmen (ww)	šìldyti	['ʃɪlⁱdⁱiːtⁱɪ]
verwarren (met elkaar ~)	suklýsti	[sʊkⁱlⁱiːstⁱɪ]
verwelkomen (ww)	sveíkinti	['svⁱɛɪkⁱɪntⁱɪ]
verwezenlijken (ww)	įgyvéndinti	[iːgⁱɪːˈvⁱɛndⁱɪntⁱɪ]

verwijderen (een obstakel)	pašãlinti	[paˈʃaːlⁱɪntⁱɪ]
verwijderen (een vlek ~)	šãlinti	['ʃaːlⁱɪntⁱɪ]
verwijten (ww)	priekaištáuti	[prⁱiɛkʌɪʃˈtɑʊtⁱɪ]
verwisselen (ww)	keìsti	['kⁱɛɪstⁱɪ]
verzoeken (ww)	prašýti	[praˈʃiːtⁱɪ]

verzuimen (school, enz.)	praleísti	[praˈlⁱɛɪstⁱɪ]
vies worden (ww)	išsipur̃vinti	[ɪʃsⁱɪˈpʊrvⁱɪntⁱɪ]
vinden (denken)	manýti	[maˈnⁱiːtⁱɪ]
vinden (ww)	rãsti	['rastⁱɪ]

vissen (ww)	gáudyti žùvį	['gɑʊdⁱiːtⁱɪ 'ʒʊvⁱiː]
vleien (ww)	meilikáuti	[mⁱɛɪlⁱɪˈkɑʊtⁱɪ]
vliegen (vogel, vliegtuig)	skraidýti	[skrʌɪˈdⁱiːtⁱɪ]
voederen	maitìnti	[mʌɪˈtⁱɪntⁱɪ]
(een dier voer geven)		

volgen (ww)	sèkti ...	['sⁱɛktⁱɪ ...]
voorstellen (introduceren)	atstováuti	[atstoˈvɑʊtⁱɪ]
voorstellen (Mag ik jullie ~)	supažìndinti	[sʊpaˈʒⁱɪndⁱɪntⁱɪ]
voorstellen (ww)	siúlyti	['sⁱuːlⁱiːtⁱɪ]

voorzien (verwachten)	numatýti	[nʊmaˈtⁱiːtⁱɪ]
vorderen (vooruitgaan)	kìlti	['kⁱɪlⁱtⁱɪ]
vormen (samenstellen)	sudarinéti	[sʊdarⁱɪˈnⁱeːtⁱɪ]
vullen (glas, fles)	pripìldyti	[prⁱɪˈpⁱɪlⁱdⁱiːtⁱɪ]

waarnemen (ww)	stebéti	[steˈbⁱeːtⁱɪ]
waarschuwen (ww)	pérspéti	['pⁱɛrspⁱeːtⁱɪ]
wachten (ww)	láukti	['lⁱɑʊktⁱɪ]
wassen (ww)	pláuti, praũsti	['plⁱɑʊtⁱɪ], ['prɑʊstⁱɪ]

weerspreken (ww)	prieštaráuti	[prⁱiɛʃtaˈrɑʊtⁱɪ]
wegdraaien (ww)	nusisùkti	[nʊsⁱɪˈsʊktⁱɪ]
wegdragen (ww)	išnèšti	[ɪʃˈnⁱɛʃⁱtⁱɪ]
wegen (gewicht hebben)	sveřti	['svⁱɛrtⁱɪ]

wegjagen (ww)	nuvýti	[nʊˈvⁱiːtⁱɪ]
weglaten (woord, zin)	nuleísti	[nʊˈlⁱɛɪstⁱɪ]
wegvaren	išplaũkti	[ɪʃˈplⁱɑʊktⁱɪ]
(uit de haven vertrekken)		
weigeren (iemand ~)	atsakýti	[atsaˈkⁱiːtⁱɪ]

wekken (ww)	žãdinti	['ʒaːdⁱɪntⁱɪ]
wensen (ww)	noréti	[noˈrⁱeːtⁱɪ]
werken (ww)	dìrbti	['dⁱɪrptⁱɪ]
weten (ww)	žinóti	[ʒⁱɪˈnotⁱɪ]
willen (verlangen)	noréti	[noˈrⁱætⁱɪ]
wisselen (omruilen, iets ~)	keìstis	['kⁱɛɪstⁱɪs]
worden (bijv. oud ~)	tàpti	['taptⁱɪ]

worstelen (sport)	kovóti	[kɔ'votʲɪ]
wreken (ww)	keršyti	['kʲɛrʃɪːtʲɪ]
zaaien (zaad strooien)	séti	['sʲeːtʲɪ]
zeggen (ww)	pasakýti	[pasa'kʲiːtʲɪ]
zich baseerd op	bazúotis	[ba'zuɑtʲɪs]
zich bevrijden van ... (afhelpen)	atsikratýti ...	[atsʲɪkra'tʲiːtʲɪ ...]
zich concentreren (ww)	koncentrúotis	[kɔntsʲɛn'truɑtʲɪs]
zich ergeren (ww)	írzti	['ɪrztʲɪ]
zich gedragen (ww)	elgtis	['ɛlʲktʲɪs]
zich haasten (ww)	skubéti	[skʊ'bʲeːtʲɪ]
zich herinneren (ww)	prisimiñti	[prʲɪsʲɪ'mʲɪntʲɪ]
zich herstellen (ww)	sveikti	['svʲɛɪktʲɪ]
zich indenken (ww)	prisistatýti	[prʲɪsʲɪsta'tʲiːtʲɪ]
zich interesseren voor ...	dométis	[do'mʲeːtʲɪs]
zich scheren (ww)	skustis	['skʊstʲɪs]
zich trainen (ww)	trenirúotis	[trʲɛnʲɪ'ruɑtʲɪs]
zich verdedigen (ww)	gintìs	['gʲɪntʲɪs]
zich vergissen (ww)	klýsti	['klʲiːstʲɪ]
zich verontschuldigen	atsiprašinéti	[atsʲɪpraʃɪ'nʲeːtʲɪ]
zich verspreiden (meel, suiker, enz.)	išbìrti	[ɪʃ'bʲɪrtʲɪ]
zich vervelen (ww)	ilgétis	[ɪlʲ'gʲeːtʲɪs]
zijn (ww)	búti	['buːtʲɪ]
zinspelen (ww)	užsimiñti	[ʊʒsʲɪ'mʲɪntʲɪ]
zitten (ww)	sėdéti	[sʲeː'dʲeːtʲɪ]
zoeken (ww)	ieškóti	[ɪɛʃ'kotʲɪ]
zondigen (ww)	nusidéti	[nʊsʲɪ'dʲeːtʲɪ]
zuchten (ww)	įkvėpti	[iːk'vʲeːptʲɪ]
zwaaien (met de hand)	mojúoti	[mo:juɑtʲɪ]
zwemmen (ww)	plaukti	['plʲaʊktʲɪ]
zwijgen (ww)	tyléti	[tʲiː'lʲeːtʲɪ]